الموسوعة

السياسية والعسكرية

الجزء الثاني

تأليف

د. فراس البيطار

دار أسامة للنشر والتوزيع

عمان - الأردن

الناشر

دار أسامة للنشر والتوزيع

الأردن – عمان

هاتف :٥٦٥٨٢٥٣-٤٦٤٧٤٤٧ فاكس:٥٦٥٨٢٥٤

ص.ب:١٤١٧٨١، البيادر

٢٠٠٣

والتأم مجلس الأمن بعد معارك عدة بين المتحاربين في ٢٢ تشرين الأول وأصدر قراره الرقم ٣٨٨ الذي يطلب فيه المتحاربين وقف القتال والجلوس إلى طاولة المفاوضات. ودعا السيد فالدهيم أمين الأمم المتحدة العام إلى مؤتمر برئاسة وزيري الشؤون الخارجية الأمريكي والسوفيتي كيسنجر وغروميكو. فانعقد المؤتمر في جنيف في ٢١ كانون الأول ١٩٧٣م بمشاركة الوفود المصرية والأردنية وفي غياب السوريين. وبما أن الكيان الصهيوني أعلن منذ البدء لن يقبل بالعودة إلى حدود عام ١٩٦٧م فيما صرح العرب بأنهم لن يقبلوا بتسوية حول الأراضي المحتلة. أجل المؤتمر دون أن يحل وفرضت بعد ذلك الاتفاقات الضرورية على أرض المعركة بفضل نشاط وزير الخارجية الأمريكي كيسنجر.

وفي النصف الثاني من تشرين الثاني ١٩٧٧م اتصل السادات ببيغن (رئيس الـوزراء الإسرائيلي) أثر مسعى من الرومانيين وأعلن في التاسع من تشرين الثاني أنه مستعد لزيارة الكيان الصهيوني.وفي ١٩ تشرين الثاني وصل السادات إلى الكيان الصهيوني وقد رفضت الدول العربيـة هـذا التصرف واجتمعت خمس منها (ليبيا، سوريا، العراق، الجزائر، اليمن الجنوبية) بالإضافة إلى منظمة التحرير الفلسطينية في طرابلس ١-٤ كانون الأول لإنشاء جبهة ضد تصرف السادات.

وتقابل السادات وبيغن ثانية في أيلول من عام ١٩٧٨م في كامب ديفيد في الولايـات المتحدة بحضور الرئيس كارتر وقد توصلا إلى التوقيع على اتفاقات كامب ديفيد. وقد جاء رد العرب عـلى هـذه المعاهدة المنفصلة باجتماع لـوزراء خارجيـة دول الجامعـة العربيـة في بغـداد، وتقرر سحب السـفراء العرب من

مصر وقطع العلاقات الدبلوماسية معها. وتعليق عضويتها في الجامعة العربية التي انتقل مركزها إلى تونس.

شجع السادات في البداية الحركات الإسلامية على ضرب المد الناصري إلا أن هذه الحركات ما لبثت أن انقلبت عليه واغتالته في ٦ تشرين الأول ١٩٨١م في أثناء استعراض عسكري.

الرئيس أهتيساري، مارتي (١٩٣٧م-)

رئيس جمهورية فنلندا ولد في مدينة فيبورغ، ودرس علم التربية وعمل معلما، ولم يكن في سيرته حتى ١٩٥٩م، ما يوحي بأنه شخص غير عادي. في عام ١٩٦٠م التحق بالمعهد السويدي للتكنولوجيا في كراتشي (باكستان)، وعلّم فيه لثلاث سنوات. وعندما عاد من باكستان عين مسؤولا عن قسم التعاون الدولي في منتدى الدراسات الدولية والمعونات الخارجية في هلسنكي. وفي عام ١٩٦٥م التحق بوزارة الخارجية وتدّرج فيها بين مناصب عديدة كانت متخصصة دائما بمجال التعاون والمساعدات الخارجية. وفي مطلع السبعينات عين سفيرا، وخدم في عدة بلدان أفريقية (تنزانيا، زامبيا، الصومال، موزمبيق) وفي ١٩٧١م أصبح وزيرا للخارجية. لكنه لم يستمر سوى عام واحد.

وفي عام ١٩٧٧م التحق اهتيساري بالأمم المتحدة كمندوب للسكرتير العام كورت فالدهايم في ناميبيا. وفي عام ١٩٨٢م أصبح مساعدا له، وفي عام ١٩٨٧م اختاره السكرتير العام خافيير بيرنيز ديكويار مساعداً له للشؤون الإدارية والاقتصادية والمالية. وفي عام ١٩٨٩م أصبح مفوضا للأمين العام في ناميبيا.

وفي عام ١٩٩٢م اختاره المؤتمر الدولي حول يوغسلافيا رئيسا للجنة العمل الدولي التي انبثقت عنه وكان مقرها في جنيف. وفي هذه المهمة بالذات دخل معمعة الصراعات العرقية في البلقان. ومع أنه لم يستطع آنذاك إنجاز شيء ذي أهمية. بيد أنه لعب دورا مهما في معالجة بعض المشاكل الإنسانية الناجمة عن الحرب. ونال ثقة الأطراف المتصارعة وثقة الأطراف الدولية على حد سواء.

في عام ١٩٩٣م رشحه حزبه (الاشتراكي الديموقراطي) لرئاسة الجمهورية وتفاوتت تقويمات الساسة والإعلاميين له بين مؤيد بشدة نظرا إلى خبراته وصفاته. ومعارضة بشدة للأسباب نفسها، إذ ركز المعارضون له على أنه خبير عالمي بالقضايا الدولية، ولكنه محدود الخبرة بمشاكل وظروف فنلندا إلى الحد الذي يجعله غير مؤهل لرئاستها. بل إن البعض اعتبره "مواطنا أجنبيا"، أو ممثلا للأمم المتحدة في فنلندا. لكن أهتيساري فاز في الانتخابات واستلم الرئاسة في آذار ١٩٩٤م ولمدة ستة أعوام. وقد حكم بالتفاهم مع حكومة اشتراكية تستند إلى غالبية برلمانية، تجددت للمرة الثانية خلال ولايته بالانتخابات التي جرت في ربيع ١٩٩٩م.

ويذكر أن أهتيساري حاصل على درجة الدكتوراه في علم التربية في جامعة أوليدبورغ الفنلندية، وحاز على ست شهادات دكتوراه فخرية من جامعات في الولايات المتحدة والأرجنتين وتايلاند وفنلندا، وعلى جائزة السلام الفنلندية. وهو أيضا عضو في الكثير من الهيئات والمنظمات والمعاهد الفنلندية والدولية. ولا زال مستشارا لمؤسسات كبيرة جدا خيرية واقتصادية وعلمية في بلاده وغير بلاده.

تفاني أهتيساري في خدمة السلام العالمي، واعتبر مواطنا عالميا وناشطا كونيا بامتياز، استطاع دائما كسب ثقة الأطراف التي يعمل أو يتعامل معها في مهامه، وذلك بفضل مزاياه، نجح في الكثير من المهام التي تكلف بها في أفريقيا والبلقان أو في أمريكا اللاتينية أو آسيا. وحاز على تقدير الجميع إلى حد أن ناميبيا منحته جنسيتها واعتبرته مواطنا من مواطنيها جراء دوره الكبير في خدمة استقلالها وتحررها.

أنور باشا (١٨٨١م-١٩٢٢م)

عسكري وسياسي تركي بارز، لعب دوراً مهماً في ثورة ١٩٠٨م ضد السلطان العثماني واشترك في حملة طرابلس (ليبيا) ضد الإيطاليين في عام ١٩١١م، وبعد عامين قاد انقلاباً ضد الحزب الليبرالي وشكل مع طلعت باشا وجمال باشا (السفاح) قيادة ثلاثية ذات نزعة قومية طورانية. حكمت تركيا ضد آخر الحرب العالمية الأولى. لمع في حملة أدرنة ضد البلغار، عين بعدها وزيراً للحربية حيث لعب دوراً بارزاً في جر تركيا إلى الحرب العالمية الأولى إلى جانب الألمان، حوكم بعد الحرب وحكم عليه بالموت، إلا أنه فر وحاول أن ينظم ثورة إسلامية ضد حكم كمال أتاتورك إلا أنه فشل وقتل خلالها.

أهيدجو، أحمدو (١٩٢٤م- ١٩٨٩م)

رئيس جمهورية الكاميرون منذ عام ١٩٦٠م إلى اعتزاله في عام ١٩٨٢م ولد في مدينة غاروا (شمال البلاد). مسلم ينحدر من أسرة متواضعة. حصل على دبلوم معهد الدراسات السياسية والاجتماعية في ياونده ١٩٤١م عمل موظفا في البريد والتلغراف من عام ١٩٤٢م إلى عام ١٩٤٦م. انتخب نائبا من

عام ١٩٤٧م إلى عام ١٩٥٢م. رئيس الجمعية الإقليمية فرئيس الجمعية التشريعية من عام ١٩٥٥م إلى عام ١٩٥٧م. عين مستشاراً للاتحاد الفرنسي من عام ١٩٥٣م إلى عام ١٩٥٨م. ثم أصبح رئيسا للكاميرون المستقل في أول كانون الثاني ١٩٦١م.

وبعد اتحاد الكاميرون الفرنسي (سابقا) مع الكاميرون البريطاني (سابقا) في أول تشرين الأول ١٩٦١م أصبح اهيدجو رئيسا للدولة الاتحادية وكذلك رئيساً لها في عام ١٩٧٢م بعد أن تحولت الكاميرون إلى دولة موحدة بسيطة. وتوالى انتخابه رئيساً للجمهورية حتى عام ١٩٨٢م حين استقال وخلفه رئيس وزرائه بول بيا.

وفي بدايات حكمه. كان منحازا للغرب انحيازا كاملا إذ أن بلدان المعسكر الاشتراكي حاولت دعم معارضيه والمتمردين ضده. وقدمت له فرنسا المساعدات العسكرية وغيرها. رغم أنه كان يرفض الوصاية الفرنسة. وكانت مناطق الجنوب هي مناطق تمركز أكثر معارضيه.

اوبريان، وليام سميث (١٨٠٣م- ١٨٦٤م)

سياسي ايرلندي واحد رواد الثورة الايرلندية الاستقلالية رغم انتمائه إلى الطبقة الحاكمة البروتستانتية وبقائه مدة يرفض الأيديولوجية القومية. لما خاب ظنه بالسياسيين الإنجليز وبعدم مبالاتهم تجاه ايرلندا ارتبط بفكرة الوطن الايرلندي حتى نهاية حياته خصوصا بعد أن ضربت المجاعة والكوارث ايرلندا. فانضم إلى (ايرلندا الفتاة) ليخوض معها المعارك المصيرية.

وخلال إقامته في فرنسا حاول دون طائل الحصول من لامرتين رئيس الحكومة المؤقتة على شيء آخر غير الكلام المشجع. ولدى عودته ١٨٤٨م. أسس (الحرس الأحمر) و (مجلس الثلاثمائة) وأعطى إشارة الانتفاضة التي كان يأمل أن تكون شاملة. إلا أن رجال الدين الكاثوليك حاربوا هذه الانتفاضة بتأثر من البابا بيوس التاسع فجاء نجاحها محدوداً. اعتقل اوبريان وحكم عليه بالإعدام. إلا أن الملكة فكتوريا عفت عنه. فنفي إلى تاسمانيا حيث بقي حتى عام ١٨٥٦م. عاد إلى بانغور في بلاد الغال وقضى فيها بقية حياته. يلخص دوره التاريخي بعمله من أجل الوفاق بين الكاثوليك والبروتستانت من أجل استقلال ايرلندا.

اوبوتي، ميلتون (١٩٢٥م-   )

سياسي أفريقي ورئيس جمهورية أوغندا (١٩٦٦م -١٩٧١م). انضم إلى الاتحاد الوطني الأفريقي الكيني عام ١٩٤٩م. وفي عام ١٩٥٧م عاد إلى أوغندا وانضم إلى المؤتمر الوطني الأوغندي. وانتخب عضوا في المجلس التشريعي عن مقاطعة لانغو ١٩٥٨م. ثم رئيساً لمؤتمر الشعب الأوغندي ١٩٦٠م. ثم زعيما للمعارضة البرلمانية (١٩٦١م- ١٩٦٢م) فرئيسا للوزراء (١٩٦٢م- ١٩٦٦م). وقاد أوغندا نحو الاستقلال ١٩٦٢م والحركة الأوغندية التي أطاحت الملك موتيسا ١٩٦٦م. فتولى رئاسة الجمهورية إلى أن أطاحه انقلاب عيدي أمين عام ١٩٧١م. في حين كان هو خارج البلاد.

اوتشنليك، كلود (١٨٨٤م- ١٩٨١م)

عسكري بريطاني. خدم في الحرب العالمية الأولى. خدم طويلا في جيش الهند حيث كان مساعد رئيس هيئة الأركان من عام ١٩٣٦م حتى عام ١٩٣٨م. قاد خلال الحرب العالمية الثانية فيلق الحملة الإنجليزي في النرويج عام ١٩٤٠م. ثم قاد القوات البريطانية في الهند عام ١٩٤١م.

وفي ٥ تموز ١٩٤١م عين اوتشنليك قائدا عاما لقوات الشرق الأوسط بدلاً من الجنرال ريفل. فأعاد تنظيم (قوة الصحراء الغربية) بعد أن عززها بعدة فرق جديدة. وأطلق عليها اسم (الجيش الثامن) وعين الجنرال كينغهام قائدا لهذا الجيش. بعد عودته منتصراً على الإيطاليين في شرق أفريقيا. ثم قام بعد تحضير دقيق من حيث الإخفاء والتمويه بهجوم عام فوجئ به رومل في ١٨ تشرين الثاني ١٩٤١م عرف بمعركة كروسيدر. غير أن كينغهام استخدم مدرعاته كألويه منفصلة على حين حشد رومل قواته المتحركة كلها معاً. وهاجم بها كل لواء على حده. حتى كاد الهجوم أن يفشل لولا تدخل اوتشنليك شخصيا. وتوليه القيادة في ٢٥ تشرين الثاني ١٩٤١م.

ولقد قام اوتشنليك بعزل كينغهام من قيادة الجيش الثامن وعين ريتشي- بدلا عنه واجبر رومل على الانسحاب حتى العقيلة ولم يطيق ريتشي- تعليمات اوتشنليك خلال معركة الغزالة في حزيران ١٩٤٢م. ولم يستخدم المدرعات بكتل ضخمة ضد رومل. الأمر الذي أدى إلى هزيمة الجيش الثامن في هذه المعركة ١٣ حزيران عندها تولى اوتشنليك القيادة بنفسه وقرر الانسحاب من طبرق ليعيد تنظيم قواته. ولكن تشرشل رفض فكرة التخلي عن طبرق وكانت النتيجة أن سقطت المدينة في يد رومل وأسرت حاميتها. واستطاع اوتشنليك أن يسحب

جزءاً من قواته إلى خط العلمين الذي كان قد أعده سرا خلال معركة الغزالة. واستطاع أن يوقف هجوم رومل عند العلمين في تموز ١٩٤٢م. بعد أن شن ضد الألمان عدة هجمات مضادة قوية.

وفي آب ١٩٤٢م اعفي اوتشنليك من منصبه وعين الجنرال الكسندر خلفا له وعاد اوتشنليك في عام ١٩٤٣م ليكون قائدا عاماً لجيش الهند، وبقي في هذا المنصب حتى عام ١٩٤٧م. ولقد حصل على رتبة الماريشال في عام ١٩٤٦م.

اودوبر، كيروس دانيال (١٩٢١م-   )

رئيس جمهورية كوستاريكا للفترة من عام ١٩٧٤م إلى عام ١٩٧٨م. أتم دراساته الجامعية في كندا وباريس. دخل المعترك السياسي في عام ١٩٤٨م حين انضم إلى (حزب التحرير الوطني) الذي أسسه فيغويروس في عام ١٩٤٩م. عين سفيرا لبلاده في الأمم المتحدة. أمين عام للحزب من عام ١٩٥٦م إلى عام ١٩٥٨م، وانتخب رئيسا له في عام ١٩٧٠م، وزير الخارجية (١٩٦٢م- ١٩٦٤م) رئيس مجلس الشيوخ (١٩٧٠م- ١٩٧٤م) وفي عام ١٩٧٤م انتخب رئيسا للجمهورية. في عام ١٩٧٦م انضم حزبه إلى الأممية الاشتراكية. عرف عنه دفاعه عن (الثورة الممكنة) في وجه دعاة التحولات الجذرية والمفاجئة التي من شأنها برأيه تقوية سلطة المحافظين، سار في ركاب الولايات المتحدة في حملتها ضد الشيوعية، وثم سياستها الخارجية. لم تقم حكومته علاقات مع سياسية مع كوبا، وله من العمر ٢٣ سنه، مدير الغرفة التقنية في وزارة الخارجية (١٩٦٢م- ١٩٧٠م) وأسس مع بعض أصدقائه (جماعة تاسينو) في عام ١٩٧٤م. استقال من وزارة الإعلام والسياحة موفقا بين عمله وقناعاته. مضاعفاً

جهوده من أجل الحوار بين الفرنكوين اللبراليين وزعماء اليسار المعتدل. صديق شخصي- للملك خوان كارلوس ولرئيس الحكومة أدولفوسواريز. وزير الخارجية في مرتين متتاليتين تموز ١٩٧٦م وتموز ١٩٧٧م، عرفت عنه دبلوماسيته الهادئة والمنفتحة على الشرق والغرب والعاملة على دخول إسبانيا النادي الأوروبي.

الرئيس أورتيجا، دانيال

رجل دولة نيكاراغوا أنتخب رئيسا لحكومة نيكاراغوا خلال الفترة ما بين عامي ١٩٧٩م و١٩٩٠م. ولد في بلدة لاليبرتاد ١٩٤٥م واسمه الكامل دانيال خوسيه اورتيجاسافيدرا. في عام ١٩٦٠م أصبح أورتيجا زعيما فدائيا للمعارضة الساندنييسيتية ضد حكومة سوموزا.

وقد سجنته هذه الحكومة من عام ١٩٦٧م حتى عام ١٩٧٤م. وبعد أن أطلق سراحه أبعد إلى كوبا حيث تلقى التدريب العسكري، وفي عام ١٩٧٩م كان زعيما للحكومة الثورية عندما أطاح حزبه - جبهة الساندنييسيتية للتحرير الوطني- بحكومة اناستازيو سوموزا دييبل.

أنتخب أورتيجا رئيسا لنيكارغوا عام ١٩٨٤م وانتهت ولايته الرئاسية في عام ١٩٩٠م عندما هزمته في الانتخابات الرئاسية فيوليتا باريوس دي شامورو. وهي زعيمة ائتلاف كانت تعارض الحكم الساندنييسيتي.

اهتمت الحكومة النيكاراغوية تحت قيادة اورتيجا بالحالة الصحية في المناطق الريفية، وبنيت العديد من المدارس الجديدة. وقلصت من الأمية، كما فرضت إشرافها على العديد من المرافق الاقتصادية وشددت من المراقبة على

الصحف وقيدت الحريات المدنية لمعارضتها السياسيين. وقد وجه منتقدو أورتيجا ومن بينهم الحكومة الأمريكية الاتهام إليه بأنه أقام حكومة شيوعية مستبدة.

وفي عام ١٩٨١م شن معارضو حكومة أورتيجا من أهالي نيكاراغوا ويعرفون باسم (الكونترا) حرب عصابات ضد الحكومة. وفي عام ١٩٨٨م سعى اورتيجا إلى التفاوض وصولا إلى وقف لإطلاق النار بين حكومته وجماعة الكونترا. وقد تأثرت قيادة أورتيجا لبلاده إلى حد كبير بعلاقتها مع الولايات المتحدة. فقد كانت الولايات المتحدة إلى ما قبل مجيء حزب الساندينيستا إلى السلطة- الشريك التجاري الأول لنيكاراغوا، وقد ناهضت الولايات المتحدة قيادة اورتيجا. وقامت بتقليص حجم التجارة إلى حد كبير مع نيكاراجوا، وبتزويد المعارضين بالدعم المادي، وقد ناضل اورتيجا من أجل تحسين اقتصاد بلده الذي أرهقه الحظر التجاري الأمريكي، والحرب ضد الكونترا والنفقات الحكومية العالية على الصحة والتعليم.

اورلاندو، فيتوريو ايمانويل (١٨٦٠م-١٩٥٢م)

سياسي ورجل دولة إيطالي، ولد في صقلية وأصبح أستاذاً في القانون الدستوري في باليرو، وعين وزيراً للعدل عام ١٩١٦م، وأصبح رئيساً للوزراء في ذروة كارثة معركة كابورتيو، وشهدت حكومته (تشرين الأول ١٩١٧م إلى حزيران ١٩١٩م) زيادة في قوة معنويات الإيطاليين التي توجت بانتصار الجنرال دياز في فيتوريو فيتيتو في تشرين الأول ١٩١٨م.

حضر اورلاندو مؤتمر باريس للسلام، واحداً من الأربعة الكبار، إلا أنه لم يمض وقت طويل ليصبح على خلاف مع الرئيس ويلسن الذي عد أطماع

اورلاندو الإقليمية متناقضة مع المبادئ الوطنية في تقرير المصير. وأدى إخفاق اورلاندو في باريس وعدم إمكانه من العثور على علاج للاضطرابات الاجتماعية إلى انتهاء سمعته السياسية انسحب من السياسة عندما تسلم موسوليني السلطة عام ١٩٢٢م، لكنه عاد بعد الحرب العالمية الثانية فانتخب نائباً في الجمعية التأسيسية في عام ١٩٤٦م، ثم رئيساً لها، رشح نفسه لرئاسة الجمهورية في عام ١٩٤٨م وفشل.

الرئيس اوزال، تورغوت (١٩٢٧م-١٩٩٣م)

سياسي ورجل دولي تركي، ولد في بلدة ماليتيا في جنوب شرقي تركيا ١٩٢٧م، والده كان أمام مسجد القرية وأستاذ الدين، ثم تحول بعد تحديث تركيا إلى أستاذ مدرسة تابعة للدولة، وانضم لاحقا إلى بنك الزراعة التركي التابع للقطاع العام. والدته أيضا كانت معلمة مدرسة.

تخرج اوزال في جامعة استنبول التقنية في عام ١٩٥٠م بشهادة مهندس كهربائي، انضم إلى شركة الكهرباء في الفترة وذهب إلى الولايات المتحدة في عام ١٩٥٢م حيث درس الهندسة والاقتصاد. بعد عودته إلى تركيا في عام ١٩٥٣م خدم في محطة الطاقة الكهربائية الهايدروليكية. وخلال فترة عمله في الشركة. عمل أستاذا متعاقدا مع جامعة الشرق الأوسط التقنية في أنقرة.

عقب انقلاب عام ١٩٦٠م العسكرية التحق بمجموعة من (الشبان التكنوقراط) طرحت مشروع تحديث الإدارة وتطوير الاقتصاد تعرف على رئيس حزب العدالة سليمان ديميريل الذي كان رئيسه خلال عمله في منظمة التصميم العام. وعندما أصبح ديميريل رئيسا للوزراء في عام ١٩٦٥م اختار اوزال مستشارا خاصاً للشؤون التقنية ثم عينه بعد سنتين مسؤولا عن هيئة التخطيط في حكومته. في عام ١٩٧٠م قام ديميريل بتعويم الليرة التركية ووضع خطة لتطوير الاقتصاد وكان أوزال أحد أهم المساعدين المستشارين له، وعندما وقع انقلاب ١٩٧١م العسكري غادر أوزال

تركيا إلى واشنطن وعمل في البنك الدولي لمدة سنتين. عاد بعدها إلى تركيا ليشغل منصب مدير عـام في إحدى شركات المقاولات الكبرى.

في عـام ١٩٧٧م قطع أولى خطواتـه العمليـة في الشـأن السياسي الـوطني العـام. فترشـح في الانتخابات النيابة في منطقة ازمير عن حزب (الاتحاد الإسلامي القومي)، وفور عودة ديميريل إلى السلطة في نهاية عام ١٩٧٩م على رأس حكومـة أقليـة تبـوأ اوزال موقعـا مميـزا في صياغة مقررات السياسـة الاقتصادية وعانت تركيا في تلك الفترة فوضى اقتصادية نتيجة الغـلاء والتضخم وسلسلة فضائح مالية وجرائم قتـل وسرقـات. الأمـر الـذي أدى إلى انقلاب عسكري جديـد في ١٢ أيلـول ١٩٨٠م لكـن قائـد الانقلاب الجنرال كنعان طلب من اوزال مواصلة برنامجه كمساعد لرئيس الـوزراء للشـؤون الاقتصـادية لكنه لم يلبث ان استقال من منصبه الجديد في تموز ١٩٨٢م أثر فضيحة مالية هزت البلاد.

وفي أيار ١٩٨٣م أسس تورغوت اوزال حزب (الوطن الأم) وتزعمه ونجـح في حزبه في كسـب غالبية محدودة من مقاعد البرلمان في انتخابات عام ١٩٨٣م، فأصبح رئيسا للوزراء، وأشرف مباشرة عـلى تنظيم المرحلـة الانتقاليـة مـن الحكـم العسكري إلى عـودة الديموقراطيـة وفي انتخابات عـام ١٩٨٧م البرلمانية نجح في كسب غالبية كبيرة وترأس للمرة الثانية الحكومة التركية.

انتخب في عام ١٩٨٩م رئيسا للجمهورية ودخل في تنافس على صلاحيات الرئاسة مع رئيس الحكومة سليمان ديميريل الذي فاز حزبه في انتخابات ١٩٩١م وكانت التعايش بين الرجلين اوزال رئيس الجمهورية وديميريل كرئيس الوزراء صعبا بسبب تدخل رئيس الجمهورية في شؤون الحكومة.

وفي ١٧ نيسان ١٩٩٣م توفي اوزال نتيجة أزمة قلبية مفاجئة وكان ذلك قبل يومين فأنهى جولة قام بها على خمس دول في آسيا الوسطى واستغرقت نحو أسبوعين.

اوريخا، مارسيلينو (١٩٣٥م-   )

سياسي ودبلوماسي إسباني من مقاطعة الباسك، حصل على الدكتوراه في الحقوق من جامعة مدريد، ودخل الحقل الدبلوماسي وله من العمر ٢٣ سنة، مدير الغرفة التقنية في وزارة الخارجية (١٩٦٢م-١٩٧٠م)، وأسس مع بعض أصدقائه (جماعة تاسينو) في عام ١٩٧٤م، استقال من وزارة الإعلام والسياحة موفقاً بين عمله وقناعاته، مضاعفاً جهوده من أجل الحوار بين الفرنكوين الليبراليين وزعماء اليسار المعتدل. صديق شخصي للملك خوان كارلوس ولرئيس الحكومة أدولفوسواريز، وزير الخارجية في مرتين متتاليتين تموز ١٩٧٦م وتموز ١٩٧٧م، عرفت عنه دبلوماسيته الهادئة والمنفتحة على الشرق والغرب والعاملة على دخول إسبانيا النادي الأوروبي.

اوفيسي، غلام

عسكري إيراني من أشد ممثلي المؤسسة العسكرية تطرفاً في تأييد الشاه وتنفيذ سياسته. تلقى علومه العسكرية على يد الإنجليز. أصبح قائد الحرس الإمبراطوري. لقب بعد مجازر ١٩٦٣م (جزار طهران) لقمعه بشكل دموي الانتفاضة الدينية ضد حكم الشاه. إذ هاجم الجنود أحد المراكز الدينية في مدينة قم المقدسة. مما أدى إلى قيام مسيرة احتجاج ضد هذا الانتهاك لحرمة الأماكن المقدسة، وسارت الجموع الفقيرة نحو طهران. فتصدى لهم الجنرال غلام اوفيسي- بواسطة المظليين وسلاح الدبابات ودار الحديث وقتئذ أن القتلى سقطوا بالآلاف.

وبعد عام ١٩٦٧م عين قائدا للدرك، ثم قائدا للقوات البرية، قبل أن تعينه حكومة جعفر شريف امامي حاكما عسكريا لطهران. وحاكما مسؤولا عن تطبيق الأحكام العرفية في سائر الأراضي الإيرانية. فعرف ببطشه بالمتظاهرين. وبشكل خاص نهار (الجمعة السوداء) ٨ أيلول ١٩٧٨م حين أمر بإطلاق النار على المتظاهرين. فسقط حوالي ثلاثة آلاف قتيل وبقي اوفيسي في ظل حكومة غلام أزهري. محتفظا بالمناصب ذاتها. لا بل رقي إلى رتبة رئيس هيئة أركان القوات المسلحة الإيرانية إلا أن دوره الواضح في المجازر جعل الشاه يضحي به ككبش محرقة لإرضاء الرأي العام العالمي والداخلي. فأقاله في مطلع عام ١٩٧٨م وأبعده إلى الولايات المتحدة الأمريكية.

أولبريخت، والتر (١٨٩٣م- ١٩٧٦م)

سياسي ورجل دولة ألماني شيوعي. انضم عام ١٩٠٨م إلى منظمة الشبيبة العمالية. ثم الحزب الاشتراكي الديمقراطي عام ١٩١٢م فالحزب الشيوعي الألماني عام ١٩١٩م. عضو اللجنة المركزية ١٩٣٣م أقام في موسكو وفينا وبراغ (١٩٤٢م- ١٩٥٢م) عضو البرلمان الساكسوني في ورسدن ١٩٢٨م، اخطر لترك ألمانيا بعد وصول هتلر إلى الحكم ونشط في باريس وبراغ. ثم أقام في موسكو بعد عام ١٩٣٨م وأسس اللجنة الوطنية لألمانيا الحرة في عام ١٩٤٥م.

انتخب أولبريخت عام ١٩٤٦م نائبا لرئيس حزب الائتلاف بين الاشتراكيين الديمقراطيين والشيوعيين، ثم سكرتيرا أول للجنة المركزية ١٩٥٠م ونائب رئيس الوزراء ١٩٤٩م. ثم رئيس مجلس الدولة ١٩٦٠م تمتع بقدرة تنظيمية وتنفيذية فائقة. وتميز بعلاقاته الوطيدة مع الاتحاد السوفيتي (السابق) أظهرت محاكمات برلين بعد توحيد شطريها مسؤوليته في بناء جدار برلين.

ايتو، هيروبومي (١٨٤١م- ١٩٠٩م)

سياسي ورجل دولة ياباني، ولد ايتو من عائلة ريفية وتبنته عائلة من الطبقة الأرستقراطية. ورغم أنه عرف في البداية بانتمائه إلى الحركة (المعادية لكل ما هو أجنبي) أصابه بعض التغير بعد سفره إلى إنجلترا عام ١٨٦٣م إذ عاد بعدها حريصا على تبني سياسة الحكومة البريطانية وتطبيقها في اليابان وفق الظروف والتقاليد المتبعة. واحتل منصب حاكم مقاطعة كوب وعند ذلك قدم مشروع قانون لتبني نظام مالي حديث قبل إرساله عام ١٨٧١م في رحلة

حول العالم أمدها عامان لإقامة اتصالات مباشرة وقوية ذات مردود إيجابي لصالح اليابان.

احتل ايتو منصب رئيس الـوزراء في اليابان للفـترة مـا بـين (١٨٨٤م- ١٨٨٨م) و(١٨٩٢م-
١٨٩٦م) و(١٩٠٠م- ١٩٠١م)، وعرف بدعوته، أول مـرة في تاريخ اليابان لعقد اجتماع البرلمان اليابـاني في
شباط ١٨٩٠م. كما عرف بتأسيسه الأسطول الياباني الحديث الذي مكن اليابان من إحراز النصر- المؤكد
والسريع في حربها مع الصين (١٨٩٤م- ١٨٩٥م). واختلف ايتو مـع الحزب العسكري بقيادة المارشال
ياماغاتا عام ١٩٠١م. ولدى احتلاله منصب سفير اليابان في سانت بطرسبرغ حاول ايتو الحيلولة دون
اندلاع الحرب الروسية- اليابانية. ولدى عودته إلى طوكيو أولى ايتو بصـوته ضد قيام الحـرب وذلك في
اقتراع المجلس الإمبراطوري، ونتيجة لذلك أجبر ايتو على قضاء آخر ثلاث سنوات مـن حياته حاكمـا في
كوريا. حيث فشل في تطبيق مشروع القانون الذي قدمه بخصوص الإصلاحات الليبرالية، واغتيل ايتـو
على يد أحد القوميين الكوريين المتعصبين في ٢٦ تشرين الثاني ١٩٠٩م.

ايدن، أنطوني (١٨٩٧م- ١٩٧٧م)

سياسي ورجل دولة بريطاني، شارك في الحرب العالمية الأولى، بدأ حياته السياسة حين انتخب
عضوا في مجلس العموم البريطاني عن حزب المحافظين في لمنجتون ١٩٢٣م. وعين وزير دولة للشؤون
الخارجية ١٩٣١م، ومسؤولاً عن العلاقات الدولية في وزارة الخارجية ١٩٣٤م وزيرا لشؤون عصبة الأمم
١٩٣٥م. تولى وزارة الخارجية عام ١٩٣٥م إلا أنه اصطدم بسياسة

رئيس الوزراء تشمبرلين المهادنة لألمانيا النازية فاستقال احتجاجاً على ذلك عـام ١٩٣٨م، لكنه عاد وزيرا لشؤون الكومنولث.

ومع اندلاع الحرب العالمية الثانية عين وزيرا للخارجية مـرة ثانيـه في ٢٣ كـانون الأول ١٩٤٥م في حكومة ونستون تشرشل. وبقي فيها حتى هزيمة حزب المحافظين في انتخابات عام ١٩٤٠م. اسـهم في تقوية نفوذ السياسة البريطانية في المشرق العربي في أثناء الحرب العالمية الثانية، وعنـد تأسـيس جامعـة الدول العربية بمراسلاته مع مصطفى النحاس رئيس وزراء مصر ونوري السعيد رئيس وزراء العراق.

وبعد نجاح المحافظين ثانية في الانتخابـات عـام ١٩٥١م عـاد ايـدن إلى تـولى وزارة الخارجيـة وصار نائباً لرئيس الوزراء، شارك في حل بعض النزاعات الدولية، وفي إنهاء الحـرب في الهند الصينية ١٩٥٤م، وتولى ايدن الوزارة البريطانية في ٦ نيسان ١٩٥٥م، وحاول تهدئة الموقف الـدولي الـذي تميز في الخمسينات من القرن العشرين بسياسة الحرب الباردة بين المعسكرين الرأسمالي والاشتراكي بدعوتـه خرتشوف وبرلغانين من قادة الاتحاد السوفيتي لزيارة بريطانيا.

وعلى أثر تأميم الرئيس جمال عبد الناصر لشركة قناة السـويس في ٢٦ تموز ١٩٥٦م شارك ايدن بالتعاون مع فرنسا والكيان الصهيوني في التخطيط للعدوان الثلاثي علـى مصر- وفي تنفيـذه، وأثـر إخفاق العدوان انسحب ايدن من الحيـاة السياسية العامـة تمامـا، وصـار بعد ذلك عضوا في مجلس اللوردات حاملا لقب كونت آفون عام ١٩٦١م. وانصرف إلى كتابة مذكراته الشخصية التي ضمها حياته وتجربته السياسية.

ايزفولسكي، الكسندر (١٨٥٦م- ١٩١٩م)

سياسي ورجل دولة روسي، دخل السلك الدبلوماسي عام ١٨٧٥م وبعد احتلاله مناصب ثانوية مختلفة منح الفرصة لاحتلال منصب هام في طوكيو عـام ١٨٩٩م، ثـم نقـل إلى كوبنهـاكن عـام ١٩٠٣م حيث مكنته الروابط بين العائلتين المالكتين في كل من روسيا والدانمارك من جذب اهتمام القيصر الـذي عينه. وسط دهشة الجميع وزيرا للخارجية في عـام ١٩٠٥م. وأنجـز ايزفولسكي خـلال الخمـس سـنوات التي قضاها وزيرا للخارجية عملين كبيرين أولهما توطيد العلاقات الثنائية الروسية – اليابانيـة وثـانيهما التوصل إلى توقيع معاهدة الوفاق الإنجليزي – الروسي.

وعاني ايزفولسكي فشلا ذريعا خلال أزمة البوسنة مـا بـين (١٩٠٨م- ١٩٠٩م) واعتـبر أن وزيـر خارجية النمسا ايهرنثال قد نقض الاتفاق الثنائي الشفهي باندفاعه بضم منطقة البوسنة والهرسك عوضا عن الانتظار حتى تتمكن روسيا من الحصـول عـلى (التعويض) بإيجـاد حـل جديـد لقضية المضائق، واحتل ايزفولسكي منصب سفير روسيا في بـاريس للفـترة مـا بـين (١٩١٠- ١٩١٦) م لعـب دورا هامـاً في تقوية التحالف العسكري بين روسيا وفرنسا وفي المباحثات الدبلوماسية التي توجت في توقيع معاهـدة القسطنطينية قصيرة الأمد عام ١٩١٥م.

الرئيس ايزنهاور، داويت ديفيد (١٨٩٠م-١٩٦٩م)

الرئيس الرابع والثلاثون للولايات المتحدة (١٩٥٢م-١٩٦١م) ولد في دينيسون بولايـة تكسـاس، وتخرج من الأكاديمية العسكرية في ويست بونيت،

بنيويورك عام ١٩١٥م، وتخرج عام ١٩٢٦م بمرتبة الشرف الأولى في مدرسة القيادة والأركان العامة التابعة للجيش الأمريكي في فورت ليغينوبرت بولاية تكساس. وبعد سبع سنوات من ذلك أصبح مساعدا لرئيس هيئة الأركان في ذلك الوقت -الجنرال دوجلاس ماك آرثر- ثم رقي إلى رتبة عميد عام ١٩٤١م وبعد دخول الولايات المتحدة في الحرب العالمية الثانية التحق ايزنهاور بفرقة خطة الحرب في واشنطن.

بعد ترقيته مرة أخرى أصبح قائدا عاما للقوات المسلحة الأمريكية في أوروبا، وفي عام ١٩٤٢م تمت ترقيته إلى رتبة فريق، وقام بصفته قائدا لقوات الحلفاء بالتخطيط لاجتياح شمالي أفريقيا، وبعد ترقيته مرة أخرى إلى رتبة جنرال بأربعة أنجم (هي أعلى مرتبة) قام ايزنهاور بالتخطيط لاجتياح إيطاليا عام ١٩٤٣م وفي عام ١٩٤٥م حل محل الجنرال جورج مارشال رئيسا لهيئة أركان الجيش. وفي عام ١٩٤٨م تقاعد مؤقتا عن الخدمة الفعلية، ولكنه شغل عام ١٩٤٥م وظيفة القائد الأعلى للقوات الأوروبية لحلف شمال الأطلسي (الناتو).

دخل ايزنهاور معترك السياسية بسبب الخلافات التي نشبت داخل الحزب الجمهوري حول اشتراك الولايات المتحدة في الحرب الكورية. وفي الانتخابات العامة التي جرت عام ١٩٥٢م ألحق ايزنهاور ورتشارد نيكسون الهزيمة بالديموقراطيين.

خلال ولايته الأولى سعى إيزنهاور إلى خفض الإنفاق الحكومي وتم تنظيم القوات المسلحة بتقليل عدد القوات التقليدية وزيادة الأسلحة النووية. كما شهدت إدارته الأولى نهاية حقبة في التاريخ الأمريكي هي حقبة ماك آرثر التي تميزت بالحملة على الشيوعيين.

وفي السياسة الخارجية أكد ايزنهاور على التعاون الوثيق مع حلفاء الولايات المتحدة الأمريكية، وفي عام ١٩٥٣م زار كوريا للمساعدة في إنهاء الحرب، لكنه فشل في إحراز نتائج سريعة، ورفض ايزنهاور عدة دعوات لاستعمال الأسلحة النووية لحل الأزمات الدولية. ودخل عام ١٩٥٦م مع نيكسون في الحملة الانتخابية ضد الديموقراطيين حيث أعيد مع نيكسون إلى الحكم مرة أخرى.

خلال ولايته الثانية كان ايزنهاور يفضل نهاية مدروسة ومنظمة للتفرقة العنصرية ضد الملونين الأمريكيين. كما أنه أجاز الإنفاق الحكومي للحاق بالسوفييت في مجال تقنية الفضاء، وفي عام ١٩٥٧م اقترح سياسة وافق عليها الكونجرس عرفت بـ (مبدأ ايزنهاور). ترك ايزنهاور الحكم في عام ١٩٦١م وتلاه جون كنيدي من الحزب الديموقراطي.

اينونو، عصمت (١٨٨٤م- ١٩٧٣م)

سياسي وعسكري ورجل دولة تركي، عندما توفي مصطفى كمال في عام ١٩٣٨م، أصبح رئيسا للجمهورية. وسمح في غضون ذلك بإنشاء حزب معارض هو (الحزب الديموقراطي) الذي فاز في انتخابات ١٩٥٠م، ما حمل عصمت اينونو على الاستقالة، وكان قد انتخب في الوقت نفسه رئيسا للحزب الجمهوري مدى الحياة، لكنه استقال من زعامة الحزب في عام ١٩٧٢م. عاد إلى السلطة كرئيس الوزراء في عام ١٩٦١م عقب الانقلاب العسكري في عام ١٩٦٠م بهدف إعادة الحياة البرلمانية ليقود ويستقيل من جديد في عام ١٩٦٥م. وليبقى في المعارضة حتى وفاته في عام ١٩٧٣م.

الرئيس أيوب،خان محمد (١٩٠٧م-١٩٧٤م)

عسكري ورئيس جمهورية باكستان، بدأ حياته العملية ملتحقا بالجيش الهندي البريطاني، تخرج من كلية سان هرست العسكرية الملكية البريطانية عام ١٩٢٨م، رئيس أركان حرب الجيش الباكستاني في ١٩٥١م وصل إلى السلطة في ٧ تشرين ١٩٥٨ عبر انقلاب أعده الجنرال إسكندر ميرزا الذي كان رئيسا للجمهورية. فإذا به يحل البرلمان في ٧ تشرين الأول ويعطي السلطات كافة للجنرال أيوب خان قبل أن يتنازل له عن السلطة نهائيا. فيصبح أيوب خان الحاكم المطلق لبلد كان يعاني من الداخل من كل ضروب الفساد والفوضى وكان في الخارج مطالبا في تزعم الجناح المؤيد للغرب في وسط آسيا.

خلال السنوات الأولى من حكمه تمكن أيوب خان من محاربة الفساد وتقوية مؤسسات الدولة وتحديث التعليم بنجاح كبير وحتى آخر أيام حكمه ظل على علاقة جيدة مع الغرب.

الحرب الهندية -الباكستانية التي بدأت في عام ١٩٦٥م وأسفرت في نهاية المطاف عن انفصال باكستان الشرقية وإعلانها دولة باسم بنغلادش في ربيع عام ١٩٧١م، قضت عليه سياسيا فأجبر على الاستقالة في ٢٥ آذار ١٩٦٩م ليحل محله الجنرال يحيى خان الذي أعلن الأحكام العرفية وتحمل ما تبقى من الهزيمة.

بابن، فرانز فون (١٨٧٩م- ١٩٦٩م)

سياسي ألماني نازي لعب دوراً مهماً في تقويض جمهورية فايمر ومساعدة هتلز في الوصول إلى السلطة. وتوليه منصب المستشارية عام

١٩٣٣م. ملحق عسكري في واشنطن حيث تم ابعاده بسبب تورطه بأعمال التجسس والتخريب (بداية الحرب العالمية الأولى). نائب عن الجناح اليميني في الحزب الكاثوليكي الوسطي (١٩٢١م- ١٩٣١م) كان من دعاة التفاهم الفرنسي- الألماني ولم يكن من يؤيده في سياسته تلك. عينه هندنبرغ رئيسا للوزراء. فأعلن عن توقف ألمانيا عن دفع تعويضات الحرب. وقرر رفع حظر نشاط منظمة إس.إس العسكرية النازية، استقال من رئاسة الوزراء، فخلفه شلايشر الذي ما لبث أن قدم استقالته ١٩٣٣م.

اتفق مع هتلر واقنع هندنبرغ بتعيين هتلر مستشاراً لألمانيا، وعلى الرغم من شعوره بعد ذلك بفداحة غلطته، فإنه استمر بمساعدة هتلر، ترك الحكم بعد عملية ارتست رويم وال إس.إس في ليلة ٣٠ حزيران ١٩٣٤م الدموية التي تخلص فيها النازيون من أعدائهم. عين سفيرا في النمسا (١٩٣٤م- ١٩٣٨م). ثم سفيرا في تركيا (١٩٣٩م- ١٩٤٤م) حيث عمل على إبعاد تركيا عن التحالف مع الحلفاء. اعتقله الحلفاء في نيسان ١٩٤٤م وحوكم كمجرم حرب في نورنبرغ. لكن المحكمة عادت وبرأته، وحكمت عليه بعد ذلك محكمه ألمانيا بالسجن ٨ سنوات بتهمة تبني الأيديولوجية النازية. افرج عنه في عام ١٩٤٩م، واصدر عام ١٩٥٢م مذكراته.

باتش، الكسندر (١٨٨٩م-١٩٤٥م)

عسكري أميركي، ولد في فورت هوشوكا (ولاية اريزونا). ودرس في ويست بوينت، وشارك في الحرب العالمية الأولى وفي احتلال رينانيا، حصل باتش على رتبة جنرال في عام ١٩٤٢م، فكلف بقيادة الدفاع عن كاليدونيا

الجديدة بالتعاون مع القوات الفرنسية، وفي العام ١٩٤٣م أنهى احتلال غواد القنال، وفي العام ١٩٤٤م عين قائدا للجيش السابع واشترك في الإنزال على الشاطئ الفرنسي في مقاطعة بروفانس خلال شهر آب. وقام بتحرير فرانش كومني بالتعاون مع جيش الجنرال دولاتر دوتاسيني، ثم اندفع نحو اللورين فالالزاس، حيث قامت فرقة لوكلير الملحقة بجيشه بتحرير مدينة ستراسبورغ في ٢٣ تشرين الثاني ١٩٤٤م.

عبر باتش نهر الرين مع جيشه قرب ودرمس في آذار ١٩٤٥م، ثم احتل بافاريا، وأمن الاتصال مع جيش الحلفاء القادم من إيطاليا، وبعد انتهاء الحرب عاد الجنرال باتش إلى الولايات المتحدة، حيث توفي في ولاية تكساس ١٩٤٥م.

باتون، جورج سميث (١٨٨٥م- ١٩٤٥م)

عسكري أمريكي، ولد في ولاية كاليفورنيا في عام ١٨٨٥م، برز في رياضة الفروسية عندما كان في مرحلة دراسته الثانوية، ثم دخل إلى معهد فرجينيا العسكري، وانتقل بعد ذلك إلى الكلية العسكرية (وست بوينت) ومنها تخرج في عام ١٩٠٩م برتبة ضابط في سلاح الفرسان. خدم تحت إمرة الجنرال (جون بيرشينخ) في المكسيك ثم رافقة إلى فرنسا عام ١٩١٧م وهناك اظهر اهتماما كبيرا بالمدرعات وأنشأ مركزاً تدريبياً للدبابات الأمريكية في فرنسا، وبعد ذلك أنشأ الفرقة الأولى للدبابات التي قادها بنفسه أثناء الهجوم على (سات ميهيل) و(موزارغون) وجرح خلال هذه المعركة، ولم يشترك بعدها في أية معركة خلال الحرب العالمية الأولى.

كان خلال فترة ما بين الحربين يؤكد على أهمية دور سلاح المدرعات في الحرب، وساهم بنشاط وفعالية عشية الحرب العالمية الثانية في إنشاء وتدريب القوات المدرعة، قاد في تشرين الثاني ١٩٤٢م الجناح الشرقي للقوات الحليفة التي غزت شمالي أفريقيا، ثم لم يلبث أن قاد الفرقة الثانية في تونس، وفي تموز ١٩٤٣م تولى قيادة الجيش الأميركي السابع في الهجوم على صقلية مبرهنا على مقدرة في سرعة استيلائه على بالرمو وبعد الهجوم على النورماندي عبرت قواته من المملكة المتحدة إلى فرنسا ولم تلبث هذه القوات أن اخترقت الخطوط الألمانية قرب (مان لو) واجتاز بسرعة (برتيانيا) وشمالي فرنسا رغم المصاعب اللوحستيكية التي كانت سائدة في الجبهة، ومن هنا انطلقت شهرته كقائد جريء.

ادخل أثناء الحرب العالمية الثانية روح سلاح الخيالة إلى سلاح الدبابات و الفرق الميكانيكية، فقد قلبت طريقته في استعمال الدبابات كسلاح اقتحامي لخرق صفوف العدو مفاهيم الإستراتيجية الهجومية التي كانت سائدة من قبل، وحققت هجماته الاقتحامية انتصارات براقة في شمالي أفريقيا وصقلية، ولكن أكبر انتصاراته تحققت في أوروبا أثناء قيادة الجيش الثالث، ففي اقل من عشرة أشهر تنقلت فرقة المدرعة ومشاته بين ست دول هي فرنسا وبلجيكا واللوكسمبورغ وألمانيا والنمسا وتشيكوسلوفاكيا (سابقا) وتمكن الجيش الثالث أثناء ذلك من أسر ما يزيد عن ٧٥٠.٠٠٠ جندي ألماني ومن قتل أو جرح ما يزيد عن نصف مليون آخرين. وبعد الحرب العالمية الثانية ظل مع قوات الاحتلال في ألمانيا ولكنه توفي بحادث سيارة في ٢١ كانون الأول ١٩٤٥م، ودفن في المقبرة الأميركية العسكرية في هام باللكسمبورغ.

باتيستا، فولجنسيو (١٩٠١م- ١٩٧٣م)

عسكري وسياسي كوبي، ولد في بان في كوبا ١٩٠١م، وتوفي في مدينة ماربيل الإسبانية ١٩٧٣م، دعم وهو ضابط صف انتفاضة الطلاب في عام ١٩٣٣م، ترقى إلى رتبة عقيد ثم أصبح قائدا للجيش، انتخب رئيساً للجمهورية (١٩٤٠م- ١٩٤٤م)، وفي عام ١٩٥٢م دبر انقلابا عسكريا أعاده إلى السلطة من جديد، ثم أعيد انتخابه في العام ١٩٥٤م، فأقام حكماً دكتاتوريا، هرب من كوبا ما أن بلغه وصول الثوار إلى العاصمة في الأيام الأخيرة من عام ١٩٥٨م.

بادوليو، بيترو (١٨٧١م- ١٩٥٦م)

عسكري وسياسي إيطالي، ولد في غرازانو مونفراتو في إيطاليا. ولمع نجمه إبان حكم موسوليني، بدأ خدمته العسكرية برتبة ملازم في سلاح المدفعية عام ١٨٩٠م، واشترك في الحملة على الحبشة ١٨٩٦م وفي الحرب التركية الإيطالية ١٩١٢م التي استولت فيها إيطاليا على ليبيا.

لمع اسمه إبان الحرب العالمية الأولى في معركة غوريزيا ١٩١٦م وأصبح في أواخر تلك الحرب من اقرب مساعدي الجنرال دياز، اختير ممثلا عن إيطاليا لتوقيع معاهده الصلح في ١١ تشرين الثاني ١٩١٨م التي وضعت حدا للأعمال الحربية مع النمسا، وفي عام ١٩١٩م رقي إلى رتبة جنرال وتسلم منصب رئيس الأركان العامة الإيطالية حتى عام ١٩٢١م، عمل سفيرا لبلاده في البرازيل بين عامي (١٩٢٤م و١٩٢٥م)، وفي أيار ١٩٢٦م أعاده موسوليني إلى منصب رئيس الأركان ومنحه رتبة فيلد مارشال عام ١٩٢٦م، عين حاكما عاما في ليبيا (١٩٢٨م- ١٩٣١م) وحل محل دوبرتو في قيادة الحملة الإيطالية

على الحبشة ١٩٣٥م فاحتل مدينة اديس-ابابا في عام ١٩٣٦م وسمي نائبا لملك الحبشة في عام ١٩٣٨م.

كان بادوليو قائدا عاما للقوات المسلحة الإيطالية في مطلع الحرب العالمية الثانية ١٩٤٠م ولقد فاوض الفرنسيين على الصلح. ولكن معارضته لحملة اليونان جعلت الدوتشي ينحيه عن منصبه في عام ١٩٤١م ويعين بدلا عنه الجنرال كافاليرو، وفي تموز ١٩٤٣م وبعد اعتقال موسوليني اختاره الملك لرئاسة الحكومة فبدأ (بادوليو) مفاوضات الهدنة مع الحلفاء. وأعلن الحرب على ألمانيا، ثم ما لبث أن ترك السلطة بعد تخلي الملك عن العرش في حزيران ١٩٤٤م، نشرـ مذكراته في عام ١٩٤٦م، وبقي في إيطاليا حتى وفاته بعد عشر سنوات من نشر المذكرات.

بار، ريمون (١٩٢٤م-   )

اقتصادي وسياسي فرنسي، ولد في جزيرة سان دونيس دولا ريونيون لوالد ثري لم يعرفه ريمون لأنه كان قد قطع علاقته بأسرته خوفا على سمعتها أثر محاكمته بتهمة الإفلاس الوهمي عام ١٩٢٨م، فنشأ ريمون بار في رعاية والدته، وعرف بكونه تلميذا نموذجيا، نال شهادات جامعية في الاقتصاد والقانون في باريس، لم يكن له نشاط سياسي يذكر حتى عام ١٩٥٩م عندما تولى منصب مدير مكتب وزير الصناعة والتجارة جان مارسيل جانية، عينه ديغول نائبا لرئيس اللجنة الأوربية مكلفا القضايا الاقتصادية والمالية، فبقي فيه من عام ١٩٦٧م حتى عام ١٩٧٢م وفي عام ١٩٧٥م، كلفه جيسكار ديستان مهمة الإعداد والتنظيم لأول قمة تعقدها الدول الصناعية، وفي عام ١٩٧٦م انضم إلى حكومة

شيراك وزيرا للتجارة، ثم خلف شيراك في رئاسة الحكومة بين ١٩٧٦م و ١٩٧٨م فواجه أزمتين نفطيتين أسفرت تبعاتهما الاقتصادية عن هبوط شعبيته فتخلى عـن رئاسـة الحكومـة، وبقـي نائبا حتـى عـام ١٩٨٨م عندما خاض دون جدوى انتخابات الرئاسة (نال ١٦.٥٪ من الأصوات).

كان من ابرز معارضي نشر صواريخ بيرشينغ في أوروبا لمواجهة الاتحاد السوفيتي (سابق). كما تميز بدفاعه عن احتلال الاتحاد السوفيتي لأفغانستان ١٩٧٩م وفي عـام ١٩٨٢م كـان النائـب الوحيـد في الحزب الذي ينتمي إليه أي (الاتحاد من أجل الديمقراطية) الذي صوت إلى جانـب النواب الشيوعيين وبعض الثواب الاشتراكيين لمصلحة ما يسمى (تعديل جوكس) الذي يرفض العفو عـن الجـنرالات الـذين شاركوا في انقلاب الجزائر.

بارك، تشونغ هي (١٩١٧م- ١٩٧٩م)

عسكري وسياسي كوري كان رئيساً لكوريا الجنوبية فيما بين عامي (١٩٦٣م- ١٩٧٩م)، ولـد في سنسن قون، وهي منطقـة في شـمال كيونجسانغ بجنـوب كوريـا. وفي بدايـة العقـد الرابـع مـن القـرن العشرين التحق بأكاديميات عسكرية وانخرط في الجيش الياباني، ثم التحق بالأكاديمية الحربية الكوريـة في عام ١٩٤٥م وأصبح ضابطا في الجيش الكوري عام ١٩٤٦م، استولى عـلى زمـام السـلطة وصـار رئيسـا للدولة في عام ١٩٦١م عقب قيادته لانقلاب عسكري ضد الحكومة المدنية.

وفي عام ١٩٧٩م اغتاله رئيس وكالة المخابرات المركزية في كوريا، وبـالرغم مـن إثـارة الجـدل حول زعامة بارك إلا أنه كان ممن ساعد على إنشاء

صناعات جديدة في كوريا الجنوبية وتطورت وسائل التنمية الاقتصادية بصورة مطردة وسريعة في عهده، ومن ناحية أخرى، تشددت حكومته في تقيد الحريات الفردية للمواطنين، فلقد أصدرت قوانين تحرم النقد الموجه لرئيس الجمهورية أو الدستور مما أدى إلى إعطاء الرئيس بارك سلطة كادت أن تكون مطلقة، وأودع كثيراً من المواطنين السجن بسبب نقد سياسته وأعلن بان الحكم القاسي ضروري لتجنب الهجوم من كوريا الشمالية.

بارليف، حاييم (١٩٢٤م- م)

سياسي صهيوني، وزير التجارة والصناعة ورئيس أركان الكيان الصهيوني (١٩٦٧م- ١٩٧١م)، ولد في فينا (النمسا)، وهاجر إلى فلسطين عام ١٩٣٩م، انضم إلى البالماخ وشارك في عملياتها في إخلاء السكان العرب بالقوة، وتولى قيادة إحدى الكتائب في النقب ١٩٤٨م، رقي في مهمات ووظائف حتى أصبح رئيسا للأركان، حيث اشرف على إقامة التحصينات بمحاذاة قناة السويس عرفت باسمة (خط بارليف) خط دفاعي أقامته القيادة العسكرية في الكيان الصهيوني على امتداد قناة السويس خلال المراحل الأولى من حرب الاستنزاف ١٩٦٩م في وجه أية محاولة مصرية لعبور قناة السويس، وكان هذا الخط يتألف من سلسلة مواقع ونقاط عسكرية حصينة بلغ عددها نحو ٣١، لكن المصريين في حرب تشرين الأول ١٩٧٣م تمكنوا من عبوره خلال ٦ ساعات.

بازيك، نيكولا (١٨٤٥م- ١٩٤٦م)

رجل دولة صربي واحد مؤسسي مملكة صربيا وكرواتيا وسلوفينا، التي اتخذت اسم (يوغسلافيا) في ما بعد. ومؤسس الحزب الراديكالي القومي في

صربيا عام ١٨٨١م، لعب دوراً سياسيا مهما في ظل عرش اوبرينوفيك وعـرش جورجيفيك، جاءت حروب البلقان (١٩١٢م- ١٩١٣م) والحرب العالمية الأولى (١٩١٤م- ١٩١٨م) كي تبلور أفكاره حول القومية الصربية المنفتحة، لكن إصراره على السيطرة الصربية في الدولة المتعددة القوميات التي أنشأها زرع بذور نزاعات محليه، ما لبث أن خفت حدتها بعد توحيد يوغسلافيا الذي تم بعد وفاته بوقت طويل.

درس بازيك الهندسة في بلغراد وجاء اهتمامه بالليبرالية المعاصرة والمؤسسات الديمقراطية. نتيجة تأثره بالفوضوي الروسي ميخائيل باكونين. وبعد عودته إلى صربيا ١٨٧٣م انضم إلى المجموعة الاشتراكية التي كان يقودها ماركوفيتش، لكن اشتراكه في الحروب ضد تركيا (١٨٧٦م- ١٨٧٨م) قاده إلى تغيير تفكيره السياسي، دخل البرلمان كزعيم للمعارضة في ١٨٧٨م، عين رئيساً للوزراء أول مرة في عام ١٨٩١م، ورافق الملك الكسندر اوبرينوفيك كوزير للخارجية في زيارة لروسيا في عام ١٨٩٢م، حيث أقام علاقات شخصية وسياسية قوية مع النظام القيصري وقد عين وزيرا صربيا في بطرسبورغ في عام ١٨٩٣م. لكنه استقال احتجاجاً على عودة الملك السابق ميلان إلى صربيا في عام ١٨٩٤م.

وفي عام ١٨٩٩م، عندما جرت محاكمة أعضاء الحزب الراديكالي بتهمة محاولة اغتيال الملك ميلان، أدلى بازيك باعترافات ورط فيها العديد من رفاقه السابقين، ثم ترك البلاد مختارا وعاد إليها بعد تنازل ميلان عن العرش، رقي عام ١٩٠٣م، بعد الانقلاب الدموي الذي أعاد عرش كاراجورجيفيك بشخص الملك بطرس الأول، عمل بازيك على تثبيت الحزب كسند رئيس للنظام الجديد،

وكقوة دافعة في السياسة الصربية، واتسمت وسائله للمحافظة على زعامته بالقسوة والانتهازية، وفي عام ١٩٠٤م، عين رئيساً للوزراء، ووزيرا للخارجية مره أخرى وأبدى براعة فائقة في مقاومة المحاولات النمساوية - الهنغارية لفرض غرامة حربية على صربيا، عين في كلا المنصبين من أيار ١٩٠٦م حتى حزيران ١٩٠٨م غير أنه كان يشغل منصبا حكوميا ثانويا في تشرين الأول ١٩٠٨م عندما انفجرت أزمة دولية كبرى بسبب ضم النمسا وهنغاريا لمقاطعة البوسنة والهرسك، أعيد تعيينه رئيسا للوزراء في تشرين الأول ١٩٠٩م، واستبدل في عام ١٩١١م بأكبر منافس سياسي له، ميلان ميلوفانوفيتش. وبالرغم من تعاونه مع هذا الأخير في إقامة حلف مع بلغاريا وهو الحلف الذي انبثقت عنه في ما بعد العصبة البلقانية، فإن محاولات السياسيين الشباب والعديد من القادة العسكريين لإزاحته عن منصبه كرئيس للحزب لم تتوقف إلا بموت ميلان ميلوفانوفيتش المفاجئ، وقد تسنى لبازيك أن يقود صربيا في حربين رابحتين، الأولى ضد تركيا ١٩١٢م والثانية ضد بلغاريا ١٩١٣م.

بعد اغتيال الارشيدوق فرديناند على يد شاب حزبي وطني في سارايفو ٢٨ حزيران ١٩١٤م كان موقف بازيك ليناً للغاية في التعامل مع الشروط القاسية للإنذار النمساوي- الهنغاري الموجه إلى صربيا، ولكنه لم يستطع تفادي إعلان الحرب، في ظل هذه الأوضاع لعب بازيك بذكاء على المشاعر القومية المحتدمة لتحويل حرب الصرب باتجاه حلمه الخاص في تحرير كل الصربيين وحتى السلافينين الجنوبيين في النمسا- هنغاريا، وعارض بشده معاهدة لندن السرية التي وعدت فيها روسيا وفرنسا وبريطانيا إيطاليا بكثير من المقاطعات السلافية الجنوبية، وأجبرت هزيمة صربيا على يد النمسا وألمانيا، فيما بعد حكومة

بازيك والجيش على الانسحاب إلى كورفو في شتاء ١٩١٥م، وقد اضعف سقوط النظام القيصري في روسيا ١٩١٧م من موقف بازيك، وأرغمه مؤقتا على التخلي عن اتجاهه الوحدوي الصربي المتشدد. واضطر إلى التفاوض مع لجنة ترومبيك اليوغسلافية، وهي هيئة من السلافينين الجنوبيين المنفيين من النمسا-هنغاريا، تتخذ من لندن وباريس مقرا لها. كانت النتيجة صدور إعلان كورفو في تموز ١٩١٧م، الذي وضع الخطوط العريضة لدولة يوغسلافيا بعد الحرب، وعندما وضعت الحرب العالمية الأولى أوزارها، بدأ بازيك يعلن أن صربيا كونها القوه السياسية والعسكرية المسيطرة بين السلافينين الجنوبيين- تملك وحدها حق التعامل مع الحلفاء. إلا أنه اضطر في ما بعد للانضمام إلى ممثلين عن اللجنة اليوغسلافية وعن المجلس الوطني الذي شكل في زغرب وعن المعارضة الصربية، وذلك في جنيف في عام ١٩١٨م.

ومهما يكن من أمر، فقد تم التوصل، في ما بعد، إلى تسوية توحيد بين الصرب والمقاطعات السلافية الجنوبية بشكل مملكة تضم الصربيين والكرواتيين والسلافينين، ولكن بازيك فشل كليا في فهم الفارق الجوهري بين صربيا المتجانسة وتعقيدات المملكة الجديدة، التي أصبحت تضم عدة قوميات مختلفة، وبقي يعتبر الكرواتيين والسلوفينيين والمقدونيين والمسلمين البوسنيين، مجرد صربيين يعتنقون ثلاثة أديان (الأرثوذكسية، الكاثوليكية، الاسم) ويحملون عدة أسماء. وقد استطاع بازيك، عبر البرلمان، عندما أعيد تعينه رئيسا للوزراء في عام ١٩٢١م. أن يفرض دستورا موحدا يثبت فعليا السيطرة الصربية الموجودة تحت قناع إنشاء أمة متجانسة، ويؤسس نظاما مركزيا قويا ويقضي على المقاطعات المستقلة. وفي عام ١٩٢٥م، اجبر بازيك على حل البرلمان

ولكنه استطاع إعادة تأمين الأكثرية واتخاذ إجراءات عنيفة ضد خصومه وعندما وجهت الانتقادات لاتجاهه المتنامي نحو المركزية والتوحيد، من قبل حلفائه السابقين، اضطر بازيك إلى الاستقالة في آذار ١٩٢٦م.

باسترانا، أندرس (١٩٥٥م-   )

رئيس جمهورية كولومبيا الحالي (ابتداءً من آب ١٩٩٨ ولولاية مدتها ٤ سنوات) مكان والده ميسائيل باسترانا رئيسا سابقا لكولومبيا. فعاش اندرس حياة الطفولة والشباب منغمسا في المجتمعات الراقية. نازعا إلى الهيبة و الفوضوية بكل ما تمثله تلك الحركة في أوروبا والولايات المتحدة من توجه يساري. بل يقال أنه اطلع على الفكر الماركسي على يد إحدى الهنديات في بلاده وشارك في مناقشات مع زملائه عن الحرية والفقر والحاجة، وطالب بتغيير حقيقي في التركيب الاجتماعي لبلاده.

وعلى الرغم من نجاحه في دراسة القانون عمل في الصحافة، خصوصا في التلفزيون وسافر خلال تلك الفترة إلى العديد من دول العالم وأقام صداقات متعددة الاتجاهات، ويرى البعض أن تلك الصداقات خلال فترة العمل الصحافي، فتحت له أبواب العالم الخارجي، ووضعته على صلات مباشرة مع مراكز القرارات الدولية وخصوصاً الولايات المتحدة التي تحكم الحركة السياسية في كل دول أميركا اللاتينية تقريباً.

ودخل العام ١٩٨٨م، صراعا غير متكافئ على منصب محافظ بوغوتا (العاصمة) واستطاع أن ينجح في الانتخابات على الرغم من كل التوقعات التي أشارت إلى هزيمته، ومنها توقعات والده الرئيس السابق للبلاد، الذي طلب منه أن

ينسحب من الانتخابات، لان الحزب الليبرالي كان يسيطر على كل حركة في العاصمة، ونجح باسترانا في منصب محافظ العاصمة، لكنها كانت فترة عصيبة، إذ كانت مافيا الكوكايين تصفي حساباتها في قلب العاصمة التي شهدت في عام واحد أكثر من ١٣٠ هجوما بالقنابل والسيارات المفخخة، التي راح ضحيتها عدد كبير من المواطنين، واستطاع زعيم (كارتل دي ميدبين) السابق بابلواسكوبار أن يدخل مكتبه ويتخذه رهينة طوال أكثر من ثماني ساعات، وكانت حياته مقابل رفع الحصار عن زعيم كارتك دي ميدبين الحالي، وانتهى الاختطاف بمصرع بابلوا سكوبار الذي تابعه الناس على التلفزيون.

الحظ الذي حالف اندرس باسترانا طوال حياته السياسية تخلى عنه فجأة في الانتخابات الرئاسية ١٩٩٤م عندما كان مرشح للمحافظين في مواجهة ارنستوسامبير (رئيس الجمهورية ١٩٩٤م-١٩٩٨م) فدفعته هزيمته إلى ارتكاب عدد من الأخطاء السياسية. حين قام بإجراء عدد من التسجيلات السرية التي تؤكد أن الرئيس سامبير نجح في تلك الانتخابات باستخدام أموال قدمتها له (مافيات الكوكا) في كولومبيا، وبدلاً من تقديم تلك التسجيلات إلى القضاء الكولومبي، قام بتسليم نسخه منها إلى سفير الولايات المتحدة في بوغوتا ما أسفر عن انفجار فضيحة سياسية قررت على أثرها الولايات المتحدة سحب تأشيرة دخول أراضيها من رئيس كولومبيا، ولم تسفر تلك الفضيحة في كولومبيا عن أي نتائج، بل أصبح باسترانا يواجه الرئيس المنتخب في ساحات القضاء الوطني، لكن فشل سامبير في حل الكثير من مشكلات البلاد، وفضائح تورطه المستمر مع مافيات المخدرات لعبا لمصلحة باسترانا في انتخابات ١٩٩٨م.

باشاني، مولانا عبد الحميد خان (١٨٨٥م- ١٩٧٦م)

سياسي ورجل دين بنغالي، أحد أهم الوجوه السياسية في بنغلادش مؤسس رابطة عوامي ١٩٤٩م، والزعيم التاريخي للعمل من أجل استقلال بلاده. عرف بمعارضته المستمرة للبريطانيين وللباكستانيين وللهند ولحكومة مجيب الرحمن وعرف بنزعته المثالية، خاصة في طروحاته حول (الاشتراكية الإسلامية) وفي إعلانه في مناسبات عديدة عن أن (النضال المسلح وحده) يتيح للجماهير التحرر من البؤس الاقتصادي والاجتماعي، لكن دون أن يقرن هذا الطرح بأي خطوة عملية، التف حوله العديد من المنويين (نسبة إلى الزعيم الصيني ماونسي- تونغ) فساعد ذلك على إبرازه كزعيم سياسي، كما اعتمد الإضراب عن الطعام والمسيرات الشعبية أسلوبا في عمله السياسي.

اختلف في أواسط الخمسينات من القرن العشرين مع قيادة رابطة عوامي التي اتهمها بانتهاج سياسة خارجية تابعة للغرب، فتركها وأسس مع الجناح اليساري فيها حزبا جديدا دعاه (حزب عوامي الوطني)، لم يشترك في انتخابات ١٩٧٠م لأنه لم ير أية فائدة من (برلمان بورجوازي). كرس سنوات حياته الأربع الأخيرة للقيام بحملات نقد عنيفة ضد ما اسماه (التوسعية الهندية) متهما الهند بأنها وراء كل الأمراض التي تشكو منها بنغلادش.

بالادور، ادوار (١٩٢٩م-   )

رئيس آخر حكومة في عهد ميتران، وقد شكلها بالأدور في ٢٩ آذار ١٩٩٣م واستمرت إلى ١٠ أيار ١٩٩٥م (أي إلى تاريخ الانتخابات الرئاسية في فرنسا وفشل ميتران وفوز شيراك).

ولـد أدوار بـالادور في أزمـير (تركيا)، كـان والـده واحـدا مـن مـديري البنـك العـثماني في القسطنطينية، وكان سهلا على الوالد الحصول على الجنسية الفرنسية وذلك أن عائلته كانت قد استطاعت أن تحظى بفرمان مـن السـلطان سـليم الثالـث يصـنفها بـين رعـايا فرنسـا في الإمبراطوريـة العثمانية إذ أن هذه الوضعية كانت تمنح لأقليات كاثوليكية هي على علاقة جيدة بفرنسا، وكان الوالد قد غادر تركيا، بين كثيرين غادروها، على أثر حريق متعمـد شب في أزمـير التركيـة واستهدف بصـورة خاصة الحي الذي تقيم فيه الأقليات المسيحية التي تتعاطى التجارة، ومن المؤرخين من يقول أن الهدف من الحريق كان نقل التجارة إلى أيدي الكماليين (أنصار كمال اتاتورك).

هاجر الوالد وأسرته، إلى مارسيليا، وفي هذه المدينة التي تضم جالية أرمنية شهيرة، عاش ادوار طفولة عادية ومتواضعة، فكان على العائلة أن تكافح لبلوغ الوضع المادي البورجوازي الذي كانت عليه في أزمير، وكان يرغب في دراسة الطب، لكن متاعبه الصحية ستجعله يعيد النظر في ذلك ويتوجه نحو مدرسة الإدارة الوطنية E.N.A التي يتخرج منها القسـم الأكبر مـن كـوادر الإدارة والطبقـة السياسية الفرنسية، ومن بينهم الثلاثي (شيراك وجوسبان وبـلادور) الـذين رشحوا للانتخابـات الرئاسية في ربيع ١٩٩٥م.

تخرج بالادور في عام ١٩٥٧م. وأمضى ـ ٥ سنوات موظفا في مجلس الدولة. في كانون الثاني ١٩٦٢م، استدعاه رئيس الوزراء في حينه جورج بومبيدو للعمل في مكتبه كمستشار للشؤون الاجتماعية. وظل إلى جانب بومبيدو وحتى اليوم الأخير من حياته ١٩٧٤م، مستشار، فنائب السكرتير العام لرئاسة الجمهورية، فسكرتير الرئاسة والحاكم الفعلي للاليزية بسبب مرض الرئيس، وفي

هذه السنة الأخيرة ١٩٧٤م برز خلافه مع وزير المال الصاعد فاليري جيسكار ديستان الذي انتخب رئيسا والذي لم يذكر اسم بلا دور في عهده (١٩٧٤م- ١٩٨١م) ولو مرة واحدة.

وفي عام ١٩٧٩م، اتصل به شيراك للعمل معا في (التجمع من أجل الجمهورية) وتوثقت الصلة بينهما بعد انتخابات ميتران رئيسا ١٩٨١م.

وفي عام ١٩٨٢م، نجح في الانتخابات عن الدائرة الخامسة عشرة للعاصمة وتمكن شيراك من فرضة على المكتب السياسي لحزب التجمع (١٩٨٦م- ١٩٨٨م)، وكان بلا دور يظهر قدرة هائلة في التحليل السياسي واستشراف آفاق الصراع السياسي، فتوقع في ١٩٨٣م الوصول إلى (حكومة التعايش) بين رئيس اشتراكي وبرلماني يميني في ١٩٨٦م ويعود له الفضل في إطلاق هذه التسمية (حكومة التعايش) وقد تحقق توقعه، الأمر الذي عزز مكانته لدى شيراك فعينه وزيرا للاقتصاد والمالية والخصخصة، وكان لديه خمسة وزراء مفوضين، وقد شاعت في حينه أنباء تقول أنه الحاكم الفعلي وليس جاك شيراك.

وبعد حكومة التعايش، تقدم شيراك للرئاسة، وهزم بطريقه مدوية وبعد فوز اليمين في انتخابات ١٩٩٣م دفعه شيراك إلى تولي رئاسة الحكومة كي يتفرغ هو لمعركته الرئاسية ١٩٩٥م، ولم يحسب أي حساب للتحول الذي سيطرا على موقف بالادور، فبعد أشهر معدودة على ترؤسه الحكومة (شكلها في ٢٩ آذار ١٩٩٣م) بدأت استطلاعات الرأي تعكس تأييداً شعبيا متزايداً له، إذ نجح إلى حد ما. وقياسا على الحكومات السابقة، بالتخفيف من وطأة الأزمات المتعددة، بواسطة أسلوبه الخاص الذي يقضي إلغاء أي طابع أيديولوجي عن أي من

الأزمات، وترشح للانتخابات الرئاسية، وأيده البعض ممن كانوا في خانه شيراك، ورغم ذلك فـاز شـيراك، واستبعد بالادور مجددا عن المناصب السياسية سواء داخل (التجمع من أجل الجمهورية) أو في الدولة.

بالدوين، ستانلي (١٨٦٧م- ١٩٤٧م)

سياسي ورجل دوله بريطاني، تلقى تعليمه في جامعتي هارو وترينيني في مدينة كـامبردج. وفي عام ١٩٠٨م أصبح عضوا في البرلمان ممثلا حزب المحافظين في مدينـة يـودلي، مسـقط رأسـه، ثم احتـل منصبا صغيرا في حكومة الائتلاف التي حكمت بريطانيا للفترة ما بين (١٩١٦م- ١٩٢٢م) قبل أن يحصل عام ١٩٣١م على منصب وزاري بعنوان رئيس مجلس التجارة، وفي ١٩ تشرين الأول ١٩٢٢م كان لـه دور بارز في الاجتماع في نادي كارلتون الذي اخرج حزب المحافظين مـن حكومـة الائـتلاف، وبعـدها احتـل منصب وزير المالية في عهد حكومة بونارلو، ومنصب رئيس الوزراء عام ١٩٢٣م بعد فوزه عـلى منافسـه كورزون. واضطر بالدوين إلى تقديم استقالته من منصب رئيس الـوزراء بعـد إخفاقـه في الحـوز عـلى أغلبية الأصوات في الانتخابات التي جرت عام ١٩٢٣م ولكنه عاد فاحتل منصب رئاسة الوزراء في فترة ما بين (١٩٢٤م- ١٩٢٩م) وهي الفترة التي اشتهرت بالإضراب العام كما عرفت هذه الفترة بتصاعد البطالة.

وقـد احتـل بالـدوين منصـب رئيس مجلـس اللـوردات في عهـد الحكومـة الوطنيـة برئاسـة ماكدونالد عام ١٩٣١م ثم عاد فاحتل منصب رئيس الوزراء عام ١٩٣٥م، واثر أزمة التنـازل عـن العـرش قدم بالدوين استقالته وقد تعرض بالدوين

لأشد أنواع النقد نتيجة لسياسته التي عانت من قصر النظر إزاء انبعاث الحركة القومية الألمانية.

باندرانيكا سولومون(١٨٩٩م-١٩٥٩م)

رئيس وزراء سيلان(سري لانكا) في ١٩٥٦م. درس في كلية سان توماس (كولومبو)وكريسنشرس (اوكسفورد) مارس المحاماة ثم تركها، تخلى عـن المسيحية واعتنق البوذية، انشأ الحزب القومي الـذي انضم في ما بعد إلى أحزاب وتنظيمات أخرى وأصبح اسمه (الحـزب الـوطني الموحـد)، أصبح عضوا في مجلس الدولة ١٩٣١م ووزير الإدراة المحلية١٩٣٦م ووزير الصحة في الحكومـة المحلية١٩٤٧م.

استقال في عام ١٩٥١م ليؤلف حزب الحرية وصار زعيما للمعارضة بعد انتخابات ١٩٥٦م ثم رئيسا لجبهة الشعب الموحدة التي عملت على أسس وطنيـة واتبعـت الاشتراكية المعتدلة في السياسـة الداخلية والحياد في السياسة الخارجية. وقع اتفاقية تنازلت فيها بريطانيا تدريجيا عن قواعدها في سري لانكا. اتهمه القوميون المتطرفون في عام ١٩٥٨م بالفشل في الـدفاع عـن المصالح الوطنيـة رأس في أيـار ١٩٥٩م الوزارة التي الفها من أعضاء حزب الحرية. اغتيـل في أيلـول مـن العـام نفسه تابعت زوجته سياسته وأصبحت زعيمة سري لانكا القومية ومن ابرز زعماء العالم الثالث.

باندرانيكا سيريمافو(١٩١٦م)

رئيسة وزراء سري لانكا خلفت زوجها سولومون باندارانيكا بعد اغتياله في عام ١٩٥٩م وقادت حزب الحرية الذي أصبح يعرف باسم (تحالف الشعب) وإضافة إلى منصبها كرئيسة وزراء سيلان كانت وزيرة للخارجية والدفاع وبالرغم من أنها لم تكن عضوا في البرلمان إلا أنها كانت أول امرأة في العالم تصبح رئيسة للوزراء في دولة ذات نظام برلماني حديث.

تنحدر من أسره عريقة غنية من ملاك الأراضي تزوجت من سولومون باندرانيكا ١٩٤٠م وأنجبت ثلاثة أبناء ومع أنها نشأت مسيحية إلا أنها اعتنقت البوذية هي وزوجها في ما بعد. لم تسع إلى تطبيق سياسة زوجها في قومية اللغة فحسب، بل عملت أيضاً على تنفيذ برنامج اقتصادي اشتراكي إلا أنه باء بالفشل ما أوقع البلاد في أزمات خانقة وأصبحت البلاد في عام ١٩٧١م عندما كانت سيريمافو باندرانيكا رئيسة للوزراء للمرة الثانية تمرد إكبيرا من جانب الجماعات اليسارية بسبب نسبة البطالة الكبيرة بين الشباب، لكن الديمقراطية التي تمسكت بها رئيسة الوزراء استمرت في البلاد رغم ذلك بقيت رئيسة للوزراء (ووزيرة التخطيط والاقتصاد والخارجية) حتى منتصف ١٩٧٧م حين خسر حزبها الانتخابات العامة وفاز جايا وردن برئاسة الجمهورية.

وفي أواخر ١٩٩٤م وبعد فوز ابنتها شاندرانيكا كاماراتونغا برئاسة الجمهورية عينت هذه الأخيرة والدتها سيريمافو باندرانيكا رئيسة للوزراء وكلفتها على الفور اتخاذ الإجراءات اللأزمة لبدء انسحاب القوات الحكومية من مناطق التاميل في الشمال وفتح المعابر أمام البضائع والأشخاص، وتشكيل لجنة اتصالات مع الثوار لتنظيم بدء المفاوضات بين الحكومة والثوار التاميل. غير أن

السيدة باندرانيكا وهي سياسية مخضرمة رأت ضرورة تريث ابنتها الرئيسة وضرورة أخذ وجهة نظر الجيش في الاعتبار والإبقاء على أماكن مراقبة طرق الإمدادات الحربية بشكل لا يزعج عبور المدنيين وجاء تطور العلاقة بين الحكومة والثوار ليثبت أهمية رأي الجيش وموقفه من نزاع الانفصال الدائر في شمالي البلاد.

بانزر هوغو(١٩٢٦م)

عسكري وسياسي بوليفي تابع دروسا في قيادة الأركان في الأرجنتين والولايات المتحدة والبرازيل. وزير التربية ١٩٦٤م ملحق عسكري في واشنطن ١٩٧٦م مدير المدرسة الحربية ١٩٦٩م قاد انقلابا ضد الرئيس خوان خوريس توريس ١٩٧١م وأعلن نفسه رئيسا للجمهورية وقام بحملة قمع واسعة ضد اليسار وأعلن التزام بلاده بالمعسكر الغربي تيز عهده بتصفيات سياسية كثيرة لم ينج منها حتى بعض معاونيه العسكريين والمدنيين وتصاعدت حدة المعارضة في وجهه فأعلن في عام ١٩٧٧م من إجراء انتخابات تمّوز ١٩٧٨م واضطر إلى إصدار عفو عام والسماح ببعض الحريات كانون الأول ١٩٧٧م وفي تموز ١٩٧٨م استقال أثر تمرد عسكري قام به الجنرال بيريدا.

بانيت ريتشارد بدفورد(١٨٧٠م-١٩٤٧م)

سياسي ورجل دولة كندي ولد في مدينة نيوبرونسويك، وحصل على ثروة هائلة من مهنة المحاماة ومن أعماله التجارية. وذلك قبل دخوله مجال السياسة أصبح زعيما لحزب المحافظين التقدمي في كندا عام ١٩٢٧م ثم أصبح رئيسا للوزراء اعتبارا من تموز ١٩٣٠م وحتى تشرين الأول ١٩٣٥م واهتم

بإحياء سياسة التميز الإمبريالي وحاول تغيير تسمية هذه السياسة لتصبح (حرية التجارة الإمبراطورية).

وأهم حدث تميز به عهده رئيسا للوزراء هو انعقاد مؤتمر اوتاوا عام ١٩٣٢م الذي ترأسه أملا منه بتحقيق سوق ذي امتياز للتجارة الكندية في المملكة المتحدة. أما الإصلاحات المركزية التي أجراها داخل كندا فقد أوحت لجمهور الناخبين أنها عملية شبيهة ومتوازية مع (البرنامج الجديد)الذي ثبتته حكومة الولايات المتحدة الأمريكية وفشلت سياسة بانيت المحافظة في انتخابات عام ١٩٣٥م وحصل على لقب فيكونت عام ١٩٤١م إلا أنه لم يحتل بعد ذلك أي منصب حكومي هام.

الباهي الادغم ١٩١٣م

سياسي ورجل دولة تونسي ومن زعماء الحزب الدستوري الاشتراكي. ولد في العاصمة تونس، ولعب دورا في قيادة الحركة الوطنية الاستقلالية، كان في فترة من الفترات مرشحا لخلافة الرئيس بورقيبة. تقلب بعد الاستقلال في عدة مناصب إدارية وحكومية مهمة. في عام ١٩٦٩م عين رئيسا للوزراء ولمع اسمه على الساحة العربية بصفته رئيسا للجنة المشرفة على وقف القتال بين منظمات المقاومة الفلسطينية والجيش الأردني. شغل بعد ذلك على التوالي منصب الممثل الشخصي- للرئيس بورقيبة والأمين العام للحزب الدستوري الاشتراكي وذلك قبل أن يحل محله في هذا المنصب الهادي نويره.

باولوس فريدريك (-١٩٥٧م)

عسكري ألماني عمل في القطعات الألمانية المقاتلة خلال الحرب العالمية الأولى وساعد في وضع
الخطط العسكرية الألمانية للحرب العالمية الثانية في مرحلتها الأولى نظرا لأنه كان يشغل منصب مدير
العمليات في رئاسة الأركان الألمانية في الفترة من أيلول ١٩٤٠م حتى كانون الثاني ١٩٤٢م حين عينه هتلر
قائدا للجيش السادس في جنوب الاتحاد السوفيتي الذي قاده خلال هجوم صيف ١٩٤٢م حتى وصل به
إلى مدينة ستالينغراد، وهناك اشتبك في معركة طويلة مع المدافعين السوفييت الذين صمدوا للهجوم
حتى تمكنوا من تطويق قواته، وتوجيه ضربة مضادة على أجنحتها المحمية بقوات رومانية وإيطالية
تحت في الفترة بين ١٩و٢٣ تشرين الثاني ١٩٤٢م تمت قيادة جوكوف.

وبعد فترة من الحصار فشلت فيها محاولات إمداده من الجو وفتح حلقة الحصار بهجوم من
الجنوب الغربي بواسطة قوات (فون مانشتاين) اضطر (باولوس) إلى تسليم بقايا قواته في ٣١ كانون
الثاني ١٩٤٣م رغم ترفيعه في اليوم نفسه إلى رتبة(فيلد مارشال) من قبل هتلر في محاولة لرفع معنوياته
ومنعا لإقدامه على التسليم وانضم أثناء فترة أسره إلى لجنة ألمانيا الحرة العاملة ضد النازية وحضر ـ
محاكمات نورمبرنح كشاهد. ثم عاش في ألمانيا الديمقراطية(سابقا)عقب إطلاق سراحه عام ١٩٥٣م
وعرف بعدائه لسياسة ألمانيا الغربية(سابقا) الموالية للولايات المتحدة حتى توفي في درسدن في شباط
١٩٥٧م.

بختيار شابور(١٩١٤م-١٩٩١م)

سياسي إيراني وعضو سابق في الجبهـة الوطنيـة الإيرانيـة التـي أسسـها مصـدق. أتـم دراسـته الثانوية والجامعية في لبنان وفرنسا، انخرط في عام ١٩٤٠م في الجيش الفرنسي وحارب ضد الألمـان بعـد عودته إلى طهران ١٩٤٦م انتخب نائب رئيس جمعية الصداقة الفرنسية الإيرانية، عارض باستمرار نظام الشاه مـن خلال مركزه القيادي في (حزب إيران)وهو حزب قريب مـن أحـزاب الاشـتراكية الديمقراطيـة الغربية وانضم إلى الجبهة الوطنية الإيرانية بعد سقوط مصدق(كان بختيار أحد وزرائه) عاد بختيار إلى صفوف المعارضة فقادته المعارضة إلى دخول السجن مرارا.

وبعد اندلاع الثورة الإسلامية الشعبية بقيادة رجـال الـدين الإيرانيين ١٩٧٨م سـاءت علاقاتـه بحزبه وبجبهته الوطنية لرفضه التعاون مع الخميني كمـا رفض المشاركة في المظاهرات التي كان رجـال الدين ينظمونها باستمرار ضد حكم الشاه فطرد مطلع١٩٧٩م مـن الجبهـة الوطنيـة التـي كان نائبـا لرئيسها الدكتور سنجاني ومن حزب إيران. وتعرض لهجوم عنيف من قبل الخميني قائد الثورة وذلك لأنه يعتبر الثورة الدينية مناقضة لمفاهيمه الغربية الليبراليـة العلمانيـة التـي يـؤمن بها. وجاء انتصـار الثورة في شباط ١٩٧٩م ليرغمه على الاستقالة مـن رئاسـة آخـر حكومـة حاولـت الالتفاف عـلى الثـورة والفرار إلى الخارج حيث استقر في فرنسا واغتيل في آب ١٩٩١م وهو في منزله في باريس.

بر، أرون (١٧٥٦م-١٨٣٦م)

سياسي أمريكي ولد في ولاية نيوجرسي واشترك في حرب الاستقلال الأمريكية مارس القانون في مدينة نيويورك وأصبح عضوا في مجلس الشيوخ في الفترة ما بين ١٧٩١م ولغاية ٧٩٧م ساهم بتقريب الجمهوريين والديمقراطيين ليجعل منهم حزبا سياسيا وخاض الانتخابات الرئاسية عام ١٨٠٠م وحصل على ذات نسبة الأصوات التي حصل عليها جفرسن وقد حل مجلس النواب الأمريكي هذا الإشكال بتنظيم خمسة وثلاثين اقتراعا سريا وأعلن بعدهما جفرسن رئيسا للولايات المتحدة الأمريكية واحتل بر منصب نائب الرئيس ما بين (١٨٠١م-١٨٠٥م) وحاول خلال تلك الفترة دون جدوى الحصول على ترشيح لمنصب حاكم نيويورك، واعتبر بر أن المسؤول عن فشله في الوصول إلى منصب الرئاسة وفشله في الحصول على الترشيح لمنصب حاكم نيويورك هو الكسندر هاملتون لذا دعى بر خصمه هاملتون إلى مبارزة وتمكن من إصابته اصابة مميتة في ١١ تموز ١٨٠٤م ورغم مقاضاته بتهمة القتل في كل من نيويورك ونيوجرسي بقي بر في واشنطن لقضاء الأشهر الأخيرة من عهده في منصب نائب الرئيس وبعدها استقر في المناطق الغربية. ويبدو أن بر استبق الأحداث في تخيل قيام وحدة سياسية جديدة تشمل المكسيك والأراضي التي تضمنتها صفقة لويزيانا التي اعتقد أنها سرعان ما ستنسحب من الاتحاد الأمريكي ولدى تشكيلة قوة مسلحة من بعض أنصاره في اسفل نهر المسيسبي القي القبض عليه وحوكم بتهمة الخيانة(١٨٠٦م-١٨٠٧م) وكانت تبرئة بر بفضل الشكوك حول تفسير جملة (شن الحرب) إلا أنه غادر أمريكا مدة أربعة أعوام اشترك خلالها في

نشاطات تآمرية مريبة مع فرنسا خاصة ومع بريطانيا إلى حـد مـا. وقضى ـ آخـر سـنواته في نيويـورك في ممارسة القانون.

برادلي، عمر نلسون (١٨٩٣م-١٩٨١م)

عسكري أمريكي ولد في مدينة كلارك (ولاية ميسوري) وتخرج في الكلية الحربية وست بونيت برتبة ملازم عام ١٩١٥م مارس التدريب في عدة مدارس عسكرية وشارك في الحرب العالمية الأولى ورقي ابانها إلى رتبة رائد بدأ نجمـه يلمع مع بداية الحرب العالمية الثانية وانفتح أمامه سلم الترقية في الرتب والمناصب فعين مديرا لمدرسة المشاة في (فورتبيننغ) ثم قائدا لفرقة مشاة. وتسلم عام ١٩٤٣م قيادة الفيلق الثاني الذي خاض الأعمال الحربية في تونس وصقلية ثم انتقل إلى المسرح الأوروبي حيث اختاره الجنرال ايزنهاور قائد قوات الحلفاء هناك ليقود الجيش الأول الأمريكي في النورمندي عام ١٩٤٤م، ثم كلفه قيادة مجموعة الجيوش الأمريكية الثانية عشرة وكانت له مساهمة فعالة في عملية الإنزال في النورمندي وفي تحرير باريس وصد الهجمات المعاكسة الألمانية فـي صيف ذلك العام ونجح في الاستيلاء على أول رأس جسر على نهر الراين والتقدم عبر ألمانيا الوسطى وتحقيق أول لقاء مع القوات السوفيتية في نيسان ١٩٤٥م.

بعد الحرب العالمية الثانية عين برادلي مديرا لشؤون المحاربين القدماء ثم صار في عام ١٩٤٨م رئيسا لهيئة أركان الجيش الأمريكي وفي العام التالي صار أول عميد لهيئة رؤساء الأركان المشتركة المشكلة حديثا وهو أعلى منصب عسكري في الولايات المتحدة آنذاك وفي عام ١٩٥٠م صار من الضباط الأربعة

الأوائل الذين حملوا رتبة جنرال الجيش وكان من القادة المؤسسين لحلف شمال الأطلسي (الناتو) وأول

رئيس للجنة العسكرية لهذا الحلف عام ١٩٤٩م التي ضمت رؤساء أركان الدول المتحالفة للدفاع

المشترك وممثل الولايات المتحدة في تلك اللجنة حتى عام ١٩٥٣م أحيل على التقاعد في عام ١٩٥٤م

وتسلم إدارة شركة (بوفالا) للبحوث العلمية وحاز برادلي إعجاب الدول المتحالفة في الحرب العالمية

الثانية كافة ومنحه الاتحاد السوفيتي وسامي سوفوروف وكوتوزوف وكان ايزنهاور يعتمد عليه في

الأزمات لخصاله القيادية وتحليه بالصراحة والجرأة على النقيض من الفيلد مارشال مونتغمري قائد

القوات البريطانية ومعاون ايزنهاور الذي كان يميل إلى التأني والحذر.

وكان برادلي يهتم بالتأثير المعنوي لقراراته على القوات العاملة تحت مراقبته وبدراسة مسرح

العمليات وخصائصه بدقة، ويمضي في تنفيذ قراراته من دون تردد. ولم تكن مشاغله في شؤون القيادة

العليا والأهداف الاستراتيجية الكبرى لتصرفه من الاهتمام بالشؤون الفرعية أو الأمور المادية. كما كان

شديد العناية بالاتصال المباشر بمرؤوسيه. صدر له عام ١٩٥١م مذكرات بعنوان(تاريخ جندي) وفيه

وجه انتقادا شديدا للفيلد مارشال مونتغمري لسوء استخدامه القوات في الحرب مع ألمانيا.

برانتنغ، كارل هيالمار(١٨٦٠م-١٩٢٥م)

أول زعيم للاشتراكية الديمقراطية السويدية منحدر من أوساط بورجوازية في العاصمة

(استوكهولم). انفصل من وسطهم البورجوازي منذ سنوات الدراسة وعمل في الصحافة ثم سرعان ما أصبح

أحد كبار محرري الصحافة الاشتراكية

وفي عام ١٨٨٩م ساهم في تأسيس الحزب الاشتراكي الديمقراطي والسويدي الذي ضم الجمعيات اليسارية والنقابات وبعض المجموعات الماركسية و الفوضوية وبعد ذلك حاول برانتنغ أن يضع النقابات تحت وصاية سياسية. وفي عام ١٩١٧م حقق انتصاره الأكبر عندما نجح في استبعاد(الشبيبة الاشتراكية الديمقراطية) ذات الاتجاه اليساري التطرف من الحزب بعد فترة صراع طويلة بين الذين يؤيدون (النقابية المستقلة) والذين يؤيدون(المركزية الديمقراطية) وبانتصار برانتنغ انتصر الاتجاه النقابي الوحدوي داخل الحزب ودخلت النقابات جماعيا حزبه وأراد برانتنغ أيضا أن يدخل الاشتراكية الديمقراطية في اللعبة البرلمانية. فأثار ذلك معارضة الماركسيين و الفوضويين داخل حزبه، ولكنه استطاع أن يكسب الأكثرية إلى جانبه مقابل أقلية كانت تتقلص باستمرار.

في نهاية القرن التاسع عشر كانت الصراعات الاجتماعية في احتدام متزايد إلا أن وصاية الحزب كانت تبعد العمال عن النقابات فارتفعت الأصوات مطالبة بإنشاء هيئة مركزية عمالية مستقلة. عارض برانتنغ هذه المطالب في البداية، إلا أنه لم يستطع الحؤول دون قيام المنظمة الوطنية.

في ١٨٩٨م التي تشكلت من الفدراليات النقابية المستقلة ومن فدراليات الحزب ٥٠ ألف نقابي، ومع ذلك استطاع برانتنغ أن يسيطر من خلال حزبه على هذه المنظمة النقابية الجديدة وردت السلطة على هذه الخطوة باتخاذ تدابير قمعية واقفل أرباب العمل والمصانع وأدت المواجهة إلى إضراب عام ١٩٠٩م شارك فيه نحو ٣٠٠ ألف عامل واستمر مدة شهر، ولم يلق قرار المنظمة الوطنية بإنهاء الإضراب سوى استياء العمال المضربين فهبط عدد أعضائها في سنة واحدة من ٢٠٠ ألف إلى ٨٠ ألفا.

انتخب برانتنغ في عام ١٨٩٦م أول نائب للحزب عن إحياء استوكهولم الشعبية. وبعد ١٩٠٧م أصبح الحزب الاشتراكي الديمقراطي صاحب أكبر عدد من المقاعد في البرلمان وابتداء من ١٩٠٩م أرسى برانتنغ القواعد الإصلاحية والانتخابية للاشتراكية الديمقراطية التي راحت تعبئ قواها من أجل تحقيق أهداف محددة ومن أجل استثمار الدولة البورجوازية وليس من أجل أزالتها وأصبحت المنظمة الوطنية محكومة بنظام مركزي.

بعد ثورة ١٩١٧م البولشقية ظهرت في الحزب بوادر عداء للشيوعية ووصلت الاشتراكية الديمقراطية إلى الحكم عن طريق تكتل مع الليبراليين. وفي عام ١٩٢٠م أدى الخلاف بين الطرفين إلى الانفصال وبعد وفاة برانتنغ في عام ١٩٢٥م ظهر جيل جديد قاد الحزب إلى السلطة بدءا من عام ١٩٣٢م.

براندت، ويلي (١٩١٣م-١٩٩٣م)

سياسي ورجل دولة ألماني رئيس بلدية برلين ١٩٥٧م مرشح الحزب الديمقراطي الاشتراكي لمنصب مستشار ألمانيا الغربية سابقا في عام ١٩٦١م وكان منضما إلى هذا الحزب منذ ما قبل الحرب. ثم اضطر إلى الفرار من ألمانيا مع استلام النازيين للسلطة مستشار ألمانيا الغربية سابقا في عام ١٩٧٢م ومن دعاة الانفتاح على الشرق. فحسن علاقاته ببولونيا والاتحاد السوفيتي (سابقاً) وألمانيا الشرقة سابقا، استقال في كانون الثاني ١٩٧٧م من منصبه كمستشار واحتفظ بمنصبه الحزبي في عام ١٩٩٤م بدأت أرملته بريعبت سيباشر حملة ضد حزب زوجها متهمة بعض أركانه بالتنسيق مع موسكو لمنع زوجها من أن يحكم ألمانيا الاتحادية فترة أطول.

براوخيتش، والترفون (١٨٨٠م- ١٩٤٨م)

عسكري ألماني، قائد القوات الألمانية في المرحلة الأولى من الحرب العالمية الثانية والمسؤول عن تخطيط الحملات على بولنده وتنفيذها أيلول ١٩٣٩م وهولندا وبلجيكا وفرنسا (أيار- حزيران ١٩٤٠م) والبلقان (نيسان- أيار ١٩٤١م) والاتحاد السوفيتي (حزيران- كانون الأول ١٩٤١م).

ولد براوخيتش في أسرة بروسية نبيلة، وكان والده ضابطا في قوات الفرسان الألمانية، التحق بالكلية الحربية وتخرج فيها برتبة ملازم عام ١٩٠٠م وعين ضابطا في الحرس البروسي، ثم في الأركان العامة العليا عام ١٩١٣م برتبة نقيب، وخدم فيها إبان الحرب العالمية الأولى، رقي في عام ١٩٣٣م إلى رتبة جنرال (لواء)، وعين قائداً لمنطقة كونيغسبرغ العسكرية، وفي عام ١٩٣٧م سمي رئيسا لمجموعة القيادة الرابعة في لايبزيغ، رقي إلى رتبة فريق في شهر شباط ١٩٣٨م، رقي شهر أيلول ١٩٣٩م تولى براوخيتش الإشراف على عمليات القوات الألمانية التي كلفت احتلال بولنده، وكانت تتألف من مجموعتي جيـوش، وبعد استسلام بولنده اصدر براوخيتش أوامره في ١٩ تشرين الثاني ١٩٣٩م لحشد القوات الألمانية استعداداً لخوض العمليات على الاتجاه الغربي، وكان يرى مع هالدر أن الهجوم على فرنسا سوف يبدد قسما كبيرا من القوى التي تمتلكها ألمانيا، واقترح بديلا عن ذلك غزو النرويج، وطلب إعفاءه من منصبه في أثناء عرض خطط العمليات على هتلر ولكن طلبه رفض، واضطر إلى تولي الإعداد لغزو هولنده وفرنسا وبلجيكا بمعاونة هالدر، وعرفت هذه الخطة باسم شليفن ونصت على توجيه الضربة الرئيسة عبر الآودن، يشارك فيها ١٣٧ فرقة، وحدد موعد الهجوم بين العاشرة من أيار والثاني والعشرين من حزيران ١٩٤٠م.

وبعد بدء الغزو قدم براوخيتش إلى هتلر تقريرا فصل فيه خطة عمليات لغزو إنجلترا، وفي ١٩ تموز ١٩٤٠م رقي براوخيتش إلى رتبة فيلد مارشال. وانصرف مع هالدر إلى دراسة مختلف المقترحات حول غزو الاتحاد السوفيتي، ونصت الخطة التي وضعها براوخيتش على تأليف ثلاث مجموعات جيوش تعمل على ثلاثة اتجاهات هي اتجاه لينتيغراد واتجاه موسكو واتجاه كييف. أما الهدف الرئيس فهو موسكو، وسميت الخطة أول الأمر (خطة اوتو) وحدد موعد الهجوم في ١٥ أيار ١٩٤١م على أن تنجز الحملة قبل دخول الشتاء التالي، أجاز هتلر الخطة في اواخر عام ١٩٤٠م، وأطلق عليها اسم (بارباروسا).

في ربيع عام ١٩٤١م تولى براوخيتش الإشراف على عمليات القوات الألمانية في البلقان وجزيرة كريت، وتمت العمليتان بنجاح ولكنهما تسببتا في تأخير المباشرة بعملية بارباروسا إلى ٢٢ حزيران، وتمكنت القوات الألمانية في مدى شهرين ونصف من تحقيق أكثر مهماتها على الجناحين الأيمن (الجنوبي) والأيسر (الشمالي) من الجبهة الشرقية غير أن الهجوم على الاتجاه الأوسط لاحتلال العاصمة موسكو تأخر بسبب محاولة الألمان الاستيلاء على لينتيغراد أولا، وفي اواخر شهر تشرين الأول من عام ١٩٤١م قرر هتلر تجديد الهجوم على موسكو من دون أن يستشير براوخيتش، ولكن الهجوم قوبل بمقاومة عنيفة من جانب القوات السوفيتية واخفق اخفاقاً تاماً، ورد الجيش الأحمر بهجوم عام معاكس ناجح على عدة جبهات كان من نتائجه إعفاء براوخيتش من منصبه وإحالته على التقاعد، وتولى هتلر شخصياً القياده العليا للقوات البرية محتفظا بهالدر رئيساً للأركان العامة، عاش براوخيتش إلى ما بعد نهاية الحرب ولكنه توفي في هامبررغ ١٩٤٨م قبل أن يقدم إلى محاكمات نورمبرغ.

برايان، وليام جننغز (١٨٦٠م- ١٩٢٥م)

سياسي ورجل دولة أمريكي، ولد في ولاية الينوي وأصبح محاميا ومارس مهنته في نبراسكا، ثم أصبح عضوا في الكونغرس ممثلا عن الحزب الديمقراطي ما بين (١٨٩١م- ١٨٩٥م)، اشتهر بتنديده بالشركات التجارية الكبرى وبمدى اهتمام ميثاق الحزب في ولاية شيكاغو بقيمة الذهب، رشحه الحزب الديمقراطي لرئاسة الولايات المتحدة في انتخابات ١٨٩٦م و١٩٠٠م و١٩٠٨م، إلا أن سعيه المستمر لإنجاز الإصلاحات جعلت الحزب يفضل ترشيح وودرو ولسن عام ١٩١٢م لمنصب الرئاسة، ورغم ذلك حاول برايان جهده لمساندة ولسن وتعاون معه إذ أصبح وزيرا للدولة في عهد ولسن وذلك للفترة ما بين ١٩١٣م و ١٩١٥م، وحاول برايان جهده للحيلولة دون دخول أمريكا طرفا في الحرب العالمية الأولى واضطر لتقديم استقالته من منصب وزير الدولة لدى احتجاج الرئيس ولسن على حادثة غرق السفينة لوزيتانيا بسبب غواصة ألمانيـة، وتوفي برايان في مدينة ديتون بولاية تينيسي في عام ١٩٢٥م.

برنادوت، جان بابتيست (١٧٦٣م- ١٨٤٤م)

ولد في كوميون باو الفرنسي والتحق بالجيش الفرنسي ورفعت رتبته إلى مارشال عام ١٨٠٤م رغم قلة ثقة نابليون به، ثم حصل على لقب دوق بونت كورفو عام ١٨٠٦م، واثبت برنادوت جدارته في معركتي اوسترليتز وواغـرام، وعند وفاة ولي عهد السويد، انتخب برنادوت الوريث الشرعي من الحزب الموالي لفرنسا في البرلمان السويدي (في شهر آب ١٨١٠م) وهكذا اعتلى برنادوت العرش عام ١٨١٨م وعرف باسم الملك تشارك الرابع عشر.

ومن موقعه وليا للعهد حث برنادوت السويد على التفاوض لتوقيع اتفاقية مع كل من بريطانيا وروسيا وذلك لقاء إرسال جيش لمحاربة نابليون في ألمانيا وكان للسويد أن تحصل على النرويج بموجب معاهدة سلام، وهكذا قام برنادوت بقيادة الجيش السويدي وقوامه ٢٠.٠٠٠ جندي بحملة لا يبزغ، وحصلت السويد على النرويج بموجب معاهدة فينا، وعرف عن برنادوت بمنحه بعض التنازلات للنرويج، ومنح البرلمان حق السيطرة على مصادر الدخل الحكومية في السويد، ووافق على مبدأ منح الوزراء حق تحمل المسؤولية، كما عرف بتشجيعه للتدريس.

بروسيلوف، اليكسي اليكسيفيتش (١٨٥٣م- ١٩٢٨م)

عسكري سوفيتي، ولد في سان بطرسبورغ وتخرج من المدرسة العسكرية للشبيبة النبلاء، وشارك في حملة البلقان (١٨٧٧م- ١٨٧٨م) وقاد فرقة خيالة، وكان في الحرب العالمية الأولى قائدا للجيش الثامن ولقد سار على رأس هذا الجيش في عام ١٩١٤م واجتاز جبال الكربات ودخل هنغاريا، وفي عام ١٩١٥م عين قائدا للجبهة الجنوبية الغربية، واشتهر بالهجوم الذي شنه على قوات المارشال الألماني فون ماكنشن لتخفيف الضغط عن جبهة الفرنسيين في (فردات) ١٩١٦م، وبعد أن حرر بروسيلوف ٤٠ ألف كم٢ واسر ٤٠٠ ألف جندي اضطر إلى التوقف بسبب اضطراب النظام في جيشه، ولم يستطع السيطرة على قواته فحل محله كورنيلوف في ١ آب ١٩١٧م.

انضم بعد ذلك إلى النظام السوفيتي (السابق)، وجرح في موسكو جرحاً بليغا خلال أحداث تشرين الأول وفقد إحدى ساقيه، وفي عام ١٩٢٠م عين في

المجلس الاستشاري العسكري للاتحاد السوفيتي (السابق) ولكنه توقف بسرعة عن القيام بدور فعال في هذا المجلس.

بriاند، اريستيد (١٨٦٢م- ١٩٣٢م)

سياسي ورجل دولة فرنسي، ولد في عائلة متواضعه، درس القانون، عمل صحافياً، والتزم في صفوف الاشتراكيين وأصبح سكرتيراً عاما لصحيفة (لانتيرن). وارتبط بصداقة مع الزعيم الاشتراكي جان جوريس، وأسس معه الحزب الاشتراكي الفرنسي المنافس لحزب اشتراكي آخر أسسه جول غيد، انتخب نائبا في عام ١٩١٩م واستمر يشغل هذا المنصب حتى وفاته، عين ٢٣ مرة وزيراً و١١ مرة رئيسا للوزارة، اشتهر بدفاعه عن موضوع فصل الدين عن الدولة، وكان أول اشتراكي وصل إلى رئاسة الحكومة، واشتهر بفتحه جبهة ثانية في البلقان، اسقط جورج كليمنصو حكومته ١٩١٧م وأبعده عن الحكم حتى ١٩٢١م حين ترأس الحكومة مره جديده بالإضافة إلى حقيبة الخارجية.

برياند هو صانع اتفاقات (لوكارنو) التي أرست التقارب الفرنسي- الألماني وقبول الطرفين بالتحكيم، كما أنه دعم دخول ألمانيا عصبة الأمم وحصولها على مقعد في المجلس الدائم، وفي آب ١٩٢٨م وقعت ٦٠ دولة على معاهدة تنص على التخلي عن الحرب كوسيلة لحل النزاعات، وقد عرفت تلك المعاهدة باسم معاهدة بريان- كيلوغ، وفي ١٩٢٩م، طرح برياند في جنيف فكرة أوروبا متحدة فدراليا، وفي عام ١٩٣٢م فشل في الوصول إلى رئاسة الجمهورية.

الرئيس بريجنيف، ليونيد (١٩٠٦م-١٩٨٢م)

رجل دولة وسياسي سوفيتي، انتسب إلى الحزب الشيوعي عـام ١٩٣١م مسـاعد خروتشـوف عام ١٩٣٧م المفوض السياسي في فبروتيروفسك حيث تألق عسكريا خلال الحرب العالمية الثانية. سكرتير أول الحزب في جمهورية مولدافيا (١٩٥١م-١٩٥٣م). وبعد تعيينه أمينا عاما للحزب الشيوعي السوفيتي أصبح كوسيغن رئيساً للحكومة، وميكويان رئيسا لمجلس رئاسة الدولة حتى عـام ١٩٦٦م ثـم خلفـه في هذا المنصب بودغورني وبذلك عاد الاتحاد السوفيتي (السابق) إلى القيادة الجماعيـة مـن جديـد. لكـن سرعان ما انفرد بريجنيف بالسلطة عندما جمع في يده الأمانة العامة للحزب ورئاسة الدولة ١٩٧٧م.

لم يؤد رحيل خروتشوف إلى تغيرات جذرية في الخيارات السياسية والاقتصادية. ومع ذلك عرف الاتحاد السوفيتي (السابق) في عهد بريجنيف بعض التحولات. ففي المجال الاقتصادي استأنف العمل بالخطط الخمسية. وبدأ تطبيق الإصلاحات التي نـادى بهـا لبرمـان في المصانع (إدخال مفهـوم الربح في إدارة المنشآت الصناعية وإجبارها على تنظيم برنامجها الإنتاجي تبعا لطلبات زبائنها والتسـيير الذاتي). ثم في المجال الزراعي. وأعطت هذه السياسة نتائج مرضية نسبيا وبعد سنوات من التردد ساعد استخدام الحوافز المادية، وتحسـين تقنيـات الإدارة وتحديـد الأسعار بربطهـا بسـعر الكلفـة الحقيقيـة للإنتاج على الحصول على نتائج مؤكدة مع الخطة الخمسية الثامنة ١٩٦٦-١٩٧٠م والتاسعة ١٩٧١-١٩٧٥م وازداد إنتاج الأدوات الاستهلاكية موازيا إيقاع إنتاج الصناعة الثقيلة.

وفي الميدان الأيديولوجي تعزز في عهد بريجنيف العمل بالواقعية الاشتراكية في الوقت تزايدت فيه معارضة بدءا من عام ١٩٧٠م.

وفي مجال السياسة الخارجية حقق الانفراج الدولي تقدما مهما بدءا من عام ١٩٦٥م فتحسنت العلاقات السوفيتية الأميركية ولا سيما بعد معاهدات ١٩٧٢م الخاصة بالحد من الأسلحة النووية وتوقعت حرب فيتنام. كما تحسنت العلاقات السوفيتية مع ألمانيا الاتحادية ١٩٧٠م في حين توترت العلاقات مع دول المعسكر الاشتراكي بسبب استمرار الاتحاد السوفيتي (السابق) في سياسة الحفاظ على وحدة العالم الاشتراكي وفقا للمعايير التي حددها بنفسه، واستمر الاتحاد السوفيتي (السابق) ببسط نفوذه في أفريقيا وأمريكا اللاتينية. وفي تدعيم موقفه في الشرق الأوسط وتأييده للبلدان العربية في مواجهة الكيان الصهيوني. ومنذ كانون الأول ١٩٧٩م تدخل عسكريا في أفغانستان بهدف مساعدة الحكومة الماركسية فيها والحفاظ على السلطة.

اتسم حكم بريجنيف بالجمود والمحافظة ومقاومة كل تجديد، وتمثل ذلك باستقرار الأطر نفسها في أجهزة الحكم. والتمسك بالتخطيط الاقتصادي مع الرغبة في تقريب شروط معيشية لأبناء الأرياف من أبناء المدن عن طريق تطوير (المدن في الأرياف)، وكذلك مواصلة الأهداف السياسية الخارجية نفسها.

بريماكوف، يفغيني (١٩٣٠م-)

سياسي ودبلوماسي روسي، ولد في تبيليسي (عاصمة جورجيا) تزوج من فتاة جورجية اسمها لورا (في السبعينات منحه شيفاردنادزه الذي كان الأمين الأول للحزب الشيوعي السوفيتي في جورجيا لقب (مواطن فخري) لتبيليسي)

انتقل إلى موسكو حيث دخل معهد اللغات الشرقية (القسم العربي) وأنهى دراسته بنجاح وحصل على شهادة الماجستير في العلوم التاريخية ثم الدكتوراه في العلوم الاقتصادية، وأصبح خبيرا في الشؤون الاقتصادية للشرق الأوسط والشرق الادنى، خصوصا في اقتصاد البلدان العربية.

عين بريماكوف بعدئذ نائبا لمدير معهد الاقتصاد العالمي والعلاقات الدولية التابع لأكاديمية العلوم السوفيتية، وأصبح في وقت لاحق مدير المعهد وعضوا في الأكاديمية، وهي أعلى مرتبة ودرجه علمية في روسيا، كان يحظى بمكانه كبيرة لدى مختلف الشخصيات الروسية التي رحبت بتعيينه وزيرا للخارجية في عام ١٩٩٦م، وكان قبل ذلك التعين رئيس جهاز الاستخبارات الخارجية منذ أن عينه غوربا تشوف في هذا المنصب بعد تفكك جهاز الاستخبارات السوفيتية السابق (كي.جي. بي) أثر محاولة الانقلاب الفاشلة في آب ١٩٩١م.

وقبل منصبه في هذا الجهاز، كان بريماكوف صحفيا وأكاديميا وسياسيا ومفكرا وإداريا ناجحاً. تشهد على ذلك إدارته لمعهد الاستشراق الذي رأسه بيـن ١٩٧٧و١٩٨٥م، ثم لمعهد العلاقات الدولية والاقتصاد العالمي حتى ١٩٨٩م، وهو العام الذي لاحظه فيه غورباتشوف بفضل سلسلة من المقالات الاستراتيجية التي عززها أهم كتاب صدر له قبل ذلك بفترة قصيرة بعنوان (تشريح أزمة الشرق الأوسط)، وفي العام نفسه ١٩٨٩م انتخب مدعوما من غورباتشوف، عضوا في مجلس السوفييت الأعلى ثم في اللجنة المركزية للحزب الشيوعي السوفيتي ثم مرشحا لعضوية مكانه السياسي، وفي ١٩٩٠م تولى رئاسة مجلس السوفييت الأعلى في فترة الصراع بين غورباتشوف ويلتسن، وبعد تعيينه رئيسا

لجهاز الاستخبارات مد بريماكوف جسورا سريه مع يلتسن ما ساعده لاحقا في الاحتفاظ بمنصبه والبقاء فيه حتى تعيينه وزيرا للخارجية في كانون الثاني ١٩٩٦م، وكان بريماكوف قد صرح بعد تعيينه وزيرا للخارجية في ذلك الوقت أن روسيا لن تستطيع التصرف في سياستها كدولة عظمى.

بريمودي ريفييرا، ميغويل (١٨٧٠م- ١٩٣٠م)

عسكري وسياسي إسباني شارك في العمليات العسكرية في المغرب ١٨٩٣م وكوبا ١٨٩٥م و الفلبين ١٨٩٧م، حاكم على كاتالوينا ١٩٢٢م، قام بانقلاب عسكري في ١٣ أيلول ١٩٢٣م، وعلى أثر هذا الانقلاب، عاد الملك الفونس الثالث عشر إلى العرش، ولم يعرف بالضبط دور بريمودي ريفييرا في إعادة الملك، رئيس حكومة، فشكل إدارة عسكرية الفت الحريات الديمقراطية، لم يستطع القضاء على الحركة الاستقلالية في كاتالوينا، أسس في عام ١٩٢٤م حزب الاتحاد الوطني الذي ضم كل مؤيدي الإدارة العسكرية، قضى على (ثورة الريف) في المغرب التي كانت بقيادة عبد الكريم، تفاقمت الأوضاع الاقتصادية والاجتماعية ولم يستطع حلها، فقدم استقالته واستقالة حكومته (كانون الثاني ١٩٣٠م) ثم هاجر إلى باريس حيث توفي بعد شهرين.

بسمارك، اوتوفون (١٨١٥م- ١٨٩٨م)

سياسي ورجل دولة بروسي، ولد في عام ١٨١٥م من عائلة بروسية إقطاعية نبيلة شديدة المحافظة على القديم، وهو لم يعرف في حداثته بالدرس، وإنما عرف بالاهتمام بمقاطعاته الزراعية والتعصب الشديد لبروسيا، وكان خلال اضطرابات عام (١٨٤٨م- ١٨٤٩م) في مقدمة دعاة الرجعية لا يؤمن بالشعب

والديمقراطية، وكان يعتقد أن الحكم الملكي المطلق هو احسن الأنظمة الحكومية وانه لا مبرر لمطالبة الشعب بدستور، وإذا قدر للاتحاد الألماني أن يتحقق فإن ذلك يجب أن يكون على يد ملك بروسيا يدعمه النبلاء وطبقة الموظفين المدنيين والعسكريين والكنيسة، أي أن ألمانيا يجب أن تصطبغ بصبغة بروسيا.

ثم عند إخفاق الحركة الحرة وإرجاع قدرة فرانكفورت إلى وضعها الأول أصبح بسمارك ممثلا لملك بروسيا في هذه الندوة (١٨٥١م- ١٨٥٩م) وعمل مع زملائه الرجعيين على إخماد النزعة الحرة في مختلف انحاء ألمانيا، وهنا ترعرع في نفسه العداء للنمسا واكتسب خبرة دبلوماسية واسعة واستطاع ببعد نظره أن يجعل بروسيا على قدم المساواة مثل النمسا في ذلك الاتحاد القديم، وفي عام ١٨٥٩م أصبح سفير بروسيا لدى الحكومة الروسية فاعجب هناك بالحكم المطلق الذي كان يتمتع به القيصر الروسي وعمل على توطيد أواصر الصداقة بين الدولتين، ثم أرسل في عام ١٨٦٢م سفيرا لدى الحكومة الفرنسية حيث اتصل بالإمبراطور نابليون الثالث، وفي نفس السنة دعي إلى برلين وأصبح رئيس الوزراء وظل يشغل هذا المنصب الخطير طيلة المدة (١٨٦٢م- ١٨٩٠م) استطاع خلالها توسيع رقعة بروسيا وتحقيق الاتحاد الألماني ووضع معظم الأسس التي استندت إليها سياسة الدولة حتى عام ١٩١٤م.

وما أن تقلد بسمارك منصبه الجديد حتى عمل على تأبيد سياسة الملك في توسيع الجيش البروسي وتنظيمه، فحاول أولا إقناع البرلمان بالموافقة على الميزانية لكنهم رفضوا فأصر بسمارك على موقفه فوجدوا أنفسهم تجاه وزير لا يثنيه شيء عن مراده فلقد امتعض بسمارك وخاطبهم بقوله (أن ألمانيا لا تعني بالنزعة الحرة في بروسيا وإنما هي تعني بالقوة البروسية، وأن مشاكلنا الكبرى

لا يمكن أن تحل بإلقاء الخطب وأصوات الاكثريه، وهذا موطن ضعف عام (١٨٤٨م- ١٨٤٩م) وإنما هي تحل بالدم والحديد)، ولما لم يتبدل موقف المجلس أهمله بسمارك واخذ بجبي الضرائب دون رضاه، ولما ارتفعت الاحتجاجات على تصرفاته ضغط على حرية الصحافة واعتقل المعارضين.

كان بسمارك يرى بان لابد من التغلب على النمسا في حرب تقعدها عن عرقلة مساعي بروسيا في سبيل الاتحاد والزعامة الألمانية، فمهد السبيل لذلك بان عزل كل من روسيا وفرنسا عن احتمال مساعدة النمسا إذا نشبت الحرب بينها وبين بروسيا، فاستمال القيصر الاسكندر الثاني بمساعدته في إخماد الثورة في بولندا عام ١٨٦٤م ونوه للإمبراطور نابليون الثالث بان فرنسا ستنال شيئاً من التعويض، إذا ما التزمت جانب الحياد. وكان هذا في الوقت الذي أخذت بروسيا تنظم جيشا على قاعدة التجنيد الالزامي وتستعد للحرب، غير أن حربا مع الدانمارك سبقت التصادم مع النمسا وساعدت بسمارك في تحقيق مسعاه.

وكانت منطقة شلزفيك وهولشتين السبب المباشر في الحرب مع الدانمارك فلقد كان الألمان يؤلفون الأكثرية الساحقة في هاتين المنطقتين اللتين كانتا تابعتين لملك الدانمارك، وان لم يكونا جزءا من الدولة الدانمركية فلما اعتزم الملك على ضمها إلى الدانمارك وجعلها جزءا منها اشتد استياء الأكثرية الألمانية في شلزفيك وهولشتاين وتدخلت كل من بروسيا والنمسا في الأمر باسم الاتحاد الألماني والتزمتا موقفا لا يقل تطرفا عما التزمته الدانمارك. فبينما كانت بروسيا والنمسا تريدان ضم المنطقتين بكاملهما إلى الاتحاد الألماني. كانت الدانمارك لا تريد التخلي عن أي جزء منها ولم تلبث أن نشبت الحرب بين الطرفين حتى

غلبت الدانمارك على أمرها وأصبحت شلزفيك وهولشتاين تحت نفوذ بروسيا والنمسا.

وسرعان ما أصبحت هذه القضية كما كان يريدها بسمارك مثار النزاع بين بروسيا والنمسا، إذ أخذ بسمارك يعمل على ضم المنطقتين إلى بروسيا بينما أرادت النمسا أن تجعلهما مستقلتين ضمن الاتحاد الألماني. ولم يجد نفعا ما اتفقتا عليه ظاهريا من أنصار نفوذ بروسيا على شلزفيك ونفوذ النمسا على هولشتاين. وأخيرا في حزيران عام ١٨٦٦م اقترح بسمارك تحرير الاتحاد الألماني واخراج النمسا منه وفي نفس الوقت استعد الجيش البروسي للحرب، وعندئذ استطاعت النمسا أن تضم الدويلات الألمانية الصغرى إلى جانبها دفاعا عن الاتحاد القديم

وتدعى الحرب التي نشبت بين بروسيا والنمسا بحرب الأسابيع السبعة نظرا لقصر المدة التي استطاع الجيش البروسي خلالها من إحراز النصر التام على النمسا سبعة أسابيع فقط. فلقد كان الجيش البروسي يمتاز بكثرة العدد وجودة التنظيم والتسلح، كما أنه نال شيئا من المساعدة بدخول جيش سردينيا إلى جانبه فقضى في بادئ الأمر على مقاومة الدويلات الألمانية ثم بعد ذلك دحر الجيش النمساوي في معركة سادوا الحاسمة في تموز عام ١٨٦٦م وعلى أثر ذلك عقد الصلح بينهما وأصبحت بروسيا مطلقة اليد في الشؤون الألمانية.

لقد كانت أهم النتائج التي ترتبت على اندحار النمسا في حرب السبعة أسابيع هي انحلال الاتحاد الألماني القديم الذي يرجع عهده إلى مؤتمر فينا ١٨١٥م وتوسيع رقعة مملكة بروسيا بضم شلزفيك وهولشتيان وهانوفر ومدينة فرانكفورت وبضع مناطق أخرى. وتقرر تكوين اتحاد من الولايات الألمانية الشمالية بزعامة بروسيا وإدارة برلمان مؤلف من مجلسين أحدهما يمثل أمراء

الدويلات المتحدة ويدعى بندسرات والثاني الشعب عن طريق التصويت العام ويدعى رايختشاغ والاعتراف باستقلال الدويلات الألمانية الجنوبية. كما وافقت هذه الدول الجنوبية بارفاريا ودتمبرغ وبادن وهسن دامشتات أن تكون جيوشها تحت قيادة ملك بروسيا عند نشوب الحرب بين بروسيا وأية دولة أخرى على شرط أن تكون حربا دفاعيا، كما وافقت في الوقت نفسه على الانضمام إلى الاتحاد الجمركي البروسي.

أخذ بسمارك يعمل خلال الفترة (١٨٦٧م-١٨٧٠م) بكل حكمة ودهاء على استمالة دويلات جنوبي ألمانيا للانضمام إلى الاتحاد الشمالي، فالدويلات الجنوبية لم تكن ترتاح لزعامة بروسيا، إلا أنها كانت في نفس الوقت تخشى أطماع نابليون الثالث، الذي أخذ يطالب بشيء من التعويض بعد حرب الأسابيع السبعة. وحاول بسمارك استغلال ارتياب الدويلات الجنوبية من نوايا نابليون واتيحت له الفرصة عندما أغرى أحد أقارب ملك بروسيا في قبول العرش الإسباني الذي كان شاغرا حينذاك، وقد أثار هذا الحادث حفيظة فرنسا فتدخل نابليون في الأمر عن طريق المفاوضات.

غير أن هياج الرأي العام الفرنسي اضطر نابليون أن يطلب من بروسيا وعدا بعدم قبول أي فرد من أفراد عائلة هوهنزليورن العرش الإسباني في أي وقت كان، فلما عرض السفير الفرنسي هذا الطلب على ملك بروسيا الذي كان يرتاح في مدينة افر، رفض الملك ذلك بلهجة حازمة وأرسل إلى بسمارك برقيه يخبره بالأمر فستغل بسمارك الخبر ونشر مضمونه محورا بعض الشيء بحيث اوهم الشعب الفرنسي بان سفيره قد أهين نوعا ما في تلك المقابلة الملكية فاشتد استياء الفرنسيين وحماسهم فكانت الشرارة التي أشعلت الحرب. وفي تموز

١٨٧٠م أعلنت فرنسا الحرب على بروسيا فظهر لدويلات ألمانيا الجنوبية بان فرنسا هي المعتدية وهذا ما كان يرمي إليه بسمارك، فانضمت جيوشها إلى الجيش البروسي.

وقد كان الجيش الألماني يفوق الجيش الفرنسي في العدد والتنظيم والعتاد فكان النصر حليفه في مختلف المواقع الحاسمة وتمكن في موقعه سيدان في أيلول عام ١٨٧٠م من اسر الجيش الذي كان يقوده الإمبراطور نابليون الثالث مع اسر الإمبراطور نفسه وفي الوقت الذي طوقت الجيوش الألمانية باريس حدث ما كان يصبو إليه بسمارك، وذلك أن الدويلات الجنوبية الأربع طلبت من تلقاء نفسها الانضمام إلى الاتحاد الشمالي، فكان لها ما أرادت واستبدل عندئذ اسم اتحاد ألمانيا الشمالي باسم الإمبراطورية الألمانية. وفي ١٨ كانون الثاني عام ١٨٧١م نودي بملك بروسيا وليم الأول في قاعة المرايا في قصر فرساي إمبراطورا للدولة الألمانية الاتحادية. وعقدت معاهدة للصلح بين فرنسا وألمانيا معاهدة فرانكفورت في مايس ١٨٧١م حصلت الإمبراطورية الألمانية بموجبها من فرنسا على الإلزاس واللورين وعلى غرامة حربية كبيرة حوالي ٢٥٠ مليون دولار.

بني نجاح بسمارك في تحقيق الوحدة الألمانية والسيادة الوطنية على القسوة والسياسة العسكرية الصارمة والحكمة السياسية وبراعة التنفيذ والمهارة الدبلوماسية الصلدة، وكرس بسمارك عبقريته في عقد المعاهدات التي تحصن وضع ألمانيا في أوروبا. فعقد الحلف الثلاثي مع النمسا وهنغاريا والمجر وإيطاليا والذي استمر حتى الحرب العالمية الأولى. ورأى أن وضع ألمانيا في أوروبا يمكن أن يتعرض للخطر، فعقد اتفاقه مع روسيا تضمنت حياد ألمانيا في حالة أي

هجوم على روسيا وعد بسمارك السلام مع روسيا حجر الزواية في سياسته لأنه يمنع ألمانيا من خوض حرب على جبهتين واضطر بسمارك إلى تقديم استقالته عام ١٨٩٠م بضغوط فرضها عليه الإمبراطور وليم الثاني وكان ذلك اثر اختلافات قامت حول السياسة الداخلية والخارجية. وتوفي بسمارك في ٣٠ تموز ١٨٩٨م.

الرئيس بشار الأسد (١٩٦٥م-)

رئيس الجمهورية العربية السورية منذ عام ٢٠٠٠م، وهو ابن الرئيس الراحل حافظ الأسد، بعد انتهاء دراسته في مدرسة "اللابيك" التي تعد واحدة من أهم مدارس العاصمة، انتقل بشار الأسد إلى جامعة دمشق ليدرس الطب. وبعد ما أتم اختصاصه في "مستشفى تشرين العسكري" في دمشق بين ١٩٨٨م و١٩٩٢م انتقل إلى لندن حيث اضطر، بعد أقل من سنتين إلى قطع دراسته هناك والعودة إلى سوريا إثر وفاة شقيقه باسل الأسد، وبسرعة اتخذ قراره الانتقال إلى العمل السياسي من دون حاجة إلى "وقت طويل للتفكير".

فبدأ عمليا بإعلان الحرب على الفساد وملاحقة القائمين عليه ومحاسبتهم، وشكل فريق عمل متكاملا يتلقى شكاوي المواطنين، وفريق عمل آخر يقوم بمتابعة تنفيذ الحل. تابع دورة "الضباط الأركان" في كلية المدرعات في حمص، وتخرج في تشرين الثاني ١٩٩٤م برتبة "رائد أركان" في أول تموز ١٩٩٧م وبعد أن أمضى ثلاث سنوات برتبة رائد رفع إلى رتبة مقدم ركن وصار على قمة تجربة المهندسين القياديين نظرا إلى تفوقه في دورة أركان الحرب الأخيرة وتقديمه أول بحث عملي وعلمي أكاديمي في الجيش

العربي السوري ونال عليه درجة مئة في المئة "وكان الرئيس الدكتور بشار الأسد قد أنهى في نيسان ١٩٧٧م دورة أركان في "الأكاديمية العسكرية العليا" استمرت نحو سنتين، انتخب لرئاسة الجمهورية بعد وفاة والده الرئيس حافظ الأسد.

الرئيس بشير الجميل (١٩٤٧م-١٩٨٢م)

أحد أصغر رؤساء الجمهورية المنتخبين من قبل مجالس شرعية فعلية، إنه القائد الميليشوي الذي انتقل من صفوف المقاومة اللبنانية إلى سدة الرئاسة الأولى.

ولد بشير الجميل في العاشر من شهر تشرين الثاني عام ١٩٤٧م في بيروت ومسقط رأسه بلدة بكفيا بالمتن اللبناني. والده الشيخ بيير الجميل. مؤسس حزب الكتائب اللبنانية. وانضوى صغيرا في مصلحة الطلاب التابعة لحزب الكتائب اللبنانية. وغدا عضوا في مصلحة المعلمين بالحزب بعدما عمل مدرسا متقاعدا لمادة التربية المدنية للصفوف التكميلية والثانوية في المدرسة اللبنانية الحديثة بين ١٩٦٨م و١٩٧٠م. حاز عام ١٩٧١م إجازة في الحقوق والعلوم السياسية من جامعة القديس يوسف في بيروت. وأتقن العربية والفرنسية والإنكليزية.

اشترك في مؤتمر مخصص للبحث في بعض قضايا القانون الدولي الذي عقد عام ١٩٧٢م في إحدى جامعات ولاية دالاس الأمريكية. وأمضى شهرين في واشنطن عاد بعدها إلى لبنان وبدأ ممارسة مهنة المحاماة متخذا لنفسه مكتبا في شارع الحمراء في بيروت.

ترك المحاماة أثر حادثة ١٣ نيسان عام ١٩٧٥م والتحق بصفوف المقاومة اللبنانية مقاتلا على جبهات مختلفة في مواجهة القوى الفلسطينية والمنظمات اليسارية المساندة لها. وخلف قائد قوى حزب الكتائب اللبنانية وليم حاوي بعد وفاته في الثالث عشر من تموز عام ١٩٧٦م خلال معركة تل الزعتر، وأصبح رئيسا للمجلس الحزبي الكتائبي فرئيسا لمجلس قيادة (القوات اللبنانية) في الثلاثين من آب من العام نفسه.

قام في السابع من تموز عام ١٩٧٩م بحركة عسكرية دموية هدفت إلى توحيد بندقية المقاومة اللبنانية، حيث دمجت الفرق العسكرية التابعة لحزب الكتائب اللبنانية والوطنيين الأحرار وحراس الأرز، والتنظيم، تحت لواء مجلس قيادة (القوات اللبنانية) وغدا بشير مطلع عام ١٩٨١م عضو (الجبهة اللبنانية) التي كان يرأسها كميل شمعون.

وعندما اجتاحت القوات الصهيونية لبنان في الخامس من حزيران عام ١٩٨٢م ووصلت بيروت تم انتخاب بشير الجميل رئيسا للجمهورية اللبنانية في الثالث والعشرين من شهر آب فاعتبر انتخابه تكريسا لانتصار ما عرف بالقضية اللبنانية. بيد أن الرابع عشر من أيلول التالي شهد انفجارا طال بيت الكتائب اللبنانية في منطقة الأشرفية حصن الرئيس المنتخب المنيع أودى بحياته وبحياة عدد كبير من رفاقه، وقد خلفه شقيقه أمين على سدة الرئاسة الأولى.

بطرس الأول (١٨٤٤م-١٩٢١م)

أحد ملوك الصرب، حكم صربيا من ١٩٠٣ إلى عام ١٩٢١م، وأصبح رأسا لأسرة كراجيورافيتش بعد وفاة والده الأمير الاسكندر، وتوج ملكا على

صربيا عندما اغتيل ملك الصرب الاسكندر. ولما اعتلى العرش طلب من روسيا مساعدته في مطالبته بإقليم البوسنة، الذي كان خاضعا لحكومة النمسا ويسكنه الكثيرون من العنصر السلافي. وأدى الدعم الروسي لبطرس الأول واغتيال أمير النمسا الارشيدون فرانسيس فرديناند على أيدي الصرب، إلى اندلاع الحرب العالمية الأولى، التي أعقبها قيام ما كان يعرف بيوغوسلافيا، التي ضمت كلا من صربيا والبوسنة واعتزل بطرس العرش عام ١٩١٤م وصار ابنه الاسكندر وصياً العرش.

بطرس الثاني (١٩٢٣م-١٩٧٠م)

كان ملكا على يوغسلافيا سابقا، ولد بطرس في بلغراد في صربيا وتوج ملكا على يوغوسلافيا وعمره إحدى عشرة سنة، بعد اغتيال والده الملك الاسكندر، تولى عمه بول الوصاية على العرش عندما كان بطرس صبيا، واعتلى العرش عام ١٩٤١م وعندما احتلت القوات الألمانية يوغوسلافيا خلال الحرب العالمية الثانية. لجا إلى بريطانيا وشكل فيها حكومة في المنفى، إلا أنه لم تكتب له العودة إلى بلده قط. فقد سيطر أنصار الشيوعيين على البلاد أثناء الحرب وأعلنوا إلغاء الملكية وذلك عام ١٩٤٥م.

بطرس غالي (١٩٢٢م)

دبلوماسي وسياسي مصري الأمين العام السادس للأمم المتحدة (١٩٩٢م-١٩٩٦م) وقد جاء بعد خافير بيريزدي كويار الذي تقلد المنصب من عام ١٩٨٢م إلى عام ١٩٩١م وبذلك أصبح بطرس غالي أول أمين عام من أفريقيا.

ولد بطرس غالي في القاهرة ١٩٢٢م وحصل على ليسانس الحقوق من جامعة القاهرة عام ١٩٤٦م ثم الدكتوراه في القانون الدولي من جامعة باريس عام ١٩٤٩م وعمل أستاذاً للقانون الدولي والعلاقات الدولية في جامعة القاهرة من عام ١٩٤٩م حتى عام ١٩٧٧م.

بدأ بطرس غالي كمسؤول في السلك الدبلوماسي عام ١٩٧٧م حينما عين وزيرا للدولة للشؤون الخارجية. وفي عام ١٩٩١م أصبح نائبا لرئيس الوزراء للشؤون الخارجية، وفي أثناء توليه هذه الوظائف ترأس بطرس غالي الوفود المصرية إلى كثير من المؤتمرات والاجتماعات الدولية بما فيها اجتماعات الجمعية العامة للأمم المتحدة، ولقد كتب بطرس غالي عدة كتب في العلوم السياسية والشؤون الدولية، منها المدخل في علم السياسة بالاشتراك مع مؤلفين آخرين ١٩٥٩م الدساتير الأفريقية ١٩٦١م الاستراتيجية والسياسة الدولية ١٩٦٧م قضايا عربية ١٩٧٧م وحصل بطرس غالي على جوائز عديدة وأوسمة من مصر وإيطاليا والنيجر وبريطانيا وبيرو والسويد وكوريا وبلاد أخرى.

بكر صدقي (١٨٨٥م-١٩٣٧م)

عسكري وسياسي عراقي، التحق بمدرسة أركان الحرب في اسطنبول، وشارك مع الجيش العثماني في معارك الحرب العالمية الأولى، التحق بعد الحرب بالجيش العربي في سوريا، وانتقل إلى الجيش العراقي عام ١٩٢١م تابع دراسته العسكرية في الهند وإنكلترا وتوصل إلى رتبة فريق.

وفي ٢٩ تشرين الأول ١٩٣٦م تحرك الفريق بكر صدقي على راس قوة من الجيش نحو بغداد، وقدم طلبا إلى الملك غازي يقضي بضرورة إقالة وزارة

ياسين الهاشمي، وتكليف حكمت سليمان بتشكيل وزارة بديلة عنها، ودفعا للمخاطر التي قد تنجم عن عدم الاستجابة لهذا الطلب، وافق الملك على مطالب الجيش فاستقالت الوزارة الهاشمية، وعين حكمت سليمان رئيسا للوزارة، وتولى بكر صدقي رئاسة الأركان والواقع أن ضباط الجيش لم يفكروا في الاستيلاء على السلطة، إلا بعد أن أصبحت لديهم القناعة بأن الحكومة القائمة آنذاك اضعف من أن تستطيع إنجاز الاصلاحات الاجتماعية والاقتصادية والسياسية التي كان يحتاجها القطر وقد اغتيل بكر صدقي في الموصل في ١١ آب ١٩٣٧م على يد أحد الجنود الأكراد.

بلفور،آرثر جيمس (١٨٤٨م-١٩٣٠م)

سياسي بريطاني، صاحب الوعد المعروف باسمه وعد بلفور، احتل منصب وزير المالية البريطانية عام ١٨٩٥م، وخلف عمه اللورد ساليسوري إلى منصب رئاسة الوزراء عام ١٩٠٢م. وعلى الرغم من نجاحه في إجراء الإصلاحات في مجالي التعليم والعلاقات الخارجية، انشقت حكومته بسبب الإصلاح الذي أجراه على نظام التعريفة عملا بمقترح جوزيف تشامبرلين. وهكذا عانى بلفور من الفشل الذريع في انتخابات عام ١٩٠٦م، وبقي في منصب رئيس حزب المحافظين خلال فترة النزاعات حول إصلاح نظام مجلس اللوردات، ولكنه خسر حتى مساندة أعضاء الحزب قبيل عام ١٩١١م نتيجة لتصرفاته اللانظامية فاضطر لتقديم استقالته لصالح بونارلو. وفي عهد حكومة الائتلاف خلال فترة الحرب احتل بلفور منصب اللورد الأعلى للإمبريالية البريطانية عام ١٩١٥م ووزيرا للخارجية للفترة ما بين (١٩١٦م-١٩١٩م)

وكان أحد الموقعين على معاهدة فرساي وترأس الوفد البريطاني إلى مؤتمر واشنطن عام ١٩٢١م.

وعندما كان بلفور وزيرا لخارجية بريطانيا وبعد عدة لقاءات غير رسمية مع الصهاينة اصدر بلفور وعده في ٢ تشرين الثاني ١٩١٧م، وكان الوعد عبارة عن رسالة أرسلها بلفور إلى الصهيوني اللورد روتشيلد الذي عمل بحماسة لصالح الصهاينة وجاء فيها أن الحكومة البريطانية تنظر بعين العطف إلى تأسيس وطن قومي للشعب اليهودي في فلسطين، وستبذل افضل مساعيها لتسهيل تحقيق هذه الغاية وهكذا التزمت بريطانيا بتحقيق حلم الصهاينة في الاعتراف زورا بأنهم قومية سيكون لها كيان يهودي في فلسطين.

ويعتبر وعد بلفور من اغرب الوثائق الدولية في التاريخ إذ أن دولة استعمارية هـي بريطانيا قد منحت أرضا لا تملكها هي فلسطين إلى جماعة لا تستحقها هم الصهاينة وعلى حساب الشعب الذي يعيش عليها وهو الشعب العربي الفلسطيني مـما أدى إلى اغتصاب وطن وتشـريد شعب مـن أرضـه بالقوة، وبشكل لم يحدث له مثيل في التاريخ، على الرغم من أن بريطانيا قد وعـدت العرب في الوقت نفسه بمساندة استقلالهم، ووحدتهم ولكنها خانت وعودها.

بلوخر جيرهارد لوبرخت (١٧٤٢م-١٨١٩م)

عسكري بروسي ولد في روستوك ميكلنبرغ شويرن في ١٦ كانون الأول ١٧٤٢م تطوع وهو في الرابعة عشرة من عمره في كتيبة فرسان سويدية وخاض أولى معاركه ضد بروسيا التي أخذته أسيرا، ثـم التحق بعد ذلك بالجيش البروسي وعمل خلال حرب السبع سنوات في كتيبة ألهو سارد (الخيالة

الخفيفة) وأقام فترة في سبليزيا، ثم عاد خلال فترة حكم فريدريك ويليام الثاني إلى كتيبته برتبة رائد وبرز اسمه بصورة مذهلة في معارك (١٧٩٣م-١٧٩٤م) وتسلق سلم الترفيعات حتى وصل إلى رتبة مارشال.

وبعد هزيمة بروسيا في معركة يينا تشرين الأول ١٨٠٦م قاد بلوخر حرس المؤخرة، والتقى في هذه الظروف وللمرة الأولى بشارنهورست وقد وقع بلوخر من جديد في الأسر خلال معركة راكو، ثم تم إطلاق سراحه بسرعة عند التبادل بينه وبين المارشال الفرنسي فيكتور. وبعد صلح تيلست عمل بلوخر في جناح الإعداد للحرب، ثم تولى قيادة في يوميرانيا وأحيل إلى التقاعد نتيجة لضغط نابليون.

وفي عام ١٨١٣م انفجرت الحرب بين فرنسا وبروسيا وعاد بلوخر إلى الخدمة العسكرية على الرغم من بلوغه الواحدة والسبعين من عمره. نجح في قيادته خلال معركة لوتزن ٢ أيار ١٨١٣م وكان مسؤولا عن تنظيم المقاومة البطولية في بوتزان ٢٠ أيار ١٨١٣م وبعد ثلاثة أشهر استطاع إلحاق الهزيمة الحاسمة بالقوات الفرنسية بقيادة ماكدونالد وأسر ١٨٠٠٠ مقاتل ونظر لما قام به من دور كبير في معركة ليبنزيغ ١٦-١٨ تشرين الأول ١٨١٣م. فقد تم ترفيعه إلى رتبة فيلد مارشال. وفي الأول من كانون الثاني عبر بلوخر الراين وبعد قتال عنيف دخل باريس في طليعة قوات الحلفاء الظافرة بتاريخ ٣١ أيار ١٨١٤م وبعد المعركة مباشرة تخلى بلوخر عن عمله وتقاعد.

لم يكن بلوخر يتمتع بثقافة عسكرية تؤهله لقيادة العمليات مما جعل رئيس أركانه يتولى أمور العمليات. وكان المنظر العسكري كلاوزفيتز في عام

١٨١٣م من ضباط أركانه، ولكن شجاعة بلوخر وحزمه كانت من العوامل المساعدة له لتحقيق النجاح في قيادته.

بلوخر فاسيلي كونستانتينوفيتش (١٨٨٩م-١٩٣٨م)

عسكري سوفيتي، كان في مطلع شبابه عاملا في مصنع ميتيشين لصنع عربات السكك الحديدية، والتحق قبل الثورة الروسية بالجيش القيصري ووصل إلى رتبة ضابط، ثم التحق بالثورة عند اندلاعها وانضم إلى الحزب البلشفي في عام ١٩١٧م، وشارك في الحرب الأهلية الروسية بكفاءة، وعندما انتهت الحرب عمل بلوخر على تركيز جهده لخدمة القوات المسلحة.

وفي عام ١٩٢١م أصبح بلوخر وزيرا للدفاع في جمهورية سيبيريا واستطاع إجبار اليابانيين على إخلاء فلاديفوستوك في عام ١٩٢٢م، ثم عمل مستشارا عسكريا لصن يات صن (١٩٢٧م-١٩٢٩م)، ثم عاد إلى المدرسة الأدوار القيادية حتى عام ١٩٣٨م، حيث تم انتخابه عضوا في المجلس الأعلى لجيش العمال والفلاحين الأحمر وكان بلوخر واحداً من خمسة هم أول من حمل رتبة مارشال الاتحاد السوفيتي في عام ١٩٣٥م بعد أن اتخذت القيادة السياسية في هذه السنة قرار بإدخال الرتب العسكرية للجيش.

وقد تابع بلوخر دوره في بناء القوات المسلحة السوفيتية، ولكن الاتحاد السوفيتي السابق تعرض في الفترة (١٩٣٧م- ١٩٣٨م) لعهد من التصفيات، فقتل العديد من القادة اللامعين الذين حصلوا على خبرة واسعة خلال الحرب الأهلية وبعدها. وكان القائد الكبير بلوخر بين ضحايا هذه التصفيات.

بليخانوف جورج(١٨٥٦م-١٩١٨م)

سياسي روسي، كان من المؤيدين الأوائل والمروجين لأفكار كارل ماركس في روسيا خـلال أواخـر القرن التاسع عشر الميلادي وأوائل القرن العشرين. التحق في شبابه بمنظمة ثورية كانت تريد أن تطبـق الاشتراكية في روسيا هرب عـام ١٨٨٠م إلى سويسرا خوفـا مـن القبـض عليـه نتيجـة لنشـاطه السـياسي. وهناك أصبح من مؤيدي كارل ماركس واضع أسس النظرية الشيوعية.

هيأ بليخانوف الأفكار الماركسية لتتوافق مع الظروف الروسية وخطط لثورة ذات مـرحلتين لتحقيق دولة اشتراكية. في المرحلة الأولى: تهزم الطبقة المتوسطة الملكية الإقطاعية الروسية. وفي المرحلـة الثانية: تتغلب الطبقة العاملة على الطبقة المتوسطة وتستولي على السلطة

ساعد بليخانوف عام ١٨٨٣م على إنشاء المنظمة الماركسية الروسية الأولى تحريـر المجموعـة العمالية، وأدت هذه المجموعة إلى تأسيس حزب العمل الاشتراكي الـديمقراطي عـام ١٨٩٨م. وفي المـؤتمر الثاني عام ١٩٠٣م تبنى الحزب برنامجا سياسيا بناء على نظرية بليخانوف عن الثورة ذات المـرحلتين، ولم يتفق بليخانوف مع لينين الذي أصبح زعيم روسيا على كثير من المسائل السياسية. ولما نشبت الثورة الروسية في عام ١٩١٧م رفض بليخانوف الاشتراك في الحكم وابتعد إلى فنلندا حيث بقي حتى مماته.

بلير توني ١٩٥٣م

سياسي بريطاني، وزعيم حزب العمال في عام ١٩٩٤م على أثر وفاة زعيمه السابق جـون سميث. وكان توني بلير وزير الداخلية في حكومة الظل

ولد بلير في عائلة من الطبقة الوسطى وخلال دراسته في جامعة أوكسفورد لم ينهمك في أي نشاط سياسي، لكن بعد تخرجه انضم إلى حزب العمال في عام ١٩٧٥م عضو في مجلس العموم للمرة الأولى في عام ١٩٨٣م وعندما كان وزير الداخلية في حكومة الظل داخل حزب العمال المعارض رفع شعار التشدد حيال الجريمة التشدد حيال أسباب الجريمة.

أملاً منه عند انتخابه زعيما لحزب العمال في ٢١ تموز ١٩٩٤م المحافظة على وحدة الحزب كما كان الأمر في أيام سلفه جون سميث الذي نجح في إعادة لحمة الحزب بعد انقسامات عانى منها في أيام نيل كينوك. وعلى خطاه مضى بلير قدما في التخلص من نفوذ الأقلية اليسارية والحركة النقابية داخل الحزب ونجح بتعديل الدستور وقوانين الحزب والمهمة الكبرى أمام حزبه كما قال صيف ١٩٩٥م: تحضير الأمة لاستقبال تغير اقتصادي متزامن مع إعادة تأسيس نظام اجتماعي. لقد أخطأ اليسار القديم عندما أهمل البنى الأخلاقية واستسلم لقوى الضغط المحدودة المطالب. وموقفه هـذا اكسب العمال أوساطا مالية على رأسها روبرت ميردوخ ملك المال وصاحب الإمبراطورية الإعلامية الكبرى. وهـذه هـي المرة الأولى التي تتبنى فيها مؤسسة رأسمالية احتكارية الوقوف إلى جانب حزب العمال منذ تأسيسه.

بنش، رالف جونسون (١٩٠٤م-١٩٧١م)

رجل دولة أمريكي، ولد في ديترويت بمينشيجان ١٩٠٤م، وكان يعمل ليسدد نفقات دراسته حتى تخرج في جامعة كاليفويورنيا في لوس أنجلوس في عام ١٩٢٧م، ونال درجة الدكتوراه من جامعة هارفارد في عام ١٩٣٤م، وكان قد بدأ التدريس في جامعة هارفارد في واشنطن في عام ١٩٢٨م، ثم نال وسام سينجارت في عام ١٩٤٩م، حاز في عام ١٩٥٠م على جائزة نوبل للسلام. وقد اختير في عام ١٩٤٧م عضوا في لجنة فلسطين التابعة للأمم المتحدة. عمل مع كونت فولك برنادوت في قضية النزاع العربي مع الكيان الصهيوني، وواصل بنش بعد اغتيال بيرنادوت إدارة المفاوضات ونظم هدنة عام ١٩٤٩م.

ويعتبر بنش مرجعا في قضايا الاستعمار، فقد بدأ حياته الدبلوماسية عام ١٩٤٤م حين التحق بوزارة الخارجية الأمريكية، وعمل مستشارا أو مفوضا في تسعة مؤتمرات عالمية خلال أربعة أعوام، ويساعد في وضع أساس لمنظمة الأمم المتحدة وأصبح في عام ١٩٤٦م مديرا لقسم الوصايا الدولية في السكرتارية. شغل منصب السكرتير المساعد للأمم المتحدة من عام (١٩٥٥م-١٩٧١م).

بنغ باي (١٨٩٥م-١٩٢٨م)

أول زعيم صيني شيوعي، عمل على تنظيم الطبقة الفلاحية وسبق بحركته حركة ماوتسي-تونغ، ولد في هاي فونغ من عائلة ميسورة درس الاقتصاد السياسي في طوكيو وتأثر بالمثقفين اليابانيين الاشتراكيين. التحق لدى عودته إلى الصين بمنظمة الحزب الشيوعي الصيني الناشئة. وعمل على تثقيف

الفلاحين وتلقينهم المبادئ الاشتراكية وتنظيمهم، واتسعت حركته حتى شملت مقاطعات أخرى إضافة إلى مقاطعة هاي فونغ.

وفي عام ١٩٢٧م حضر مؤتمر قادة الحركة الفلاحية، حيث التقى ماوتسي- تونغ وفانغ تشن مين، وفي المؤتمر الوطني الخامس للحزب الشيوعي دخل اللجنة المركزية واللجنة التنفيذية لاتحاد الفلاحين الصينيين الذي كان يتزعمه ماوتسي تونغ، بعدها التحق بثورة نان تشانغ المسلحة مع شو ان لاي. ورافق الجنرالات الشيوعيين الثوار وعلى الرغم من القمع الشديد الذي تعرضت له الثورة تمكن بنغ باي من إقامة حكم سوفيتي اشتراكي في مقاطعتي هاي فونغ ولو فونع ولكن حركته فشلت في النهاية، وهرب إلى شانغهاي حيث خانه أحد أنصاره فالقي القبض عليه واعدم.

بنغ توهواي(١٩٠٠م-١٩٧٤م)

زعيم صيني شيوعي، ولد في هونان وعاش طفولة بائسة وتعاطى حرفا عديدة قبل انخراطه في الجيش، واقدم على اغتيال أحد الحاكمين. انتسب إلى الحزب الشيوعي في عام ١٩٢٨م وشارك في المسيرة الطويلة عضو اللجنة المركزية للحزب اثر انتخابه في المؤتمر السابع ١٩٤٥م في عام ١٩٥٠م قاد المتطوعين الذين دخلوا كوريا، وعاد ظافرا إلى بكين ١٩٥٣م ليتسلم مهام وزارة الدفاع وعزل من هذا المنصب ليحل محله لين بياو. بسبب انتقاده القفزة الكبرى إلى الأمام التي أضرت بنظره في الاقتصاد وبسبب رأيه القائل بضرورة بناء جيش احترافي تبعا للنموذج السوفيتي معارضا بذلك نظرة ماوتسي- تونغ ولين

بياو المبنية على تشكيل ميليشات لخوض حرب العصابات الشعبية تعرض للهجومات من الثورة الثقافية توفي في عام ١٩٧٤م وهو في السجن.

الشاه بهلوي، رضا خان (١٨٧٨م-١٩٤٤م)

شاه إيران منذ ١٢ كانون الأول ١٩٢٥م، حيث قام في هذا اليوم بتتويج نفسه مقتحما بذلك حكم سلالة جديدة على إيران. وتمثلت في شخصين وهما: رضا خان نفسه، وابنه محمد رضا بهلوي.

يوم توج رضا خان نفسه كان معروفا كرجل عسكري لامع وخاصة منذ أن دخل في عام ١٩٢١م على رأس رجاله إلى طهران عبر انقلاب عسكري جعل منه رجل إيران القوي. وكانت الحرب العالمية الأولى والصراع مع تركيا العثمانية قد أرهقا إيران وجعلاها لقمة سائغة أمام المطامع البريطانية. إضافة إلى بدء الحديث عن وجود النفط بكميات كبيرة في المنطقة بما فيها فارس. ففرضت بريطانيا في إطار كل هذه الظروف وفي سياق تغلغلها في المنطقة ومنذ عام ١٩١٩م على إيران معاهدة حماية تؤمن للندن الهيمنة الإدارية والعسكرية على البلد. وعلى الفور قامت ثورة مسلحة في تبريز حيث أعلن الثوار قيام جمهورية على النمط السوفياتي. فوجد حكام طهران في ذلك الحين أن هذه الثورة تتيح لهم التقارب مع موسكو للتصدي للمطامع البريطانية.

فقررت بريطانيا أن تتحرك بسرعة ووجدت في العسكري رضا بهلوي ما يؤمن مصالحها. فانطلق هذا من منطقة قزوين على رأس ٢٥٠٠ من رجاله وسار نحو طهران التي دخلها من دون مقاومة ٢١ شباط ١٩٢١م، وأبقى على أحمد ميرزا شاها على عرشه وفرض حكما دكتاتوريا، وما أن هدأت الأوضاع

وأحس رضا شاه أن الأمور استقرت على ما يحلو له، حتى خلع أحمد ميرزا ونصب نفسه شاها مكانه ١٢ كانون الأول ١٩٢٥م. وبدا يفكر بإقامة جمهورية علمانية على غرار ما كان قد بدا يحدث في تركيا حيث أثارت تجربة مصطفى كمال إعجابه، لكن رجال الدين تمكنوا من دفعه للتخلي عن فكرته.

تميز حكم رضا شاه باستخدام القوة لتوطيد سلطته، كما تميز بنزعة الحكم المطلق وقمع الأقليات ورجال الدين ومنع الأحزاب السياسية ومطاردة قادتها، وفي الوقت نفسه اتباع وتيرة متسارعة في تحديث شامل. وقد اعتمد في حكمه على الجيش.

وما أن حقق الألمان النازيون أولى انتصاراتهم عند بداية الحرب العالمية الثانية حتى بدا رضا شاه بالتقرب منهم رغم أنه كان قد أعلن حياد إيران في الحرب. وعندما احتل الحلفاء إيران في عام ١٩٤١م أرغموه على الاستقالة والتنازل لابنه محمد رضا شاه الذي كان في الثانية والعشرين من عمره، مات في منفاه في جوهانسبرغ (جنوب أفريقيا) في ٢٦ تموز ١٩٤٤م.

الشاه بهلوي، محمد رضا (١٩١٩م-١٩٨٠م)

شاه إيران المخلوع، وابن رضا شاه خلف والده عندما استقال هذا الأخير في عام ١٩٤١م تحت ضغط الحلفاء الذين كانوا قد احتلوا البلاد في الحرب العالمية الثانية. وبعد تولي محمد رضا للعرش سمح للحلفاء بتركيز قواتهم في إيران وبإرسال الإمدادات إلى الاتحاد السوفيتي (سابقا) عبر إيران.

عارض تأميم النفط الذي أقدم عليه رئيس الوزراء الإيراني محمد صادق في مطلع الخمسينات من القرن العشرين الميلادي، فطرده مصدق من البلاد،

لكنه سرعان ما عاد بدعم (وكالة الاستخبارات المركزية الأمريكية). والعمل الذي قام به الجنرال الأميركي شوارزكوف (والد الجنرال شوارزكوف الذي اشتهر خلال حرب الخليج الثانية ١٩٩٠م-١٩٩١م) ومنذ عودته لم يكف الشاه عن ضرب المعارضة السياسية والدينية مستخدما العنف والتعذيب الممثلة بجهاز استخبارات (السافاك).

في الستينات من القرن العشرين الميلادي بدأ الشاه برنامجا لتوزيع الأراضي على بعض الفلاحين. كما أنه استخدم جزءا من عائدات النفط الإيراني لبرنامج التنمية الاجتماعية والاقتصادية، وتوسع في البرامج المعنية بمحو الأمية. وشيد الكثير من المدارس والمطارات والطرق والسكك الحديدية. وعزز أجهزته الأمنية والعسكرية بمساعدة الولايات المتحدة الأمريكية، فبلغت إيران في عهده من القوة العسكرية ما دفع إلى الحدث عن أنها أصبحت رابع قوة عسكرية في العالم. وتميزت سياسته أيضا بعلاقات واقعية وطيدة مع الكيان الصهيوني، وببعض الاعتدال الذي كان يبديه تجاه الدول العربية وقضاياها.

كان الشاه يسيطر على الحكومة بالرغم من وجود برلمان ومجلس وزراء. وقد أثارت سلطاته الواسعة معارضه كبيرة وخاصة من الطلبة والمثقفين والزعماء الدينيين، والعمال الصناعيين، فاتهمه منتقدوه بحرمانهم من حرية التعبير والحقوق الأخرى، وباستخدام الشرطة السرية والقوة العسكرية لإسكات معارضيه.

تعلق بمظاهر (العظمة الفارسية) التي عمل على إضفائها على شخصه وعائلته وبلاده. وقد تجلى ذلك أكثر ما تجلى في احتفالات المدينة التاريخية (برسيبوليس) التي دعا إليها ملوك ورؤساء العالم وانفق عليها أموالا طائلة. وفي

احتفالات تتويج نفسه شاهنشاه (ملك الملوك) في ٢٦ تشرين الأول ١٩٦٧م التي بدت استفزازا حقيقيا لمشاعر الشعب فنظر إليها الكثيرون على أنها بداية القطيعة الحقيقة بين الشاه والشعب. فالشاه في تلك الاحتفالات لم يتفوه بكلمة واحدة عن تاريخ إيران الإسلامي مكتفيا بتاريخها الفارسي.

أطاحت حكمه في مطلع عام ١٩٧٩م ثورة إسلامية شعبية عارمة أجبرته على الهرب إلى الخارج. فقصد الولايات المتحدة التي سرعان ما أفهمته حكومتها أنه (غير مرغوب به) فانتقل إلى بنما ثم انتقل إلى مصر في آذار عام ١٩٨٠م حيث توفي هناك.

بوانكاري، ريمون (١٨٦٠م-١٩٣٤م)

سياسي ورجل دولة فرنسي ولد في بارلودوك ١٨٦٠م، وتوفي في باريس ١٩٣٤م كان محاميا لامعا ظل ينتخب نائبا من عام ١٨٨٧م إلى عام ١٩٠٣م، عضو مجلس الشيوخ بين (١٩٠٣م و١٩١٣م)، وزير المعارف العامة (١٨٩٣م-١٨٩٤م) والمالية (١٨٩٤م-١٨٩٦م) وتميز بسياسته المعتدلة رئيس مجلس النواب ووزير الخارجية كانون الثاني ١٩١٢م كانون الثاني ١٩١٣م تبنى سياسة حازمة ازاء ألمانيا وسعى إلى توثيق روابط فرنسا مع بريطانيا وروسيا التي زارها للمرة الأولى في ١٩١٢م انتخب رئيسا للجمهورية وانتهج سياسة خارجية هي اقرب إلى اليمين، وساهم في تمرير القانون العسكري خدمة ٣ سنوات الذي لم يلق دعما شعبيا مما جعل اليسار يفوز في انتخابات ١٩١٤م، تكلف الزعيم الجمهوري الاشتراكي فيفياني تاليف الحكومة واصطحبه بزيارة لروسيا في تموز ١٩١٤م.

وعندما وجهت النمسا هنغاريا إنذارها لصربيا ٣٠ تموز ١٩١٤م طمأن بوانكاري روسيا حول دعم فرنسا لها مما جعل روسيا تعلن الاستنفار العام ونتيجة لهذا الموقف لقبه خصومه باسم بوانكاري الحرب، وما أن اندلعت الحرب حتى بدأ بوانكاري نشاطه الدبلوماسي الأوروبي جاعلا من نفسه بطل (الاتحاد المقدس) (الدول الأوروبية المتحالفة ضد ألمانيا والنمسا وهنغاريا) وجاءت مصاعب الحرب العسكرية السياسية وطول أمدها لتجعل بوانكاري مضطرا إلى تكليف كليمنصو رئاسة الحكومة، (تشرين الثاني ١٩١٧م في محاولة لإعادة تجليس الأوضاع. بعد انتهاء ولايته أعيد انتخابه عضوا في مجلس الشيوخ وعين رئيسا للجنة التعويضات شباط أيار ١٩٢٠م، ترأس البرلمان بعد سقوط بريان، ووزيرا للخارجية في الوقت نفسه، من أنصار التطبيق الدقيق والحرفي لمعاهدة فرساي ولذلك دعم احتلال فرنسا لمنطقة الروهر ١٩٢٣م بسبب تأخر ألمانيا عن دفع ما عليها من تعويضات، ولكن معارضة بريطانيا لهذا الإجراء الفرنسي والصعوبات المالية الداخلية جعلته في الأخير يقبل بخطة (داوس) ممثل الولايات المتحدة في لجنة التعويضات.

وبعد نجاح تحالف اليسار في انتخابات ١٩٢٤م قدم بوانكاري استقالته لكن الأزمة المالية أعادته إلى السلطة في ١٩٢٦م فشكل حكومة اتحاد وطني (ضمت الراديكاليين وغيبت الاشتراكيين)، من أعضائها بارتو بريان هريو وأطلقت يده في المسائل المالية وبعد استقالة الراديكاليين من الحكومة (مؤتمر انجير) ١٩٢٨م زاد بوانكاري من اعتماده على الوسط وعلى اليمين وقع مريضا وقدم استقالته في عام ١٩٢٩م.

الرئيس بوانيي، فليكس هوفويت (١٩٠٥م-١٩٩٣م)

سياسي أفريقي رئيس جمهورية ساحل العاج منذ عام ١٩٦٠م حتى وفاته، في عام ١٩٩٣م لقب بـ (حكيم أفريقيا)، ينتمي إلى قبيلة باولي أكبر القبائل انتشارا أو نفوذا في البلاد. وقد نصب زعيما لها في سن مبكرة وعمره ٥ سنوات وكان معتنقا إحدى المعتقدات الإحيائية. اعتنق الكاثوليكية وهو في الثالثة عشرة من عمره. ولد في ياموسوكرو درس الطب في مدرسة الطب الفرنسية في داكار، وامتهنه لمدة ١٥ سنة بعد تخرجه انصرف إلى السياسة فألف نقابة العمال الزراعيين في عام ١٩٤٤م لتحسين زيادة إنتاج البن والكاكاو، ثم أسس الحزب الديموقراطي لساحل العاج في عام ١٩٤٥م. في عام ١٩٥٦م انتخب عمدة مدينة ابيدجان (عاصمة ساحل العاج آنذاك)، وفي السنة التالية حضر دورة الجمعية العامة لهيئة الأمم المتحدة مطالبا بالمساواة في الحقوق والواجبات بين الإفريقيين وشعوب الدول الأخرى.

أنتخب ممثلا لساحل العاج في الجمعية الوطنية الفرنسية في باريس حتى عام ١٩٥٩م حيث عين وزيرا في وزارة غي موليه الفرنسية. ثم رئيسا لوزراء ساحل العاج في أول أيار من العام نفسه وفي ٦ آب ١٩٦٠م حصلت بلاده على الاستقلال التام، وفي ٢٧ تشرين الثاني ١٩٦٠م انتخب أول رئيس للجمهورية. عمل على قيام وحدة اقتصادية بين ساحل العاج وفولتا العليا (أصبح اسمها بوركينافاسو) والنيجر وداهومي (بينن). تميز حكمه الذي امتد نحو ثلاثة عقود ونصف العقد بتقربه الشديد من السياسة الفرنسية (يأتي اسمه في مقدمة السياسيين الفرنكوفونين) وبالاستقرار الخالي إلى حد كبير من العنف الذي عرفته أكثر البلدان الأفريقية. تحول وداعه (توفي عام ١٩٩٣م) إلى تظاهره شعبية

وأفريقية ودولية تكريما لـ (حكيم أفريقيا) وسارت في شوارع ابيدجان مئات ألوف المشيعين، فيها غصت كاتدرائية (سيدة السلام) في ياموسوكرو بالآلاف بتقدمهم الرئيس الفرنسي- فرنسوا متيران و٢٤ رئيسا أفريقيا.

بوتا، بيتر فيلام (١٩١٦م-)

سياسي من جنوب أفريقيا متشدد في تطبيق سياسة الفصل العنصري الابارتيد، ولد في دولة اورانج الحرة معقل المحافظين البوير، استطاع بفضل مواهبه الإدارية أن يترقى بسرعة في أجهزة الحزب الوطني الأمريكاني، أصبح نائبا في عام ١٩٤٨م وهو العام الذي شهد ولادة نظام الأبارتيد الذي استمر حتى انتخابات نيسان ١٩٩٤م، وزير الداخلية ١٩٥٨م، وزير الدفاع ١٩٦٦م، وفي الوقت نفسه زعيم الحزب في مقاطعة الكاب. عمل على تقوية الجيش حتى أصبح لجنوب أفريقيا اقوى قوة عسكرية في النصف الجنوبي لقارة أفريقيا. المدير الأساسي لعملية التدخل العسكري لبلاده ١٩٧٥م في الحرب الأهلية الانغولية، بهدف منع وصول الرئيس تيتو إلى السلطة في لاوندا. إلا أن الوحدات الجنوب أفريقية انسحبت دون أن تحقق هدفها وعزا بوتا هذا الفشل إلى حيف الغربيين الذين افترض انهم حلفاء.

وفي أيلول ١٩٧٨م انتخبه برلمان جمهورية جنوب أفريقيا رئيسا للوزراء خلفا لفورستر بسبب مرض هذا الأخير، الذي انتخب رئيسا للجمهورية وعلى أثر وضع الدستور الجديد موضع التنفيذ في ٣ أيلول ١٩٨٤م انتخب بوتا رئيسا للجمهورية وزار فرنسا مرتين (١٩٨٤م و١٩٨٥م) وفي ٣١ كانون

الثاني ١٩٨٦م أصدر بوتا إعلانه الشهير بدء التفكيك القانوني لنظام الابارتيد وفي ١٥ آذار ١٩٨٩م استقال من منصبه على أثر مرض فخلفه دوكليرك.

بوتا، لويس(١٨٦٢م-١٩١٩م)

سياسي وقائد عسكري عنصري جنوب أفريقيا ومن اصل هولندي، دخــل السياسـة في عـام ١٨٩٧م مناصرا التفاهم مع البريطانيين، اشترك في حرب البوير كقائـد قـوات الترانسـغال، وبعدها أيد الصلح مع بريطانيا. أصبح رئيسا لوزراء الترانسغال، ثم رئيسا لوزراء اتحاد جنوب أفريقيا. اخمد ثورة البوير الموالية لألمانيا في عام ١٩١٤م واحتل المناطق التابعة لألمانيا في جنـوب أفريقيـا، شارك في مـؤتمر باريس للسلام، ووقع معاهدة فرساي وقد حاول حث الحلفاء على التساهل مع ألمانيا المهزومة.

بوتو، بناظير (١٩٥٣م-   )

رئيسة وزراء باكستان في الفترة ما بين عامي (١٩٨٨م-١٩٩٠م) ثـم في عـام ١٩٩٣م وتعـد أول امرأة ترأس حكومة منتخبة في بلد اسلامي ولدت بكراتشي بباكستان، درست بجامعات هارفارد كمبردج وماساشوسيتس الأمريكية وبجامعة اكسفورد بإنكلترا. والدها ذو الفقار علي بوتو مؤسس حزب الشعب الباكستاني تولى رئاسة الوزراء في الفترة من عام ١٩٧١م إلى عام ١٩٧٧م وأطاح بحكومته الجنرال محمـد ضياء الحق عام ١٩٧٧م وزج به في السجن وبعدها صارت بناظير تظهر وسط التجمعـات التـي تناصر والدها، غير أن الحكومة أعدمت ذو الفقار عام ١٩٧٩م.

وفي عام ١٩٨٤م غادرت بناظير وطنها لإنكلترا، ثم عادت لباكستان عام ١٩٨٦م لتراس حزب الشعب الباكستاني، وتزوجت في عام ١٩٨٧ من عاصف علي زرداري وهو رجل أعمال ثري. وفي آب ١٩٨٨م قتل ضياء الحق في حادث تحطم طائرة. وعادت بناظير للسلطة عن طريق الانتخابات في عام ١٩٨٨م رئيسة للوزراء، وفي آب ١٩٩٠م اتهم الرئيس الباكستاني حكومة بناظير بالفساد ثم أقالها من منصبها، وفي تشرين الأول ١٩٩٣م أعيد انتخاب بناظير رئيسة للوزراء.

بوتو، ذو الفقار علي (١٩٢٨م-١٩٧٩م)

رئيس باكستان ورئيس وزرائها في الفترة ما بين عامي (١٩٧١م-١٩٧٧م). ولد بمقاطعة لاركانا بمحافظة السند-درس بوتو بجامعة كاليفورنيا بالولايات المتحدة وجامعة أكسفورد بالمملكة المتحدة وصار مؤهلا للعمل في المحاماة بالمحاكم العليا شغل منصب وزير بالحكومة الباكستانية في الفترة من (١٩٥٨م-١٩٦٦م) واستقال عام ١٩٦٦م من منصبه ليؤسس حزب الشعب الباكستاني.

وفي عام ١٩٧١م انفصلت باكستان الشرقية عن الباكستان لتكون دولة بنغلادش المستقلة. ورقي بوتو سريعاً خلال فترة هذه الأزمة نائبا لرئيس الوزراء فوزيرا للخارجية ثم رئيسا للجمهورية. وقام بسحب باكستان من عضوية دول الكومنولث احتجاجا على اعتراف الأخيرة باستقلال بنغلادش. وفي عام ١٩٧٣م اتخذ لقب الرئيس بدلا من رئيس الوزراء. وفاز بوتو في انتخابات عام ١٩٧٧م إلا أن الاتهامات بالتلاعب في الأصوات وانتشار أحداث الشغب أدى

إلى الإطاحة به في انقلاب عسكري وأدانته الحكومة العسكرية بعدة جرائم خطيرة فاعدم عام ١٩٧٩م.

الملك بودوان الأول (١٩٣٠م-١٩٩٣م)

ملك بلجيكا، اسمه بودوان البير ليوبولد اكسيل ماري غوستاف، الابن الثاني للملك ليوبولد الثالث. وخلفه عام ١٩٥١م. ولد في قصر ستيفنبرغ قرب بروكسل. اضطر عام ١٩٤٠م على أثر الاحتلال الألماني لبلجيكا للهرب إلى فرنسا. ومنها إلى إسبانيا ثم ما لبث أن عاد إلى بلجيكا ليعيش في عزلة تامة مع أفراد العائلة المالكة.

في عام ١٩٤٤م قرر هتلر نفي العائلة إلى ألمانيا، حيث بقي بودوان رهن الإقامة الجبرية حتى أيار ١٩٤٥م، حيث حررته فرقة من الجيش الأمريكي. عارض أكثر السياسيين البلجيكيين عودة ليوبولد الثالث، اتهموه بالتخاذل والخيانة بسبب هربه كما شكلت محكمة برلمانية قضت بحرمان الأمير شارل شقيق بودوان وحصر ولاية العهد في الأخير. وفي عام ١٩٥٠ جرى استفتاء شعبي حول موضوع استمرار الحكم الملكي. ففاز الملكيون بنسبة ٥٧.٦٨% وعارضه اليساريون بشدة.

استقال ليوبولد الثالث تموز ١٩٥١م ليخلفه بودوان في ١٩٥٩م. أعلن بودوان في خطاب تاريخي قرار الحكومة منح الكونغو استقلالها. عرف عنه حبه لبلاده، وقد أرغمه ذلك على التوازن بينهما (الفلامند والوالون) في كل شيء حتى أنه كان يلقي خطاب العرش باللغتين معا، يقرأ الفقرة بالفرنسية ثم يعيد قراءتها بالفلامندية. وكان نادرا ما يستخدم سلطاته.

بوديوني سيميون (١٨٨٣م-١٩٧٢م)

عسكري سوفيتي، ولد في مقاطعة روستوف وكان صف ضابط في الجيش الروسي القيصري، شارك في الحرب الروسية اليابانية (١٩٠٤م-١٩٠٥م) وفي الحرب العالمية الأولى كصف ضابط ثم كملازم ثان. انضم بوديوني إلى الثورة البلشفية في عام ١٩١٧م، وقاد بعد سنتين فرقة خيالة وقاتل ضد دينبكين وورانجل خلال الحرب الأهلية في الاتحاد السوفيتي السابق. وظهر نبوغه القيادي في الحرب البولونية السوفيتية ١٩٢٠م حيث كان على راس جيش الخيالة الأول الذي سار به باتجاه الحدود الرومانية. واكتسب بوديوني بعد ذلك شهرة كبيرة بين صفوف الجيش السوفيتي، لذا عينته القيادة السوفيتية مفتشا عاما للخيالة في عام ١٩٢٣م ومنحته لقب مارشال الاتحاد السوفيتي في عام ١٩٣٥م وفي عام ١٩٣٧م كان المارشال بوديوني قائدا لمنطقة موسكو العسكرية ثم أصبح بعد سنتين عضوا في اللجنة المركزية للحزب الشيوعي وأصبح في عام ١٩٤٠م نائب مفوض الدفاع (وزير الدفاع) السوفيتي.

وعندما اجتاح الألمان الاتحاد السوفيتي في عام ١٩٤١م قاد بوديوني الجبهة الجنوبية الغربية فتعرض لهزائم ساحقة في اومان وكييف الأمر الذي دفع القيادة السوفيتية إلى نقله من هذه القيادة وإرساله مع فوروشيلوف إلى الاورال لتنظيم القوات الاحتياطية السوفيتية التي كان يجري إعدادها لشن الهجوم المعاكس على الألمان. ولقد بقي هناك حتى نهاية الحرب وفي عام ١٩٤٦م انتخب بوديوني نائبا عن اوكرانيا في مجلس السوفيت الأعلى وبقي في هذا المجلس حتى عام ١٩٥٢م حيث أصبح مستشارا في وزارة الدفاع السوفيتية وبقي في هذا المنصب حتى وفاته.

بوردابيري اروسينا (١٩٢٨م-   )

سياسي ورجل دولة اوروغواياني شغل عـدة مناصب إدارية (١٩٥٩م-١٩٦٢م) عضو مجلس
الشـيوخ (١٩٦٢م-١٩٦٤م) رئيس المكتب الفـدرالي للعمل الريفـي (١٩٦٤م-١٩٦٩م) وزير الزراعـة
(١٩٦٩م-١٩٧٢م) رئيس الجمهورية (١٩٧٢م-١٩٧٦م). وأرغـم عـلى الاستقالة إذ كان واجهة سياسـة
للعسكريين اكثر منه صاحب سلطة فعلية مما وضع البلاد في أزمة أمنية حقيقية بسبب ما ارتكب بحق
المعارضين من مجـازر أدت بـأكثر مـن مليون مـواطن اوروغواياني لـترك البلاد والهجرة إلى الأرجنتين
والبرازيل والولايات المتحدة وهذه الأعمال العنيفة بدأت بعد تصفية منظمة التوباماروس ١٩٧٢م.

بوردن، روبرت ليرد (١٨٥٤م-١٩٣٧م)

سياسي ورجل دولة كندي، ولد في نوفاسكونيا، ودرس القانون قبل دخولـه عضوا في البرلمان في
اوتاوا حيث قاد حزب المحافظين المعارض منذ عام ١٩٠١م ولغاية ١٩١١م وأصبح رئيسا للوزراء لحكومة
حزب المحافظين للفترة ما بين (١٩١١م-١٩١٧م) ورئيس وزراء حكومـة الائتلاف مـا بـين تشـرين الأول
١٩١٧م ولغاية تموز ١٩٢٠م.

وأهم ثلاثة منجزات قام بها بوردن خلال رئاسته للحكومـة هـي تنظيم قوة الحملات
العسكرية الكندية من نصف مليون جنـدي متطوع للخدمـة في أوروبا خلال الحرب العالميـة الأولى.
والحصول على اعتراف رسمي بريطاني بـأن دول الكومنوليث البريطاني عبر البحار هي شريك متساو مع
حكومة المملكة المتحدة في قضايا الشؤون الدولية. وحصوله على مصادقة رسمية على قانون

منح المرأة حق الاقتراع في كندا بعد بلوغ سن الحادية والعشرين (وجاءت المصادقة على القانون في آذار ١٩١٨م) وكذلك لعب بوردن دورا بارزا في تأسيس عصبة الأمم وأصبح ممثل كندا في مجلس عصبة الأمم عام ١٩٣٠م.

الرئيس بوش،جورج

الرئيس الحادي والأربعين للولايات المتحدة (١٩٨٩م-١٩٩٣م)، ولد في ملتون بولاية ماساشوسيتس. وتخرج في أكاديمية فيليبس عام ١٩٤٢م وخدم طيارا محاربا في الأسطول خلال الحرب العالمية الثانية (١٩٣٩م-١٩٤٥م). وبعد الحرب التحق بوش بجامعة بيل ثم انتقل إلى تكساس وبدأ العمل بنجاح في صناعة النفط هناك. انتخب عضوا في مجلس النواب الأمريكي عام ١٩٦٦م، وأعيد انتخابه مرة أخرى عام ١٩٦٨م وخلال عامي ١٩٦٤م و١٩٧٠م نجح في الحصول على مقعد في مجلس النواب.

عين عام ١٩٧٠م مندوبا للولايات المتحدة في الأمم المتحدة، ترأس في عامي ١٩٧٦م ١٩٧٧م وكالة الاستخبارات المركزية الأمريكية، وفي عام ١٩٨٠م انتخب نائبا للرئيس رونالد ريغان، أعيد انتخابه عام ١٩٨٤م وفي عام ١٩٨٨م فاز بوش في الانتخابات العامة مع نائبه المرشح السيناتور دان كويل.

وفي السياسة الداخلية شنت الحكومة الأمريكية الحرب على المخدرات عام ١٩٨٩م وأجاز بوش الزيادات في الضرائب عام ١٩٩٠م، وفي الشؤون الخارجية وقع بوش مع الرئيس السوفيتي جورباتشوف في عام ١٩٩٠م اتفاقية لتدمير عدد كبير من الدبابات والأسلحة النووية في أوروبا. وفي عام ١٩٩١م وقع الرئيسان معاهدة خفض الأسلحة الاستراتيجية ستارت.

وكذلك قام الرئيس بوش في عام ١٩٨٩م بإرسال القوات الأمريكية لغزو بنما لحماية المصالح الأمريكية هناك والإطاحة برئيس بنما الجنرال مانويل نوربيجا، وقام أيضا بإرسال القوات الأمريكية إلى الخليج العربي في آب عام ١٩٩٠م. ودامت حرب الخليج الثانية من ١٧ كانون الأول إلى ٢٨ شباط عام ١٩٩١م.

بوفر، اندريه (١٩٠٢م-١٩٧٥م)

عسكري فرنسي، ولد في عام ١٩٠٢م، وتخرج من مدرسة سان سير العسكرية في عام ١٩٢١م برتبة ملازم في سلاح المشاة. ورقي إلى رتبة عقيد في عام ١٩٤٥م والى رتبة عميد في عام ١٩٥١م وحصل على رتبة لواء في عام ١٩٥٥م ففريق في عام ١٩٥٧م وفي العام ١٩٦٠م رقي بوفر إلى رتبة فريق أول ثم أحيل على التقاعد في ٨ أيلول من العام نفسه.

اشترك بوفر في الحرب العالمية الثانية كضابط في سلاح المشاة ثم خدم في الهند الصينية بعد الحرب(١٩٤٥م-١٩٤٨م) وقاد عملية تونكين (المنطقة العليا). وعمل في هيئة أركان الجنرال دولاتر دوتاسيني، ثم انتقل إلى الجزائر في مطلع الخمسينات من القرن العشرين ليعمل قائدا لفرقة المشاة الميكانيكية الثانية التي كانت تمارس عمليات التهدئة في منطقة غيلما وفي ٦ آب ١٩٥٦م عين بوفر وهو في الجزائر كقائد لقوات الإنزال الفرنسية المعدة للاشتراك في حرب ١٩٥٦م ضد مصر (العدوان الثلاثي)، التي كان من مخططها ومنفذيها الرئيسين ولقد كاد أن يقتل في بورسعيد في يوم ٦ تشرين الثاني ١٩٥٦م وبعد انتهاء حرب ١٩٥٦م عاد الجنرال بوفر إلى فرنسا حيث عين كمساعد لقائد

القوات الفرنسية في ألمانيا ثم وصل إلى منصب رئيس الفريق الفرنسي في حلف الأطلسي وعمل فترة من الوقت في نيويورك.

كانت إحالة بوفر على التقاعد مبكرة. إذ كان يمكنه البقاء في الخدمة ثلاث سنوات أخرى إلا أن تركه الخدمة نجم عن أوضاع سياسية فرنسية، ولقد عمل الجنرال بوفر بعد ترك الخدمة الفعلية مديرا (للمعهد الفرنسي للدراسات الاستراتيجية) التابع (لمركز الدراسات السياسية الأجنبية) وبقي في هذا المنصب حتى وفاته في ١٣ كانون الأول ١٩٧٥م.

الرئيس بوكاسا، جان بيدل

رئيس دولة أفريقيا الوسطى (١٩٦٦م-١٩٧٦م)، تطوع في الجيش الفرنسي عام ١٩٣٩م، تدرج في المناصب التالية: رئيس أركان حرب ١٩٦٣م، كولونيل ١٩٦٥م، جنرال ١٩٦٧م، سكرتير عام ورئيس حركة التطور الاجتماعي لأفريقيا السوداء. رئيس الجمهورية ورئيس الحكومة ووزير الدفاع وحامل الأختام (كانون الثاني ١٩٦٦م). ووزير الداخلية والإعلام ١٩٦٨م وزير الزراعة والري ١٩٧٠م. أعلن أفريقيا الوسطى إمبراطورية وعين نفسه إمبراطورا في كانون الأول ١٩٧٦م. وفي عام ١٩٧٩م أحاطه الرئيس السابق دافيد داكو الذي أعاد البلاد إلى (جمهورية أفريقيا الوسطى).

وفي أول أيلول ١٩٩٣م وفي أجواء انتخابات عامة ورئاسية أعلنت الحكومة أنها أفرجت عن الرئيس السابق جان بيدل بوكاسا المحتجز في سجن عسكري منذ عام ١٩٨٦م، بعد اتهامه بالاختلاس والتواطؤ في ارتكاب جرائم

قتل. وذكر البيان أن الإفراج عن بوكاسا جاء في مناسبة الاحتفال بالـذكرى الثانيـة عشرة لتولي أنـدره كولنغيا منصب الرئاسة.

والمعلوم أن بوكاسا، بعد إحاطته في عـام ١٩٧٩م صـدر عليـه حكـم بالإعـدام حولـه الرئيس كولنغيا إلى عقوبة السجن لـ ٢٠ عاما. ثم أطلق سراحه بعد سبعة أعوام، وفور إطلاق سراحه قال إنه مستعد للعودة إلى العمل السياسي (إذا طلب منـه الشعب ذلك) وكذلك اعتبر بوكاسا مسؤولا عـن مذبحة تعرض لها ٢٠٠ طالب مدرسة احتجوا على إلزامهم بشراء ثياب مدرسية من مصنع تابع لزوجته.

بوكانان جيمس(١٧٩١م-١٨٦٨م)

رئيس الولايات المتحدة الأمريكية، ولد في بنسلفانيا وأصبح عضوا في الكونغرس الأمـريكي مـن عام ١٨٢١م وحتى عام ١٨٣١م وبعدها أوفد مبعوثا إلى بطرسـبرغ لإجراء مباحثـات حـول أول اتفاقيـة أمريكية روسية تجارية (١٨٣٢م-١٨٣٣م)، وأصبح عضوا في مجلـس الشيوخ للفتـرة مـا بـين (١٨٣٥م ولغاية ١٨٤٥م)، وعندئذ احتل منصب وزير الدولة ومن خلال منصبه هذا توصل إلى تسوية لقضية اوريغون عام ١٨٤٦م وكان النجاح الذي أحرزه مع الجانب البريطاني بشان قضية اوريغون أحد الأسباب التي حثت الرئيس بيرس على تعيين بوكانان سفيرا للولايات المتحدة في لندن(١٨٥٣م-١٨٥٦م).

حصل بوكانان على ترشيح الحزب الـديمقراطي إيـاه لمنصب رئاسـة الولايات المتحدة عـام ١٨٥٦م تثمينا لخبرته الطويلة إضافة إلى ابتعاده عن المبادئ المناديـة بإلغـاء العبوديـة أو الـدفاع عنهـا، وكان لتحفظه الواضح في هذه

القضايا الفضل الكبير في إحرازه النصر ـ الأكيد ـ في الانتخابات ووصوله إلى سدة الحكم في شهر آذار ١٨٥٧م. وتسبب بوكانان في إحداث صدع في الحزب الديمقراطي بسبب اقتراح قدمه لقبول ولاية كانساس في الاتحاد واعتبارها ولاية عبيد وشجب زميله في الحزب الديمقراطي ستيفن أ.دوغلاس هذا القرار عاد إياه قرار يتناقض مع مبدأ السيادة الشعبية التي نص عليها قانون كانساس نبراسكا خاصة وان غالبية سكان ولاية كانساس من معارضي مبدأ العبودية.

وأدى أسلوب بوكانان غير البارع في تسوية الخلاف إلى اضعاف وحدة أعضاء الحزب الديمقراطي الأمر الذي ساعد لنكولن على الانتصار في انتخابات الرئاسة عام ١٨٦٠م التي خاضها مرشحا عن الحزب الجمهوري. وخلال فترة الشهور الأربعة ما بين فترة الانتخابات وتسلم لنكولن مهام الرئاسة فشل بوكانان في اتخاذ القرار المناسب للسيطرة على الوضع بخصوص انفصال الولايات الجنوبية المتمسكة بمبدأ امتلاك العبيد.

بول بوت (١٩٢٥م-١٩٩٨م)

سياسي وعسكري كمبودي. اسمه بالولادة سالوث سار ولد في عائلة مزارعين ميسورة في مقاطعة كومبونغ توم شمالي بنوم بنة أتم دراسته الأولى في معبد بوذي حيث قضى عامين راهبا بوذيا قبل أن يلتحق بثانوية فنية، وفي عام ١٩٤٩م وبتوصية من أحد أشراف القصر الملكي، حصل على منحة دراسية للتخصص في مدرسة الراديو والكهرباء في باريس حيث بقي حتى عام ١٩٥٢م. وكان لأقامته في باريس أثر حاسم على تكوينه السياسي والأيديولوجي. فقد تعرف هناك من خلال الحزب الشيوعي الفرنسي على الماركسية وتعرف على

معظم رفاقه الكمبوديين الـذين شـاركوا في الكفـاح ضـد الاستعمار ومـن ثـم في قيـادة نظـام كمبوديا الديمقراطية.

وبعد عودة بول بوت إلى كمبوديا شارك في النضال ضد الاستعمار الفرنسي ـ فقد كان يعمل أستاذا للتاريخ والجغرافيا في مدرسة خاصـة في بنوم بنه وفي الوقت نفسـه يناضـل في صفوف حزب الخمير الشعبي الثوري الذي أنشئ عام ١٩٥١م بعد انشقاق داخل الحزب الشيوعي للهند الصينية وفي عام ١٩٥٩م ونتيجة لخيانة رئيس الحزب سيوهنغ وما تبعها من قمع مارسه نظام سيهانوك ضد أعضاء الحزب اخضع الحزب نفسه لعملية تطهير واسعة وانتخب قيادة جديدة وكان بول بـوت أحـد أعضائها وفي ٣٠ أيلول ١٩٦٠م قررت هذه القيادة تأسيس حزب شيوعي جديد وانتخب توش ساموث أمينا عاما له إلا أن ساموث سرعان ما اختفى في عام ١٩٦٢م فحل محله بول بوت.

والتجأ بول بوت ومجموعة صغيرة من اتباعه في عـام ١٩٦٣م إلى الأدغـال هربـا مـن القمـع، ومن هناك اخذوا ينظمون حرب عصابات ضـد السلطة المركزية ولم يخرجوا إلى العلنيـة إلا ليستلموا السلطة في عام ١٩٧٥م وفي تلك الفترة تعرضوا إلى مصاعب كثيرة. فقد كانت الحكومة الملكية تطاردهم دون رحمة في حين كان الفيتناميون لا يأبهون لهم لان أهدافهم المرحلية آنذاك كـانت ترمـي إلى وجود كمبوديا محايدة وقادرة على تأمين قواعد خلفية لتحركاتهم وحماية خطوط تموينهم، لـذلك فقـد كانوا يدعمون نظام سيهانوك بقوة أما الخمير الحمر بقيادة بـول بـوت فلـم يلقوا تجاوبـا إلا مـن الصينيين الذين كانوا آنذاك يناصرون الثورة الثقافية في الصين. ورغم ذلك فقد استمر بـول بـوت في حربـه ضـد سيهانوك إلى أن أطاح انقلاب عسكري بقيادة المارشال لون نول بحكم

سيهانوك في آذار ١٩٧٠م. وتدخل الأميركيون لحمايته ولملاحقة الثوار الفيتناميين داخل كمبوديا نفسها ولقد أتاح هذا الانقلاب لبول بوت وحزبه فرصة غير متوقعة إذ أخذ يتلقى الدعم من الفيتناميين ويرفع شعارات سيهانوك القومية والمعادية للأميركيين لبسط سيطرته على الأرياف.

وفي عام ١٩٧٦م أصبح رئيسا للوزراء واتخذ اسم بول لوت (كان إلى حينه يعرف باسمه الأصلي سالوث سار) وفي عام ١٩٧٧م أعلن عن وجود حزب شيوعي كمبودي علني انتخبه أمينا عاما له. وقد ارتبط اسمه خلال مروره القصير بالحكم بأفظع مرحلة دموية مرت بها كمبوديا إذ أمر بإفراغ المدن من سكانها ونقلهم إلى الأرياف. وشن حملة دامية ضد معارضيه من كل الاتجاهات وكان الخطأ الكبير الذي ارتكبه كان معارضته الشديدة للهيمنة الفيتنامية وتحالفه مع الصين لعزل فيتنام وتحجيمها، وقد كلفه ذلك ثمنا غاليا إلى أن بادر الفيتناميون إلى تشجيع كل معارضيه على اطاحة نظامه بالمال والسلاح والرجال، وقد تم لهم ذلك فعلا في مطلع كانون الثاني ١٩٧٨م حين أرغموا بول بوت وأنصاره على العودة مرة أخرى إلى الأدغال، وحمل السلاح مجددا، بدعم من الصين ضد النظام الجديد الموالي (لهانوي) في كمبوديا وقد اعتزل بول بوت العمل السياسي والعسكري عام ١٩٨٥م وانفض عنه رفاقه بانضمام أكثرهم إلى الحكومة في بنوم بنه واعتقلوه وحاكموه كمسؤول أول عن المجازر التي ارتكبت في عهده ومات معزولا.

بولانجير جورج(١٨٣٧م-١٨٩١م)

عسكري وسياسي فرنسي، ولد في مدينة ريفية وقضى خدمته العسكرية في الجزائر وإيطاليا، كما شارك في الحرب الفرنسية البروسية، ورقي إلى رتبة عميد عام ١٨٨٠م. ودخل بولانجير معترك السياسة عام ١٨٨٤م مبتدئا مساره مع الراديكاليين وحظي بمعاملة خاصة منهم وخاصة من كليمنصو ولدى احتلاله منصب وزير الدفاع عام ١٨٨٦م عرف بولانجير بإصلاحاته كما عرف بتبني مواقف الحزب الجمهوري إذ أحال كبار العسكريين الملكيين إلى التقاعد واصلح من مستوى معيشة الضباط والجنود

ولدى سقوط الحكومة الفرنسية في أيار ١٨٨٧م أنزلت رتبة بولانجير ليصبح قائدا في إحدى المقاطعات ورغبة منه باستعادة مجده السابق تجاوب بولانجير مع المجموعات اليمينية الاتجاه بما في ذلك الحركة الملكية السرية قبيل عام ١٨٨٨م. بدأ بولانجير وكأنه بونابرت جديد إذ تمكن من استقطاب السياسيين وكافه المنشقين عن اليمين ممن تطلعوا إلى إقامة حكومة اكثر ديكتاتورية وبمساعدة المجموعة المسماة عصبة الوطنيين قاد بولانجير حملة لإعادة النظر في الدستور وتمتع بولانجير بشعبية خاصة في العاصمة باريس وفي اوج الحملة بدأ وكأنه سيقود محاولة انقلابية في العاصمة في ٢٧ كانون الثاني ١٨٨٩م إلا أنه فقد القدرة على إتمام الخطة لإسقاط الحكومة في اللحظة الحاسمة. وفر بولانجير إلى بروكسل وحكمت عليه محكمة فرنسية أثناء غيابه بالخيانة، ولم تتمكن الحركة البولانجية من اتباعه تحمل فراره رغم أن العديد من أعضاء الحركة من الساسة برزوا في العقد التالي مناصرين للجيش، وذلك خلال قضية وريفوس وعاش بولانجير في بلجيكا عامين إلا أنه انتحر في عام ١٨٩١م.

بولو برنهاردفون (١٨٤٩م-١٩٢٩م)

سياسي ورجل دولة ألماني. والده برنهاردارنست فون بولو(١٨١٥م-١٨٧٩م) الـذي كـان يحتـل منصب وزير الخارجيـة في عهـد بسـمارك مـا بـين ١٨٧٧م ولغايـة ١٨٧٩م دخـل بولو الابـن في السـلك الدبلوماسي عام ١٨٧٤م وعين بعدها سفيرا في روما ١٨٩٤م وأصبح وزيرا للخارجية عـام ١٨٩٧م وحظـي في أول عهده باستحسان القيصر وليم الثاني الذي عينه رئيسا للـوزراء عـام ١٩٠٠م آمـلا أن يجعـل منـه (بسماركا ثانيا). إلا أن عدم تمتع بولو بقناعات قوية اضعف من موقفه على الرغم من كونه دبلوماسيا متمكنا وكانت لبولو بضعة آراء جيده في السياسة الداخلية وفي العلاقات الخارجية، إلا أنه خضع لنفوذ آخرين ولنفوذ هولستاين خاصة وكان هولستاين المستشار المتنفذ في وزارة الخارجية آنذاك كـما خضـع لنفوذ الادميرال تربيتنز.

وتدهورت العلاقة بين بولو والقيصر وليم الثاني، وذلك لمحاولة القيصر اتخاذ إجراءات حاسمة في مجال العلاقات الخارجية دون استشارة وزرائه، وبعد موافقة القصر- علـى إجـراء لقـاء صـحفي مـع جريدة الديلي تلغراف في شهر تشرين الأول ١٩٠٨م لم تمض عليه بضعة أيام إلا وقدم بولو استقالته من منصبه، وبعد استقالته في تموز ١٩٠٩م زعم أن سبب الاستقالة بعض الخلافـات مـع الرايخسـتاد حـول اقتراحاته بخصوص الميزانية المالية، وفي شهر كانون الأول ١٩١٤م عـاد بولو إلى رومـا سـفيرا إذ حـاول جهده الحيلولة دون انضمام إيطاليا إلى الدول المعادية لألمانيا إلا أن محاولاته باءت بالفشل.

بوليفار سيمون (١٧٨٣م-١٨٣٠م)

قائد ثوري وسياسي من فنزويلا، ولد في مدينة كاراكاس في فنزويلا تنقل كثيرا بين دول أوروبا،
وتأثر بفلاسفة فرنسا وبالفيلسوف الإنكليزي جون لوك وفي عام ١٨٠٧م عاد بوليفار إلى فنزويلا واشترك
في اجتماعات وطنية للتآمر على السلطات الإسبانية واستطاع في ١٩ نيسان ١٨١٠م الإطاحة بالحكم
الإسباني. وإقامة حكم عسكري ثم سافر إلى بريطانيا لطلب السلاح والمال ولكنه لم يفلح في الحصول
عليهما. فعاد إلى فنزويلا وخلال أول مؤتمر وطني عقد في آذار ١٨١١م لوضع مشروع الدستور ألقى
بوليفار أول خطاب له دعا فيه إلى وضع حجر الزاوية للحرية الأميركية. وبعد مناقشات طويلة أعلن
المجلس الوطني استقلال فنزويلا في ٥ تموز ١٨١١م فانخرط بوليفار في الجيش تحت قيادة فرانسيسكو
ميراندا وأصبح عقيدا ثم عميدا.

ولكن إسبانيا لم تعتبر نفسها مهزومة فقامت بهجوم على بويرتوكابيلو واستطاعت احتلال
هذا المرفأ الحيوي بمساعدة ضابط خائن من ضباط بوليفار. فوقع ميراندا الهدنة مع الأسبان في تموز
١٨١٢م وغادر بوليفار فنزويلا وسافر إلى كارتاجينا في نيوغرانادا (كولومبيا) ومن هناك اصدر أول بيان
من بياناته السياسية الهامة الذي قال فيه: ان عودة فنزويلا إلى العبودية لم تتم بسبب الاسبان بل
بسبب انقسام شعب فنزويلا وانه كان باستطاعة حكومة قوية أن تمنع ما حدث. ومنذ ذلك الحين
أصبح بوليفار من دعاة حكم قوي فعين قائدا لقوة حملة هدفها تحرير فنزويلا وفي عام ١٨١٣م اشتبك
مع الاسبان في ست معارك أشهرها معركة تاغان وأدى انتصاره في هذه المعركة إلى دخول كاراكاس في ٦
آب ١٨١٣م كمنقذ للبلاد. وحصل من جراء ذلك على لقب المحرر واستولى على

الحكم وأقام دكتاتورية قوية. مما أدى إلى اندلاع حرب أهلية فاستفادت من إسبانيا من الفوضى واحتلت كاراكاس في عام ١٨١٤م وتمكن بوليفار من مغادرة فنزويلا والتجأ إلى كارتاجينا، وكلف هناك بإخراج الاسبان من بوغوتا ونجح في مهمته هذه. ولكنه عندما حاصر سانت مارتا جاءت فرق إسبانية لفك الحصار وانتصرت عليه فلجا إلى جامايكا.

وفي عام ١٨١٧م عاد بوليفار من منفاه في جامايكا إلى منطقة مصب نهر اورنيوكو ثم تمركز في ميناء انغوستورو وتمكن بمساعدة المتطوعين البريطانيين من عبور سلسلة جبال الانديز وأعلن استقلال كولومبيا وفنزويلا في شهر كانون الأول ١٨١٩م رغم أن استقلال فنزويلا في الواقع لم يؤكد إلا عام ١٨٢١م. وفي عام ١٨٢٢م توسع بوليفار في تحركاته ليبلغ الاكوادور. وأثر اعتزال خوسيه دي سان مارتن ورحليه إلى أوروبا أخذ بوليفار على عاتقه مسؤولية قيادة القوات المسلحة في دولة بيرو وقادها إلى النصر عام ١٨٢٥م في الأرض التي سميت باسمه بوليفيا. ومنيت خططه لإقامة كونفدرالية جمهورية كبرى بالفشل بسبب الحركات الانفصالية في فنزويلا وكولومبيا في (١٨٢٩-١٨٣٠م) كما واجه العديد عن المؤامرات التي حاكها بعض من الضباط الذين كان يضع ثقته فيهم، وقد توفي في ١٧ كانون الأول ١٨٣٠م ويعتبر بوليفار من أشهر رجالات أميركا الجنوبية السياسيين والعسكريين الثورين في القرن التاسع عشر، ومن المؤكد أن أحدا من رجالات أميركا اللاتينية في ذلك القرن لم يتمتع بما تمتع به بوليفار من عبقرية عسكرية وبصيرة سياسية ووعي دولي.

الرئيس بومبيدو،جورج (١٩١١-١٩٧٤م)

ولد في مونتبوديف عام ١٩١١م، وتوفي في باريس عام ١٩٧٤م حائز على إجازة تعليمية، عمل في بنك روتشيلد وأصبح مديره العام بين عامي ١٩٥٦م، ١٩٦٢م، رئيس حكومة الجنرال ديغول من حزيران ١٩٥٨م إلى كانون الثاني ١٩٥٩م.

عين رئيسا للوزراء خلفا لميشال دويريه في ١٤ نيسان ١٩٦٢م. قدم استقالة حكومته في تشرين الأول ١٩٦٢م، بعد تصويت الجمعية الوطنية على مذكرة بتوجيه اللوم إلى حكومته، فحل الجنرال ديغول الجمعية الوطنية، ودعا إلى انتخابات جديدة حققت فوزا لأنصاره، وأبقى بومبيدو على رأس الحكومة.

وأثناء أحداث أيار ١٩٦٨م وقعت حكومة بومبيدو مع الاتحادات النقابية الرئيسة في البلاد اتفاقيات غرونيل، وبعد الفوز الساحق الذي حققه الديغوليون في انتخابات حزيران ١٩٦٨م وضع بومبيدو في احتياطي الجمهورية بحسب التعبير الذي استعمله ديغول وصل محله كوف جومورفيل.

وفي تموز ١٩٦٨م وبعد تخلي ديغول عن الحكم، انتخب بومبيدو في الدورة الثانية (وكان نائبا عن مقاطعة كانتال)، أي في ١٥ حزيران ١٩٦٩م رئيسا للجمهورية بنيله ١١ مليون صوتا ضد نحو ٨ ملايين نالها منافسه. إلا أن بوهير أكمل نهج ديغول في السياسة الخارجية والداخلية، واختلف بعض الشيء مع رئيس حكومته جاك شابان دلماس ١٩٦٩-١٩٧٢م حول مشروع المجتمع الجدي وخلف بيار مسمير هذا الأخير على رأس الحكومة ١٩٧٢-١٩٧٤م.

وتميزت رئاسة بومبيدو بنجاح الاستفتاء الذي أجراه حول التصديق على معاهدة دخول بريطانيا إلى المجموعة الاقتصادية الأوروبية (نيسان ١٩٧٢م)

وبإنماء تحديث الصناعة الفرنسية كما يتصاعد التململ الاجتماعي بدءا من عام ١٩٧٢م الذي ترجم بتقدم اليسار في انتخابات آذار ١٩٧٣م التشريعية توفي بمبيدو قبل انتهاء ولايته، وكان قد أصيب بمرض نادر هو مرض (والدنستورم) الذي هو نوع من التخثر الذي يصيب الكريات الحمراء.

بونومي ايفانوي (١٨٧٣م-١٩٥١م)

سياسي إيطالي بارز قبل الحكم الفاشي وبعده، وشارك في ثلاث حكومات (١٩١٦-١٩٢١م) بوصفه ممثلا للاشتراكيين اليمينيين أصبح رئيس الحكومة في عام ١٩٢١م واخذ يسعى للوصول إلى عقد صلح بين الاشتراكيين والفاشيين. سقطت حكومته في عام ١٩٢٢م بسبب الأزمة الاقتصادية، مما أدى إلى اعتزاله السياسة. ولكنه عاد إلى نشاطه السياسي في عام ١٩٤٢م واشترك بعد سقوط موسوليني ١٩٤٣م في صفوف المقاومة ضد الألمان، أصبح رئيس الوزراء في حزيران ١٩٤٤م على أثر تحرير روما. وبعد تحرير جنوب إيطاليا ١٩٤٥م شكل حكومة جديده اشترك في الوفد الإيطالي إلى مؤتمر باريس الذي أدى إلى توقيع معاهدة السلام في ١٠ شباط ١٩٤٧م وقد انتخب رئيسا لمجلس الشيوخ حيث استمر حتى وفاته.

الملك بو-يي (١٩٠٦-١٩٦٧م)

آخر ملوك الصين (المنشورين) ولد في بكين والده الأمير تشوون. خلف جده الإمبراطور كوانغ سيو على العرش وهو في الثالث من عمره أي في ٢ كانون الأول ١٩٠٨م وعندما أعلنت الجمهورية في أول كانون الثاني ١٩١٢م. قدمت لونغ يو أرملة جده والوصية عليه في ١٢ شباط من العام نفسه الاستقالة

باسم جده المتوفى. وهكذا انتهت سلالة (المنشورين) التي حكمت أقدم إمبراطورية في العالم. وكان بو-يي آخر ممثليها.

أقام بو-يي في المدينة المحرمة يتقاضى معاشا ويحتفظ بلقبه الإمبراطوري وفي الأول من تموز ١٩١٧م. حاولت مجموعة من السياسيين بعث إمبراطورية منشوريا من جديد. فأجلست بو-يي على عرشها. لكنه خلع بعد ١٢ يوما. طرده الجنرال فونج يور سيانغ عن المدينة المحرمة فانتقل إلى اليابان في عام ١٩٢٨م. وبعد هجوم اليابانيين على مدينة موكدن ١٨ أيلول ١٩٣١م حاولوا طمأنته بالقول بأنه لا مطمع لهم في منشوريا سوى إقامة دولة مستقلة جديدة يكون هو إمبراطورها، ذهب بو-يي إلى جنوبي منشوريا ووافق على الجلوس على العرش شرط أن يؤسس فيها نظاما ملكيا في أقل من عـام. وفي سـنة ١٩٣٤م أصبح إمبراطوراً، وانحصر ـ دوره في مراسـيم الاحتفـالات وكانـت تظهـر أهميـة دولتـه (منشوريا) الاستراتيجية بقدر ما كان يزود اليابان بالمواد الأولية التي يحتاجها.

وعندما استسلمت اليابان في ١٥ آب ١٩٤٥م أعلن بو-ييي تخليه عن العرش. وحاول السـفر إلى اليابان فرفضته الفرق السوفيتية ونقلته إلى الاتحاد السوفياتي (سابقا). حيث قضى خمس سنوات في السجن. كما أدين كمجرم حرب في طوكيو في عام ١٩٤٦م إعادة السوفيت إلى الصين الشعبية في عام ١٩٥٠م فسجن من جديد في خاربين. ودعي للاعتراف بأخطائه أثناء محاكمة مجرمي الحرب اليابانيين. وبأنه لم يكن يملك أي سلطة أثناء حكمه، وبأن اليابانيين وحدهم حكموا بلاده.

صدر عفو بحقه في عام ١٩٥٩م فعاد إلى بكين ليعمل في حديقة النباتات ثم في لجنة الأبحاث التاريخية (بعد أن عمل فترة في المكتبة الوطنية السياسية) ثم أصبح عضو اللجنة الوطنية للمؤتمر الاستشاري للشعب الصيني. توفي بمرض السرطان في عام ١٩٦٧م.

بياتوكوف، غيورغي (١٨٩٠- ١٩٣٧م)

سياسي وإداري لامع، واحد كبار منظمي الصناعة السوفيتية، تعرف على لينين في سويسرا وأصبح معاونا له، عارض شعار حق تقرير المصير لشعوب الاتحاد السوفييتي الذي صاغه لينين، وبعد نجاح الثورة ١٩١٧م أصبح قائد الشيوعيين الاوكرانيين رئيس مجلس السوفييت في كييف، استقال من مناصبه كافه احتجاجاً على شروط معاهدة برست ليتوفسك، وفي عام ١٩١٨م، لقبه الشيوعيون اليساريون والاشتراكيون الثوريون خليفة لينين الذي كان يريدون عزله.

اسند إليه تروتسكي خلال الحرب الأهلية عدة مسؤوليات نفذها بنجاح، رئيس المحكمة العليا ١٩٢٢م، أرسلته الأممية الشيوعية ١٩٢٣م إلى ألمانيا بصحبة راديك ليمهد للثورة المسلحة، طرد من الحزب عام ١٩٢٧م، اعاده ستالين واشتغل في مجال السياسة التصنيعية، وافق في عام ١٩٣٦م على إعدام كامينيف وزينوفيف، اوقف هو أيضا ١٩٣٧م وكان المتهم الرئيس في محاكمة موسكو وحكم عليه بالإعدام.

الرئيس بيتان، فيليب (١٩٤٠-١٩٤٤م)

مارشال ورجل دولة فرنسي، ولد في كوشي ١٨٥٦م، وتوفي في بور جوانفيل في ١٩٥١م. كان برتبة جنرال في آب ١٩١٤م، وشارك في معارك المارن أيلول ١٩١٤م ومعارك أرتوا أيار ١٩١٥م وشامبانيا أيلول ١٩١٥م، قبل أن يستدعي للدفاع عن قروان شباط ١٩١٦م، تولى منصب قائد للجيش الفرنسي ١٥ أيار ١٩١٧م، وهو المنصب الذي احتفظ به حتى نهاية الحرب، أمسك قيادة الجيش الفرنسي بيد من حديد، أعطي لقب "مارشال فرنسا" في ١٩ تشرين الثاني ١٩١٨م.

بعد الحرب العالمية الأولى احتل عدة مناصب في القيادة العسكرية العليا، وكلف بتسوية الأوضاع في الريف المغربي ١٩٢٥م ثورة عبد الكريم الخطابي، وفي عام ١٩٣٤م أصبح وزير الحربية، عين سفيرا لفرنسا في إسبانيا عام ١٩٣٩م اعتبر الحرب العالمية الثانية حربا خاسرة، فعارض رينو الذي كان يريد استمرار الحرب بنقلها إلى مختلف المستعمرات الفرنسية، وأصبح هو رئيسا للمجلس في بوردو. وفي ١٦-١٧ حزيران ١٩٤٠م طلب الهدنة مع ألمانيا، وفي ١٠ تموز ١٩٤٠م اتخذ منفيشي مقرا لحكومته، وفي ١٠ تموز ١٩٤٠م وضعت المؤسسات الدستورية جميع السلطات بين يديه، وفي اليوم التالي ١١ تموز صدر قانون دستوري جعل منه رئيسا للدولة الفرنسية، وعين لافال laval نائبا للرئيس، وبعده دارلان Darlan. أوجز أهدافه السياسية بحماية مصالح فرنسا المهزومة في الحرب قدر الإمكان، وإعادة نهضتها الأخلاقية والمعنوية وإعادة استقلالها في إطار "أوروبا الجديدة" تسيطر عليها ألمانيا. فأقام مع الأخيرة علاقات تعاون، وفي تشرين الثاني ١٩٤٢م أبى أثناء إنزال الحلفاء

في شمال أفريقيا خيّب قراره جميع الذين كانوا يأملون بأنه سيستفيد من الفرصة ويغادر فرنسا إلى الجزائر لينضم هناك إلى الحلفاء، وسيأمر جميع القطعات الحربية في طولون الالتحاق به ويضع فرنسا إلى جانب الحلفاء، مستفيدا من انتهاك ألمانيا للهدنة التي سبق ووقعها معها. لكن بيتان رفض مغادرة فرنسا ثم جاء غزو الألمان للمنطقة الحرة لتبقى له السلطة الاسمية فقط، فأخذ يتبنى جميع القرارات والإجراءات الألمانية، وانتهج سياسة التعاون مع الألمان إلى أقصى حد، وارتضى بالقوانين العنصرية، ووافق على إنشاء ميليشيا وبتنفيذ أحكام الإعدام بحق بعض الرهائن.

وفي عام ١٩٤٤م حمله الألمان وأتوا به إلى مدينة سيغمارينجن الألمانية حيث عرض عليه هناك أن يدير "لجنة حكومية" فرنسية تكمل عمل حكومة فيشي (١٩٤٤-١٩٤٥م). ومن هناك تمكن من الفرار إلى سويسرا، وبعدها رجع إلى فرنسا ليمثل أمام المحكمة العليا ٢٥ نيسان ١٩٤٥م التي حكمت عليه بالإعدام في آب ١٩٤٥م، وجرى تخفيف الحكم إلى السجن المؤبد.

بيتي، ديفيد (١٨٧١- ١٩٣٦م)

عسكري بريطاني، خدم في السودان ١٨٨٥م في نهر النيل قريبا من ميدان ام درمان، أصبح السكرتير البحري لقائد القوات البحرية تشرتشل (١٩١١- ١٩١٣م) وقائد أسطول طراوات (١٩١٣-١٩١٧م) قاد بيتي القتال في هيلغولاند في كانون الثاني ١٩١٥م وكان له دور بارز في معركة جوتلاند ١٩١٦م وعين قائد الأسطول البريطاني الكبير عام ١٩١٧م بعد ان أصبح جليكو رئيس البحرية الملكية البريطانية. وكان بيتي أحد الذين أيدوا استعمال نظام

القوافل في معركة المحيط الأطلسي، أصبح رئيس البحرية الملكية البريطانية للفترة (١٩١٩- ١٩٢٧م).

بيرس، فرانكلين (١٨٠٤- ١٨٦٩م)

رئيس الولايات المتحدة الأمريكية، ولد في نيوهامب شاير، انتخب مرشحا ديمقراطيا ليكون عضوا في الكونغرس عام ١٨٣٢م، وانتقل إلى مجلس الشيوخ عام ١٨٣٧م قبل ان يستقر في ممارسة القانون في ولايته عام ١٨٤٢م، كان في قيادة فرقة خلال الحرب المكسيكية وانتخب مرشحا ديمقراطيا لانتخابات الرئاسة عام ١٨٥٢م، حقق انتصارا سهلا في الانتخابات وأصبح أول رئيس وهو ما يزال دون الخمسين من عمره، وحققت إدارته توسعاً أكثر على الحدود المكسيكية واريزونا وحاول تخفيف حدة النزاع بواسطة قانون كنساس، نبراسكا، وقد أغاض تأييد بيرس لهذا الإجراء الديمقراطيين في الولايات الشمالية الذين رفضوا أن يرشحوه في الانتخابات اللاحقة عام ١٨٥٦م واعتبروه مسؤولا عن النزاع في كنساس.

بيرسيفال، سينسر (١٧٦٢- ١٨١٢م)

سياسي ورجل دولة بريطاني، تلقى تعليمه في هارورترينيتي في كامبردج، وأصبح عضوا برلمانيا لحزب المحافظين في عام ١٧٩٦م، شغل منصبا قانونيا في حكومة اونغنون (١٨٠٣- ١٨٠٤م) وأصبح وزيرا للخزانه في حكومة بورت لاند ١٨٠٧م الذي خلفه، ليصبح رئيسا للوزراء في عام ١٨٠٩م، ظل وزيرا للخزانة في حكومته التي استمرت في الحرب ضد نابليون دونما

نجاح أو إخفاق واضح، أطلق المدعو اجون بيلنغهام، وهو رجل معارض للحكومة النار على بيرسيفال فمات في مجلس العموم في ١١ أيار ١٨١٢م.

بيرشينغ، دون جوزيف (١٨٦٠- ١٩٤٨م)

عسكري أمريكي، ولد في ولاية ميسوري، تلقى علومه العسكرية في ويست بوينت، وتخرج منها ضابطا في سلاح الخيالة. أشترك في المعارك ضد الهنود الحمر في اريزونا ونيوميكسيكو، كما أشترك في حصار كوبا خلال الحرب الإسبانية- الأميركية ١٨٩٨م وفي قمع انتفاضة الفلبين (١٩٠٠- ١٩٠٤م) وفي الحرب الروسية – اليابانية ١٩٠٥م حيث كان يشغل منصب ملحق في القيادة العليا اليابانية.

وفي عام ١٩١٣م، حصل على رتبة جنرال في الفلبين وأمن تهدئة البلاد، وقاد حملة ١٩١٥م ضد المكسيك، وفي عام ١٩١٧م عين بيرشينغ قائدا عام للقوات الأميركية على الجبهة الفرنسية فقبل تعليمات القيادة الفرنسية العليا الخاصة بتسليح وتدريب قواته التي اشتبكت في القتال لأول مرة في سيشبري خلال شهر نيسان ١٩١٨م، ولم يلبث المارشال فوش ان ادخل هذه القوات الأميركية بالتدريج ضمن التشكيلة العامة لقوات الحلفاء، وشن بيرشينغ بالتعاون مع جيش غورو معركة ضارية ضد الألمان بين أرغون والموز، وفي ١١ تشرين الثاني وصل سيدان واحتلها، كتب بيرشينغ مذكراته (ذكرياتي عن الحرب) في عام ١٩٣١م.

بيرلوسكوني، سيلفيو (١٩٣٦-م)

رئيس حكومة إيطاليا للفترة من أيام ١٩٩٤م إلى أواخر كانون الأول ١٩٩٤م، ولد في ميلانو من عائلة بورجوازية متوسطة، والدة كان مدير مصرف صغير الحجم، بعد دراسة في كلية الحقوق، دخل سيلفيو عالم الأعمال، واختار منها، في البداية ورش البناء والاعمار، تم انشا أول شبكة تلفزيونية صغيرة ومحدودة وخاصة بالمجمعات السكنية الفخمة التي كان بناها في ضواحي ميلانو للطبقة الثرية. وكان ذلك في زمن بدايات الفوضى الإعلامية في الحقل السمعي- البصري التي بدأت تلوح في إيطاليا في أوائل السبعينات من القرن العشرين، وفي غضون سنوات قليلة أصبح بيرلوسكوني مالكا لعشرات المحطات التلفزيونية المحلية، ثم أصبح مسيطرا على سائر القطاع السمعي- البصري الخاص في إيطاليا بالإضافة إلى دار نشر إيطالية وصالات عرض للفنون وشركات استثمار.

وعرف بيرلوسكوني كيف يحمي (الإمبراطورية) الإعلامية والمالية التي لا أسس صلبه لها إذ أن القانون الإعلامي في إيطاليا لا يقر شرعيتها، وشابتها الفضائح. فبدأ في الثمانينات من القرن العشرين بالتقرب من كل من الحزب الاشتراكي الإيطالي في شخص بتيتوكراكسي، ومن الديمقراطية المسيحية. كما أصبح أيضاً من المقربين إلى الرئيس الفرنسي فرنسوا ميتران، وقد حماه دعمه الانتخابي لكراكسي- من خلال تجنيد كافة وسائل الإعلام التي يملكها لمؤازرة صديقة الاشتراكي من كل العواقب القانونية، وكالما حاولت السلطات التشريعية الحد من امتيازات رجل الأعمال الإيطالي تصدى لوبي بيرلوسكوني في مجلس النواب لها باسم حرية التعبير. غير ان الفضيحة السياسية التي لطخت سمعته هي

اكتشاف اسمه على قائمة انتمائه للمحفل الماسوني (P٢) الضالع في معظم الأمور الغامضة والمسمم للحياة الإيطالية والمتورط في شبكات المافيا.

لقد ذعر بيرلوسكوني من وصول الشيوعيين إلى الحكم بينما تشهد شركاته تراجعا ملحوظا يهدد بإفلاس بعضها وتراكم ديون لم يعد بمقدور رجل الأعمال الإيطالي إخفاءها، وهو السبب الأول لانخراطه في الحملة الانتخابية (آذار ١٩٩٤م) والتي أسفرت عن فوز تحالف اليمين (محور الحريات) بزعامة سيلفيوبير لوسكوني الذي حل في المرتبة الأولى سواء في البرلمان أو في مجلس الشيوخ وتحالف اليمين هذا مشكل من حزب (إلى الأمام إيطاليا) بزعامة بيرلوسكوني والفاشيين الجدد (الرابطة اللومباردية) الشمالية.

وشكل بيرلوسكوني حكومته التي سرعان ما بدأت تظهر عجزها عن حل أية مشكلة وعد بها بيرلوسكوني إبان حملته الانتخابية، وراح بعض حلفائها يتنكر لها، فعلا صعيد عملية (الأيادي النظيفة) ضد الفساد والرشوة والسرقات التي باشر بها القضاة منذ قبل نحو سنيتن أصدرت حكومة بيرلوسكوني (في أواسط تموز ١٩٩٤م) رسوماً يلغي التوقيف الاحتياطي في فضائح الرشوة و الفساد، وأطلق سراح أكثر من مائة موقوف بينهم سياسيين ورجال أعمال وأصحاب شركات ومتهمين في جرائم قتل، ففسر الإيطاليون هذا الأمر بمثابة حماية حكومية للفاسدين والمفسدين، وسارت المظاهرات في ميلانو وبعض المدن مقدرة بالمرسوم الذي وصفه الأمين العام الجديد لحزب اليسار الديمقراطي، ماسيمو داليما، بأنه محاولة لإنقاذ أصدقاء الحكومة وأعلن أنه سيلغي اللقاء الذي كان وافق على عقده مع بيرلوسكوني، وقام قضاة بتقديم استقالاتهم إلى مدعي عام ميلانو.

وجاءت الانتخابات البلدية الجزئية في ٢٠ تشرين الثاني ١٩٩٤م لتشهد تناقصا حادا في الأصوات التي حصل عليها حزب (إلى الأمام إيطاليا) قياسا على الانتخابات السابقة، وبدأ الإئتلاف الحكومي (محور الحريات)- إلى الأمام إيطاليا، الفاشيون الجدد، الرابطة اللومباردية) يبحث عن تحالفات جديدة، واحتجاجا على سياسة الحكومة الاقتصادية والاجتماعية، نظمت النقابات إضراباً عاماً في ١٤ تشرين الأول ١٩٩٤م تخللته تظاهرة حشدت نحو مليون شخص، ووصفت بأنها الأكبر من نوعها منذ نهاية الحرب العالمية الثانية، وفي كانون الأول ١٩٩٤م، صدر حكم قضائي بسجن شفيق بيرلوسكوني سبعة أشهر بتهمة الفساد، وفي ٢٢ كانون الأول ١٩٩٤م قدم سيلفيو بيرلوسكوني استقالته إلى رئيس الجمهورية أوسكار لويجي سكالفارو ليتفادى التصويت على الثقة به في البرلمان، بعد مضي نحو ثمانية أشهر على تشكيل حكومته، وخلفه لامبرتوديني.

الرئيس بيرون، خوان دومينغو (١٨٩٥-١٩٧٤م)

سياسي ورجل دولة أرجنتيني، عقيد في الجيش ١٩٤٠م اشترك في حزيران ١٩٤٣م بانقلاب عسكري استلم بعده عدة مناصب سياسية في وزارة الدفاع والعمل. ثم أصبح نائبا لرئيس الجمهورية، اعتقل في تشرين الأول عام ١٩٤٥م. إلا أن النقابات والمعدمين قاموا بانتفاضه بقيادة ايفاديورات (التي أصبحت زوجته) تمكنوا على أثرها من تحريره. انتخب رئيسا للجمهورية ١٩٤٦م وتميزت سياسته بالسعي لتحقيق العدالة الاجتماعية وحماية العمال وتبني النظام الاقتصادي الموجه واتخاذ موقف ثالث بين الرأسمالية والشيوعية.

أعيد انتخابه بعد تعديل الدستور ١٩٥١م. وزع رجاله في كل المناصب وأقام حكما بوليسيا. صادر الأملاك الكبيرة ووزع الأراضي وأمم المصرف المركزي والخطوط الحديدية والتجارة الخارجية وخفض العملة ودفع الديون الخارجية. رسم خطة خمسية للتصنيع وشجع الزراعة. خارجيا التزم الحياد ونادى باتحاد فدرالي بين دول أميركا اللاتينية والتقارب مع إسبانيا. انفجر صراعه مع الكنيسة عندما أباح الطلاق وقرر فصل الدين عن الدولة. كما حرم من الكنسية لطرده أسقف بوينس ايرس. اصطدم كذلك بالجيش الذي أجبره في النهاية على الاستقالة (أيلول ١٩٥٥م) لصالح الجنرال لوفاري، وعلى اللجوء إلى نكاراغوا وفنزويلا والدومنيك وأخيرا إسبانيا، أسس أنصاره في الداخل الحركة الوطنية من أجل العدالة (أيار ١٩٦٨م). عاد في نهاية ١٩٧٢ من منفاه وأعلن أنه لن يرشح نفسه للانتخابات بل سيرشح أحد أنصاره الذي نجح في انتخابات الرئاسة ١٩٧٣م ثم ما لبث هذا الأخير أن استقال ليفتح المجال أمام بيرون ليرشح نفسه لرئاسة الجمهورية. وفي ١٢ تشرين الأول ١٩٧٣م عاد خوان بيرون مجددا رئيسا للجمهورية حتى تاريخ وفاته (تموز ١٩٧٤م). وقد خلفته في هذا المنصب ماريا استيلا بيرون التي كان قد عينها نائبة له.

بيرنسايد، أمبروز ايفرت (١٨٢٤- ١٨٨١م)

قائد بجيش الاتحاد أثناء الحرب الأهلية الأمريكية، ولد في لبرتي بولاية أنديانا بالولايات المتحدة وتخرج في الأكاديمية العسكرية للولايات المتحدة، وحينما اشتعلت الحرب الأهلية الأمريكية أصبح بيرنسايد عقيدا بفرقة من المتطوعين في رودآيلاند، وقاد اللواء الذي خاض المعركة الأولى (بل رن)

وتسمى أيضا ماناساس، كما قاد بعد ذلك حملة استولت على مواقع على امتداد ساحل شمال كارولينا، وبعد أن نال رتبة لواء قاد فيلقاً بجيش البوتوماك الذي خاض معركة انتيام، وخلف القائد جورج ماكلن في قيادة ذلك الجيش بعد المعركة، إلا أنه هزم في فريدركسبيرج بولاية فرجينيا في عام ١٨٦٢م فاعفي من القيادة وخدم بولاية اوهايو وولاية نفيسي وفي عام ١٨٦٤م. صار قائد فيلف بولاية فرجينيا، عين محافظا لرود ايلاند في الفترة من ١٨٦٦م إلى ١٨٦٩م وعضوا بمجلس الشيوخ من ١٨٧٥- ١٨٨١م.

بيريز، شمعون (١٩٢٣م-   )

سياسي صهيوني، ولد في بلدة فيشنفو الصغيرة التي تقع على مقربة مـن مدينـة مينسـك، وكانت حينذاك جزءا من بولندا، إلا أنها ضمت إلى الاتحاد السوفيتي سـابقاً، هـاجر إلى فلسطين عـام ١٩٣٤م مع أسرته، وفيما بعد أصبح بيريز عضوا نشطا في الحركة الصهيونية التي أدت إلى قيام الكيـان الصهيوني في فلسطين عام ١٩٤٨م، وأرسل إلى الولايات المتحدة عام ١٩٥٠م لـيرأس مكتـب ملحـق وزارة الدفاع هناك, والتحق أثناء إقامته به بالدراسة في جامعتي نيويورك وهارفارد، ثم عـاد إلى الكيان الصهيوني عام ١٩٥٢م، وقد شارك بيريز بشكل مباشر للتخطيط للعدوان الثلاثي عـلى مصر ـ عـام ١٩٥٦م الذي شاركت فيه بريطانيا وفرنسا والكيان الصهيوني.

ساعد بيريز على إنشاء حزب العمل عام ١٩٦٨م وتزعم هذا الحزب عام ١٩٧٤م وعمل وزيرا للدفاع في الفترة ما بين عامي (١٩٧٤و١٩٧٧م)، انتخب رئيسـا لـوزراء الكيـان الصهيوني في عـام ١٩٨٤م حتى عام ١٩٨٦م

وخلال فترة رئاسته للوزراء اصدر أوامره بقصف مقز منظمة التحرير الفلسطينية في تونس في تشرين الأول ١٩٨٥م وقد نجم عن ذلك القصف الوحشي والعمل الإرهابي استشهاد حوالي خمسين من المدنيين وجرح اعداد كبيرة، وفي عام ١٩٨٨م أصبح بيريز نائبا لرئيس الوزراء ووزير للمالية ومن ثم استقال من منصبيه في عام ١٩٩٠م، وتسلم وزارة الخارجية في حكومة باراك.

بيغن، مناحيم (١٩١٣م-)

سياسي صهيوني، ولد في بريست ليتوفسك (بولندا) تخرج من كلية الحقوق في وارسو، انضم إلى منظمة بيتار وهو تنظيم صهيوني قام في بولندا في عام ١٩٢٣م وكان هدفه إعداد الصهاينة للهجرة إلى فلسطين وتدريبهم من أجل قيام الكيان الصهيوني، وكانت تمجد العنف. ولقد تأثرت المنظمة بالفاشية التي كانت سائدة في أوروبا آنذاك، وعندما دخلت القوات السوفيتية بولندا في أوائل الحرب العالمية الثانية ألقي القبض علىبيغن ووجهت إليه تهمة العمل في المخابرات الإنجليزية، وأمضى فترة في سجن (لوكيشكي) حيث صدر عليه الحكم في نيسان ١٩٤١م بالسجن في معتقل للعمل لمدة ثماني سنوات، وفي ذلك الوقت وقع سيكورسكي مع ستالين اتفاقية اخرج بموجبها المعتقلين البولندين وكان بيغن من بين الذين أفرج عنهم، ولقد انخرط بيغن بعد ذلك في الجيش البولندي لمدة قصيرة.

وفي عام ١٩٤٢م غادر بيغن بولندا إلى فلسطين ليبدأ حياة حافلة بأعمال الإرهاب والقتل التي كانت انعكاسا لأفكاره الفاشية، وانضم إلى منظمة الارغون الإرهابية عند وصوله إلى فلسطين، ثم تولى قيادتها في العام التالي

١٩٤٣م، وتميزت حياته في الفترة (١٩٤٣- ١٩٤٨م) بأعمال الإرهاب والقتـل عنـدما كـان يـرأس منظمـة الارغون، وقد مارس الإرهاب ضد سلطات الانتداب والعرب عـلى السـواء، ومـن بـين عمليـات منظمتـه الإرهابية مذبحة دير ياسين، وعند انسـحاب سـلطات الانتداب البريطانيـة في ١٥ أيـار ١٩٤٨م واندلاع حرب ١٩٤٨م انتهى العمل الإرهابي السري وبدأ الإرهاب العلني.

وبعد انتهاء حرب ١٩٤٨م وقيام الكيان الصهيوني وحل منظمـة الأرغـون ودمجها في الجيـش الصهيوني بدأ بيغن حياة سياسية لا تقل عن حياته العسكرية تطرفاً، أسس حزب حيروت في أواخر عـام ١٩٤٨م ولم يشغل بيغن أو حزبه أي منصب وزاري إلا في الوزارة التـي تشـكلت عشـية حـرب حزيران ١٩٦٧م، وانسحب من حكومته غولدا مائير بسبب قبولها مشروع روجرز (وزير الخارجية الأميركيـة) في آب ١٩٧٠م، واستمر في معارضته لانسحاب الكيان الصهيوني من الأراضي العربية التي احتلها في حـرب ١٩٦٧م، ولقد تمسك بيغن بعد حرب ١٩٧٣م، بجوهر استراتيجيته التوسعية المبنية على العنف القمعـي ولكن عدل أساليبه التكتيكية التي أصبحت أقل تطرفا واكثر تلاؤمـا مـع حقـائق مـا بعـد حـرب تشـرين الأول ١٩٧٣م، ونجح بيغن في انتخابات ١٩٧٧م وشكل الوزارة، وعقد اتفاقية (كامب ديفيد) مع الرئيس المصري أنور السادات برعاية الرئيس الأميركي جيمي كارتر، ويعتبر بيغن شخصية غير مقبولة عالميا حتى في العالم الغربي، ويعتبره البريطانيون إرهابياً دموياً.

بيغن، ارنست (١٨٨١- ١٩٥١م)

سياسي ورجل دولة بريطاني، ولد في مقاطعة ديفون ١٨٨١م بدأ حياته عاملا في مزرعة ثم احتل في عام ١٩١١م مركز مساعد أمين عام نقابة عمال حوض السفن، وكانت النقابة في تلك الفترة قد اتسمت بالاضطرابات النقابية وحاول تثبيت أقدامه، وفي عام ١٩٢١م تمكن بيغن من توحيد حوالي خمسين نقابة في نقابة واحدة عرفت باسم نقابة عمال النقل وعموم العمال التي أصبحت أكبر نقابة في العالم. وخلال فترة ما بين الحربين العالميتين تميز بيغن بحسن عرضة لقضية رواتب عمال حوض السفن ورصيفها أمام الجهات المختصة كما عرف بقدرته على إيجاد الحلول والتسويات ضمن نطاق حركة نقابات العمال، وكان بيغن عضوا في المجلس العام لهيئة نقابات العمال للفترة (١٩٢٥- ١٩٤٠م) وأصبح رئيسا لهيئة نقابات العمال في عام ١٩٣٧م، وقام بجولة في دول الكومنولث استغرقت عامي (١٩٣٨- ١٩٣٩م)، كان نتيجتها تطور العلاقات العمالية بين بريطانيا والدول المستقلة من دول الكومنولث البريطاني.

وفي أيار ١٩٤٠م تم تعيين بيغن وزيرا للعمل في حكومة تشرتشل الائتلافية رغم أن بيغن لم يكن في ذلك الوقت عضوا في البرلمان وهكذا أصبح مسؤولا رسميا عن تنظيم المجهود العمالي البريطاني طوال فترة الحرب العالمية الثانية، ثم أصبح وزيراً للخارجية في حكومة اتلي في عام ١٩٤٥م، واشترك في محادثات بوتسدام في آب ١٩٤٥م، وتفاوض مع إسماعيل صدقي لإجراء مفاوضات الجلاء عن مصر، وعارض الشعب المصري مفاوضات صدقي- بيفن، والأمر نفسه حصل في مفاوضات جبر-بيغن في العراق، وكان لبيفن دور

كبير في مشروع مارشال الأميركي لمساعدة أوروبا والحلف الأطلسي، توفي في عام ١٩٥١م.

الرئيس بينوشيه، اغستلو

عسكري سياسي ورئيس المجلس العسكري الذي حكم تشيلي حكماً دكتاتوريا عقب انقلاب أيلول ١٩٧٣م العسكري حتى انتخاب الرئيس ايلوين، لكنه بقي قائدا للجيش وحددت مدة بقائه في هذا المنصب حتى آذار ١٩٩٧م، عائلته بينوشيه من أصل فرنسي هاجرت من منطقة بريتانيا الفرنسية في القرن الثامن عشر.

عسكري كلاسيكي معجب بالدكتاتور الإسباني فرنكو ويتخذه مثلا يحتذى. ترك السلطة بطريقة مشابهة إلى حد كبير لطريقة فرنكو في تركه للسلطة في إسبانيا، اختار فرانكو قبل موته أن يعيد (الحق إلى نصابه) بإعادة الملك خوان كارلوس إلى العرش الإسباني.

اختار بينوشيه في عام ١٩٨٨م أن يطرح منصبه كرئيس للبلاد على استفتاء شعبي، والحال أن بينوشيه. كان فريدا في نوعه في ذلك الاختيار في بلد أميركي لاتيني أو لعله كان انطلاقا من المعلومات الخاطئة أو البالغة التي ينقلها إليه معاونوه. يعتقد أن الاستفتاء سوف يكون لصالحه فالاعتداد بالنفس والوثوق بأن التشيليين سوف يواصلون مدى حياتهم الاعتراف له بالفضل في تخليصهم من الماركسية، التي كانت من سمات بينوشيه ومن هنا كان يومها أول من فوجئ بالاستفتاء يأتي لغير صالحه، وبصعوبة بالغة قبل يومها خوض اللعبة حتى نهايتها فتنحى أمام انتخابات شعبية جاءت بالرئيس ايلوين إلى الحكم.

بقي قائدا للجيش لكنه كان يرى معاونيه يتساقطون واحد بعد الآخر، وبعضهم يسجن بتهم تصل أحيانا إلى حد ارتكاب المجازر إبان انقلاب عام ١٩٧٣م بعده، على رأسهم الجنرال كونتريراس رئيس الشرطة السرية (السياسية) في تشيلي في عهد بينوشيه الذي اتهمته واشنطن بالوقوف وراء اغتيال أولارندو لوتيلية وزير الخارجية التشيلية في عهد اللندي، والذي اغتاله رجال كونتريراس في واشنطن عام ١٩٧٦م.

وفي عام ١٩٩٥م وقبل عامين من انتهاء المدة المحدودة لشغله منصب قائد الجيش عاد بينوشيه إلى الأضواء مع عودة الحديث عن إمكانية قيام انقلاب عسكري في تشيلي. بسبب أن المنحنى الديمقراطي الذي عاد مجددا من خلال الرئيس ايلوين وبعده الرئيس ادوارد دو فراري. بدا يغيظ العسكر فزار بينوشيه الرئيس فراي (في تشرين الثاني ١٩٩٥) وقال له (أرجو منكم ألا تجبروا العسكريين على القيام بانقلاب عسكري). لكن سرعان ما حدث الانقلاب فاختفى من أجواء تشيلي كما اختفى من وسائل الإعلام العالمية.

بيل، روبرت (١٧٨٨م- ١٨٥٠م)

سياسي ورجل دولة بريطاني، ولد بالقرب من بيري ١٧٨٨م أصبح عضوا محافظا في البرلمان وهو في الحادية والعشرين من عمرة، دخل حكومة ليفوبرل ليصبح وزير الداخلية عام ١٨٢٢م إذ حقق عددا من الإصلاحات في السجون، وأصبح وزيرا للداخلية من عام ١٨٢٨م حتى عام ١٨٣٠م وفي هذه المرحلة نفسها أسس شرطة العاصمة، وفي عام ١٨٢٩م قاد قانون تحرير

الكاثوليك في مجلس العموم على الرغم من أن هذا القانون يمثل تغيرا رئيساً في المبادئ بالنسبة اليه.

أصبح بيل رئيسا للوزراء لمدة أربعة أشهر في (١٨٣٤- ١٨٣٥م) وترأس حكومة المحافظين منذ عام (١٨٤١ حتى عام ١٨٤٦م) وتعهد في المقام الأولى ان يحافظ على قوانين كورن الان أنه جوبه منذ البداية بسلسلة من ميزانيات التجارة الحرة، وفي النهاية كسبت الجماعة الايرلندية تأييد بيل لإلغاء قوانين كورن وكان ذلك تغيرا صميمياً أدى إلى انقسام حزبه، وقد استطاع المتمردون تحت قيادة دزراييلي ضمان سقوط الحكومة بخصوص مشروع إجبار الايرلنديين في شهر حزيران ١٨٤٦م أي بعد ثلاثة أسابيع من إلغاء قوانين كورن. لقد قامت حكومة بيل بتحقيق إصلاحات مالية كانت من ضمنها قانون وثيقة المصارف لعام ١٨٤٤م، الذي سيطر على نمو المصارف الصغيرة وضمت احتكار إصدارات العملة الورقية على بنك إنجلترا.

بيلسودسكي، جوزيف (١٨٦٧- ١٩٣٥م)

عسكري ورجل دولة بولندي، ولد في مدينة زيلوفو (ليتوانيا) وكان طالبا في كلية الطب عندما نفي إلى سيبريا لمدة خمس سنوات بسبب أفكاره التحررية الوطنية، وفي عام ١٨٩٤م أصبح محررا لجريدة اشتراكية بولندية سرية اسمها روبوتنك. ذهب في عام ١٩٠٤م إلى طوكيو في محاولة لنيل المساعدات اليابانية من أجل قيام ثورة بولندية خلال الحرب الروسية- اليابانية، وفي عام ١٩١٤م خولته الحكومة النمساوية قيادة فيلق بولندي ضد الروس، وفي عام ١٩١٧م اعتقل بيلسودسكي من قبل الألمان الذين كانوا يرتابون بالرعاية النمساوية للقضية

البولندية وعندما أطلق سراحه ذهب بيلسودسكي إلى وارشو حيث أعطته الحكومة المؤقتة قيادة الجيش البولندي وجعلته رئيس الدولة المؤقت، وقاد بيلسودسكي الجيش البولندي ضد البولشفيك عام (١٩١٩- ١٩٢٠م) وظل الشخصية المهيمنة في بولندا حتى نهاية عام ١٩٢١م، واستمر رئيسا على الجيش حتى شهر أيار ١٩٢٣م.

ترك بيلسودسكي الحياة السياسية، ثم عاد إلى السلطة في عام ١٩٢٦م على أثر انقلاب عسكري في وارسو، وأصبح منذ ذلك الحين حتى وفاته بعد تسع سنوات دكتاتور بولندا في المجالات كافه، إذ تبوأ منصب رئيس الوزراء منذ عام ١٩٢٦م حتى عام ١٩٢٨م وكذلك لفترة وجيزة في عام ١٩٣٠م، وظل وزيرا للدفاع طوال تلك المدة، وكان واحدا من أوائل رجال الدولة الذين أدركوا خطر ألمانيا النازية على أوروبا، وبعد ان حاول عبثا حث حلفائه الفرنسيين حوّل عقد معاهدة عدم اعتداء مع ألمانيا عام ١٩٣٤م.

تاتشر، مارغريت (١٩٢٥-م)

سياسية بريطانية، درست القانون في اكسفورد ومارست المحاماة ثم صارت تنتخب نائب عن حزب المحافظين ووزيرة برلمانية بعد ذلك، وزيرة التربية والعلوم (١٩٧٠- ١٩٧٤م)، أصبحت زعيمة حزب المحافظين في عام ١٩٧٥م خلفا لادوارد هيث، فزعيمة المعارضة، أثارت في وجه الحكومة العمالية عدداً من القضايا، اتخذت إزاء الملونين في بريطانيا مواقف اعتبرت في نظر البعض شبه عنصرية، كما أن مواقفها من القضايا الخارجية تشبه إلى حد واضح مواقف قادة المحافظين في الخمسينات من القرن العشرين، أصبحت رئيسة

الوزراء في عام ١٩٧٩م فكانت أول امرأة تتولى هذا المنصب السياسي الخطير في بلادها.

ظهرت تاتشر في سياستها في العالم الثالث، ديمقراطية لا تساوم الدكتاتوريين ولا تتردد في الدفع نحو سياسات تدخلية وكثيرا ما جاءت هذه السياسات التدخلية تدعم الولايات المتحدة ولمصلحتها والمثل الأبرز هنا، الحرب على العراق -حرب الخليج الثانية. أما سياستها الداخلية انطوت على ملامح بيضوية حاده، مثل تحطيم النقابات من دون إرفاق ذلك بإلزام الرأسمالية بأية تقدمات، فاقترن اسمها بحركة اليمين الجديد الذي بدأ يجتاح العالم منذ أوائل الثمانينات في القرن العشرين، ومع هذا يعترف البريطانيون (أنصار وأخصام) أنها كانت من أبرز حكام المملكة خلال النصف الثاني من القرن العشرين، لكن ضريبة محلية (بول تاكس) حاولت فرضها فلم تفلح، وضريبة (بول تاكس) (ضريبة الرأس) كانت من بين الأسباب الرئيسة التي أسقطت تاتشر، إذ كانت تاتشر استبدلت الضريبة البلدية على العقارات بضريبة الرأس التي احتسبت وفقا لعدد الراشدين المقيمين في العقار، ولكن هذا التشريع سقط قبل سقوط تاتشر نفسها جراء قيام حركة احتجاج واسعة تخللتها أعمال شغب في لندن وغيرها بين المدن البريطانية.

وقد دعت تاتشر ١٩٩٥م إلى اجراء تغييرات كبيرة في السياسة الخارجية والداخلية تتقدمها عودة إلى السيادة البريطانية على المؤسسات البريطانية ورفض معاهدة ماستريخت وإعلان فوري لاستقلال الجنيه الاسترليني عن العملة الأوروبية المشتركة، والعودة إلى القيم الأساسية للمحافظين في المجتمع، واتهمت

خليفتها، رئيس الوزراء جون ميجور بالتسبب في ركود عميق وهو الأسوأ الذي شهدته بريطانيا منذ ٥٠ عاماً.

تايلر، جون (١٧٩٠- ١٨٦٢م)

رئيس الولايات المتحدة الأمريكية، ولد في فرجينيا، حيث كان أبوه يعمل حاكما منذ عام ١٨٠٨م حتى عام ١٨١١م وحيث أصبح هو نفسه حاكما في عام ١٨٢٥م حتى عام ١٨٢٧م شغل كرسيا في مجلس الشيوخ الأمريكي عام ١٨٢٧م حتى عام ١٨٣٦م بصفته ديمقراطيا إلا أنه كان يستهجن السياسات المالية للرئيس جاكسن وقبل اقتراحا من الحزب الهويفي أن يخوض انتخابات عام ١٨٤٠م ليكون نائب الرئيس.

وعندما توفي وليام هارسون بعد شهر من تقلده مهام السلطة خلفه على الرئاسة تايلر في الرابع من نيسان ١٨٤١م، إلا أن مبادئ تايلر الهويفية لم تكن أكثر من بغض شخصي لأسلوب جاكسن للديمقراطية، وعندما كان رئيسا وجد أنه لا يستطيع العمل مع القائد الهويفي كلاي. عاد تايلر تدريجياً لمساندة فئة وصفت في حملة عام ١٨٤٠م (ديمقراطيو حقوق الولاية) وعين كالهون في وزارته وزيرا للدولة عام ١٨٤٤م واكمل رئاسته بصفته ديمقراطيا جنوبيا على الرغم من أنه ظل يستنكر الرق، وقد كان لاحترام حقوق الولايات الأثر في حمل تايلر على القبول بانتخابات المؤتمر الكونفدرالي في رجموند في الأشهر الأخيرة من حياته، وشانه في ذلك شأن كل الشخصيات البارزة في مجتمع ما قبل الحرب، وكان تايلر ظاهرة سياسية مهمة أكثر من قائدا يحتاجه الشعب الأمريكي في زمن الفرقة آنئذ.

تايلر، زاكري (١٧٨٤-١٨٥٠)

رئيس الولايات المتحدة الأمريكية، ولد في غرب فرجينيا، استدعى للخدمة العسكرية عام ١٨٠٨م. وحارب ضد البريطانيين اشترك في عدد من الحروب الهندية وبعد ان ساعد في تسوية قضية فلوريدا عندما كان حاكماً عسكرياً منذ عام ١٨٣٨م حتى عام ١٨٤٠م. نال الشهرة في تكساس عام ١٨٤٥م واصبح بطلاً شعبياً من خلال انتصاراته في الحرب المكسيكية اختاره الهويفيون مرشحا لهم للرئاسة عام ١٨٤٨م على الرغم من انه لم يكن يثق بالسياسيين ولم يدل بصوته في أية انتخابات على الإطلاق انتصر انتصاراً محدوداً، وتسلم منصبه رئيساً في الرابع من آذار عام ١٨٤٩ إلا انه توفي في عام ١٨٥٠ نتيجة لإصابته بمرض التهاب الجهاز الهضمي وخلفه نائبه ميلارد فلمور.

تروتسكي، ليون (١٨٧٩-١٩٤٠)

كان قائدا للثورة البلشفية في روسيا، وكان الرجل الثاني الأقوى في روسيا أثناء حياة لينين. وبعد موت لينين فقد تروتسكي قوته وتحولت لجوزيف ستالين، شن تروتسكي حرباً عنيفة ضده من الخارج وتم نفيه أخيراً وظل كذلك حتى اغتياله.

ولد في أوكرانيا من ابوين ثريين تم اعتقاله عام ١٨٩٨ بعد عامين من النشاط الثوري كديمقراطي اجتماعي ثم هرب من منفاه في سيبريا عام ١٩٠٢ وذهب إلى لندن حيث قابل لينين عاد إلى روسيا ليؤدي دوراً بارزاً في ثورة ١٩٠٥.

سجن تروتسكي لقيادته بعض السوفيت في سانت بطرسبرج عام ١٩٠٥ ولكنه هرب عام ١٩٠٧ ولمدة عشر سنوات كان كاتباً ومحررا ثوريا في أوربا الغربية ثم طرد من فرنسا واسبانيا أثناء الحرب العالمية الأولى، وذهب إلى نيويورك حيث تلقى أخبار سقوط القيصر ـ في عام ١٩١٧. عاد إلى روسيا واستطاع مع لينين التخطيط بنجاح للاستيلاء على السلطة التي أتت بالحكومة البلشفية في عام ١٩٧١. واصبح تروتسكي أول مفوض سوفيتي للشؤون الخارجية وسرعان ما أصبح مفوضاً للشؤون الحربية.

كان تروتسكي أبان الحرب الأهلية ١٩١٨-١٩٢٠ منظماً مقتدراً للجيش الأحمر المنتصر ـ وبعد وفاة لينين اعتقد الكثيرون بأن تروتسكي سوف يكون الرئيس الجديد للحكومة السوفيتية، ولكن ستالين كان يفوقه دهاء وتم طرده من الحزب الشيوعي عام ١٩٢٧ ونفي في العام التالي إلى الجمهوريات السوفيتية الوسطى ثم نفي إلى تركيا عام ١٩٢٩ وانتقل أخيراً إلى النرويج ثم إلى المكسيك وبحلول عام ١٩٤٠ بدا لستالين انه قد تساهل مع تروتسكي ولذلك أرسل بوليسه السري عميلاً للمكسيك حيث استطاع ذلك العميل قتل تروتسكي في آب ١٩٤٠.

ترودو، بيير اليوت (١٩١٩-)

سياسي ورجل دولة كندي، ولد في مونتريال في ١٨ تشرين الأول ١٩١٩، وحصل على درجة القانون من جامعة مونتريال عام ١٩٤٣ ودرجة الماجستير في الاقتصاد السياسي من جامعة هارفارد في الولايات المتحدة عام ١٩٤٥. دخل ترودو مجلس العموم الكندي عام ١٩٦٥ وعمل تحت رئيس

الوزراء لستر باولزبيرسون، عمل أولاً سكرتيرا للبرلمان ثم وزيراً للعدل، ثم نائباً عاماً، انتخب ترودو قائداً

للحزب الليبرالي ورئيساً للوزراء بعد تقاعد بيرسون.

أعيد انتخاب ترودو عـام ١٩٧٢ و ١٩٧٤ و هـزم عـام ١٩٧٩ واستعاد والسـلطة بعـد ان قـاد

الليبراليين إلى النصر في الانتخابات العامة عام ١٩٨٠ أصاب كندا ركود في أوائل ثمانينيات القرن العشرين

وفقد ترودو بعضاً مـن التأييـد الشـعبي نتيجـة لسياسـاته الاقتصادية واستقال مـن رئاسـة الـوزراء في

٣٠حزيران ١٩٨٤.

ومن أهم أعماله توسيع علاقات كندا مع الدول الأخرى، وتقوية استقلالية كنـدا في الشـؤون

العالمية، كما وسع علاقاتها مع الصين والاتحاد السوفييتي (السابق) واستطاع ترودو أن يحقق أكبر إنجاز

قومي كبير بإدخال الدستور الكندي تحت السيطرة الكندية الكاملة عام ١٩٨٢ حيث كانت التعديلات

الدستورية في الماضي تتطلب موافقة البرلمان البريطاني.

الرئيس ترومان، هاري (١٨٨٤-١٩٧٢م)

رئيس الولايات المتحدة الأمريكية ما بين عامي ١٩٤٥-١٩٥٣م أصبح رئيسا خلال حقبة عصيبة

في التاريخ الأمريكي، إذ انتخب نائبا للرئيس عام ١٩٤٤م ولم يمض على وجوده بالمنصب سوى ٨٣ يوما

فقط. عندما مات الرئيس فرانكلين روزفلت في عام ١٩٤٥م ورحى الحرب العالمية الثانية ما زالت دائرة

أثناء الأسابيع القليلة الأولى من إدارة ترومان. انتصر الحلفاء في

أوروبا فاصدر قرارا خطيرا يقضي باستعمال القنبلة الذرية ضد اليابان من أجل إنهاء الحرب العالمية الثانية.

ولد ترومان في مدينة لامار في ميسوري بالولايات المتحدة، وأكمل ترومان دراسته في كلية إدارة الأعمال في مدينة تكساس في ميسوري، وعمل بعدد من الوظائف الكتابية هناك. وانتقل إلى جراندفيو بولاية ميسوري عام ١٩٠٦م حيث اشتغل مع والده في مزرعة الأسرة.

في عام ١٩١٨م أي خلال الحرب العالمية الأولى عمل ترومان ضابطا في سلاح المدفعية بفرنسا، وفي عام ١٩١٩م فور انتهاء الحرب استثمر ترومان مدخراته في مستودع للملابس الرجالية بمدينة كنساس، إلا أن أعماله تعرضت للخسارة خلال فترة الكساد الحاد الذي بدأ عام ١٩٢١م.

فشل ترومان في العمل التجاري فعزم على البحث عن مسار في مجال السياسة. فاز في عدة انتخابات لمنصب قاضي البلدية. وكان ذلك في العشرينات وأوائل الثلاثينات من القرن العشرين الميلادي. وقد حظي ترومان بسمعة وطنية لِمَ تمخضت عنه تحريات اللجنة حيث اختير في عام ١٩٤١م رئيس لجنة في مجلس النواب للتحقيق في نفقات الدفاع. وأصبحت لجنة ترومان مجموعة معروفة لكشفها التبديد وعدم الكفاءة. الأمر الذي ساعد الحكومة على توفيره ١٥ بليون دولار أمريكي مما أدى إلى تقدم الإنتاج الحربي.

وفي عام ١٩٤٤م رشحه الحزب الديموقراطي لمنصب نائب الرئيس تجاوبا مع الرئيس فرانكلين روزفلت الذي قرر خوض الانتخابات لدورة رئاسية جديدة، واستطاع روزفلت وترومان أن يهزما خصميهما من الجمهوريين بكل

بساطة. وكان أحدهما عمدة نيويورك توماس أي ديوي والآخر عمدة اوهايودون وبريكر.

وعندما مات روزفلت في ١٢ نيسان ١٩٤٥م خلفه ترومان على الرئاسة وفي تلك الفترة انتصر ـ الحلفاء على ألمانيا وكانوا يستعدون لاجتياح اليابان، وفي ٢٥ نيسان انعقد أول مؤتمر للأمم المتحدة في سان فرانسيسكو في كاليفورنيا بالولايات المتحدة، وفي السابع من أيار استسلمت ألمانيا.

وفي تموز سافر ترومان إلى بوتسدام بألمانيا للقاء رئيس وزراء المملكة المتحدة ونستون تشرتشل ورئيس الاتحاد السوفيتي (سابقا) جوزيف ستالين. وبينما كان في بوتسدام تلقى الرئيس إشارة تقول أن العلماء الأمريكيين قد جربوا قنبلة ذرية بنجاح ولأول مرة وأثناء عودته أصدر ترومان أمرا للطيارين بإلقاء قنبلة ذرية على اليابان، وأسقطت القنبلة الأولى على هيروشيما في ١٦ آب. وبعد ثلاثة أيام سقطت القنبلة الثانية على نجازاكي واستسلمت اليابان بشكل رسمي في ٢ أيلول ١٩٤٥م.

وبعد انتهاء الحرب العالمية الثانية بقليل قام الشيوعيون بمساندة الاتحاد السوفيتي (السابق) للاستيلاء على الحكم في بعض دول أوروبا الشرقية. وأعلن ترومان عام ١٩٤٧م من سياسته وتتلخص في مقاومة التوسع الشيوعي. واستطاعت سياسة ترومان أن تؤمن المعونة الأمريكية لجميع الدول التي تقاوم الشيوعية. وقام وزير الخارجية جورج سي مارشال عام ١٩٤٧م بالعمل على توسيع سياسة ترومان، وتقدم المشروع باقتراح لضم الأمم التي أضرت بها الحروب في أوروبا إلى برنامج التعاون المشترك لتحسين الوضع الاقتصادي عن

طريق منح الولايات المتحدة، وقد رفضت الدول الشيوعية البرنامج إلا أن ١٨ دولة أخرى قبلت به.

وفي انتخابات عام ١٩٤٨م أعاد الحزب الديموقراطي ترشيح ترومان واختار النائب البين وباركلي من كنتاكي مرشحا لمنصب نائب الرئيس. كما أعاد الجمهوريون ترشيح ديوي للرئاسة واختاروا المحافظ ايرل وارين من كاليفورنيا مرشحا مرافقا، تصور الرأي العام أن الفوز سيحالف ديوي وبأغلبية ساحقة نظرا لتفكك الديمقراطيين وعدم وحدتهم، وأدار ترومان حملة سياسية ضارية وسافر خلالها آلاف الكيلومترات بلا انقطاع أثناء حملته حيث ألقى ٣٥٠ خطابا أمام الجماهير. وفي أكبر المعارك السياسية في تاريخ الولايات المتحدة هزم ترومان ديوي.

وخلال الفترة الرئاسية الثانية ١٩٤٩-١٩٥٣م اقترح ترومان برنامجا واسعا للإصلاح الداخلي. أطلق عليه اسم (الصفقة العادلة) ومن عناصر البرنامج:

١. تشريع الحقوق المدنية.

٢. رفع الحظر عن الاتحادات العمالية.

٣. برنامج زراعي جديد لرفع العائد وخفض الأسعار للمستهلكين.

٤. العون الفيدرالي للتعليم.

٥. برنامج فيدرالي للإسكان.

٦. زيادات في برنامج الأمن الاجتماعي.

وانضم الديموقراطيون الجنوبيون إلى الجمهوريين المحافظين للتصدي لمعظم اقتراحات الرئيس.

وفي عام ١٩٤٩م وقعت كندا وفرنسا والمملكة المتحدة والولايات المتحدة الأمريكية وثماني دول أخرى على معاهدة شمال الأطلسي، مشكلة بذلك منظمة حلف شمال الأطلسي،وقد اتفق على أن أي عدوان على أي عضو يعتبر عدوانا على الجميع وانضمت بلاد أخرى إلى حلف الناتو فيما بعد.

وفي عام ١٩٥٠م عندما قامت قوات شيوعية من كوريا الشمالية بغزو كوريا الجنوبية طالبت الأمم المتحدة بانسحاب كوريا الشمالية وفي الوقت نفسه أعلن ترومان بأنه أرسل طائرات وسفنا من الولايات المتحدة لمساعدة كوريا الجنوبية. وقد وافقت الأمم المتحدة على إرسال قوات من الدول الأخرى إلى كوريا الجنوبية. وأمر ترومان القوات البرية بالتوجه إلى كوريا الجنوبية في ٣٠ حزيران عام ١٩٥٠م. قاد اللواء دوجلاس ماك آرثر قوات الأمم المتحدة في كوريا، واستطاعت قواته أن تدخل كوريا جميعها تحت قيادة الأمم المتحدة. وفي وقت لاحق من ذلك الشهر انضمت قوات الصين الشيوعية إلى كوريا الشمالية. وكان ماك آرثر يرغب في القيام بهجوم على القواعد الصينية في منشوريا إلا أن ترومان كان يرى بأن يقتصر ميدان القتال على كوريا. ولم يسمح بتوسيع نطاق الحرب تجنبا لنشوب حرب عالمية محتملة. وقد أدلى آرثر بعدة تصريحات عامة انتقد فيها هذه السياسة. وفي نيسان ١٩٥١م أقال الرئيس ترومان ماك آرثر فأثار بذلك غضب الشعب الأمريكي بأسره.

ترك ترومان الرئاسة في عام ١٩٥٣م وتقاعد في منزله بمنطقة إندبندانس في ميسوري بالولايات المتحدة، ونشر مجلدين يحويان مذكراته خلال عامي

١٩٥٥و ١٩٥٦م، ثم واصل نشاطه السياسي مع الحزب الديموقراطي، وفي أواخر عام ١٩٧٢م مرض ترومان ومات في مدينة كنساس بولاية ميسوري.

تشامبرلين، اوستن (١٨٦٣م-١٩٣٧م)

سياسي ورجل دولة بريطاني، الأمين الأكبر لجوزيف تشامبرلين اصبح عضوا في البرلمان ممثلاً لحزب المحافظين عام ١٨٩٢ عن منطقة شرق ورسترشاير، واحتل منصب وزير المالية في حكومة بلفور للفترة ما بين (١٩٠٣م-١٩٠٥م)، وفي حكومة الائتلاف في عهد لويد جورج ما بين (١٩١٩م-١٩٢١م)، وحقق أبرز إنجازاته عند احتلاله منصب وزير الخارجية في حكومة بولدوين للفترة من ١٩٢٤ لغاية ١٩٢٩ ولعب دوراً بارزاً في المحادثات التي توصلت إلى توقيع معاهدات لوكارنو عام ١٩٢٥.

تشامبرلين جوزيف (١٨٣٦م-١٩١٤م)

سياسي ورجل دولة بريطاني، توصل إلى الشهرة عام ١٨٧٥ من خلال منصبه رئيساً لبلدية مدينة برمنغهام وعرف بمواقفه الراديكالية في إحداث التغيرات الجذرية ومنها ريادته في مشروع إزالة إحياء الفقراء. واصبح عضوا في البرلمان ممثلا لمدينة برمنغهام عام ١٨٧٦ كما احتل منصب رئيس مجلس إدارة التجارة في حكومة غلادستون ١٨٨٠-١٨٨٥ وقد ساهم المشروع الراديكالي الذي وضعه والمعروف (بالبرنامج غير المرخص) في نجاح غلادستون في انتخابات عام ١٨٨٥ إلا أنه اختلف مع أعضاء حزب الأحرار في السنة التالية لسببين أولهما: معارضته للسياسة الداخلية وثانيهما لعدم ثقته

بغلادستون وقد أدى ارتداده عن انتمائه إلى حـزب الأحـرار إلى انشـقاق في هـذا الحـزب ومـن ثـم إلى سقوط الحكومة.

وفي عام ١٨٩٥ اصبح تشامبرلين وزيراً للمستعمرات في حكومة سالزوري الاتحاديـة المحافظة، وبذل اقصى جهوده لتحقيق التوسع في أفريقيا، ولتحقيق الاتحاد الامبريالي. وقـد اخـذ نفـوذه السياسي يزداد على أعضاء مجلس الوزراء، حتى أنه اخذ يتدخل أحيانا في بعض السياسة الخارجيـة، وظهر ذلك خاصة عامي ١٨٩٨م و ١٨٩٩م حينما حاول التوصل إلى تحقيق تحالف مع ألمانيا وفي عـام ١٩٠٣ تخلى تشامبرلين عن وزارة المستعمرات وقضى مدة عامين في تنظيم حملة (الإصلاح نظام التعريفة) وقد شكل ذلك موقف إثارة أدى إلى حدوث انشقاق بين الاتحاديين مثلما حصل سابقاً بسببه في حـزب الأحـرار وفي عام ١٩٠٦ أصيب بالشلل وعندئذ لم يلعب أي دور في مجال السياسة.

تشامبرلين، نيفيل (١٨٦٩م-١٩٤٠م)

سياسي ورجل دولة بريطاني، وهو ابن جوزيف تشامبرلين، لم يصبح عضوا في البرلمان إلا في سن الخمسين من عمره. إذ كان قبلها قد وجه اهتمامه إلى الأعمال التجاريـة وقضايا الحكم المحلـي، كـان رئيساً لبلدية مدينة برمنغهام ومثل المدينة بعدها في البرلمان عـام ١٩١٨ وحتى نهاية حياته. وبفضل خبرته السابقة بحكم منصبه رئيساً للبلدية نجح تشامبرلين في منصب وزير الصحة الذي تـولاه في عهـود حكومات حزب المحافظين للفترة مـا بـين ١٩٢٣م-١٩٢٩م وفي تشرـين الثاني ١٩٣١م خلـف سـنودن إلى منصب وزير

المالية الذي بقى فيه حتى اصبح خلفا البولدوين في منصب رئيس الوزراء وذلك في أيار ١٩٣٧.

وعندما باشر تشامبرلين إدارة السياسة الخارجية رغم عدم خبرته بشؤون أوربا لذا اعتمد على التقارير الخاصة التي كان يقدمها له مستشاره الخاص هوراس ولسون، اكثر من اعتماده على المعلومات التي كانت تصله من وزراء الخارجية وهم ايدن (الذي استقال في شباط ١٩٣٨ بعد الاحباط) وهاليفاكس واعتقد تشامبرلين بإمكانية احتواء الشكاوي من ألمانيا بعقد محادثات مباشرة مع هتلر وهكذا قام فعلاً بزيارة هتلر خلال أزمة تشيكوسلوفاكيا عام ١٩٣٨ في بربختسفادن وغودسبرغ. كما ساهم في مؤتمر القوى الأربع المنعقد في مدينة ميونخ ولم يتخل عن محاولات استرضاء هتلر، إلا عند الاحتلال النازي لمدينة براغ في آذار ١٩٣٩م. وحينذاك حاول إقامة تحالف مع بولندا ورومانيا واليونان وبموجب تحالفه مع الأولى أعلنت حكومته الحرب على ألمانيا في أيلول ١٩٣٩ وظهرت واضحة للعيان مواقف تشامبرلين المترددة، إضافة إلى سوء تحكمه في علاقاته الشخصية، ظهرت خلال فصل الشتاء الأول من فترة الحرب. وقد قدم استقالته بعد احتلال ألمانيا للنرويج ولكنه بقي في منصب رئيس مجلس اللوردات في حكومة تشرتشل الائتلافية حتى وفاته بعد ستة شهور.

الرئيس تشاوشيسكو، نيكولاي (١٩١٨م-١٩٨٩م)

رجل دولة روماني، انضم إلى الحزب الشيوعي في عام ١٩٣٦م وبعد هزيمة رومانيا المؤيدة للفاشية في شهر آب ١٩٤٤م أخذ تشاوشيسكو يبرز بسرعة في النظام الجديد بعد أن حظي بدعم الجيش السوفيتي وأصبح في عام

١٩٦٥م السكرتير العام للحزب. وسعى إلى الاستقلال عن موسكو، وبعد عامين أصبح رئيسا للدولة. واتبع سياسة ماوتسي تونغ بعد زيارته إلى بكين وكوريا الشمالية في عام ١٩٧١م.

تحولت (ثورته الثقافية المصغرة) إلى نوع من العبادة لشخصه سرعان ما تناست مع السنين بدرجة غير معقولة. ثم انتقلت العدوى إلى زوجته ألينا، وقد حاول الغرب التقرب إلى تشاوشيسكو على أمل أن تقوم رومانيا بشق وحدة حلف وارسو (السابق)، وفي عام ١٩٧٨م قام تشاوشيسكو بزيارة رسمية إلى الولايات المتحدة أعقبها فيض من المساعدات والقروض الغربية.

حاول بالتفاهم مع الولايات المتحدة القيام بدور خاص في القضية الفلسطينية، فأقام علاقات قوية مع بعض الأنظمة العربية وبعض قادة منظمة (فتح) الفلسطينية، وكان من مؤيدي إقامة دولة فلسطينية في الضفة الغربية وغزة.

وفي منتصف الثمانينات من القرن العشرين الميلادي واجهت رومانيا أزمة ديون حادة، ومع نهاية عام ١٩٨٩م كان الشعب الروماني يعاني من أزمة اقتصادية خانقة وأخذ يعلن سخطه واستياءه. إلا أن تشاوشيسكو أعيد انتخابه كزعيم لرومانيا في تشرين الثاني من عام ١٩٨٩م وأعقبها مباشرة إلى مسيرات شعبية لتأييد نظام حكمه غير أن ذهوله وعدم تصديقه لاحتجاجات شعبه حددت نهايته، حيث تم القبض عليه وأعدم مع زوجته يوم عيد الميلاد عام ١٩٨٩م.

تشرتشل، ونستون (١٨٧٤م-١٩٦٥م)

أحد أشهر القادة السياسيين في تاريخ العالم، وقد وصل إلى ذروة شهرته عندما كان رئيسا لوزراء بريطانيا أثناء الحرب العالمية الثانية. وقد طلب من أبناء وطنه بذل الدماء والعرق في كفاحهم من أجل المحافظة على حريتهم، كما عرف تشرتشل بكونه خطيبا مفوها ومؤلفا ورساما وجنديا ومراسلا حربيا.

ولد تشرتشل في قصر بلنهايم في اكسفورد شاير، وهو الابن الأكبر للورد راندولف تشرتشل (١٨٤٩م-١٨٩٥م) من أم أمريكية، تخرج من كلية هارو عام ١٨٩٥ برتبة ملازم ثان، وعمل ضابطا في الجيش في الهند وفي أواخر حملة بريطانية على السودان وذلك في معركة أم درمان (كرري). وعندما عاد إلى إنكلترا ألف كتابا حول الحملة السودانية تحت عنوان (حرب النهر) سنة ١٨٩٩. واستقال من الجيش في تلك السنة ليخوض غمار حملة انتخابية لعضوية مجلس العموم إلى جانب المحافظين في أولدهام. لكنه فشل لأن أهل تلك المنطقة كانوا من مؤيدي حزب العمال. وفي نفس السنة اندلعت حرب البوير في جنوب أفريقيا بين البريطانيين والهولنديين فعمل مراسلا حربيا.

عاد تشرتشل إلى إنكلترا في عام ١٩٠٠م لمزاولة السياسة وقد رحبت به أولدهام ترحيب الأبطال. وتم انتخابه عضوا في مجلس العموم، وسرعان ما بدأ بالانتقاد العلني وبشدة لكثير من السياسيين والسياسات التي كان يتبعها حزب المحافظين، وفي عام ١٩٠٤م انشق عن حزبه تماما. وترك مقعده مع الحزب.

عين تشرتشل قائدا للبحرية عام ١٩١١م وكان نمو الجيش الألماني وقوة ألمانيا البحرية قد أقنعت رئيس الوزراء هربت اسكويث بضرورة تقوية الأسطول البريطاني على يد قائد قوي مثل تشرتشل الذي كان من بين القلائل الذين كانوا

يعتقدون بحتمية الحرب مع ألمانيا. فقام بتطوير الأسطول البريطاني وأعد وسائل الدفاع ضد الغواصات. وأنشأ للمرة الأولى قوة جوية تابعة للأسطول. وفي سنة ١٩١٥م شجع تشرتشل على الهجوم على الدردنيل وشبه جزيرة غاليبولي التركيتين لتفح الطريق لإيصال الإمدادات إلى روسيا عن طريق البحر الأسود. غير أن تلك الحملة تحولت إلى كارثة تحمل تشرتشل مسؤوليتها فاستقال من البحرية بعد أن اعترف بفشله. والتحق بعد ذلك بالجيش البريطاني الذي كان يحارب في فرنسا برتبة رائد. ثم اختاره رئيس الوزراء لويد جورج وزيرا للذخائر والعتاد الحربي عام ١٩١٧م.

انتهت الحرب العالمية الأولى عام ١٩١٨م وعين تشرتشل وزيرا للحربية والطيران، وبصفته وزيرا للحربية أشرف على تسريح الرجال من الجيش البريطاني، ثم عينه لويد جورج وزيرا للمستعمرات عام ١٩٢١م وأمضى تشرتشل أوقات فراغه بين الحربين العالميتين الأولى والثانية في الرسم والكتابة.

اندلعت الحرب العالمية الثانية باجتياح الجيش الألماني لبولندا في ١ أيلول ١٩٣٩م. لقد بدأت الحرب التي كان يتنبأ بها تشرتشل بوضوح. فأعلنت كل من بريطانيا وفرنسا الحرب على ألمانيا في ٣ أيلول وتم تعين تشرتشل قائدا للبحرية البريطانية للمرة الثانية. وبسقوط وزارة تشمبرلين على أثر منافسة برلمانية عهد الملك جورج السادس برئاسة الوزراء إلى تشرتشل في ١٠ أيار ١٩٤٠م. تميز تشرتشل بإدراك جيد للمسائل العسكرية. فقد رفض طلب الفرنسيين حول تزويدهم بعدد من الطائرات، مفضلا بقاءها للدفاع عن بريطانيا نفسها وطلب تدمير الأسطول الفرنسيـ الموجود في الجزائر خشية وقوعه بأيدي الألمان وإلحاقه بأسطولهم الحربي.

التقى تشرتشل مع الرئيس السوفيتي جوزيف ستالين وكان الاتحاد السوفيتي (السابق) قد أعلن الحرب على ألمانيا على أثر اجتياح ألمانيا لروسيا. وكان ستالين قد طلب من تشرتشل أن تفتح بريطانيا جبهة ثانية في أوروبا ولأجل التخفيف من الضغط الألماني على الجبهة السوفيتية. غير أن تشرتشل أوضح له بأن فتح الجبهة في ذلك الوقت سيؤدي إلى كارثة لعدم توفر الاستعداد الكافي لدى الحلفاء لتلك المهمة.

وعندما التقى تشرتشل مع روزفلت في الدار البيضاء في عام ١٩٤٣م أصدر بيانا جاء فيه أن الحلفاء لن يقبلوا بوقف الحرب إلا باستسلام دول المحور. ألمانيا وإيطاليا واليابان دون قيد أو شرط.

حدث أول لقاء بين تشرتشل وستالين وروزفلت في طهران في عام ١٩٤٣م واتفقوا خلاله على غزو فرنسا في الربيع التالي. كذلك التقى الثلاثة الكبار في يالطا بالاتحاد السوفيتي (السابق) واتفقوا على خطط احتلال ألمانيا بعد استسلامها. وقد توفي روزفلت بعد شهرين من هذا المؤتمر. وأصبح ترومان رئيسا للولايات المتحدة.

استسلمت ألمانيا في ٧ أيار ١٩٤٥م، والتقى تشرتشل بستالين وترومان في بوتسدام لمناقشة كيفية إدارة ألمانيا بعد الحرب. غير أن تشرتشل اضطر إلى الانسحاب من المؤتمر على أثر فشل حزبه في الانتخابات التي جرت في ذلك الوقت.

احتل تشرتشل مقعدة في مجلس العموم كزعيم للمعارضة. وظل منشغلا بالسياسة وإلقاء المحاضرات والرسم، وفي سنة ١٩٤٨م أصدر المجلد الأول

من مذكراته عن الحرب العالمية الثانية. وقد أكمل المجلد السادس من هذا الكتاب سنة ١٩٥٣م.

عاد تشرتشل إلى رئاسة الوزراء عام ١٩٥١م، على أثر فوز حزب المحافظين وكان قد بلغ السابعة والسبعين من عمره، وأهتم كعادته بالسياسة الخارجية، ومنح لقب فارس من قبل الملكة عام ١٩٥٣م.

وفي أواخر تلك السنة حصل على جائزة نوبل في الآداب لبراعته في عرض الحوادث التاريخية والسير الذاتية وتألقه في فن الخطابة، وقد تقاعد تشرتشل عن العمل في عام ١٩٥٥م.

وفي عام ١٩٦٣م منحه مجلس النواب الأمريكي لقب المواطن الأمريكي الفخري كدليل على تقدير الأمريكيين للرجل الذي بذل جهودا مضنية في سبيل الحرية. وقد بلغ نشاط تشرتشل نهايته عام ١٩٦٤م فلم يشترك في انتخابات مجلس العموم التي جرت تلك السنة بعد ان ظل يحتفظ بعضويته في المجلس مدة تقارب على ستين عاما من عام ١٩٠١م إلى عام ١٩٢٢م ومن عام ١٩٢٤م إلى عام ١٩٦٤م. أصيب تشرتشل بسكتة دماغية في عام ١٩٦٥م. توفي على أثرها وقد بلغ سن التسعين.

تشوين لاي (١٨٩٨م-١٩٧٦م)

سياسي صيني تولى منصب رئيس وزراء الصين ووزير خارجيتها عندما اعتلى الشيوعيون السلطة في عام ١٩٤٩م، وترك حقيبة الخارجية في عام ١٩٥٩ لكنه ظل أقوى متحدث باسم الصين في الشؤون الدولية.

ولد تشوين في مقاطعة كيانجسو والتحق بمدارس كل من الصين واليابان وفرنسا، ثم اصبح متحدثاً باسم الحركة الشيوعية الدولية وفي عام ١٩٣١ رافق تشو ماوتسي- تونج زعيم الشيوعيين الصينيين، وشارك في المسيرة الكبرى عام ١٩٣٤ عندما قاد مسيرة الشيوعيين لمسافة ٩٧٠٠كم. وكان تشو زعيما منافسا للقوميين في الوصول لحكم الصين في الأربعينات من القرن العشرين. وقد تقلد تشو منصب رئيس الوزراء واصبح بذلك متحدثاً باسم ماو للشؤون الخارجية، وفي عام ١٩٧٢ عقد تشو اجتماعات مع الرئيس الأمريكي رتيشارد نيكسون وكانت تلك هي المرة الأولى التي يزور فيها رئيس أمريكي الصين ابان فترة رئاسته.

تشيانج تشنج كوو (١٩١٠م-١٩٨٨م)

أقوى القادة في حكومة الصين الوطنية في تايوان من عام ١٩٧٥ حتى وفاته عام ١٩٨٨. جاء إلى السلطة بعد ان مات والده تشيانج كاي شيك عام ١٩٧٥م، عمل رئيساً للوزراء من عام ١٩٧٢ إلى عام ١٩٧٨ عندما اصبح رئيساً لجمهورية تايوان.

ولد تشيانج في مقاطعة جيجيانج بالصين وتعلم في مدارس صينية عديدة وذهب إلى الاتحاد السوفيتي (سابقا)في عام ١٩٢٥ وتخرج هناك في جامعة سان يات سن في عام ١٩٢٧ ومن الكلية العسكرية في عام ١٩٣٠ وعاد تشيانج إلى الصين في عام ١٩٣٧ وشغل عدداً من المراكز الحكومية بالغة الأهمية.

وبعد أن سيطر الشيوعيون الصينيون على الصين في عام ١٩٤٩ نقل الوطنيون حكومتهم إلى جزيرة تايوان وتولى تشيانج مسؤولية الشرطة الوطنية

السرية وقيادة الشباب وتنظيمات المحاربين، وكان وزيراً للدفاع من عام ١٩٦٥ إلى عام ١٩٦٩ ونائب رئيس الوزراء من عام ١٩٦٩ حتى عام ١٩٧٢.

تشيانو، غاليازو (١٩٠٣م-١٩٤٤م)

سياسي ورجل دولة إيطالي، كان طيارا جوياً في فترات ابتعاده عن المجال السياسي، تزوج من ابنة موسوليني عام ١٩٣٠ واحتل مناصب متعددة ذات علاقة بالدعاية وذلك للفترة ما بين ١٩٣٠و ١٩٣٦ حين احتل منصب وزير الخارجية في كانون الثاني ١٩٣٦ وقام تشيانو بالمفاوضات الناجحة التي أدت إلى توقيع اتفاقيات (المحور) مع ألمانيا وعرف بتأييده لعملية ضم ألبانيا عام ١٩٣٩ وتأييده لقيام إيطاليا بغزو دول البلقان ١٩٤٠-١٩٤١.

وبعد هزيمة إيطاليا في شمالي أفريقيا أعفي من منصب وزير الخارجية وعين سفيراً لإيطاليا في الفاتيكان للفترة ما بين شباط- تموز ١٩٤٣، وبعد مشاركته في الاقتراع لقلب نظام حكم موسوليني في ٢٥ تموز ١٩٤٣ غادر تشيانوا إيطاليا إلى ألمانيا حيث حمله هتلر مسؤولية سقوط موسوليني وحوكم بتهمة الخيانة واعدم رميا بالرصاص بأمر من القيادة الفاشستية الجديدة في ١١ كانون الثاني ١٩٤٤.

تشيتين، حكمت (١٩٣٧م-   )

سياسي ورجل دولة تركي، ولد في لبجة بلدة صغيرة مغمورة في محافظة دياربكر تخرج من قسم الاقتصاد والمال في مدرسة العلوم السياسية في أنقرة وهي المؤسسة التعليمية التي يطلق عليها اسم (الملكية) أي التابعة للدولة.

كما عرفت في عهد السلطان عبد المجيد الذي أسسها ليتعلم فيها أبناء النخبة ويتم إعدادهم لتسليم المناصب السياسية والاقتصادية والإدارية في الدولة. بعد ذلك نال تشيتين درجة ماجستير من كلية وليامز في الولايات المتحدة في موضوع (التنمية الاقتصادية) ليدرس لاحقاً (أنماط التخطيط) في جامعة ستامفورد كاليفورنيا ويعمل مساعد باحث ثم مدير لقسم التخطيط الاقتصادي في مؤسسة التخطيط الحكومية. وهناك لفت انتباه رئيس الوزراء آنذاك بولنت آجاويد وتحت تأثيره انخرط تشيتين في العمل السياسي وانتخب نائباً عن حزب أجاويد (الشعب الجمهوري) حتى الانقلاب العسكري في ايلول ١٩٨٠.

وعندما حل العسكريون الأحزاب السياسية بعد الانقلاب انضم تشيتين إلى السياسيين الذين حظر العسكريون عليهم ممارسة النشاط السياسي لكن بعد ما عاد الحكم المدني إلى تركيا انتخب نائباً من جديد عن الحزب الاشتراكي الديمقراطي الشعبي) الذي كان يرأسه فهمي ايشيكلر وقد أسسه أكراد قوميون كان بينهم نشطاء في (حزب العمال الكردستاني) وخاض حزب العمال الانتخابات تحت منصة (حزب الشعب الاشتراكي الديمقراطي) وفاز ٢٢ من مرشحيه نوابا عن المناطق الكردية، لكن التعاون لم يستمر طويلا إذ استقال النواب الأكراد من (الاشتراكي الديمقراطي) احتجاجا على مماطلة الحكومة في إقرار البرنامج الائتلافي في شأن إجراء تحولات سياسية واقتصادية في المناطق الكردية على أساس دراسة كان وضعها (الاشتراكي الديمقراطي) في عام ١٩٩٠.

انتخب أميناً عاماً لحزبه حزب الشعب الاشتراكي الديمقراطي في أواخر الثمانينات وحتى نهاية ١٩٩٢ وكان أحد المهندسين الرئيسين للائتلاف

بين حزبه وحزب الطريق الصحيح بعد انتخابات تشرين الأول ١٩٩١ التي أسفرت عن وصولهما إلى السلطة عين وزيراً للخارجية حتى استقالته في عام ١٩٩٤ وفي شباط ١٩٩٥ انتخب رئيساً للحزب الموحد الجديد الذي اختاروا له اسم (حزب الشعب الجمهوري) الممثل لليسار التركي المعتدل وقد انتخب تشيتين زعيماً لهذا الحزب (حزب الشعب الجمهوري) كحل وسط أثر الصراع على الزعامة بين قرة يالتشين وزعيم حزب الشعب القديم ديفيز بايكال.

تشيرنينكو قسطنطين (١٩١١م-١٩٨٥م)

سياسي ورجل دولة سوفيتي، ولد في بولشاياتس وهي بلدة قريبة من كرازنويارزك في سيبريا، وانضم إلى الحزب الشيوعي وعمره عشرون عاما. وفي عام ١٩٤٨ اصبح مديراً لقسم الدعاية في الحزب الشيوعي في جمهورية مولدافيا الاشتراكية السوفيتية وبينما كان يعمل في مولدافيا بدأ علاقته الوثيقة ببر-يجنيف الذي كان عندئذ أعلى مسؤول حزبي في تلك الجمهورية، وفي بداية عام ١٩٥٥ عمل تشيرنينكو رئيسا للحزب الشيوعي السوفيتي في عام ١٩٦٤ وبدأت ترقيات تشيرنينكو إلى وظائف أعلى في الحزب وعمل إلى جانب بريجنيف في العديد من المؤتمرات الحزبية والحكومية مات بريجنيف في عام ١٩٨٢ واعتقد الجميع أن تشيرنينكو سوف ينتخب ليخلفه كرئيس للحزب الشيوعي إلا أنه تم اختيار أندروبوف قبل تشيرنينكو.

وبعد وفاة اندروبوف في عام ١٩٨٤ أصبح تشيرنينكو أمينا عاماً للحزب الشيوعي ورئيساً للاتحاد السوفيتي (السابق)، فأعاد الطمأنينة إلى رجال الجهاز الذي أنشأه بريجنيف وأزال قلقهم من أطياف الإصلاحات التي حاول اندروبوف

القيام بها ورأى هؤلاء في تشيرنينكو عنصر توزان بين الفئات المختلفة داخل الحزب، وظهر تقدمه في السن عاملاً يضمن الاستقرار ولا يحول دون تحقيق طموحات القادة الأصغر سناً. وكان طبعه المتواضع وعدم خبراته بالمشكلات الداخلية يبشر بالعودة إلى القيادة الجماعية وقد اضطر أكثر من مرة إلى الرضوخ للآخرين في تسيير الأمور ولا سيما اندرية غروميكو في المجال الدبلوماسي وديمتري استينوف في امور الدفاع حتى بات من الممكن القول بأن ثلاثة رجال كانوا يملكون مقاليد السلطة في الكرملن وكانت سياسية الكرملن الداخلية والخارجية تمثلت بالاستمرار على صعيد السياسة الداخلية بسبب الاعتماد على عناصر من عهدي بريجنيف واندروبوف وحافظت على بقاء المؤسسات القديمة والأيديولوجية مع تأكيد انتظام العمل والبحث عن الفعالية في البنى القائمة.

أما على صعيد السياسة الخارجية، فيمكن تمييز مرحلتين اتسمت الأولى منهما بالتشدد في أفغانستان، وبفرض شروط قاسية لاستئناف الحوار بين موسكو وواشنطن، حول الحد من انتشار الأسلحة النووية بعد توقفه في تشرين الثاني ١٩٨٣ أثر وصول الصواريخ الأمريكية بيرشينغ إلى أوربا الغربية. واتسمت الثانية بتسخين العلاقات بين موسكو واوشنطن بعد انتخاب رونالد ريغان رئيساً للولايات المتحدة وبذل الجهود الاستئناف المفاوضات بينهما حول الحد من الأسلحة الدفاعية والهجومية والأسلحة النووية عابرة القارات والمتوسطة المدى، وفي ١٠ آذار ١٩٨٥ توفي تشيرنينكو وانتخب محله ميخائيل غوربا تشوف أميناً عاماً للحزب الشيوعي السوفيتي.

تشيلر، تانسو (١٩٤٦م-)

اقتصادية وسياسية تركية، اختيرت رئيسة لمجلس وزراء تركيا في مؤتمر لحزب الطريق المستقيم صاحب الأغلبية، وعند تعيينها كاول رئيسة وزراء لتركيا وعدت تشيلر أن تصلح الاقتصاد وان ترفع من مكانة المرأة. وتؤمن تشيلر باقتصاد التجارة الحرة كما أنها من المعجبات برئيسة وزراء بريطانيا السابقة مارجريت تاتشر. ولدت في اسطنبول في عام ١٩٤٦ وتلقت تعليمها في جامعة اسطنبول يوجازيشي وفي جامعات كونكنيكت وبيل بالولايات المتحدة حيث نالت درجة الدكتوراه في الاقتصاد.

عملت تشلير في كثير من اللجان الأكاديمية لمختلف الجامعات التركية خلال الثمانينات من القرن العشرين قبل ان تشتغل بالسياسة في عام ١٩٩٠ عضو في حزب الطريق المستقيم، وفازت في الانتخابات البرلمانية كنائبة لاحدى دوائر اسطنبول في ٢٠ تشرين الأول ١٩٩١ وقد رشحها رئيس الوزراء سليمان ديميريل زعيم حزب الطريق المستقيم لتكون وزيرة دولة مسؤولة عن الاقتصاد في الحكومة الائتلافية بين حزب الطريق المستقيم والحزب الديمقراطي الاجتماعي.

وعندما فاز ديميريل بمنصب رئيس الجمهورية بعد وفاة الرئيس تورغوت أوزال المفاجئ في نيسان ١٩٩٣ استقالت تشلير من منصبها الوزاري في مجلس الوزراء لترشيح نفسها لمنصب زعيم الحزب وتلقت أكثرية الأصوات في الجولة الأولى من الانتخابات.

توبوليف، اندريه (١٨٨٨م-١٩٧٢م)

عسكري روسي، من أبرز الرواد في اكبر مؤسسة للعلوم الإيرودناميكية في موسكو منذ تأسسيها في عام ١٩٢٩م، ومن ابرع مهندسي الطائرات الحربية والمدنية في قسم هندسة هياكل الطائرات والخدمات التقنية التابع لسلاح الطيران السوفييتي.

صمم اندريه توبوليف أول طائرة نفاثة، وأول طائرة مروحية توربينية للنقل، واول قاذفة قنابل أسرع من الصوت. وحملت كل طائرة من تصميمه أول حرفين من اسمه، وهو عميد مصممي الطائرات السوفييت، وعضو دائم في اكاديمية العلوم في الإتحاد السوفييتي (السابق). وكان توبوليف في الخامسة والثلاثين من عمره حين بدأ بوضع التصميم لبناء طائرات حربية ومدنية ووضع تصاميم لأكثر من ٣٠ نوعاً من الطائرات باستثناء طائرات الهليكوبتر.

ولد توبوليف في مقاطعة نفير الواقعة شمالي غرب موسكو في ١٥ كانون الثاني ١٨٨٨ ودخل المعهد الفني في موسكو في عام ١٩٠٨ حيث درس الهندسة الميكانيكية، ثم دخل المدرسة التقنية العليا في موسكو وتخرج منها في عام ١٩١٥م وقد شغف منذ عام ١٩٠٩ بوضع تصاميم الطائرات وتخصص بالعلوم الأيرودنياميكية في عام ١٩١٠ وفي عام ١٩١٦ أسس توبوليف مكتباً لتصميم الطائرات أصبح فيما بعد المؤسسة الرئيسة للبحوث الايروديناميكية في الاتحاد السوفييتي (السابق). وقد ظل توبوليف منذ عام ١٩١٨ وحتى عام ١٩٣٨ رئيسا لمهندسي هذه المؤسسة واشرف على صنع أكثر من مائة نوع من طائرات الركاب ذات الحجم المتوسط والطائرات الحربية وقاذفات القنابل بعيدة المدى ويعتبر توبوليف من المواطنين السوفييت الذين منحوا أكبر عدد من الأوسمة إذ

نال ثلاث مرات وسام ستالين ومرتين وسام لينين وثلاث مرات وسام بطل الاتحاد السوفييتي.

توجمان فرانيو (١٩٢٢-١٩٩٩)

أول رئيس لجمهورية كرواتيا المستقلة، ولد في قرية قرب زغرب، بدأ حياته السياسية مؤيداً لدعاة استقلال كرواتيا برعاية الألمان أثناء الحرب العالمية الثانية. ثم خلال هذه الحرب بالذات ترك دراسته الجامعية وانتقل إلى جانب قوات الانصار بقيادة جوزف تيتو الذي أصبح توجمان مقربا إليه ومنحه في عام ١٩٦٠ رتبة جنرال ليكون أصغر جنرال في الجيش اليوغسلافي في ذلك الوقت. وبدأ منذ عام ١٩٦٥ يتخلى عن معتقداته الشيوعية ليعود إلى جذوره القومية الكرواتية وكان من الموقعين في عام ١٩٦٧ على وثيقة تؤكد الهوية المستقلة للغة الكرواتية التي قادته إلى المعتقلات والسجون وانصرف بعد ذلك إلى تأليف الكتب ذات النزعة القومية.

أحيل توجمان في عام ١٩٨٠ وقبل أشهر قليلة من وفاة تيتو على القضاء بسبب مؤلفاته اعتبرت نشاطاً معادياً لسلامة الدولة وبسبب دعوتها إلى القومية الكرواتية إلى حد التطرف وحكم عليه بالسجن سنتين ونصف السنة مع تجريده من رتبته العسكرية. وبعد مغادرته السجن انتقل إلى زغرب ثم غادر إلى كندا عام ١٩٨٧ وتنقل بين الولايات المتحدة وأوربا حتى ١٩٨٩ حين غادر إلى زغرب حيث سمح بالتعددية الحزبية فأسس توجمان حزب الاتحاد الديمقراطي الكرواتي الذي تبنى استقلال كرواتيا ثم انتخب توجمان في ٣٠ أيار ١٩٩٠ رئيساً لجمهوريتها. وكان توجمان يوصف بإنه رئيس يتمتع بسلطة قوية تستند

إلى تأييـد شعبي واسع، وبأنه من أكثر رؤساء جمهوريات يوغسلافيا السابقة تقليداً لشخص تيتو في ما يتعلق بضرورة الطاعة له وتنفيذ أوامره بأسلوب عسكري.

وفي مطلع تشرين الثاني ١٩٩٩ ادخل توجمان المركز الطبي في زغرب للمعالجة من مرض أصيب به. لكنه توفي في صباح ١١ كانون الأول ١٩٩٩ وكان توجمان أجرى تعديلات في قيادة الحزب في أعقاب دخوله المستشفى للحفاظ على وحدة حزب الاتحاد الديمقراطي الكرواتي بتشكيل مجلس استشاري للرئاسة يهيمن عليه أعضاء بارزون في الحزب الحاكم يتولى الحفاظ على استقرار الوضع العام وترتيب الأمور السياسية في حال عجز الرئيس عن ذلك.

توجو، أيكي (١٨٨٥م-١٩٤٥م)

عسكري ورجل دولة ياباني، عمل ملحقا عسكريا في ألمانيا عام ١٩١٩ ثم رئيسا للشرطة السرية اليابانية، تولى منصب وزير الحزب (١٩٤٠-١٩٤١) وحل محل كونوي الأكثر اعتدلا منه في منصب رئيس الورزاء في تشرين الأول ١٩٤١م، واحتفظ بمنصبه المهم وزيراً للحرب وفي تشرين الثاني أقر توجو الخطط النهائية للهجوم الياباني ومنها الهجوم على بيرل هاربر. استقال في تموز ١٩٤٤ بعد النجاحات الأمريكية في جنوبي المحيط الهادي. حاول توجوا الانتحار حوكم ثم اعدم كمجرم حرب في ٢٢ كانون الأول ١٩٤٥.

الرئيس توريس غونزاليس

عسكري وسياسي بوليفي، تعرف وهو في الأرجنتين على التجربة البيروفية، درس في الكلية الحربية في بوليفيا قائد عام للقوات المسلحة. سفير في الأورغواي. ساعد الجنرال بارنثيوس على الاستيلاء على السلطة في عام ١٩٦٤م. شارك في قمع عمال المناجم عام ١٩٦٧م، وقتل ارتشوتشي ـ غيفارا. في عام ١٩٧٠م قام بانقلاب عسكري مضاد ضد حكم الجنرال ميراندا الذي كان قبل أشهر قد أطاح بحكم الجنرال كانديا، استولى توريس على الحكم، وأصبح الرئيس الثالث والثمانين بعد المائة لبوليفيا. وكان قد نجح باستمالة اتحاد النقابات البوليفية في دعمه للوصول إلى السلطة.

قام ببعض الإصلاحات خصوصا في مجال التأميم، وأطلق الحريات النقابية ونشر حقائق حول ما كان ولا يزال سرا بخصوص بعض الجرائم والصفقات، وأطلق سراح المثقف الفرنسي ريجيس دوبرية الذي كان رفيقا لتشي غيفارا.

لكنه لم يستطع إرضاء مطالب العمال الذين كانوا يقدمون تباعا حتى وصلوا إلى المطالبة (بتسليمهم لحماية حقوقهم)، ولا إرضاء القوى المحافظة في الجيش والشعب. حتى كان يوم ١٩ آب ١٩٧١م. حيث قام كبار العسكريين (بعد أن أعلن توريس عزمه على حل الجيش ومؤازرة الحركة الوطنية الثورية والفالانج الاشتراكية البوليفية) بانقلاب مسلح فلجأ توريس غونز اليس إلى بيونس ايرس حيث قاد المعارضة من هناك. واغتيل هناك في مطلع حزيران ١٩٧٦م.

تيتو، جوزيف (١٨٩٢م-١٩٨٠م)

رجل دولة يوغسلافي، كان قائدا لقوات الأنصار اليوغسلافيين ابان الحرب العالمية الثانية واصبح رئيساً للجمهورية اليوغسلافية (سابقا) في ١٤ كانون الثاني ١٩٥٣.

ولد في عام ١٨٩٢ في كومروفيك قرب زغرب التي كانت في ذلك الحين جزءا من الأمبراطورية النمساوية - الهنغارية، وبعد اندلاع الحرب العالمية الأولى أرسل إلى جبهة الكرابات حيث أصيب بجراح وأسرته القوات الروسية في آذار ١٩١٥ وكان هذا الحادث نقطة تحول في حياته، ففي عام ١٩١٧ التحق بالجيش الأحمر. وتزوج من فتاة روسية وقد طلقها في عام ١٩٣٥.

وفي عام ١٩٢٠ عاد تيتو إلى بلاده، التي كانت قد نالت استقلالها حديثاً والتحق بالحزب الشيوعي اليوغوسلافي واعتقل في عام ١٩٢٨ بتهمة القيام بنشاط هدام وحكم بالسجن لمدة ٥ سنوات. وبعد إطلاق سراحه ذهب إلى موسكو حيث عمل في سكرتارية الكومنترن البلقانية، وارسل في عام ١٩٣٦ إلى زغـرب وباريس لتنظيم التطوع للألوية الأممية التي شاركت في الحرب الأهلية الأسبانية. وأصبح في عام ١٩٣٧ سكرتيرا عاما للحزب الشيوعي اليوغوسلافي، وجعل من زغرب مقراً للحزب زار موسكو عام ١٩٣٨ و ١٩٣٩. وفي عام ١٩٤٠ انعقد في زغرب المؤتمر الخامس للحزب الشيوعي اليوغوسلافي الذي اتخذ قرارا بوجوب ابقاء يوغوسلافيا بعيدة عن الحرب العالمية الثانية.

وفي عام ١٩٤١ غزت قوات المحور يوغوسلافيا وتقاسمتها. إلا ان تيتو لم يعد إلى يوغوسلافيا إلا في ٢٢ حزيران بناء على دعوة الكوفترت بعد أن

قرر القيام بانتفاضة مسلحة ضد الغزاة وسمي نفسه قائدا لهذه الانتفاضة. وفي آب غادر تيتو بلغراد لتسلم القيادة الميدانية بعد ان شكل مجموعات تخريب ومفارز أيضاً في المدينة وفي منتصف أيلول كانت معظم انحاء صربيا قد طهرت من الألمان. وفي الوقت نفسه حاول التفاوض مع دوازا ميخائيلوفيتش وهو عقيد في الجيش اليوغلاسلافي جميع حوله عددا من ضباط الجيش وأعضاء من منظمة الشيتنك شبه العسكرية، بغرض تشكيل قيادة موحدة وللقيام بعمل مشترك، إلا أن المفاوضات فشلت وتمخضت عن صدامات بين الشيتنك وقوات تيتو، وفي بداية كانون الأول من العام ذاته عاود الألمان احتلالهم لصربيا. فقاد تيتو ما تبقى من قواته إلى البوسنة الشرقية، ثم إلى مونتيغرو وأخيراً إلى البوسنة الغربية. ودعا إلى الوحدة بين مختلف الطوائف الدينية لمقاومة الاحتلال وشكل في تشرين الثاني ١٩٤٢ نواة لتنظيم سياسي اسماه لجنة التحرير الوطني المناهضة للفاشية.

قام الألمان ومساعدوهم بمحاولات عدة للقضاء على تيتو وقواته وكادت إحدى وحدات المظلات الألمانية ان تتمكن من القاء القبض عليه في مقر قيادته في درفارتي ٢٥ أيار ١٩٤٤ ولكنه تمكن من الفرار إلى جزيرة فيز التي كانت تحتلها قوات مشتركة من الإنكليز وانصار تيتو. ومن هناك تمكن من الذهاب إلى إيطاليا للاجتماع بقائد قوات الحلفاء في البحر المتوسط ومع تشرشل رئيس الوزراء البريطاني آنذاك وقبل ذلك بعدة أسابيع قام تيتو بزيارة لموسكو حيث قابل ستالين لأول مرة وبعد تحرير يوغسلافيا اصبح تيتو رئيساً للوزراء في ٧ آذار ١٩٤٥.

تدهورت علاقات تيتو بالغرب قبل انتهاء الحرب العالمية الثانية بقليـل على أثر محاولة تيتو الاستيلاء على تريستا. وبسبب اسقاط طائرة أمريكية، واقامته لدكتاتورية شيوعية في يوغسلافيا. وفي الوقت نفسه حدث توتر غير متوقع في علاقاته مع الأتحاد السوفييتي (السابق) فعلى الرغم من مشاركة القوات السوفييتية في طرد الألمان من يوغسلافيا فقد ابدى امتعاضه من فشل الاتحاد السوفييتي (السابق) في مساعدة الأنصار. ومن غرور الضباط والمستشارين السوفييت في يوغسلافيا عدم مساندة الاتحاد السوفيتي (السابق) لمطالبه في تريستا. ومن المحاولات السوفييتية لاستغلال الاقتصاد اليوغسلافي ورغم بقاء تيتو شيوعيا مخلصا فقد اكتسب وجهة نظر قوية مستقلة، وانفجر الخلاف مع تيتو في حزيران ١٩٤٨ حين هاجم ستالين وعدد آخرين من قادة الاتحاد السوفييتي (السابق) ورؤساء الجمهوريات الاشتراكية الأخرى نظامه بشكل علنـي وصمد تيتـو والحزب الشيوعي اليوغسلافي لهذه الحملة وللضغوط الاقتصادية التي تعرضت لها بلدهما. إلا ان ذلك جعله يقترب أكثر من الغرب وتمثل هذا التقارب في قبول المساعدات الاقتصادية الغربية والقيام بزيارة رسمية إلى بريطانيا عام ١٩٥٣ وتسوية مشكلة تريستا في تشرين الأول ١٩٥٤.

وقامت عدة محاولات لاعادته إلى حظيرة الكتلة السوفييتية التقليدية إلا أنه بقي متمسكاً بموقفه الحيادي وقوى علاقاته مع رؤساء دول محايدين مثل الزعيم الهندي جواهر لال نهرو، والرئيس المصري جمال عبد الناصر وكان مضيفا لمؤتمر دول عدم الإنحياز الذي عقد في بلغراد عام ١٩٦١ وكان تيتو مـن المؤيدين للمقاومة الفلسطينية وكان يقف من الكيان الصهيوني موقفا حازما وقد توفي تيتو في عام ١٩٨٠.

تيدر، آرثر وليم (١٨٩٠م-١٩٦٧م)

عسكري بريطاني، خدم في الحرب العالمية الأولى ونقل إلى قوة الطيران الملكية عام ١٩١٦م. أصبح قائد القوات الجوية في الشرق الأقصى (١٩٣٦-١٩٣٨) ومدير عام الأبحاث والتطوير في وزارة الطيران (١٩٣٨-١٩٤٠) ونائب القائد العام للقوة الجوية البريطانية في الشرق الأوسط (١٩٤٠-١٩٤١) والقائد العام للقوة الجوية البريطانية في الشرق الأوسط من حزيران ١٩٤١ وحتى كانون الثاني ١٩٤٣ وخلفه شولتودوغلاس كان تيدر مسؤولا في تلك الفترة عن تحقيق تفوق القوة الجوية البريطانية في حملة الصحراء وتولى منصب القائد العام الجوي لمنطقة الشرق الأوسط عام ١٩٤٣ أثناء معركتي تونس وصقلية ومنصب نائب القائد الأعلى في فترة قيادة أيزنهاور (١٩٤٣-١٩٤٥) ثم منصب رئيس أركان القوة الجوية (١٩٤٦-١٩٥٠).

تير بيتنز، الفريد فون (١٨٤٩م-١٩٣٠م)

عسكري ألماني، أصبح وزير الدولة للبحرية ووزير الدولة لشؤون بروسيا (١٨٩٨-١٩١٦) وكان مسؤولا عن الزيادة الكبيرة في الإنتاج البحري الألماني في السباق البحري البريطاني الألماني قبل الحرب العالمية الأولى. وأعلن ان ألمانيا يجب أن تستعد لمعركة في بحر الشمال ضد انكلترا وكان تيربيتنز يأمل في ان يؤدي حصول ألمانيا على قوة بحرية أعظم في بحر الشمال إلى إرغام بريطانيا على تحريك سفنها الحربية إلى هذه المنطقة من البحر المتوسط والشرق الأقصى وهكذا يضعف السيطرة البريطانية على هذه المياه.

وعندما نشبت الحرب العالمية الأولى احتج تيربيتنز على سياسة تعيد اسطول أعالي البحار الألماني إلى قواعده لتجنب الخسائر المحتملة وفي تلك الفترة ازدادت قوة بريطانيا البحرية تدريجيا وحث على الشروع بحرب الغواصات غير المقيدة ضد بريطانيا في معركة الأطلسي وادى الفشل في بدء بهذا الهجوم غير المقيد إلى استقالة تيربيتنز في ١٧ آذار. لجأ إلى سويسرا بعد اندحار المانيا ثم عاد في وقت لاحق واصبح عضوا في الرايخشتاغ (١٩٢٤-١٩٢٨).

تير، لويس أدولف (١٧٩٧م-١٨٧٧م)

سياسي ورجل دولة فرنسي ولد في مرسيليا عام ١٧٩٧ عمل في المحاماة ثم جاء إلى باريس (١٨٢١م) حيث اختلط بالأوساط الليبرالية. أسس مع كاريل مينية جريدة المعارضة (لوناسيونال) (كانون الثاني ١٨٣٠م) حيث ظهرت معارضته للملك شارك العاشر مطالبا بملكية دستوريه على النمط الإنجليزي لعب دوراً مهماً في ثورة ١٨٣٠م واصبح مستشار الدولة ونائباً عن اكس في عام ١٨٣٠ وسكرتير عام لوزارة المالية في حكومة لافيت ووزير الداخليـة (١٨٣٢م) ثم وزير الزراعة والتجارة (١٨٣٤م) ثم وزير الداخلية والخارجية (١٨٣٤م-١٨٣٦م) وقمع بقوة حركة المعارضة الملكية وكذلك الاضطرابت التي قام بها الجمهوريون في عام ١٨٣٤ عارض استنكاف الملك لويس فيليب التدخـل في الشؤون الأسبانية فاستقال في عام ١٨٣٦م.

أصبح تيير رئيس الحكومة ووزير الخارجية في عام ١٨٤٠ وكان مناصرا قويا لسياسة دعم محمد علي ضد تركيا. وبعد معاهدة لندن (١٨٤٠) قاد

فرنسا إلى شفير حرب ضد بريطانيا لكنه أجبر على الاستقالة مع احتفاظه بمقعده النيابي داخل صفوف المعارضة التي كانت تشكل (وسط اليسار) والتي اسهمت في سقوط حكومة غيزو عام ١٨٤٨ وفي ٢٣ شباط ١٨٤٨ استدعاه الملك لويس فيليب لتشكيل حكومة جديدة لكن بعد فوات الأوان. وتحالف تيير مع الحكومة المؤقتة وانتخب نائباً وظل يقترع إلى جانب اليمين المحافظ ضد الأشتراكيين. دعم ترشيح لويس نابليون للرئاسه، لكنه عارض قيام نظام الأمبراطورية الثانية. والقي القبض عليه بعد انقلاب ٢ كانون الأول ١٨٥١ ونفي إلى سويسرا ثم عاد إلى فرنسا في عام ١٨٥٢ معتكفا عن العمل السياسي حتى عام ١٨٦٣م حيث استأنف نشاطه وتزعم المعارضة الليبرالية وتميزت خطاباته في الجمعية العامة بالتركيز على الحريات الضرورية (الفردية الانتخابية الصحافية) وبمعارضته لسياسة الأمبراطور الخارجية.

وبعد معركة سيدان واستسلام نابليون الثالث انتدبه جول خافر مبعوثاً فـي العواصم الأوروبية للدفاع عن قضية فرنسا (أيلول تشرين الأول ١٨٧٠م) ولما لم يوفق في هذه الجولة،كلف التفاوض مع بسمارك في فرساي (تشرين الثاني ١٨٧٠م) وانتخب نائبا في الجمعية الوطنية التي عقدت اجتماعاتها بدءاً من ١٢ شباط ١٨٧١م في بوردو ثم عين رئيسا للسلطة التنفيذية للجمهورية في ١٧ شباط ١٨٧١م وشكل حكومة اتحاد وطني اختارت فرساي مقرا لها، وقع بسمارك على مقدمات معاهدة السلام (٢٨ شباط) التي حصل تيير بموجبها على تخفيض قيمة تعويضات الحرب المستوجبة على فرنسا لبروسيا لكنه خضع لشروط بروسية كثيرة اذلت الفرنسيين خاصة الباريسيين وضاعفت من غضبهم

فضلاً عن الوضع الاقتصادي والاجتماعي والعسكري الذي كان ينذر بكارثة وطنية عامة.

ولما حاول تيير في ١٨ آذار ١٨٧١م استعادة قطع المدفعية المرابطة في بلفيل ومونمارترا انتفض الباربسيون في حركة سميت (كومونة باريس) وقرر تيير مغادرة باريس (٢٥ آذار). ووقع معاهدة فرنكفورت مع بروسيا (١٠ أيار) وبعد أيام قليلة قمع بقوة وبعنف الكومونة (٢٢-٢٨ أيار) وانتخب بعدها رئيساً.

الأمير جابر الأحمد الصباح (١٩٢٨م-)

أمير دولة الكويت، ولد في الكويت سنة ١٩٢٨م تلقى تعليمه في مدرسة المباركية ثم أكمل دروسه على أيدي أساتذة من ذوي الاختصاص.

كان أول منصب يتولاه هو نائب الحاكم في منطقة الأحمدي في سنة ١٩٤٩م، تولى أول منصب وزاري في كانون الثاني سنة ١٩٦٢م فصار وزيرا للمال والاقتصاد.

تسلم إمارة دولة الكويت في ١٩٧٧/١٢/٣١م وغادر الكويت في ١٩٩٠/٨/٢م عند دخول القوات العراقية للكويت وبعد تحرير بلاده اتخذ من مدينة الطائف مقرا له.

عاد إلى بلاده في ١٩٩١/٣/١٤م أصدر أمرا في ١٩٩٥/٥/١٦م يقضي بإعطاء المرأة الكويتية حقها في الانتخاب والترشيح للانتخابات البرلمانية.

جاكسون، أندرو (١٧٦٧م-١٨٤٥م)

الرئيس السابع للولايات المتحدة الأمريكية، ولد في ولاية ساوث كارولاينا وساهم فترة قصيرة في الثورة الأمريكية، إذ سرعان ما وقع في أسر القوات البريطانية، ومارس المحاماة في تيتيسي ما بين ١٧٨٨-١٧٩٧م. ثم أصبح عضوا في مجلس الشيوخ ما بين ١٧٩٧-١٧٩٨م، نجح في دحض الإنزال البريطاني في نيواورلينز في كانون الثاني ١٨١٥م خلال الحرب الإنكليزية – الأمريكية، وقاد جاكسون قوات الاحتلال في فلوريدا عام ١٨١٨م وسيطر على هذه المنطقة للفترة ما بين ١٨٢١-١٨٢٣م ثم عاد إلى عضوية مجلس الشيوخ ما بين ١٨٢٣-١٨٢٥م وانتخب رئيساً للولايات المتحدة الأمريكية عام ١٨٢٨م وأعيد انتخابه عام ١٨٣٢م.

وعرف عهد جاكسون بالهجمات التي جرت ضد مصرف الولايات المتحدة، كما عرف عهده بسيادة نظام (الغنائم) باعتبار المناصب الحكومية نهبا يستوجب تقسيمه بين أعضاء الحزب الحاكم، كما عرف بالحروب التي قادها ضد الهنود الحمر وسياسة التوسع في ولاية كنساس، إضافة إلى محاولة لفرض عملية الدفع بالذهب والفضة بدلا من الأوراق المالية لدى شراء قطع الأراضي من أجل القضاء على التضخم المالي وعلى عمليات المضاربة على الأراضي، ولدى اتخاذه قرار التقاعد عام ١٨٣٦م فاز مارتن فان بورين وهو المرشح الذي اختاره اندروجاكسون بمنصب الرئاسة وأصبح ثامن رئيس للولايات المتحدة الأمريكية.

جرانت، يوليسيس (١٨٢٢م-١٨٨٥م)

كان رئيسا للولايات المتحدة في الفترة ما بين عـامي ١٨٦٩م و١٨٧٧م، ولد جرانب في بونيت بلزانت بالقرب من سنسناتي، اوهايو. في عام ١٨٣٩م حصل على وظيفة في الأكاديمية العسكرية الأمريكية في وست بونيت ونيويورك، وفي أثناء تعبئة أوراق التعيين ارتكب عضو الكونغرس المحلي خطأ في اسم جرانت، إذا اعتقد أن اسم جرانت الأول هو يوليسيس واسمه الأوسط سيمبسون وهو اسم عائلة أمه وأصدر أمر التعيين باسم يوليسيس إس جرانت، ولم يقم جرانت بتصحيح هذا الخطأ أبداً.

قاد جرانت الجيوش الاتحادية المنتصرة في نهاية الحرب الأهلية الأمريكية ١٨٦٥م، وأدى نجاحه كقائد إلى اختياره مرشحا لرئاسة الجمهورية بوساطة حزب الجمهورية عام ١٨٦٨م، وتم انتخاب جرانت رئيسا وعملت إدارته الأولى (١٨٦٩م-١٨٧٣م) على التقريب بين الشمال والجنوب، كما ساعدت في إقناع الكونغرس بالعفو عن كثير من قادة التآمر السابقين، وحاولت الحد من استعمال القوات الفيدرالية المتمركزة في الجنوب، حاول جرانت المحافظة على حقوق السود الجنوبيين ورفع المظالم التي يعاني منها الهنود الأمريكيون، وأعيد انتخاب جرانت رئيسا عام ١٨٧٢م للفترة ما بين عامي ١٨٧٣م و١٨٧٧م.

استشرى الفساد السياسي حتى شمل جميع مستويات الحكومة في عهد إدارة جرانت، وبالرغم من تكاثر عدد الفضائح أثناء ولايتي إدارته فقد كان كثير من قادة الحزب الجمهوري يرغبون في ترشيحه لفترة رئاسة ثالثة، إلا أنه رفض

وتقاعد لحياته الخاصة، وشرع في كتابة مقالات للمجلات عن تجاربه أثناء الحرب، كما قام بكتابة مذكراته.

جعفر أبو التمن (١٨٨١م-١٩٤٥م)

سياسي عراقي، ولد في بغداد عام ١٨٨١م أسهم في حركة الجهاد التي قامت خلال الحرب العالمية الأولى ضد الاحتلال البريطاني، انتمى إلى (جمعية حرس الاستقلال) وكان له شأن في ثورة ١٩٢٠م، وغادر بغداد وتخفى في النجف عام ١٩٢١م هرباً من السلطات البريطانية التي أرادت اعتقاله وارتبط بعلاقة متينة مع الملك فيصل الأول الذي عينه وزيراً عام ١٩٢١م، وأنشأ حزبا سياسيا هو (الحزب الوطني).

نفته السلطات البريطانية إلى إحدى جزر الخليج العربي بسبب نشاطه السياسي وعاد إلى بغداد عام ١٩٢٣م منصرفاً إلى التجارة، عاود نشاطه السياسي عام ١٩٢٨م فانتخب عضواً في مجلس النواب، لكنه فقد مقعده في انتخابات عام ١٩٣٠م. أصدر جريدة (المبدأ) عام ١٩٣٥م لكن السلطات أغلقتها على الفور، ويعتبر جعفر أبو التمن واحدا من كبار أعلام السياسة في العراق، توفي في عام ١٩٤٥م.

جعفر العسكري (١٨٨٥م-١٩٣٦م)

عسكري وسياسي عراقي، ولد في بغداد، وتلقى تعليمه في بغداد والموصل، تخرج في المدرسة الحربية في اسطنبول ١٩٠٤م، وعين في الجيش التركي، واختير عضوا في بعثة عسكرية إلى ألمانيا (١٩١٠م-١٩١٢م) وعين

بعد ذلك مدرسا في مدرسة الضباط في حلب، اشترك في حرب البلقان ثم أوفد إلى بنغازي ١٩١٥م لحمل السنوسيين على مهاجمة حدود مصر الغربية لمشاغلة الجيش البريطاني، ووقع أسيراً في يد الإنكليز في مرسى مطروح ١٩١٦م، وبعد قيام الحركة العربية ضد الأتراك في الحجاز أفرج عنه والتحق بالملك فيصل في العقبة فعين قائدا للقوات النظامية في الجيش الشمالي، وبعد الحرب تولى منصب الحاكم العسكري على عمان ثم ولاية حلب ١٩١٩م، ومنصب كبير أمناء الملك فيصل الأول عندما بويع ملكا على سورية.

خرج مع فيصل بعد دخول الفرنسيين دمشق، وعاد إلى بغداد وتولى وزارة الدفاع في وزارة التنقيب الأولى التي شكلت أثر مبايعة فيصل الأول في العراق ١٩٢١م، تولى رئاسة الوزراء في عام ١٩٢٤م، وفي أيامه وضع الدستور العراقي في لندن ١٩٢٥م، فرئيسا للوزارة مرة ثانية في عام ١٩٢٦م، وفي عام ١٩٣٠م عين وزير للخارجية والدفاع، وأصبح رئيسا لمجلس النواب، وفي عام ١٩٣٤م عين عضواً في مجلس الأعيان ووزيرا للدفاع ١٩٣٥م، وعندما قام بكر صدقي بانقلابه في عام ١٩٣٦م حاول العسكري إقناعه بالعدول عنه فقتله بعض أنصار الانقلاب ١٩٣٦م.

الرئيس جعفر النميري

سياسي ورجل دولة سوداني استولى على الحكم في عام ١٩٦٩م وأطيح به في عام ١٩٨٥م.

ولد جعفر النميزي في أم درمان في أسرة برجوازية صغيرة، دخل الكلية الحربية في عام ١٩٥٠م لم يقم بنشاط يذكر خلال الحقبة الزمنية الحافلة

بالأحداث التي سبقت إعلان استقلال السودان في عام ١٩٥٩م. وعندما نشبت الاضطرابات في جنوبي البلاد، أرسل إلى هناك لمحاربة أنصار حركة (انيانيا) الانفصالية. وقد عززت هذه التجربة الحاسمة في حياته إعجابه الشديد بالزعيم المصري جمال عبد الناصر. شارك في تأسيس جماعة من (الضباط الأحرار) مستوحاة من المثال المصري.

اعتقل في عام ١٩٦٣م وأوفد إلى ألمانيا بعد خروجه من السجن ثم إلى الولايات المتحدة لمتابعة تحصيله العسكري. ولدى عودته إلى السودان في عام ١٩٦٦م تعاون مع جماعة من الضباط (التقدميين) المتحالفين مع الحزب الشيوعي السوداني لإحاطة نظام الحكم القائم. وفي أيار ١٩٦٩م نجح في الاستيلاء على السلطة وفي فرض نظام الحزب الواحد. حزب الاتحاد الاشتراكي السوداني، وفي العام التالي نجا من محاولة انقلابية نظمها ضده ضباط شيوعيون أي حلفاؤه بالأمس. ووطد سلطته بعد حمله قمع واسعة أعدم خلالها عددا كبيرا من الشيوعيين والنقابيين.

وفي عام ١٩٧٢م أنهى الحرب الانفصالية في الجنوب بعد أن وقع على اتفاقية اديس ابابا التي اعترفت للجنوبيين باستقلال ذاتي. تعرض لخمس عشرة محاولة انقلابية. وكان في أعقاب كل محاولة يبادر إلى تعزيز سلطاته وهيمنته. فقد جمع بين رئاسة الجمهورية ورئاسة الحكومة ورئاسة الحزب الواحد. ووزارة الدفاع وقيادة القوات المسلحة بل وصل إلى حد أنه ترأس وكالة الأنباء الوطنية ومارس رقابة مباشرة على نشاط مصرف بلاده المركزي، وبينما كانت صلاحياته تنمو وتتوسع كانت أوضاع السودان الاقتصادية تتردى وتتراجع

حتى بات السودان يرزح تحت نير الديون الخارجية ويكابد من مجاعة مستعصية.

وفي عام ١٩٨٣م استبدل النميري القانون المدني بالشريعة الإسلامية، وقرب منه الإخوان المسلمين الذين غدا زعيمهم حسن الترابي مستشاره الأول كما اعتقل الصادق المهدي زعيم جماعة الأنصار وزج به في السجن. وقد أثارت هذه الإجراءات موجة من الاستياء، وأدت في ما أدت إليه إلى تجدد الاضطرابات في الجنوب الذي تتألف غالبية سكانه من المسيحيين ومن أتباع الديانات الأفريقية (الإحيائية).

وفي نيسان ١٩٨٥م وفيما كان النميري في زيارة للولايات المتحدة ولمصر ـ أطيح به وتولى خلافته اللواء سوار الذهب. وكان السودان في عهد النميري قد غدا إحدى نقاط ارتكاز (قوات التدخل السريع) الأميركية في الخليج وفي تشاد. وجرت بعد إطاحته محاكمة سياسية لأقطاب نظامه كما اتهم هو نفسه بالتواطؤ في تهجير الفالاشا إلى الكيان الصهيوني، لقاء مبالغ طائلة من الولايات المتحدة والمنظمات الصهيونية العالمية.

جمال باشا (١٨٧٢-١٩٢٢)

ضابط في الجيش العثماني. ولد في استنبول وتخرج من المدرسة الرشدية ثم مدرسة الأركان العسكرية، وهو أحد ثلاثة حكموا تركيا خلال الحرب العالمية الأولى. شغل مناصب عديدة في الجيش العثماني في مقدونيا وتراقيا حيث التحق بجمعية الاتحاد والترقي السرية حينذاك. بعد عام١٩٠٨(إعلان الدستور)

أصبح عضواً في الحكومة العسكرية. وأصبح حاكماً عسكرياً الاستنبول قبيل الحرب العالمية الأولى في فترة كثرت فيها المؤامرات.

وفي عام١٩١٤ أرسل إلى جبهة فلسطين حيث قاد محاولة فاشلة لغزو مصر. وبعد ذلك عين والياً على سورية وكان شديداً على العرب والأرمن، وعمل على تهجير مئات الأسر العربية إلى الأناضول. وأقام المشانق في بيروت ودمشق للمناضلين العرب بتهمة الخيانة العظمى وتهمة مقاومة التريك والتخطيط لاستقلال العرب.

وعندما استلم مصطفى كمال أتاتورك مقاليد السلطة أعطى جمال مهمة الإشراف على جيش الأفغان وقد استخدم أسلوباً شديداً في القمع والتنكيل. وفي عام ١٩٢٢ سافر جمال إلى بلاد الأفغان ليمارس دوره كحاكم لها فاغتاله أحد الوطنيين الأرمن أثناء تنقله في تفليس.

الرئيس جمال عبد الناصر (١٩١٨م-١٩٧٠م)

ولد جمال عبد الناصر في ١٥ كانون الثاني عام ١٩١٨م في مقاطعة أسيوط من صعيد مصر. كان والده موظفا في البريد وينتهي إلى طبقة الفلاحين. حاز عام ١٩٣٤م على شهادة البكالوريا وشرع في دراسة الحقوق. اشترك عام ١٩٣٥م في المظاهرات التي عمت مصر ضد المستعمر الإنكليزي وضد الملك. ولما تسلم حزب الوفد السلطة عام ١٩٣٦م فتح أبواب المدرسة الحربية أمام أولاد الطبقة البرجوازية الصغيرة فاستطاع عبر الناصر الانتساب إليها. وأصبح بعد ذلك ملازما وألحق للمرة الأولى بإحدى الحاميات القريبة من مسقط رأسه. وتعرف هناك على أنور السادات وبدا يفكر في إنشاء حركة الضباط الأحرار،

وبعد أن قضى عدة أعوام من الخدمة في الصعيد والسودان. أصبح عام ١٩٤٣م أستاذا في المدرسة الحربية حيث لقي الإعجاب والتقدير من قبل تلامذته.

ووقعت عام ١٩٥١م مصادمات مسلحة بين آلاف الشبان المصريين -الذين كانوا قد تدربوا على يد الضباط الأحرار وحصلوا منهم على السلاح والعتاد- والمستعمر الإنكليزي. وفي كانون الأول ١٩٥٢م أعلن الملك فاروق حالة الطوارئ في البلاد.

وكانت حركة الضباط الأحرار تضم بضع مئات من الضباط وتخضع للجنة تنفيذية مؤلفة من أربعة عشر عضوا ينتمي البعض منهم إلى الشيوعيين والإخوان المسلمين. يوحدهم كرههم للاستعمار والفساد الاجتماعي. وما أطل ٢٣ تموز من عام ١٩٥٢م حتى قامت الثورة التي يتزعمها هؤلاء الضباط وأطاحت بالملك فاروق بعد ثلاثة أيام وأجبرته على اختيار المنفى. وقد لمع اسم الجنرال محمد نجيب والمقدمون جمال عبد الناصر وأنور السادات وزكريا محيي الدين والفمندان عبد الحكيم عامر.

وقام الجنرال نجيب بحل الدستور بعدما غدا رئيسا للوزراء وأعلن قيام الجمهورية في ١٨ حزيران ١٩٥٣م، غير أن صراعا ما لبث أن حدث ضمن مجلس الثورة بين الجنرال نجيب الليبرالي والمقدم جمال عبد الناصر. وقد أدى هذا الصراع إلى تنحية نجيب ووضعه في الإقامة الجبرية. وناقش عبد الناصر بعد أن غدا سيد البلاد الإنكليز حول معاهدة جديدة وقعت في ١٩ تشرين الأول عام ١٩٥٤م تعهدت إنكلترا بموجبها سحب قواتها من منطقة قناة السويس (٨٠ ألف رجل) في مهلة عشرين شهرا.

وحول عبد الناصر الاتجاه صوب الغرب من أجل التحالف مع بلدانه ففضل الولايات المتحدة التي لم يكن لها ماض استعماري لكنه رفض أن يجاريها في عدائها للاتحاد السوفيتي (السابق). واشترك عبد الناصر في تأسيس حركة الانحياز في نيسان من عام ١٩٥٥م في نبدنغ (أندونيسيا) حيث دافع عن الحياد الإيجابي.

ولما رفضت الولايات المتحدة مده بالأسلحة، أتجه صوب الشرق وبالتحديد صوب الاتحاد السوفيتي وتشيسوكلوفاكيا، ثم جاء مشروع بناء سد أسوان، فقررت الولايات المتحدة الاهتمام بهذا المشروع الضخم الذي سيسمح بالتسوية الكاملة لمشكلة فيضانات النيل. ويمكن من زراعة ٨٠٠ ألف هكتار وإنتاج ١٠ ملاين كيلووات ساعة من الطاقة الكهربائية. ويتيح للبلاد مواجهة ضروريات عدد سكانها المتزايد. إلا أن إنشاء السد كان يتطلب أموالا طائلة حوالي ١٥٠٠ مليون دولار منها ٤٠٠ مليون للمرحلة الأولى.

نجحت الولايات المتحدة في وضع مشروع تمويل يشترك فيه المصرف الدولي للإنشاء والتعمير والولايات المتحدة وإنكلترا. وإن قرض الحكومة الأمريكية، وإن لم يكن الأهم كان المفتاح لهذا التمويل. إلا أن عبد الناصر دون أن يبدي استعجالا في القبول أظهر موقفا متحفظا. ورفض النقاش مع أثيوبيا والسودان اللذين يشرفان على النيل الأعلى واللذين من الواجب أخذ موافقتهما لتحقيق المشروع. كما ضاعف اتصالاته بالسيد شبيلف الذي حضر لمناقشة برنامج المساعدة السوفيتية وسرب ما مفاده أن السوفييت عرضوا عليه شروط تمويل أكثر ملاءمة، ثم ما لبث ان أعترف بحكومة الصين الشعبية. حتى أنه عندما طلب من سفيره في واشنطن إبلاغ موافقته على العرض الأمريكي.

وصلته مذكرة بإلغاء هذا العرض ١٩-٧-١٩٥٦م وانسحبت إنكلترا بدورها ثم المصرف الدولي للإنشاء والتعمير في المشروع، بعد أيام قليلة.

لم يطق عبد الناصر هذا الإخفاق، وأراد الانتقام انتقاما مدوّيا فأعلن في ٢٣ تموز ١٩٥٦م، ذكرى الثورة تأميم الشركة العالمية لقناة السويس، وتخصيص مواردها لتمويل سد أسوان. إن هذا التدبير الذي توقعه بعضهم فاجأ الحكومات والرأي العام في فرنسا وإنكلترا وأغضبهما. واشتدت حدة الموقف مع التطور غير المجدي لمؤتمر مرتفقي القناة. وقد بلغت ذروتها عندما جمد حق النقض السوفيتي الشكوى المودعة في مجلس الأمن، ومنذ ذلك اليوم قويت حجة المطالبين بالتدخل المباشر في باريس أو في لندن.

وغدا نجم الرئيس المصري بعد تأميم شركة السويس مشعا في العالم العربي أجمع، وقد أدى ذلك في تشرين الأول ١٩٥٦م إلى انتخاب مجلس نيابي في الأردن بأغلبية ناصرية ساحقة. واشترك الأردن بعد أيام -في ٢٣ تشرين الأول- في التحالف مع جيرانه العرب الثلاثة. وتسلم الجنرال عبد الحكيم عامر القيادة لوجود جيش اتحادي عربي على حدود الضفة الغربية، على بعد ١٥ كيلومتر من تل أبيب. وكانت قد أعربت صراحة عن أن وضعا مشابها سيتسبب بتدخل عسكري من قبلها.

وفي ليلة ٢٩ و٣٠ تشرين الأول دخل الكيان الصهيوني سيناء، بعد هجوم مضلل على الحدود الأردنية. واحتل شبه الجزيرة بكاملها بعد ستة أيام، ثم تدخل الإنكليز والفرنسيون من جهتهم بحسب خطة مدبرة، وكانت ذريعة هذا التدخل إنذار وجهوه، في ٣٠ تشرين الأول ١٩٥٦م إلى المصريين والكيان الصهيوني يقضي بأن يردوا قواتهم إلى مسافة ١٠ أميال من جهتي القناة. وإن

يسمحوا باحتلال مؤقت لبور سعيد والإسماعيلية والسويس من قبل قوات فرنسية إنكليزية. ولما رفض المصريون هذا الإنذار بدأت القوات الجوية الفرنسية الإنكليزية. منذ ٣١ تشرين الأول بضرب الأهداف الجوية فاحتلت المدينة بسرعة وأنزلت قوات لها اتجهت شطر الإسماعيلية. لكنها تسلمت أمراً بالتوقف في اليوم التالي. فقد رضخت الحكومتان الإنكليزية والفرنسية لأوامر منظمة الأمم المتحدة ولتهديدات أمريكا والاتحاد السوفيتي (السابق) المباشرة. وحلت بعد فترة قصيرة في ٢٢ كانون الأول قوة دولية. محل الفرنسيين والبريطانيين الذي أخلوا بور سعيد. وأظهر الصهاينة تصلبا أكبر إذ لم يسحبوا قواتهم من شرم الشيخ إلا في ١٤ آذار ١٩٥٧م.

جاءت نتائج هذا التدخل الفاشل رهيبة، فالقناة التي سدت بالسفن التي أغرقها المصريون، وبقيت غير صالحة للملاحة لعدة أشهر. وتقطعت الإمدادات النفطية لأوروبا بعدما أقدمت سوريا على نسف خطوط شركة النفط العراقية. وانهارت آخر نقاط الارتكاز الفرنسية والبريطانية في العالم العربي. فخلال مؤتمر رؤساء الدول والملوك العربي المنعقد في بيروت. بتاريخ ١٣ تشرين الثاني ١٩٥٦م، قطعت جميع الدول المشتركة علاقاتها مع فرنسا، ما عدا لبنان. وشهدت إنكلترا نقض معاهدة تشرين الأول ١٩٥٤م مع مصر، وخسرت نهائيا مراقبة السويس، كما خسرت نقطتها الأردنية فقد شلت قاعدتها في المفرق وعمان، وأجبرها إلغاء المعاهدة الإنكليزية الأردنية. في شباط ١٩٥٧م على الجلاء عنها كما أبعدت مؤقتا عن حلف بغداد.

لم تستطع مصر حتى عام ١٩٥٦م وبالرغم من الحسنات التي كانت مراقبتها للجامعة العربية تؤمنها لها تغطية العجز الناتج من وضعها المنحرف

واكتشافها المتأخر للعروبة. لكن التوازن العربي بعد مسألة السويس تغير تغيرا شاملا. فقد بدت مصر ـ وعلى رأسها جمال عبد الناصر كمجسدة مخلصة للعروبة. وثبت انتصارها ميلها لأن تكون (الشقيقة الكبرى) بين الدول العربية. كما أن اضطراب شعوب الشرق أدى إلى تسريع خطى كانت تتحفز منذ أعوام. وتتطور في بطء حلول الوطنية الشعبية العربية الواحدة محل الوطنيات المختلفة. وقد قدم هذا التحول الهام إلى الرئيس عبد الناصر وسائل لقلب الأنظمة والسيطرة، استخدمها بفن لا يضاهى.

ووصلت بعثة حكومية سورية إلى القاهرة. برئاسة شكري القوتلي في ٣١ كانون الثاني ١٩٥٨م للبحث في إنشاء جمهورية متحدة بين مصر وسوريا. وبعد ساعات قليلة من التشاور بين البلدين ثم الاتفاق على الوحدة. وأعلن الرئيسان في بلديهما بعد أربعة أيام عن مؤسسات الدولة الجديدة. وقد خضعت هذه المؤسسات في ٢١ شباط، إلى استفتاء وأخذ بها بشبه إجماع وأعلن جمال عبد الناصر في الوقت نفسه رئيسا على الجمهورية العربية المتحدة فأصدر في الخامس من آذار الدستور المؤقت لهذه الجمهورية.

وأجتيزت في الثامن من آذار مرحلة جديدة على طريق الاتحادات العربية، فقد وقع عبد الناصر والأمير سيف الإسلام بدر ميثاق الدول العربية المتحدة، أي الاتحاد بين الجمهورية العربية المتحدة واليمن.

وبدت الجمهورية العربية المتحدة منذ إنشائها تنظيما هشا، وقد أكد هذا الوضع منذ الأشهر الأولى وأتعبت التجربة السوريين، وتسبب الركود الاقتصادي ورحيل الأجانب وخطر صدور قانون زراعي في ظهور استياء زاد في حدته النقص المذهل في محصول الزروع. وحولت مبالغ هائلة إلى لبنان. كما استقر

أخيرا قسم من المنفيين السوريين في بيروت حيث تفرغوا لقلب النظام مع زملائهم في المنفى.

واتخذ عبد الناصر في مطلع عام ١٩٦١م إجراءات اقتصادية قاسية تتعارض والتقليد السوري وميله، مراقبة القطع وتحديد الأسعار. تأميم القرض وكان السراج وزير الداخلية في الولاية الشمالية، قد طور لقمع بدايات الثورة نظام رعب بوليسيا وأنشأ في سجونه غرفا للتعذيب وارتأى المارشال عامر في أيلول ١٩٦١م أنه غدا من الضروري تلطيف الجو السياسي باتخاذ بعض التدابير الآيلة إلى إنقاذ الحريات الشخصية، لكن السراج هدد بالاستقالة، ولما رفض عبد الناصر مساندته اضطر الكولونيل إلى الانسحاب وأنهار الحاجز البوليسي الشنيع الذي أقامه السراج برحيل هذا الأخير. وقامت فرق متجمعة في قطنا بعد ذلك بيومين بدخول دمشق واحتلال المباني الحكومية والإذاعة لاغية مع ساعات الفجر الأولى ليوم ٢٨ أيلول ١٩٦١م الوحدة السورية المصرية.

لم يأمل مدير هذا الانقلاب أو لم يريدوا قطيعة نهائية مع مصر، إلا أن عملية خاطئة من عبد الناصر أجبر بموجبها ممثله المارشال عامر على العودة عن وعوده بالتحرير. أدت إلى تصلب عنيف من قبل السوريين فأعلن الجيش ولادة الوطن من جديد الجمهورية العربية السورية. وغادر المارشال في المساء نفسه بالطائرة إلى القاهرة حاملا إلى معلمه نبأ الفاجعة فأعلن الرئيس عبد الناصر في الخامس من تشرين الأول مظهرا مرة أخرى قدرته العجيبة على التأقلم بحسب الأوضاع الجديدة، إنه يقبل بالأمر الواقع، وقد اتخذت سوريا من جديد بعد أسابيع وبدون معارضة مصرية. مركزها في الجامعة العربية وفي منظمة الأمم المتحدة. لكن السوريين كانوا قد أنهوا بمرارة تجربة نقلهم من حلم

الوحدة العربية إلى واقع السيطرة المصرية. وقد غادر المصريون أرض سوريا التي أعطت ذاتها في حماس واسترجعتها في غضب.

ولم يطل الوقت حتى تورط الرئيس عبد الناصر في قضية اليمن. وجلّ ما في الأمر أن الإمام المسن أحمد توفي في نهاية شهر أيلول ١٩٦٢م في عاصمة بلاده، وعلى الرغم من زيارة هذا الأخير لموسكو عام ١٩٥٩م فقد حكم اليمن على طريقة أسلافه التي لم تتغير منذ أكثر من ألف عام.

ولم يعرف بالضبط كيف مات الإمام وذهب البعض إلى اتهام المصريين بتعجيل نهايته لاستعجالهم وصول ابنه الأمير بدر إلى العرش. لما لهذا الأخير من علاقات طيبة مع القاهرة وموسكو، إلا أنه وفي الأيام القليلة التي تلت وصول بدر إلى العرش وفي ٢٦ أيلول بالتحديد قامت ثلاث دبابات من الجيش اليمني بالتمركز أمام القصر الملكي وإحراقه. وعندها ظهر الكولونيل عبد الله السلال ليعلن موت بدر وقيام الجمهورية في البلاد وقد سمى نفسه رئيسا عليها. كما أعلن السلال أنه ثوري على الطريقة المصرية، وجمع حوله الوزراء من الحركات الخفية المؤيدة للناصرية. ولم ينتظر الرئيس المصري أكثر من ذلك ليبعث إليه بتحيته الأخوية. ولكن حادثا مفاجئا وقع بعد أيام فالإمام بدر الذي لم يمت تحت أنقاض قصره كما ظن عاد إلى الظهور بين قبائله الأمينة من الزيديين، وأعلن في نيته معاقبة المستغلين.

وهكذا بدأ الصراع بين الجيش الجمهوري والقبائل الداعمة للشرعية التي يقودها الإمام بدر في الشمال، والأمير حسن خاله في الجنوب الشرقي، وكان في استطاعة بدر وحسن لولا تدخل عبد الناصر عسكريا لمساعدة محمية الجديد

وقد وجها ١٠٠ ألف جندي عازم ضد ٢٠ ألف جندي سيئ التدريب أن يعاودوا احتلال صنعاء في وقت قصير.

استخدم عبد الناصر أولا سلاح الطيران مستعملا لأول مرة طائرات توبولف ١٦ التي كانت تقصف انطلاقا من قواعدها المصرية القرى اليمنية ومحاصيلها. إلا أن هذا السلاح بدا غير كاف، واقتضى إرسال الفرق العسكرية إلى أرض المعركة في حين كان الملك سعود والملك حسين يمدان الملكيين بالأسلحة والمال وببعض الاختصاصيين. ووصل المصريون كتيبة بعد كتيبة ثم لواء بعد لواء. وكانوا في شهر شباط قد أرسلوا ٣٠ ألف رجل دون أن يتوصلوا إلى نجاح حاسم وغدت الحرب غير شعبية في مصر فالخسائر كانت جسيمة واليمنيون لا يوفرون الأسرى. والمصاريف هائلة والمغامرة بلا مخرج.

وقد عمل الأمريكيون على مساعدة الرئيس عبد الناصر فاعترفوا أولا بنظام السلاسل، كما فعل الاتحاد السوفيتي (السابق) والصين. ثم دعموا الخزينة المصرية ونجحوا بتدخل من سفيرهم الورث بنكر، باعتماد بروتوكول في نيسان ١٩٦٣م تتعهد فيه العربية السعودية بوقف مساندتها الملكيين في حين يسحب فيه المصريون قواتهم من اليمن تدريجيا. وجاء هذا الاتفاق نصرا واضحا لعبد الناصر، فقد تركت له حرية سحب قواته بحسب تقديره للوضع وسمح له أو على الأقل كان بالإمكان أن يسمح له بالانسحاب في شرف من الوكر اليمني.

على الرغم من اتفاق نيسان ١٩٦٣م ووصول مراقبين من منظمة الأمم المتحدة عاودت المعارك مسيرها متفرقة أولا ثم على جميع الجبهات. وما لبثت حدة التوتر أن ارتفعت بين حامي الفريقين العربية السعودية ومصر. فقصف الطيران المصري مدينتين في العربية السعودية نجران وجيزان، كانت تمثلان

قاعدة خلفية للقوات الملكية، واستمرت الحرب متنوعة على الرغم من إرسال مصر ـ للإمدادات واستخدام طيرانها للغارات. حتى فقد السلال في بداية ١٩٦٥م السيطرة على الموقف وألفت حكومة مدنية برئاسة أحمد محمد نعمان، وجرى مؤتمر وفاق في شهر أيار بين الجمهوريين وقسم من الملكيين ـ لم يشترك الإمام بدرفيه ـ ووصل عبد الناصر في شهر آب إلى جدة ووقع مع الملك فيصل والفريقين اليمنيين اتفاقا ينص على وقف النار وانسحاب القوات المصرية في مهلة عشرة اشهر ابتداء من ٢٣ تشرين الثاني ١٩٦٥م. وإجراء استفتاء قبل ٢٣ تشرين الثاني ١٩٦٦م لتقرير نوع النظام في البلاد. احترم وقف النار والتأم مؤتمر حرر في ٢٣ تشرين الثاني ١٩٦٥م لكنه انفض بعد شهر من انعقاده وبعد التثبت من فشله واستؤنفت المعارك، فأعلن عبد الناصر "أن اتفاق جدة لم يحترم، سنبقى في اليمن الوقت اللازم، عشر سنوات، عشرين سنة!"

ولما أطل عام ١٩٦٧م كان العالم العربي يقف في وجه الكيان الصهيوني معزولا سياسيا ودبلوماسيا، منقسما إلى أبعد الحدود جيشاه الأساسيان معاقان الجيش المصري الذي عليه الحفاظ على ٥٠ ألف رجل وتموينهم في اليمن والجيش العراقي الذي عليه التأهب لمواجهة تمرد كردي لم يخمد.

ووضع جمال عبد الناصر في ١٧ أيار ١٩٦٧م الجيش المصري في حالة التأهب ثم طلب من أمين منظمة الأمم المتحدة العام سحب قوة التدخل التابعة للأمم المتحدة من غزة وشرم الشيخ. وأعلن في ٢٢ من الشهر نفسه إقفال خليج العقبة في وجه السفن الصهيونية وتلك التابعة لجنسيات أخرى الناقلة معدات استراتيجية إلى الكيان الصهيوني. وقد غدا هذا الإقفال ممكنا مع سحب قوى منظمة الأمم المتحدة من شرم الشيخ. وبما أن إقفال خليج العقبة هو أحد

ذرائع الحرب الثالثة التي أعلن عنها الصهاينة في وضوح -والذريعتان الأخريان هما التحويل الفعلي لروافد الأردن- ووجود جيش عربي مشترك على حدود الضفة الغربية- فإن شروط وقوع صدام مسلح اجتمعت ابتداء من ٢٢ أيار.

وتسبب قرار الرئيس المصري بقيام نشاط دبلوماسي كثيف خاصة في الأمم المتحدة اجتمع مجلس الأمن ودعا السيد تنت إلى الاعتدال. وكان الأمين العام ينهي مهمته بنجاح، لولا أن الملك حسين قصد القاهرة في ٣١ أيار حيث وقع على الفور اتفاقا دفاعيا مع مصر- وعاد في الغد إلى عمان برفقة أحمد الشقيري زعيم منظمة التحرير الفلسطينية، وأرسلت عناصر من الجيش المصري إلى الأردن وغدا الوضع مشابها لما كان عليه في تشرين الأول ١٩٥٦م فقد أغلق عندئذ خليج العقبة ودخل الأردن في الحلف الثلاثي.

انتقل الكيان الصهيوني إلى الهجوم بعد خمسة أيام في ٢٩ تشرين الأول ١٩٥٦م وجاء تسلسل الأحداث عام ١٩٦٧م مماثلا، فبعد خمسة أيام من عقد اتفاق الدفاع الأردني المصري في الخامس من حزيران قام الكيان الصهيوني بالهجوم، محققا نصرا احتل من خلاله الضفة الغربية وغزة ووصل السويس كما احتل القنيطرة في سوريا وبعض أجزاء من الأردن.

وقدمت الجمعية العامة للأمم المتحدة في الوقف الذي تتابع فيه المناوشات العنيفة وحتى المعارك بين المصريين والقوات الصهيونية برهانا جديدا على عجزها. فبعد فشلها في التصويت على قرار نقلت مجمل المشاكل إلى مجلس الأمن، واعتمد هذا الأخير بالإجماع، في ٢٢ تشرين الثاني ١٩٦٧م القرار ٢٤٢ الذي طالب بانسحاب قوات الكيان الصهيوني من الأراضي المحتلة خلال النزاع الأخير. ووقف حالة الحرب والاعتراف بسيادة كل من دول المنطقة

وسلامتها الوطنية واستقلالها، وحرية الملاحة في العقبة والسويس وحل عادل لمشكلة اللاجئين وخلق مناطق منزوعة السلاح.

وكان رؤساء الدول العربية قد اجتمعوا في الخرطوم ابتداء من ٢٩ آب وتكلم الرئيس عبد الناصر والملك حسين بلغة الواقع التي استخدمها بورقيبة قبل عامين، وعرضا النتيجة التي لم يكن لهما الخيار. فمصر اجتاحتها انتفاضات الهزيمة، فتتالت الاتهامات والمؤامرات والدعاوي وأوقف عبد الناصر أحد أقدم رفاقه وأعزهم المارشال عبد الحكيم عامر، وغدت الدولة بعدما حرمت عائدات قناة السويس والسياحة. وسلبت نفط سيناء مهددة بأزمة اقتصادية حادة. ولم تعد تملك الوسائل العسكرية والمالية لمواجهة صدام جديد. وكان وضع الأردن أسوأ من ذلك إذ لم يعد يمتد إلا على الجزء شبه الصحراوي من أراضيه وقد تدفق عليه ٢٠٠ ألف لاجئ جديد. لذا لم يتوان الرئيس عبد الناصر والملك حسين من النصح باعتماد قرار عاقل من مثل القرار الذي أوصى به المارشال تيتو أي أن تنصاع الدول العربية إلى قرار منظمة الأمم المتحدة الذي يضمن سلامة الحدود، وتقبل بحرية الملاحة في خليج العقبة مقابل تحرير الأراضي المحتلة.

وافق الجميع على لهجة المؤتمر المعتدلة ما عدا السوريين الذين انسحبوا منه والجزائريين، وطبعا الشقيري. وهكذا جاء البيان النهائي للمؤتمر مفاجئا إذ تضمن عدم الاعتراف بالكيان الصهيوني. ورفض أي تفاوض للسلم والتأكيد على حقوق الفلسطينيين في وطنهم. ويذكر أن عبد الناصر كان قد أعلن أنه المسؤول الأول عما عرف بالنكسة وتخلى عن الرئاسة لرفيقه زكريا محيي

الدين. لكنه لم يلبث أن عاد عن استقالته، بطلب من الجماهير واختفى محيي الدين.

وشن عبد الناصر حرب الاستنزاف ابتداء من عام ١٩٦٨م بيد أن العالم العربي فجع بوفاته في ٢٨ أيلول ١٩٧٠م فشيعه المصريون وبقوا متذكرين أنه -على الرغم من سقطاته- استطاع أن يعيد إليهم كرامتهم وهويتهم.

والمعلوم أن عبد الناصر مثل دورا هاما على الصعيد الدولي، إذ شارك -في المجال الأفريقي، في مؤتمرات الدار البيضاء عام ١٩٦٢م وأديس ابابا عام ١٩٦٤م حيث وضع ميثاق الوحدة الأفريقية. كما أنه بعدما اشترك في مؤتمر بندنغ الشهير حضر مؤتمر بلغراد عام ١٩٦١م. ووقع اتفاقيات كثيرة اقتصادية وثقافية، مع بلدان حديثة العهد بالاستقلال، وسافر إلى الهند ويوغسلافيا والاتحاد السوفيتي (السابق).

الرئيس جناح، محمد علي (١٨٧٦م-١٩٤٨م)

مؤسس دولة باكستان الإسلامية، كان من قادة الهند في نضالها لنيل استقلالها. ويسمى قائدا أعظم ومؤسس الباكستان، قاد مطالب المسلمين للانفصال عن الأغلبية الهندوسية، وأصبح أول حاكم عام للباكستان عندما برزت أمة مستقلة ذات أغلبية مسلمة عام ١٩٤٧م.

ولد محمد علي جناح في كراتشي ١٨٧٦م وكان الابن الأكبر لعائلة تاجر ثري. أظهر ثراء حاد في ثقافته مما أهله للحصول على القبول للدراسة في جامعة بومبي وهو في السادسة عشرة من عمره، إلا أن والده اختار الالتحاق بالجامعة في المملكة المتحدة. وقد تزوج جناح زواجه الأول قبل سفره إلى لندن.

وقد وصل جناح إلى لندن عام ١٨٩٢م ودرس القانون في لنكولنزان وتأهل محاميا في المحاكم العليا وهو في بداية التاسعة عشرة من عمره.

توفيت زوجته وأمه وهو بعيد، عاد إلى كراتشي عام ١٨٩٦م واكتشف أن أعمال والده قد تدهورت بدرجة سيئة لا يستطع معها كسب عيشه. بدأ في ممارسة القانون في بومباي عام ١٨٩٧م واستمر في ذلك المجال مدة عشر سنوات تقريبا، وعمل نائبا لقاضي بومبي لمدة ستة أشهر أثناء تلك الفترة.

أصبح سياسيا بارزا في الفترة ما بين عامي ١٩٠٠م و١٩١٦م. وانضم إلى مجلس الشيوخ الوطني الهندي عام ١٩٠٦م وأصبح عضوا في المجلس التشريعي الإمبراطوري، كما عين رئيسا لفرع بومباي لاتحاد العالم الوطني الهندي.

انضم محمد علي جناح إلى العصبة الإسلامية عام ١٩١٣م وكان هذا التنظيم قد تأسس عام ١٩٠٦م بهدف حماية مصالح المسلمين حيث شعرت الرابطة بأن الهندوس الذين يمثلون أغلبية الشعب الهندي سوف يسيطرون على الهند المستقلة، انضم جناح لهذه الرابطة على افتراض أنها سوف تلتزم مثل حزب المؤتمر الهندي بالقتال حتى استقلال الهند حيث لم يكن يأمل في تحسين وضع المسلمين تحت الحكم البريطاني. أصبح جناح قائدا للعصبة الإسلامية خلال ثلاثة أعوام من انضمامه إليها، وذاع صيته، وأصبح يعرف بسفير الوحدة الهندوسية المسلمة.

تزوج جناح مرة ثانية عام ١٩١٨م تنباي ابنة السيرادياشو بتيت وكان زواجا غير سعيد وتم الانفصال واعتمد جناح على أخته فاطمة لمرافقته ومساعدته بقية حياته.

تأثر تقدم جناح السياسي بعد ظهور المهاتما غاندي على المسرح السياسي الهندي، ورفض غاندي وسائل اعتراض جناح القانونية والدستورية، فقد كان يفضل العمل المباشر من خلال عدم التعاون والمقاطعة والأشكال الأخرى من العصيان المدني، وأدى اختلاف الرأي مع أساليب غاندي إلى استقالة جناح من حزب المؤتمر واتحاد الحكم المحلي عام ١٩١٠م. واعتمد بدلا من ذلك على العصبة الإسلامية لتعزيز التزامه بالقانون والنظام والوحدة الهندوسية-المسلمة.

ساءت العلاقات بين الهندوس والمسلمين وحاول جناح استعادة التكاتف بين المجموعتين،رفض جناح برنامجا يتكون من ١٤ نقطة لضمان حقوق الأقليات -خصوصا المسلمين- داخل نطاق الهيكل الفدرالي. ولكن اللجنة التي كان يرأسها جواهر لال نهرو رفضت منح المسلمين الامتيازات القليلة المساوية في المجالس التشريعية الإقليمية عام ١٩٢٨م.

اعتقد بعض المسلمين أن جناحا لم يكن حازما بدرجة كافية مما جعل إقليم البنجاب يعترض على قيادته وانشق لتكوين وحدة منفصلة، شعر جناح بالإحباط ولجأ إلى النفي الاختياري في لندن عام ١٩٣١م وبقي هناك حتى وقع حدثان جعلاه يعود إلى بلاده.

ففي عام ١٩٣٣م التمس لياقت علي خان من محمد علي جناح تولي قيادة المسلمين في الهند، فالمناخ السياسي قد تغير ويبدو أن الهنود سوف ينالون مشاركة أكبر في حياة بلادهم السياسية. عاد جناح إلى بلاده عام ١٩٣٤م وصدر الحكم بالموافقة على قانون الحكومة الهندية عام ١٩٣٥م. مؤكدا المشاركة الندية الكبرى في الحكومة، وفاز حزب مجلس الشيوخ بجميع مقاعد المؤتمر الهندي في ستة أقاليم في انتخابات عام ١٩٣٧م وعين بالتالي جميع حكوماتها من

المؤتمر ورفض بعد ذلك الانضمام إلى العصبة الإسلامية في أي شكل من الائتلاف.

استغل جناح الفرصة لإثارة سخط الجمهور. وحول العصبة الإسلامية من جمعية للجدال ضعيفة المعنويات إلى حركة سياسية فعالة، وتبنت الحركة الجديدة قرارا عام ١٩٤٠م في لاهور ينادي بتكوين دولة مسلمة منفصلة عن الهند تسمى الباكستان، وقد حارب الكونكرس هذا الاقتراح.

اعترف الإنكليز بأن الاستقلال أمر لا مفر منه بعد الحرب العالمية الثانية ١٩٣٩-١٩٤٥م. كان الإنكليز يرغبون في أن تبقى البلاد وحدة سياسية واحدة ولكنهم احتاجوا أيضا مساعدة المسلمين دعما لمجهودات الحرب. صمم جناح على إقامة الدولة المسلمة المنفصلة ولم يستسلم، ووافق معارضوه على مطالبه في نهاية الأمر، وولدت دولة الباكستان الجديدة في آب عام ١٩٤٧م وأصبح جناح أول حاكم عام لها. ولكنه توفي بعد أكثر من عام مجهدا من كثرة العمل.

جواريز، جان (١٨٥٩م-١٩١٤م)

سياسي فرنسي. ولد في عائلة برجوازية في مدينة كاستريه. أصبح نائباً في البرلمان للفترة ما بين١٨٨٥-١٨٨٦ ثم ١٨٩٣-١٨٩٨ و١٩٠٢-١٩١٤. وعرف جواريز باعتناقه مبدأ الاشتراكية الفرنسية أكثر من المبادئ الماركسية وقد استوحى أفكاره من تقاليد الثورة الفرنسية. وقد أدى تأكيده المستمر على أهمية حقوق الفرد إلى قيام خلاف شديد بينه وبين رفاقه الأكثر تمسكاً بتطبيق النظريات التجريدية وتفضيلهم لها على الأخذ بالحقائق العلمية.

وبدفاعه عن قضية دريفوس ومناصرته لها رغم استياء رفاقه الاشتراكيين. نجح جوريه في استقطاب المئات من الفرنسيين نحو الاشتراكية.

لكن جوريه أرغم على الموافقة على قرار كونغرس امستردام للاشتراكية الدولية عام ١٩٠٥ الذي حجب مساهمة الاشتراكيين في (الائتلاف البرجوازي) وهكذا لم يعتل جوريه أي منصب هام وخلال السنوات الثماني الأخيرة من حياته قاد جوريه حملة ضد الاندفاع القومي الذي طالب بتأسيس (جيش شعبي) جديد، وذلك إيمانا منه أن مثل هذا الجيش سوف يكون أداة في أيادي دعاة الحرب أكثر من أن يصبح قوة تعزيزية للجيش النظامي. وغادر جوريه إلى بروكسل. في ٢٨ تموز ١٩١٤ بغية حث الاشتراكيين الألمان على إعلان الإضراب ضد التهيئة العسكرية للانضمام إلى الحرب. إلا أنه فشل في جهوده هذه. ولدى عودته اغتيل في (٣١ تموز ١٩١٤) على يد أحد المتعصبين للقومية الفرنسية.

جواهر لال نهرو (١٨٨٩م-١٩٦٤م)

كان ابن موتيلال وأول رئيس وزراء للهند، كان له تأثير استمر فترة طويلة على مؤسسات الوطن وطموحاته. أدى أيضا دورا رئيسا في الشؤون العالمية بوصفه أحد مؤسسي حركة عدم الانحياز.

ولد نهرو في مدينة الله أباد أرسله والده إلى هارو إحدى المدارس الإنجليزية البارزة ثم إلى جامعة كمبردج حيث نال درجة في العلوم، وعاد إلى الهند عام ١٩١٢م وشارك في النضال الوطني ضد الإنكليز، وفي عام ١٩٢٠م شارك في حركة العصيان المدني (عدم التعاون مع الإنكليز) وكانت هذه نقطة تحول في حياته من ناحيتين. فقد جعلته على اتصال بالمهاتما غاندي الذي ظل

على صلة وثيقة به طوال حياته، وأعطاه الخبرة المباشرة حول مستويات الفقر والفاقة الموجودة في الهند. ومنذ ذلك الوقت كرس حياته كلها للنضال الوطني. سجنه البريطانيون في مناسبات عديدة. رأس نهرو المؤتمر القومي الهندي في أعوام ١٩٢٩، ١٩٣٧، ١٩٤٦م وكذلك بعد الاستقلال.

أدى نهرو الدور الرئيس في مفاوضات الاستقلال وجاء اختياره بالإجماع رئيسا للوزراء عام ١٩٤٧م تولى المنصب دون منافسة خطيرة حتى وفاته عام ١٩٦٤م وقاد حزب المؤتمر إلى النصر في ثلاثة انتخابات عامة متتالية. وبأفكار نهرو تبنت الهند دستورا رفض الديانة في الأمور المدنية. وتبنى الديموقراطية البرلمانية. كما اقتنع أيضا بأن الهند يمكن أن تتقدم اقتصاديا بتبني التخطيط الذي يمكن من الاستخدام الأمثل للعمل الحديث والتقنية الحديثة. وقد أشرفت لجنة التخطيط التي أسسها على سلسة من الخطط الخمسية لمدة خمس سنوات، أنشئت خلالها صناعات الفولاذ الصناعات الثقيلة تحت سيطرة الدولة، وكان نهرو مصمما على تحويل الهند إلى بلد اشتراكي، لكنه أصر أيضا على أن يتحقق ذلك من خلال عملية ديموقراطية.

وعلى النطاق العالمي عمل نهرو مع الرئيس المصري جمال عبد الناصر ورئيس يوغسلافيا -سابقا- جوزيف بروزتيتو والرئيس الأندونيسي أحمد سوكارو لتأسيس حركة عدم الانحياز. كما أسس نهرو أيضا علاقات ودية مع الاتحاد السوفيتي (السابق). وقد أدت هذه الحركة إلى بعض العداء مع الولايات المتحدة تجاه الهند. وسارت هذه العداوة إلى الأسوأ بسبب انحياز الولايات المتحدة إلى جانب باكستان، وفي البداية كان نهرو ينشد الصداقة والتعاون مع الصين. لكن عملاقي آسيا أصبحا بالتدريج يتنافسان على زعامة آسيا، وتطورت

الخلافات على الحدود إلى حرب شاملة عام ١٩٦٢م انتهت الحرب بهزيمة الهند التي ألقت بظلالها على السنوات الأخيرة من حكم نهرو، وقد توفي بعد إضراب أيار ١٩٦٤م.

لم تدم كل أعمال نهرو وبصفة خاصة في المجال الاقتصادي، حيث اعتبرت الصناعات الكبيرة المملوكة للدولة عبئا على النمو، لكن أشد نقاده ضراوة يسلمون بأن الهند الحديثة مدينة لنهرو بحنكته وزعامته.

جودل، الفريد(١٨٩٠-١٩٤٦)

عسكري ألماني. ولد في بافاريا. وعندما بدأت الحرب العالمية الأولى كان جودل ضابطاً يحمل رتبة صغيرة. وقد عمل خلال الحرب في هيئات الأركان أكثر مما عمل في قيادة القوات المقاتلة. واستمر كذلك حتى بداية الحرب العالمية الثانية.حيث أصدر الفوهرر بتعيينه رئيساً لهيئة أركان حرب القوات المسلحة الألمانية. واشترك مع ويلهيلم كتيل بالتخطيط لعمليات الغرب الهجومية كلها. ولكنه لم يشترك في التخطيط لحملة روسيا. وذلك لأن هيئة الأركان العامة هي التي كلفت من قبل هتلر لتخطيط العملية متجاوزة جودل.

وفي عام١٩٤٤ تم ترفيع جودل إلى رتبة فريق أول. وكان جودل القائد الألماني الذي وقع اتفاقية استسلام القوات الألمانية للحلفاء في ريمس في ٧آيار ١٩٤٥ولكن القيادة السوفيتية لم تعترف بهذه الاتفاقية واعتبرها ستالين بروتوكولا أولياً. وأصر على أن يتم التوقيع في برلين ذاتها في مقر القيادة السوفيتية. وفي ٩آيار تم توقيع وثيقة استسلام ألمانيا. وكان يمثل ألمانيا كاتيل وفريديبورغ

وشتوميف. ولم يكن جودل بينهم. كان جودل خلال عمله كرئيس لهيئة أركان العمليات قد أصدر كثيراً من الأوامر التي تتناقض ومضمون القوانين الدولية.

فقدم إلى محكمة نورمبرغ العسكرية الخاصة بالنظر في جرائم الحرب. وقد أصدرت المحكمة حكمها على جودل بالموت شنقاً. ونفذ الحكم في يوم ١٦ تشرين الأول ١٩٤٦.

الرئيس جورباتشوف، ميخائيل

صار رئيسا للاتحاد السوفيتي (السابق) عام ١٩٨٥م. وكان يرأس حكومة البلاد الفيدرالية رئيسا لجمهوريات الاتحاد السوفيتي الاشتراكية (سابقا). وقد لفت النظر إليه بمحاولته إدخال تغيرات داخلية في بلاده، وفي علاقاتها مع الدول الأخرى.

ولد جورباتشوف في قرية برفولنوي بالقرب من مدينة ستافروبول ١٩٣١م لوالدين ريفيين يعملان في الزراعة. التحق بجامعة الدول في موسكو عام ١٩٥٠م وبالحزب الشيوعي عام ١٩٥٢م ثم تخرج عام ١٩٥٥م بدرجة في القانون، وبدأ عمله في تنظيم تابع للحزب الشيوعي في ستافروبول.

تدرج جورباتشوف في الوظائف حتى صار رئيسا للجنة الإقليمية للحزب الشيوعي في ستافروبول عام ١٩٧٠م ولفت انتباه بعض كبار القادة السوفييت بما فيهم يوري اندروبوف. وصار جورباتشوف عضوا في اللجنة المركزية للحزب الشيوعي عام ١٩٧١م وفي عام ١٩٧٨م تم استدعاه إلى موسكو وعين سكرتيرا للحزب للشؤون الزراعية.

في عام ١٩٨٠م نال العضوية الكاملة في المكتب السياسي، وهو الهيئة الرئيسة التي تضع سياسات الحزب الشيوعي السوفيتي، وفي عام ١٩٨٢م صار اندروبوف صديق جورباتشوف رئيسا للحزب الشيوعي. وكان رئيس الحزب في ذلك الوقت من أقوى القادة السوفييت. قام اندروبوف بترقية جورباتشوف، وعهد إليه بسياسة البلاد الاقتصادية. توفي اندروبوف عام ١٩٨٤م، وخلفه لوقت قصير قسطنطين شيرنينكو. وبعد وفاته في آذار عام ١٩٨٥م اختير جورباتشوف رئيسا للحزب.

تزامن اختيار جورباتشوف عام ١٩٨٥م أمينا عاما للحزب الشيوعي مع تزايد المخاوف من استفحال أزمة النقص في المواد الغذائية التي أعلن عن بداياتها عام ١٩٨٠م، واستمرت مع تطبيق خطة زراعية جديدة من ١٩٨٢م وحتى ١٩٩٠م. كان هدفها الحد من استيراد الحبوب ولا سيما القمح من الولايات المتحدة. وعلى الرغم من لقاء جورباتشوف أربع مرات عام ١٩٨٧م مع الرئيس الأميركي رونالدريغان. وانتهاجه خطة إصلاحيات جذرية وإطلاقه الحريات ونشر الديموقراطية بتطبيق سياسة الانفتاح وإعادة البناء فقد أخفق جورباتشوف في تحقيق أهدافه.

وواجه معارضة شديدة من بعض دول الكتلة الشرقية وأكثر أنصار الشيوعية محافظة داخل الاتحاد السوفيتي (السابق)، مع هذا فقد عقدت جلسة للبرلمان السوفيتي في عام ١٩٨٩م لأول مرة منذ عام ١٩١٨م كانت نتائجها في صالحه، إلا أنه واجه في عام ١٩٩٠م مشكلات اقتصادية حادة واضطرابات عرقية وقومية في الجمهوريات. زادت في حدة المصاعب الاقتصادية التي لم

يعرف الاتحاد مثيلاتها من الحرب العالمية الثانية وأدت إلى ازدياد النقمة على جورباتشوف من اليمين واليسار على حد سواء.

وفي ١٩ آب عام ١٩٩١م عاشت البلاد انقلابا عسكريا تسلم فيه نائب الرئيس السلطة وعزيت هذه التدابير الاستثنائية إلى مرض جورباتشوف في منتجعه الصحي في القفقاس في الوقت الذي كان فيه جورباتشوف يستجم في القرم. وأعلن الانقلابيون تأليف حكومة خلاص لمدة ستة أشهر. لكن رئيس جمهورية روسيا الاتحادية بوريس يلتسن شجب الانقلاب وقاومه علانية ودعا إلى إضراب عام دعمه نحو ٥٠.٠٠٠ متظاهر أمام البرلمان الروسي ونجح في مساعيه فاستسلم الانقلابيون بعد ثلاثة أيام وأعيد جورباتشوف رئيسا للدولة. وفي ٢٤ آب عام ١٩٩١م استقال جورباتشوف من رئاسة الحزب الشيوعي وأوصى بحل اللجنة المركزية للحزب. وأعلنت جمهوريات الاتحاد السابقة استقلالها عن الاتحاد في شهري آب وأيلول من العام نفسه عدا تركمستان التي أعلنت استقلالها في ٢٧ تشرين الأول ١٩٩١م.

وجاءت الضربة القاصمة للحزب الشيوعي السوفيتي في ٢٩ آب ١٩٩١م حين صوت البرلمان السوفيتي على إيقاف جميع نشاطات الحزب وإغلاق مكاتبه. وبذل جورباتشوف محاولة لإحلال اتحاد سوفيتي جديد محل الاتحاد المنهار. فأعلن في الثاني من أيلول ١٩٩١م أن الأمة على شفير كارثة واقترح نقل جميع السلطات المركزية إليه وإلى رؤساء الجمهوريات العشر- ومجلس تشريعي معين. ولكنه أخفق في مسعاه مرة أخرى وأقصى عن مناصبه كلها. وآل الأمر إلى تفكك الاتحاد السوفيتي تماما وحل الحزب الشيوعي. ونشأت في مقابل ذلك ١٥ جمهورية مستقلة وعدد من الجمهوريات

الصغيرة التي أعلنت استقلالها في شمالي القفقاس وما وراء القفقاس. وأعلـن جورباتشوف بنفسه نهاية الاتحاد في خطاب تاريخي وجهه إلى شعوب الاتحـاد السوفيتي في نهاية عام ١٩٩١م.

غادر جورباتشوف روسيا (إذ لم يعد هناك اتحاد سوفيتي) وأخذ ينتقـل في العواصـم الغربيـة التي هللت وأسبغت عليه الألقاب والهدايا وعينته محاضرا في السياسـة والفكـر السياسي في جامعاتها وكاتبا في صحفها.

وآخر مهمة له في الغرب تسميته رئيسا للصليب الأخضر الدولي الذي أعلـن الصـليب الأحمـر الدولي من جنيف أنه تأسس بشكل رسمي في ٢٠ نيسان ١٩٩٣م. وأنه منظمـة عالميـة للتـدخل في حال الكوارث البيئوية. وإن رئيس الاتحاد السوفيتي السـابق ميخائيـل جورباتشوف هـو أول رئيس لـه، وتهدف المنظمة الجديدة إلى إقامة مراكز إغاثة وإرسال فرق للتدخل السريع (القبعات الخضر) في حال حدوث كوارث بيئية واختيرت جنيف مقرا لها.

جورج، الثالث (١٧٣٨م-١٨٢٠م)

أكبر أبناء الأمير فريدريك أمير ويلز. خلف جده جورج الثاني على العرش في عام ١٧٦٠.وكان لم يزل في الثانية والعشرين من عمره. وحاول فرض مبدأ السلطة الملكية. واعتمد على أصدقائه لإضفاء صفات مثالية على عهده الملكي. وحظي الملك جورج الثالث بشعبية واسعة في المقاطعات والمناطق الريفية البريطانية. إلا أنه عومل بازدراء في مجتمعات لندن ونتيجة لعناده تمكن من الاحتفاظ باللورد نورث إلى جانبه في الحكم (كان اللورد نـورث رئيساً للوزراء منذ ١٧٧٠وحتى١٧٨٢) وذلك لاعتقاده بأن اللورد

نورث وحده هو القادر على انقاذ الدستور الملكي من تأثير نجاح الثوار في هرم السلطة الإمبراطورية البريطانية في أمريكا.

اعتقد الأطباء الخاصين بعلاج الملك جورج الثالث أنه يعاني من نوبات جنون إذ وقع الملك ضحية لنوبة من الكآبة في شهر آذار عام١٧٦٥. وضحية لنوبة أطول من الاضطراب العقلي في شتاء ١٧٨٨-١٧٨٩. كما تعرض لانهيار عصبي تام منذ الأسابيع الأخيرة من عام ١٨١٠ واستمر هذا الحال حتى وفاته في قصر وندسور في كانون الثاني ١٨٢٠. أما ابنه (الذي اعتلى العرش لاحقا وعرف باسم الملك جورج الرابع) فقد مارس سلطاته وتولى الوصاية على العرش منذ ٥شباط ١٨١١وحتى وفاة والده.

جورج الخامس (١٨٦٥م-١٩٣٦م)

الابن الثاني للملك ادوارد السابع. التحق بالقوة البحرية منذ عام ١٨٧٧ وحتى ١٨٩٢. حينما جعلته وفاة أخيه دوق كلارنيس الثاني في التسلسل لاعتلاء عرش بريطانيا. واشتهر عهد جورج الخامس بازدياد تمسك الشعب بالملكية. ولم يتدخل جورج الخامس في الأمور السياسية إلا باقتراح من مستشاريه الدستورين وقد حدث ذلك بضع مرات كانت تدخله في قانون البرلمان عام ١٩١١. والأزمة الإيرلندية عام١٩١٤ وحول قضية احتلال بولدوين لمنصب رئيس الوزراء عام١٩٢٣ وفي قضية تشكيل الحكومة الوطنيةعام١٩٣١. كما عرف بأنه ملك بريطانيا الوحيد الذي قام بزيارة رسمية إلى مستعمراته بعد اعتلائه العرش.

جورج السادس (١٨٩٥م-١٩٥٢م)

الابن الثاني للملك جورج الخامس. اعتلى عرش بريطانيا لدى تنازل أخيـه ادوارد الثـامن عـن العرش. التحق بالقوة البحرية للفترة ما بين١٩٠٩-١٩١٦ واشترك في معركة جوتلانـد. ثم التحق بـالقوة الجوية حيث بقي ثلاثة أعوام وقضى عاما في كامبردج. وعرف جورج السادس باهتمامه الشديد بكيفية تطوير الرعاية الاجتماعية في بلده مع التركيز على رعاية الشباب من الطبقـات الاجتماعيـة كافة ولدى اعتلائه العرش (١٩٣٦) عرف بتعاليه على الأمور السياسية على نحو فاق ابتعاد والده عنها. زار الولايات المتحدة الأمريكية في عام ١٩٣٩ فكان أول ملك بريطاني يزورها.

جوسبان ليونيل(١٩٣٧م-   )

سياسي ورجل دولة فرنسي. ولد في ليونيل جوسبان في مورون وكان والده روبير أستاذا للأدب. وذا ميول يسارية نقلها إلى ابنه الذي انضم إلى اليسار من موقع مناهضته للحرب الجزائرية. فانخرط عضواً في (اتحاد اليسار الاشتراكي) وهي مجموعة ضمت عدداً من المتعصبين اليساريين وبعد تخرجه من المدرسة الوطنية للإدارة (ENA) التحق في عام ١٩٦٥ بوزارة الخارجية حيث تولى منصب مستشار. ومـا لبث أن تخلى عنه في عام (١٩٧٠م) مفضلاً التعليم الجامعي في كلية التكنولوجيا في كاشان.

أتاح له عمله في الخارجية التعرف إلى وزير الـدفاع آنـذاك بيـر جـوكس الـذي لعـب دوراً في انتسابه إلى الحزب الاشتراكي عام١٩٧١. وفي عـام ١٩٧٩ غـداة مـؤتمر الحـزب الاشـتراكي في مدينـة مينـز. أصبح جوسبان الرجل

الثاني الأمين العام لرغبة ميتران في التفرغ لحملته الرئاسية وأخذ هـذا الأخـير يشرك جوسبان في كـل قراراته الحزبية والسياسية. لكن هذه العلاقة بين ميتران (الـذي أصبح رئيساً للجمهورية) وجوسبان أخذت تتراجع منذ عام ١٩٨٦ على أثر النزاع الـذي حصـل بـين جوسبان ولـوران فابيوس حـول قيادة الحملة الانتخابية التي سبقت فوز ميتران بولاية ثانية (١٩٨٨) وقد حسم ميتران هـذا النزاع لمصلحة فابيوس. وظلت علاقته بجوسبان تتسم بالتباعد على رغم الجهود التي بذلها هذا الأخير في إعادة جذب انتباه الرئيس إليه من خلال أدائه الجيد لدى توليه منصب وزير التعليم (١٩٨٩). وتحولت العلاقة عداء واضحا خلال المؤتمر الذي عقده الحزب الاشتراكي في رين عنـدما أقـدم جوسبان عـلى خيار كـان يعرف تماما أنه يكرس القطيعة بينه وبين ميتران. إذ قرر مساندة روكـار في المواجهـة التـي دارت بينـه وبين فابيوس بشأن السيطرة على الحزب.

وعلى الرغم من عودته لتولي منصب وزير التعليم في حكومة ايديث كريسون. أدرك ليونيـل جوسبان أن عدم رضا ميتران عنه يفـرض عليـه تهميشـا قسريـاً. توجت بخسارته مقعده النيابي في الانتخابات التشريعية في آذار ١٩٩٣. فاختار جوسبان بعد ذلك الانكفاء، الاستقالة من منصبه في المكتب التنفيذي للحزب ومن لجنته الإدارية. و قبيل الانتخابات الرئاسية (١٩٩٥) عـاد جوسبان إلى الحيـاة الحزبية والسياسية. وخاض معركة الرئاسة (١٩٩٥) لكنه فشـل فيهـا أمـام جـاك شيراك. لكـن نجاحه ونجاح حزبه الاشتراكي في الانتخابات النيابية (١٩٩٧) كلف على أساسها في تشكيل الحكومة.

جوكوف غريغوري (١٨٩٦م-١٩٧٤م)

عسكري وسياسي سوفيتي. انضم إلى الحزب الشيوعي في عام (١٩١٩). لمع اسمه كأعظم القادة العسكريين السوفيت أثناء الحرب العالمية الثانية. فعندما اجتاحت القوات النازية حدود الاتحاد السوفيتي (السابق) في ٢٢حزيران ١٩٤١ كلف ستالين جوكوف بالتوجه إلى الجبهة الجنوبية الغربية كممثل عن هيئة القيادة العامة. واستمرت القوات الألمانية في تقدمها واستطاع جوكوف أن يعدل أوضاع القوات. ويقود بنجاح بعض العمليات التي ساعدت على إعاقة تقدم القوات النازية. وفي ٩أيلول كانت القوات النازية قد أحاطت بلينينغراد. فاستدعى ستالين جوكوف وكلفه بقيادة جبهة لينينغراد وفي ١٠أيلول كان جوكوف قد بدأ عمله في قلب المدينة المحاصرة واستطاع إعطاء المعركة زخما جديدا وذلك بإعادة تنظيم المواقع القتالية وتنسيق التعاون بين القوات. وفي ٥تشرين الأول تم تكليف جوكوف بقيادة الجبهة الغربية واستطاع معالجة نقاط الضعف فيها. كما أسهم بدور كبير في الدفاع عن موسكو.

وخلال فصل الشتاء ١٩٤٢-١٩٤٣ تبدل الموقف العسكري لصالح الاتحاد السوفيتي (السابق) وبدأ الإعداد للهجوم المضاد الكبير. وكان جوكوف واحدا من الذين اعتمدهم ستالين لقيادة الأعمال الهجومية حتى الوصول إلى برلين وتدمير آخر معاقل المقاومة الألمانية فيها. ثم كلف جوكوف بإجراء مفاوضات الصلح حيث كان ممثلا للاتحاد السوفيتي (السابق) في مجلس الإشراف على إدارة ألمانيا في مؤتمر بوتسدام الذي عقد في ٥حزيران ١٩٤٥. وفي عام ١٩٥٥أصبح جوكوف وزير الدفاع. وبقي في منصبه حتى عام١٩٥٧.وعكف في الفترة الأخيرة على كتابة مذكراته. وتوفي في عام١٩٧٤.

جونسون اندرو(١٨٠٨م-١٨٧٥م)

رئيس الولايات المتحدة الأمريكية. ولد في نورث كارولاينا ١٨٠٨م وساهم في تحديد سياسة ولاية تينيسي من خلال موقعه عضواً في الحزب الديمقراطي ما بين (١٨٣٥م-١٨٥٧م) ثم أصبح حاكماً للفترة ما بين (١٨٥٣م-١٨٥٧م) وحينذاك انتخب إلى عضوية مجلس الشيوخ. وخلال الحرب الأهلية كان جونسون عضو مجلس الشيوخ الجنوبي الوحيد الذي أيد لنكولن مما ساهم في ترشيحه عن الحزب الجمهوري الاتحادي إلى منصب نائب رئيس الولايات المتحدة عام ١٨٦٤.

وبعد وفاة لنكولن ١٨٦٥م أصبح جونسون رئيسا للولايات المتحدة إلا أنه تراجع عن الاستمرار في السياسة التوفيقية التي جهد لنكولن لتطبيقها. ورغم استعماله حقه في الفيتو، وافق أعضاء الحزب الجمهوري من الراديكالين على تطبيق قرار إعادة التنظيم عام ١٨٦٧م الذي بموجبه منح حق الزنج الاقتراع وسحب حق التصويت من الكونفدراليين السابقين. كما صادقوا على قرار تثبيت مدة الرئاسة في آذار ١٨٦٧م وبموجب هذا القانون منع رؤساء الجمهورية من إعفاء كبار المسؤولين التنفيذيين من مناصبهم دون استحصال موافقة من مجلس الشيوخ. وعد جونسون ذلك تدخلا في امتيازاته باعتباره رئيسا للدولة وبغية التجربة قام بإعفاء وزير الحربية ستانتون من منصبه، وهكذا استخدم مجلس النواب الحق الدستوري باتهام رئيس الدولة بالتقصير، وذلك في مجلس الشيوخ. وفي ١٦ أيار ١٨٦٨م كانت نتيجة تصويت أعضاء مجلس الشيوخ بخصوص هذه القضية هي ٣٥ صوت نادى بالإدانة و١٩ بالتبرئة، وحفظت القضية نظرا لعدم استكمال العدد المطلوب من الأصوات، وهو أغلبية ثلثي أصوات الأعضاء.

الرئيس جونسون، ليندون بينز (١٩٠٨م-١٩٧٣م)

رئيس الولايات المتحدة في الفترة ما بين عامي ١٩٦٣م و١٩٦٩م انتخب نائبا للرئيس عـام ١٩٦٠م وأصبح رئيسا في عام ١٩٦٣م بعد اغتيال الرئيس جون كنيدي. ثم انتخب جونسون رئيسا لفترة كاملة عام ١٩٦٤م.

ولد جونسون بالقرب من ستونوول بتكساس، وتخرج في الجامعة عـام ١٩٣٠م وذهـب عـام ١٩٣١م إلى واشنطن (العاصمة) وعمل سكرتير بـالكونكرس ثـم انتخـب لمجلس النواب الأمريكي عـام ١٩٣٧م. خدم جونسون في البحرية الأمريكية قائدا برتبة ملازم خلال الفترة من عام ١٩٤١-١٩٤٢م.

انتخب أيضا لمجلس الشيوخ الأمريكي عام ١٩٤٨م وبعـد سـيطرة الحـزب الـديموقراطي علـى مجلس الشيوخ والنواب. عام ١٩٥٤م أصبح جونسون زعيم الأغلبية في السنة التالية. كان جونسون في منصبه هذا كثيرا ما يوفق بين الديموقراطيين والجمهوريين بالتخطيط الذكي والمقدرة على الإقناع. وعرف ذلك بمعاهدة إل.بي.جي.

تقدم جونسون للترشيح الرئاسي للحزب الـديموقراطي عـام ١٩٦٠م لكـن الحـزب رشـح جـون كنيدي وقبل جونسون دعوة كنيدي لمنصب نائب الرئيس وهزم الـديموقراطيون مرشح الجمهوريين ريتشارد نيكسون في انتخابات بفارق ضئيل. كان لجونسون دورا أكثر فعالية في الحكومة مـن أي نائـب رئيس سابق. وكان كنيدي يرسل جونسون كثيرا بوصفه ممثلا خاصا له إلى أماكن الاضطرابات في العالم في الحرب الباردة.

اغتيل كنيدي في عام ١٩٦٣م في دالاس بتكساس ثم نصب جونسون رئيسا، واقترح برنامجا لإيجاد وظائف جديدة وبناء الاقتصاد، وافق الكونغرس

على البرنامج ووقع جونسون في عام ١٩٦٤م على قانون حقوق مدنية سمح فيه للسود بكل المهن التي تخدم الجمهور وفتح فرص متساوية للوظائف. استمر جونسون في سياسة الولايات المتحدة الخاصة بمساعدة فيتنام الجنوبية في حربها ضد الفيتكونج وهي قوات حرب عصابات تدعمها الحكومة الشيوعية في فيتنام الشمالية.

فاز جونسون بسهولة بفترة رئاسية كاملة، وفاز على منافسه الجمهوري باري إم جولد وتر بأغلبية كبيرة. وأصبح اتساع حرب فيتنام مشكلة جونسون الرئيسة فقد أمر جونسون بدخول أول قوات أمريكية مقاتلة إلى فيتنام الجنوبية. وبحلول عام ١٩٦٨م أصبح للولايات المتحدة بفيتنام الجنوبية أكثر من ٥٠٠.٠٠٠ جندي، وأصبح كثير من الأمريكيين يشكون في ادعاءات مسؤولي الإدارة الأمريكية عن سير الحرب وهبطت شعبية جونسون الشخصية.

أعلن جونسون في ٣١ آذار عام ١٩٦٨م أنه لن يرشح نفسه لفترة انتخابات جديدة، وأوقف الضرب بالقنابل وهجمات الولايات المتحدة الأخرى ضد أراضي فيتنام الشمالية، وأدى ذلك إلى محادثات سلام بين حكومة الولايات المتحدة وفيتنام الشمالية وفيتنام الجنوبية ووفد من الفيتكونج عام ١٩٦٨م.

بعد نهاية فترة رئاسته في عام ١٩٦٩م اعتزل جونسون الحياة السياسية ومكث في مزرعته بتكساس، توفي عام ١٩٧٣م.

الرئيس جيسكار ديستان، فاليري

رئيس فرنسا (١٩٧٤م-١٩٨١م)، ولد في كوبلتس عام ١٩٢٦م في عائلة من الطبقة البورجوازية العليا. درس في كلية البوليتكنيك العالية وفي المعهد

الوطني للإدارة، وهو معهد عال يخرج كبار موظفي الدولة. عين مفتشا للمالية ١٩٥٤م ثم مدير مساعدا في مكتب رئيس الحكومة إدغار فور في السنة نفسها. انتخب نائبا في عام ١٩٥٦م عن دائرة بوي دور دوم. وهي الدائرة التي كان يمثلها جده لأمه جاك باردو. في ١٩٥٩م اختير سكرتيرا لوزارة المالية في حكومة بيناي ثم وزيرا للمالية في حكومتي دويريه وبومبيدو في عهد ديغول.

كان على رأس (الجمهوريين المستقلين) المتحالفين مع الأغلبية الديغولية في انتخابات ١٩٦٢م النيابية. ترك مهامه الوزارية في كانون الأول ١٩٦٥م ليتفرغ العمل على تقوية حزبه والابتعاد به شيئا فشيئا عن الديغولية حتى أنه اقترع ب (لا) في الاستفتاء العام الذي جرى في نيسان ١٩٦٩م والذي تخلى ديغول على أثره عن الرئاسة.

وفي حزيران ١٩٦٩م عين وزيرا للمالية والاقتصاد في أول حكومة شكلت بعد انتخاب جورج بومبيدو رئيسا للجمهورية. رشح نفسه لانتخابات رئاسة الجمهورية في نيسان ١٩٧٤م، فنال في الدورة الأولى ٣٣% من مجموع الأصوات، مقابل ٤٣.٣% نالها فرنسوا متيران و ١٤.٥% نالها جاك شابان دلما. وفاز بالدورة الثانية بـ ٥٠.٨% مقابل ٤٩.٢% لمنافسة فرنسوا متيران. وكان شعاره الأساسي في المعركة الانتخابية (التغيير في الحكم بلا مخاطرة).

بدأ ولايته بتكليف جاك شيراك تشكيل أول حكومة، وكان أول مظهر لسياسته الخارجية اجتماعه بالرئيس الأميركي جيرالد فورد في جزر المارتينيك. واستطاع ديستان خلاله أن ينتزع موافقة فورد على عقد اجتماع بين الدول المنتجة للنفط والدول المستهلكة له لبحث أزمة الطاقة، ثم كان بعد هذا لقاؤه بالرئيس المصري أنور السادات الذي كان أول لقاء في نوعه في تاريخ فرنسا

المعاصر والذي أسفر عن اعتراف فرنسا بحقوق شعب فلسطين كاساس لأية تسوية بين العرب والكيان الصهيوني. ثم سرعان ما اصطدم بالديفولين، ما دفع شيراك إلى الاستقالة ولكن دون الوصول إلى القطيعة النهائية معه.

انتهج فاليري جيسكار ديستان سياسة أوروبية نشطة من خلال تحالفه الوثيق مع ألمانيا الاتحادية (الغربية) وعمل على تقوية الروابط السياسية والاقتصادية مع الولايات المتحدة. وتبنى السياسة الأطلسية الذي كان ديغول قد تخلى عنها، وسلك إزاء القارة الأفريقية سياسة استعمارية. وحافظ في الصراع العربي مع الكيان الصهيوني، على الخط الديغولي، إلا أن علاقاته بالجزائر وليبيا قد تدهورت بسبب الصراع حول الصحراء الغربية وتشاد.

أبرز المناصب التي تولاها ديستان بعد انتهاء ولايته كان ترؤسه لجنة العلاقات الخارجية في الجمعية الوطنية الفرنسية. أما جهوده التي بذلها لتحويل حزبه حزب (الاتحاد من أجل الديموقراطية الفرنسية) إلى قوة وسط فاعلة وحقيقية فقد أصيب بفشل مزدوج فهي من ناحية لم تحل دون إلحاق هذا الحزب التام بحزب (التجمع من أجل الجمهورية) الذي يتزعمه جاك شيراك. كما أنها من ناحية ثانية لم يؤمن فوز مرشحه الان مادلين لرئاسة حزب (الاتحاد من أجل الديموقراطية الفرنسية) وفضل مندوبو الحزب في مؤتمر ليون (أوائل نيسان ١٩٩٦) اختيار فرنسوا ليونار، فكانت نهاية ديستان السياسية على يد الحزب الذي أسسه هو نفسه وترأسه حتى نيسان ١٩٩٦م.

جيفرسون، توماس (١٧٤٣م-١٨٢٦م)

رئيس الولايات المتحدة الأمريكية للفترة (١٨٠١م-١٨٠٩م)، ولد في فيرجينيا، درس القانون ثم أصبح مبعوثاً على الولايات المتحدة إلى الكونغرس القاري (أي المستعمرات التي تشكلت منها فيما بعد الولايات المتحدة الأمريكية)، وضع جيفرسون مسودة إعلان الاستقلال ١٧٧٦م، وفي الكونغرس (١٧٨٣م-١٧٨٤م) كلف جيفرسون بشؤون المعدات الحربية البرية، ونجح في استخدام النظام النقدي العشري، وأصبح سفيراً للولايات المتحدة في باريس للفترة (١٧٨٥م-١٧٨٩م) شهد خلالها المراحل الأولى من الثورة الفرنسية حيث أصبح خلالها مستشاراً حول موضوع وضع مسودة إعلان حقوق الإنسان، وعاد إلى أمريكا حيث أصبح وزيراً للدولة ١٧٨٩م، وبقي في منصبه هذا حتى عام ١٧٩٣م، ثم استقال تعبيرا عن احتجاجه على محاولات هاملتون لفرض نظام المركزية.

وفي عهد ادامز (١٧٩٧م-١٨٠١م) احتل جيفرسون منصب نائب رئيس الولايات المتحدة الأمريكية، وعند ذلك استمر في محاولاته لإقناع الحكومة المركزية بالتنازل عن السلطة للسلطات المحلية، كما اقترح عام ١٧٩٨م بأن يكون للولاية حق إلغاء القوانين الفدرالية، وتعادلت نسبة الأصوات التي حصل عليها جيفرسون في الانتخابات الرئاسية عام ١٨٠٠م مع تلك التي حصل عليها ارون بار ونجح في الوصول إلى منصب الرئاسة بمساندة هاملتون من خلال مجلس النواب، وأصبح جيفرسون رئيساً للولايات المتحدة للفترة ما بين (١٨٠١م-١٨٠٩م)، وعرف عهده بالاقتصاد الداخلي بعد صفقة لويزيانا، كما عرف بالإجراءات التشبثية على حياد أمريكا، وبعد تقاعده أسس جيفرسون

جامعة فيرجينيا ١٨١٩م، كما شجع على تبني الطراز الكلاسيكي الحديث في فـن العـمارة في الولايـات الجنوبية كافة.

الرئيس حافظ الأسد (١٩٣٠م-٢٠٠٠م)

رئيس الجمهورية العربية السورية والأمين العـام لحـزب البعـث العـربي الاشتراكي منـذ عـام ١٩٧١م. رجل دولة بارز وسياسي محنك، قاد الحركة التصحيحية في الحزب والدولة لـيرسي في تـاريخ سوريا الحديث دعائم عهد من الاستقرار والنهضة السياسية والاقتصادية والاجتماعية والثقافية بعـد أن كانت الفوضى والانقلابات العسكرية تعصف بالبلاد منذ استقلالها في عام ١٩٤٥م.

ولد حافظ الأسد في السادس من تشرين الأول عام ١٩٣٠م في بلدة (القرداحة) ويعـود أصـل لقب الأسرة (الأسد) إلى جده سليمان الـذي عـرف بجرأته وقوتـه البدنيـة. فأطلق عليـه أقرانـه لقـب (الأسد) وفي القرداحة درس المرحلة الابتدائية ثـم تابع تعليمـه الإعـدادي والثانوي في اللاذقيـة. وكـان حافظ الأسد ينوي دراسة الطب والتخصص فيه بعد حصوله على الثانوية العامة. لكنه عدل عـن ذلـك وتطوع منتسبا إلى الكلية العسكرية عام ١٩٥٢م، ثم اختار التخصص في الطيران فالتحق بعد ثلاثة أشهر بالكلية الجوية في حلب ليكون من دورة الطيارين الأولى التي تخرجت في سوريا بعد الاستقلال، وتخرج طيارا مقاتلا برتبة ملازم في مطلع عام ١٩٥٥م، وكان الأول في دورته.

وفي العام ١٩٥٥م نفسه أوفد الأسد في بعثه عسكرية دراسية إلى مصر للتدريب على الطيران النفاث، ورفع إلى رتبة ملازم أول طيار في مطلع تموز ١٩٥٦م وفي مطلع عـام ١٩٥٨م أوفد الملازم الأول الطيار حافظ

الأسد إلى الاتحاد السوفيتي (السابق) لاتباع دورة طيران ليلي، ثم رفع إلى رتبة نقيب طيار في الأول من كانون الثاني عام ١٩٥٩م.

وفي ظل الوحدة بين سوريا ومصر (الجمهورية العربية المتحدة) أوفد حافظ الأسد مرة أخرى إلى مصر في آذار ١٩٥٩م لإتباع دورة قائد سرب. وفي تشرين الأول من العام نفسه ندب مع سرب للطيران الليلي إلى القاهرة. وبعد واقعة انفصال سورية عن مصر في ٢٨ أيلول ١٩٦١م فرضت عليه السلطات المصرية الإقامة الجبرية، ثم زج في السجن هناك.

وبعد عودته إلى سوريه أبعد عن القوات المسلحة بقرار من حكومة الانفصال في ١٩٦١/١٢/٢م بسبب موافقة المناهضة له والمدافعة عن الوحدة. ونقل إلى إحدى الوزارات لكنه لم يلتحق بالعمل فعليا. وفي آذار ١٩٦٢م شارك في حركة الضباط الأحرار التي انطلقوا بها من مدينة حلب لإنهاء حكم الانفصال. وحين أخفقت هذه الحركة توجه الأسد إلى لبنان حيث ألقي القبض عليه وسلم إلى السلطات السورية التي زجت به مع عدد من رفاقه في سجن (المزة) بدمشق.

وبعد خروجه من السجن تابع مع رفاقه من الضباط في اللجنة العسكرية الإعداد لثورة الثامن من آذار، وبنجاحها عاد الأسد إلى القوات المسلحة برتبة رائد جوي. وتقديرا لدوره الكبير في الإعداد للثورة وإنجاحها عين عضوا في المجلس الوطني لقيادة الثورة. كما عين قائدا للواء الجوي السابع. فقائدا لقاعدة عمر صغر الجوية.

وفي عام ١٩٦٤م حصل على شهادة دورة أركان طيران وانتخب في مؤتمرات الحزب عضوا في القيادة القطرية ثم عضوا في القيادة القومية للحزب.

وفي الثاني من كانون الأول عام ١٩٦٤م رفع إلى رتبة لواء جوي وعين قائدا للقوى الجوية والدفاع الجوي.

كانت ثورة الثامن من آذار ١٩٦٣م وقيادتها في حاجة إلى خبرة كافية. لذا فإن هذه التجربة أسفرت في البداية عن بعض الخلافات في وجهات النظر داخل الحزب. واتسعت هذه الخلافات تبعا للتفاوت العقلي والموضوعي بين الحزبين اللذين كان قسم منهم يمثل القيادة المتطرفة واليسار المتسرع. وكان حافظ الأسد يتابع بوادر تلك الأزمة، ويحاول تجنب البلاد عواقبها بالاحتكام إلى الحوار الموضوعي في المؤسسة الحزبية. إلى أن حسمت حركة ٢٣ شباط ١٩٦٦م تلك الخلافات. فوضعت سورية الحزب على الطريق السليم. وفي هذا التاريخ عين الأسد وزيرا للدفاع، ومن موقعه هذا سعى إلى تعزيز بناء القدرة العسكرية للقوات المسلحة السورية وتحديثها والتوجه إلى إعادة الوحدة مع مصر وترسيخ العلاقات مع الدول العربية الأخرى.

وفي الخامس من حزيران ١٩٦٧م شن الكيان الصهيوني عدوانه المباغت على سورية ومصر والأردن واحتلوا أراضٍ من الدول الثلاث. وكان من آثار هذا العدوان اشتداد الخلافات في القيادة الحزبية مما جعل الأسد موزعا بين حل الخلافات في الحزب. وبين السعي الحثيث لإزالة العدوان وتحرير ما احتل من الأراضي السورية بالأساليب السياسية في إطار المنظمات الدولية ومؤسساتها القانونية وبحرب الاستنزاف التي استمرت على الجبهة السورية عدة أشهر.

وفي الأوائل من تموز عام ١٩٦٨م رفع اللواء الجوي حافظ الأسد إلى رتبة الفريق الجوي، بدا مجددا العمل على إنجاز كل ما خطط له كوزير للدفاع.

وفي السادس عشر من تشرين الثاني عام ١٩٧٠م قاد حافظ الأسد الحركة التصحيحية ليضع حدا للخلافات التي وصلت إلى طريق مسدود ووضعت القيادة الحزبية والحزب في مأزق خطير.

وفي الواحد والعشرين من تشرين الثاني عام ١٩٧٠م تولى حافظ الأسد رئاسة مجلس الوزراء. بعدها انتخب رئيسا للجمهورية العربية السورية في الاستفتاء الشعبي العام الذي جرى في الثاني عشر من آذار ١٩٧١م. كما انتخب أمينا قطريا لحزب البعث العربي الاشتراكي في المؤتمر القطري الخامس يوم الرابع عشر من أيار ١٩٧١م. كما أعيد انتخابه رئيسا للجمهورية في الثاني عشر من آذار ١٩٧٨م وفي الثاني عشر من آذار ١٩٨٥م ثم في الثاني عشر من آذار ١٩٩٢م وفي الثاني عشر من آذار ١٩٩٩م.

أدرك الرئيس الأسد بتجربته الطويلة وبتحليله السياسي عوامل القوة والضعف في الوطن العربي. وخلص إلى أن (سبيل العرب إلى قوتهم ترتكز على وحدتهم). وبدا الأسد محاولة وضع شعار الوحدة موضع التنفيذ سواء في تجارب وحدوية أو في صيغة التضامن العربي التي ابتدأ بإزالة عوامل التوتر والقطيعة. وتنتهي بشكل عال من أشكال التنسيق). وكانت الخطوة الأولى عمليا في ظل قيادته الشروع بإخراج سوريا من عزلتها بتوقيع الاتفاقية العسكرية بين سوريا ومصر في ٢٦ تشرين الثاني عام ١٩٧٠م، أي بعد أيام قلائل من قيام الحركة التصحيحة. ثم المشاركة في إقامة اتحاد الجمهوريات العربية مع مصر وليبيا.

وكانت حرب تشرين بقيادته عام ١٩٧٣م التحقيق العملي لهذا التضامن العربي، ونقطة تحول من مسار تاريخ الصراع العربي الصهيوني والخطوة

المهمة في الانتقال بوعي الجماهير العربية من حال الإحباط والتشتت إلى حال التماسك واستعادة الثقة بالذات العربية.

عمل الرئيس الأسد على بناء علاقات متينة بعدد من الدول الصديقة وفي مقدمتها الاتحاد السوفيتي (سابقا) الدول التي استقلت عنه، وكذلك بعدد من دول شرقي أوروبا، ودول أخرى في قارات أوروبا وأفريقيا وآسيا وأمريكا. واتسع بأفق العلاقات بالدول النامية في القارات الثلاث الأخيرة ولا سيما الدول الداعمة للحق العربي للأمة العربية في المنظمات الدولية والإقليمية ومنظمة المؤتمر الإسلامي. وأسهم إسهاما فعالا في حركة دول عدم الانحياز وتنشيط فاعليتها في العلاقات الدولية. وسعى إلى الإفادة من هذه العلاقات في نصرة القضايا القومية، وفي صدارتها القضية الفلسطينية التي تمثل جوهر الصراع العربي الصهيوني.

وسعى الرئيس الأسد إلى الإسهام في ترسيخ الأمن والسلام في المجتمع الدولي وبذل كل جهد ممكن لاحتواء الأزمات والصراعات الإقليمية والدولية. ولدعم حركات التحرر. ومن هنا جاءت مبادرته في اليونان عام ١٩٨٦م لعقد مؤتمر دولي لوضع تعريف للإرهاب الإجرامي وإرهاب الدول. والتفريق بينه وبين النضال الوطني من أجل التحرر من المعتدي. ودعا إلى الحد من سباق التسلح ونزع أسلحة الدمار الشامل. ولبناء نظام اقتصادي دولي يقوم على المنفعة المشتركة والمصالح المتوازية، وينهي مظاهر الهيمنة على الدول والشعوب.

توفي حافظ الأسد في دمشق في العاشر من حزيران عام ٢٠٠٠م وشيع جثمانه في موكب مهيب احتشد حوله الشعب السوري وحضره لفيف غفير من زعماء العالم. ودفن في القرداحه مسقط رأسه.

الرئيس الحبيب بو رقيبه

أول رئيس للجمهورية التونسية منذ الاستقلال وحتى بدء ولاية الرئيس الحالي زين العابدين بن علي الذي عزله في تشرين الثاني ١٩٨٧م. رغم أن بورقيبه كان قد انتخب رئيسا لمدى الحياة في عام ١٩٧٤م.

ولد في مدينة موناستير (المنستير) في عائلة متواضعة، فسجل رسميا أنه ولد في ١٩٠٣م لكن ثمة من يؤكد من معارفه أنه ولد قبل هذا التاريخ. تلقى العلم في تونس ثم في فرنسا حيث نال شهادته الثانوية وبعدها إجازة الحقوق من جامعة باريس. عاد إلى تونس في عام ١٩٢٧م ليمارس مهنة المحاماة وينشط في صفوف حزب الدستور قبل أن يؤسس مع مجموعة من شباب هذا الحزب (الحزب الدستوري الجديد) في عام ١٩٣٤م وانتخب أمينا عاما له وأصبح هذا الحزب في ما بعد (الحزب الاشتراكي الدستوري).

أمضى بورقيبه ١١ عاما في السجون الفرنسية في فترة ١٩٣٤-١٩٥٥م بسبب نضاله من أجل استقلال تونس. وقد حددت الحكومة الفرنسية إقامته في الجنوب الفرنسي للحد من نشاطه، دعا إلى العصيان المدني فاعتقل من عام ١٩٣٨م إلى ١٩٤٣م حيث أفرجت عنه حكومة المارشال. فرحل إلى مصرـ ١٩٤٣-١٩٥٠م وأسس هناك مكتب المغرب العربي ثم عاد إلى فرنسا ليعتقل مرة أخرى في عام ١٩٥٢م وفي عام ١٩٥٤ اعترفت حكومة بيار منديس فرانس بالحكم الذاتي لتونس ودعت بورقيبه لتأليف حكومة جديدة فقبل بورقيبه الدعوة ونتيجة لذلك انشق عنه صالح بن يوسف الذي كان يطالب بالاستقلال التام لتونس معتبرا أن الحكم الذاتي خطوة إلى الوراء. واستطاع بورقيبه أن يتغلب

على هذه الانشقاق وأبعد خصمه اللدود (صالح بن يوسف) الذي اغتيل في فرانكفورت في عام ١٩٦١م.

في ٢٠ آذار ١٩٥٦م نالت تونس استقلالها بالكامل، فأصبح بورقيبه رئيسا للمجلس الوطني فيها، ثم رئيسا لمجلس الوزراء، وفي ٢٥ تموز ١٩٥٧م أعلنت الجمهورية التونسية وانتخب الحبيب بورقيبه رئيسا لها. فلقب نفسه (المجاهد الأكبر).

في فترة الزعامة القومية للرئيس المصري جمال عبد الناصر.انتهج بورقيبه سياسة معارضه له ومتقربة من الغرب وخاصة من فرنسا. ونادى بحل القضية الفلسطينية على مراحل.

بعد خلعه (بناء على نصيحة الأطباء) في عام ١٩٨٧م انزوى في بيته في مدينة الموناستير (المنستير) واستمرت الحكومة تقدم له كل أنواع الرعاية، أعطى صوته، في الانتخابات الرئاسية التي جرت في نيسان ١٩٨٩م للرئيس بن علي وللائحة التجمع الدستوري.

الملك الحسن الثاني (١٩٢٩م-١٩٩٩م)

من ملوك المغرب ولد في التاسع من تموز عام ١٩٢٩م في الرباط، وهو بكر ستة أولاد أنجبهم محمد الخامس، تلقى تنشئة مزدوجة الأولى عربية تقوم على التقليد والإسلام، والثانية غربية عصرية في ثانوية الرباط. وقد نال شهادة الدكتوراه في الحقوق من معهد الرباط. وكان في حينه تابعا لجامعة برده الفرنسية.

كان الحسن حاضرا عند لقاء والده الرئيس الأمريكي روزفلت في أنفا عام ١٩٤٣م. كما رافق والده إلى طنجة عام ١٩٤٧م للمطالبة بحقوق المغرب، -وقد نفي مع والده إلى جزيرة كورسيكا في الحادي والعشرين من آب ١٩٥٣م فإلى مدغشقر أجرى مفاوضات في تشرين الثاني ١٩٥٥م أعادت والده إلى عرش المغرب.

عينه محمد الخامس رئيسا لأركان الجيش الملكي غداة الاستقلال في آذار ١٩٥٦م. قبل أن يغدو في العام التالي قائدا عاما للجيش عين في تموز وليا للعهد عام ١٩٥٧م. واستطاع إقناع والده بإقصاء عبد الله إبراهيم من الوزارة اليسارية التي كان يترأسها. فأصبح عام ١٩٦٠م نائبا لرئيس الوزراء ووزيرا للدفاع. وفي الواقع الحاكم الفعلي للمغرب حتى وفاة والده. فنصب ملكا على المغرب في السادس والعشرين من شباط ١٩٦١م وتولى العرش في الثالث من آذار من العام نفسه.

حافظ الحسن الثاني على النظام الرئاسي ضمن إطار الملكية الدستورية. وما أن ساورته الشكوك حول المعارضة اليسارية لحكمه. والمتمثلة أساسيا بالاتحاد الوطني للقوات الشعبية. حتى عمد إلى إصدار دستور جديد للمملكة عام ١٩٦٢م وإجراء انتخابات أنجحت أكثرية مؤيديه له.

وأعلنت السلطات المغربية في تموز ١٩٦٣م عن اكتشاف مؤامرة يسارية بقيادة الاتحاد الوطني للقوات الشعبية، فقضت على منظماته وألقى القبض على قياداته. قبل أن تأتي في عنف على انتفاضة الدار البيضاء في آذار ١٩٦٥م. وقد أفاد الحسن الثاني من المناسبة لإعلان حالة الطوارئ وحصر

جميع السلطات بشخصه لحين إصداره عام ١٩٧٠م دستورا جديدا لم يحظ بتأييد المعارضة.

ونجا العاهل المغربي بشبه أعجوبة في العاشر من تموز عام ١٩٧١م وفيما كانت محاكمات مراكش ضد المعارضين جارية من محاولة انقلاب دموية استهدفت حياته ونظامه في قصر ـ الصخيرات، كما حاول وزير داخليته ورئيس مخابراته الجنرال محمد أوفقير اغتياله في السادس عشر ـ من الشهر التالي،عن طريق إسقاط طائرة البوينغ التي كان يستقلها، فنجا العاهل أيضا بأعجوبة، وتلت المحاولتين محاكمتان أعدم على أثرهما عدد من العسكريين، فيما أعلن عن (انتحار) أوفقير.

ولم يجد العاهل المغربي بدا بعدما أخفق في جمع الحرس الوطني القديم حوله، من محاورة المعارضة وإشراكها في الحكم، فتقرب من الجميع، حتى من علي يعطه الأمين العام السابق للحزب الشيوعي المغربي الذي غدا يعرف باسم حزب التقدم والاشتراكية.

وأخذ الحسن الثاني يطالب بالجيوب الإسبانية في المغرب ويدعو إلى الاتحاد الوطني في هذا السبيل. وقد نجح في مسعاه ولا سيما إثر تنظيمه عام ١٩٧٥م (المسيرة الخضراء) شطر الصحراء الغربية التي جلا عنها الإسبانيون، فالتف حوله الشعب بأحزابه اليمينية واليسارية، وإن لم تتوقف الحملات ضد المعارضين لا سيما الجبهويين الذين حوكم بعض منهم عام ١٩٧٧م.

وأعلن الملك الحسن عن ضم كامل الصحراء الغربية إلى المغرب في صيف ١٩٧٩م إثر انسحاب موريتانيا من الجزء الذي أعطي من الصحراء بموجب اتفاق مدريد. وتمكن على الرغم من النزاعات الحدودية بين المغرب

والجزائر بخصوص الصحراء. ونفقات بناء جدران الحماية لجنوده فيها من هجمات البوليساريو. ودفع مصاريف هؤلاء وتجهيزاتهم. تمكن من استيعاب القضية شيئا فشيئا لا سيما بعد قيام اتحاد المغرب العربي الذي جمع ليبيا وتونس والجزائر والمغرب وموريتانيا في السابع عشر من شباط ١٩٨٩م.

اقترن الحسن الثاني بللا لطيفة عام ١٩٦١م وله خمسة أولاد للا مريم، محمد السادس (ملك المغرب الحالي)، اللاأسماء، اللاحسناء، مولاي رشيد. وإذا كان الجيل الثاني جيل الحسن الثاني هو الجيل الموسع بعد الجيل الأول جيل محمد الخامس وهو الجيل المنشئ، فإن الجيل الثالث جيل محمد السادس هو جيل الإكمال في مغرب ديموقراطي. توفي الحسن الثاني في تموز ١٩٩٩م، وتولى ولده الحكم محمد السادس العرش من بعده.

حسن البنا (١٩٠٦م-١٩٤٩م)

مؤسس حركة الإخوان المسلمين بمصر والعالم العربي والإسلامي، ولد في بلدة فوة بمحافظة كفر الشيخ، ونزح مع أسرته إلى بلدة المحمودية بمحافظة البحيرة، قضى- حسن البنا أربع سنوات في مدرسة الرشاد الدينية من سن الثامنة حتى الثانية عشرة حيث تأثر تأثراً بالغا بالشيخ محمد زهران، انخرط البنا في بعض الجمعيات الإصلاحية المحلية، وبحلول عام ١٩٢٠م التحق البنا بمدرسة المعلمين بدمنهور، حيث تعرف على مبادئ التصوف بانخراطه في الطريقة الحصافية الشاذلية.

وفي عام ١٩٢٣م التحق البنا بمدرسة دار العلوم العليا بالقاهرة، حيث حصل على الدبلوم عام ١٩٢٧م وعين بإحدى المدارس الابتدائية بمدينة

الإسماعيلية، ومن هذه المدينة أعلن البنا تأسيس جماعة الإخوان المسلمين، وقام حسن البنا بمرحلة تأسيس جماعة الإخوان المسلمين عن طريق المقالات الصحفية والمقابلات الشخصية، وكان لشخصيته وأسلوبه أكبر الأثر في تنظيم جماعة الإخوان المسلمين التي أدت دوراً بالغاً في الحياة السياسية المصرية ثم الحياة السياسية العربية الإسلامية.

وفي عام ١٩٣٣م أنشأ مجلة الإخوان المسلمين بالاشتراك مع طنطاوي جوهري ومحب الدين الخطيب، ثم أنشأ (التعارف) (فالنذير) ثم مجلة الإخوان اليومية ١٩٤٦م، ترشح في عام ١٩٤٢م لانتخابات مجلس النواب، ثم انسحب نزولاً عند رغبة مصطفى النحاس (رئيس الوزراء) وحصر نشاطه في مجال الدين لا السياسة، حدثت في أيامه عمليات اغتيال سياسي، ونسف للمنشآت العامة نسبت إلى جماعته، أعقبتها وزارة النقراشي باشا في كانون الأول ١٩٤٨م، فاغتيل النقراشي في الشهر نفسه، فردت الحكومة عليه باغتيال الشيخ حسن البنا عند خروجه من جمعية الشبان المسلمين في ١٢ شباط ١٩٤٩م.

حسن علي، نور (١٩١٨م-   )

نور محمد حسن علي، محام أصبح رئيسا لجمهورية ترينيداد وتوباجو، في عام ١٩٨٧م، ولد نور في ترينيداد في أسرة مسلمة، وتلقى تعليمه الأولي في ترينيداد عام ١٩٤٣م –١٩٤٧م، ودرس في جامعة تورنتو في كندا، حيث حصل على شهادة في القانون، وفي عام ١٩٨٠م تأهل محامياً في المحكمة العليا بلندن وقبل في محكمة ترينيداد وتوباجو في السنة نفسها، وعمل حسن علي في مؤسسة خاصة من عام ١٩٤٨م حتى ١٩٥٣م. قبل أن يصبح قاضياً، عمل في عدة

مناصب قانونية حكومية مختلفة حتى عام ١٩٦٦م عندما عين قاضياً في المحكمة العليا في ترينيداد وتوباجو، ومن عام ١٩٧٨م حتى تقاعده في عام ١٩٨٥م، كان قاضياً في محكمة الاستئناف العليا لترينيداد وتوباجو.

الرئيس حسن غوليد أبنيدون

سياسي ورجل دولة جيبوتي، ولد في العاصمة جيبوتي من عائلة صومالية تنتمي إلى قبائل العيسى، بدأ حياته السياسة منذ ١٩٥٠م بالدعوة إلى إبقاء بلاده تحت السيطرة الفرنسية، انضم إلى الحزب الديغولي ودعا أنصاره في ١٩٥٨م إلى التصويت إلى جانب البقاء مع فرنسا وذلك في الوقت الذي كان فيه خصمه محمود حربي. رئيس مجلس الإدارة الملكية آنذاك. يدعو إلى الاستقلال وقد كافأته السلطات الفرنسية على ذلك. خاصة بعد نجاح الاستفتاء حول إبقاء جيبوتي فرنسية. بأن عينته رئيسا لمجلس الإدارة المحلية مكان حربي في كانون الأول ١٩٥٨م، ولكنه استقال بعد ٤ أشهر مفضلا الإقامة في فرنسا حيث انتخب في ١٩٥٩م نائبا عن جيبوتي في الجمعية الوطنية الفرنسية. بعد أن كان في السنوات الستة الماضية يمثل بلاده في مجلس الشيوخ.

وقد أنشأ حسن غوليد، في عام ١٩٦٣م (الاتحاد الديموقراطي للعيسى) وهو تنظيم جيبوتي قبلي مرتبط تنظيما بالحزب الديغولي. وفي كانون الثاني ١٩٦٧م أصبح سكرتيرا سياسيا لحزب الحركة الشعبية الذي ما لبث أن منع في تموز من العام نفسه وفي آذار ١٩٧٢م. أسس حسن غوليد (الرابطة الشعبية الإفريقية) التي أصبحت تعرف في عام ١٩٧٥م بعد انضمام العديد من القوى السياسية إليها بـ (الرابطة الشعبية الأفريقية من أجل الاستقلال).

وكان علي عارف قد عينه في عام ١٩٦٣م وزيرا للتعليم في حكومته ولكنه استقال في عام ١٩٦٧م احتجاجا على سياسة رئيس الحكومة المحلية القبلية المنحازة باستمرار للعفر. وفي العام نفسه خطا خطوة استقلالية كبرى حين دعا إلى التصويت مع استقلال جيبوتي في الاستفتاء الذي نظمته السلطات الفرنسية. إلا أنه رغم ذلك ظل يفضل الحكم الذاتي على الاستقلال الكامل إذ أعلن في عام ١٩٧١م (أننا لا نرفض فرنسا بل ما نرفضه هو حكم علي عارف). ثم أضاف في عام ١٩٧٥م (إن هذا الاستقلال الذي سنحصل عليه نريده مع فرنسا لا ضدها). وكانت هذه المواقف المرنة مقدمة لإعادة العلاقات مع السلطات الفرنسية التي لم تعد تعترض على وصول غوليد إلى قمة السلطة بعد رحيلها.

وبالفعل فقد انتخب في عام ١٩٧٧م رئيسا لجمهورية جيبوتي وعمل على إقامة توازن دقيق بين العيسى والعفر في توزيع الحقائب الوزارية خوفا من أن تستغل أثيوبيا اضطرابات داخلية لزعزعة استقرار الجمهورية الناشئة وضمها إليها بحجة حماية العنصر ذوي الأصول الحبشية. أما خارجيا فقد انتهج الرئيس حسن غوليد سياسة موالية لفرنسا. والتزم الحياد في النزاع الصومالي الأثيوبي، وأدخل بلاده إلى جامعة الدول العربية بعد أن منع المؤسسات الصهيونية من العمل في جيبوتي.

في كانون الأول ١٩٩٥م أصيب غوليد بانهيار صحي (أثناء اجتماع قمة للدول الناطقة بالفرنسية في دول بنين) بسبب إصابته بمرض في الرئة. فقضى فترة علاج لثلاثة أشهر في فرنسا قبل عودته إلى البلاد في ٤ آذار ١٩٩٦م.

الرئيس حسني مبارك

رابع رئيس جمهورية في مصر منذ إلغاء النظام الملكي في عام ١٩٥٢م، من مواليد ٤ أيار ١٩٢٨م في قرية كفر المصيلحة محافظة المنوفية. تخرج من الكلية الحربية عام ١٩٤٩م ومن كلية الطيران ١٩٥٢م. في عام ١٩٦٧م عينه الرئيس جمال عبد الناصر مديرا لكلية الطيران وفي عام ١٩٦٩م عينه رئيسا لأركان حرب القوات الجوية المصرية.

قربه السادات منه بعد محاولة انقلاب ١٥ أيار ١٩٧١م ضد المعارضة بزعامة علي صبري وحسين الشافعي. في ٢٣ نيسان ١٩٧٢م عين قائدا للقوات الجوية وفي عام ١٩٧٣م عين نائبا لوزير الحربية، رقي إلى رتبة فريق في ١٩ شباط ١٩٧٤م وفي ١٥ نيسان ١٩٧٥م عين نائبا لرئيس الجمهورية خلفا لحسين الشافعي. ومديرا عاما لوكالة التصنيع الحربي المصري عضو في الحزب الوطني الديموقراطي ونائب للرئيس في ١٦ آب ١٩٧٨م.

وفي ١٩٨١/١٠/١٣م انتخب رئيسا للجمهورية المصرية خلفا للرئيس أنور السادات بعد اغتياله في ١٩٨١/١٠/٦م وأعيد انتخابه لولاية ثانية في ١٩٨٧/١٠/٦م ثم لولاية ثالثة في ١٩٩٣/١٠/١٢م ثم لولاية رابعة في ١٩٩٩/٩/٢٥م، وفي ١٩٩٥/٦/٢٦م نجا من محاولة اغتيال في العاصمة الأثيوبية (اديس ابابا) وكان في طريقه لحضور افتتاح القمة الأفريقية. ورد في أول أيار ١٩٩٧م على تصريحات المرشد العام للإخوان المسلمين الذي دعا إلى فرض الجزية على الأقباط وإخراجهم من الجيش. فقال: "إن الأقباط جزء أصيل من نسيج مصر الوطني، مواطنون شرفاء لهم ما لنا وعليهم ما علينا".

الملك الحسين بن طلال (١٩٣٥م-١٩٩٩م)

الملك الحسين بن طلال الهاشمي، ملك الأردن تولى العرش بعد تخلي والده طلال بـن عبـد الله عن العرش في عام ١٩٥٣م بقي ملكا للأردن حتى وفاته في عام ١٩٩٩م.

ولد الملك حسين بعمان في الرابع عشر من تشرين الثاني عام ١٩٣٥م ونشأ برعاية جده الملـك عبد الله، وكان معه في القدس عند اغتياله في العشرين من تموز ١٩٥١م. تلقى علومه ابتداء مـن سـن الخامسة بالمدرسة الوطنية، وواصلها بمدرسة المطران والكلية الإسلامية بعمان. أخذ تعليمـه الثانوي بكلية فكتوريا بالإسكندرية، والتحق بمدرسة هرو بإنكلترا عام ١٩٥١م.

تخلى له والده -الملك طلال- عن العرش لأسباب صحية فنودي به ملكا في الحادي عشر مـن آب عام ١٩٥٢م، ولما كن لا يزال في السابعة عشرة من عمره ألف مجلس وصاية عـلى العـرش إلى حـين اعتلى العرش رسمياً في الثاني من أيار عام ١٩٥٣م، وقد التحق خـلال فـترة الوصاية بكلية سندهرست العسكرية الملكية بإنكلترا حيث تلقى تعليمه العسكري.

وافق على مطلب الحركة الوطنية الأردنية بطرد غلوب باشا القائـد البريطاني للجيش الأردني ١٩٥٥م، وتعيين سليمان النابلسي رئيسا للوزراء. والتقارب مع الرئيس المصري جمال عبد الناصر ثم مـا لبث أن اختلف مـع هـذه الحركـة (في مطلـع ١٩٥٧م) معتمـدا عـلى ولاء الضباط والجنود والقبائـل والعشائر.

وردا على قيام الوحدة السورية -المصرية عام ١٩٥٨م أقام مع ابن عمه الملك العراقي فيصل بن غازي (الاتحاد العربي الهاشمي) بين الأردن والعراق

في شباط ١٩٥٨م. إلا أن هذا الاتحاد انهار مع انهيار النظام الملكي في العراق صبيحة ثورة ١٤ تموز ١٩٥٨م. فطلب الملك حسين إنزال قوات بريطانية في الأردن. وتمكن من الثبات في وجه أحداث المنطقة غير المؤاتية لنظامه خصوصا منها في الجمهورية العربية المتحدة (سورية ومصر) ولبنان. ومع قرار جامعة الدول العربية إقامة منظمة التحرير الفلسطينية عكف الملك حسين على الحد من تأثيرها على مملكته المكونة من أغلبية فلسطينية. وقد نجح في ذلك إلى حد كبير. كما تمكن من الحيلولة دون اتخاذ الأردن قاعدة للعمل الفدائي بعد انطلاقته في مطلع عام ١٩٦٥م.

ومع تسارع أحداث ١٩٦٧م وإقدام الرئيس المصري جمال عبد الناصر على طلب سحب القوات الدولية المتمركزة على الحدود المصرية مع الكيان الصهيوني. وقع الملك حسين حلفا دفاعيا مع مصر ووضع قواته بإمرة القيادة العربية الموحدة وتصالح مع منظمة التحرير الفلسطينية. لكن نكسة حزيران ١٩٦٧م والاجتياح الصهيوني للضفة الغربية والقدس جعلا الملك يركز على مطالبته تطبيق قرار مجلس الأمن الدولي رقم ٢٤٢ لعام ١٩٦٧م. وعلى أثر تأجج العمل الفدائي الفلسطيني بعد نكسة ١٩٦٧م. وكسبه التأييد الشعبي العارم في أكثر الدول والبلدان العربية، رأى الملك نفسه مدفوعا لمجابهته على أرض الأردن. ساعده في ذلك قبول الرئيس جمال عبد الناصر مشروع روجرز (وزير الخارجية الأميركية) الذي باعد بين عبد الناصر والمقاومة الفلسطينية إذ تمكن من ضرب المقاومة عسكريا، فانسحبت من عمان أولا. ثم من جرش في تموز ١٩٧١م وسيطر الملك حسين على الوضع الداخلي تماما وأعقب ذلك تجمع

رجال المقاومة الفلسطينية في لبنان الذي سرعان ما أصبح الساحة التي تتحمل العبء الأكبر من القضية الفلسطينية البالغة التعقيد عسكريا وسياسيا.

شارك الملك حسين في حرب تشرين الأول –أكتوبر- ١٩٧٣م بإرساله لواء عسكريا إلى الجبهة السورية. وبعد الحرب عقد اتفاقيات تعاون مع دمشق ووافق على مقررات مؤتمر الرباط بخصوص اعتبار منظمة التحرير الفلسطينية الممثل الوحيد للشعب الفلسطيني وعارض اتفاقيات كامب ديفيد ١٩٧٧م. وشارك في قمة بغداد وأيد قراراتها المعارضة لهذه الاتفاقيات. فحصل الأردن بموجبها على مساعدات عربية عوضته المساعدات الأمريكية. ووقف الملك بقوة إلى جانب العراق في الحرب العراقية الإيرانية واستضاف مؤتمر القمة العربي الحادي عشر الذي عقد في عمان والذي اتخذ قرارات مهمة لدعم العراق سياسيا في حرب الخليج الثانية ١٩٩١م.

لقد شهد حكمه سلسلة من الأزمات الاقتصادية والسياسية التي ترتبت على ست حروب شرق أوسطية شارك الأردن في ثلاث منها بشكل مباشرة. ونجا الملك حسين من محاولات عدة لاغتياله دبرتها قوى مختلفة. وكان الكيان الصهيوني وحالة عدم الاستقرار التحدي الأكبر للملك حسين إضافة إلى التحديات السياسية والاقتصادية التي ترتبت على استيعاب الأردن موجات من اللاجئين والنازحين الفلسطينيين بعد حربي ١٩٤٨-١٩٦٧م.

ومن المشهود للملك حسين حنكته السياسية، وأعطى دروسا عديدة للحكام العرب في الإدارة والثبات، وقدرته على التوازنات الداخلية والخارجية واعتداله وبساطته حتى قيل إنه من صنف الحكام (الحكماء).

الحسين بن علي (١٨٥٤م-١٩٣١م)

قائد الثورة العربية الكبرى، ملك الحجاز ومؤسس الأسرة الهاشمية التي ملكت في العراق، وما زالت تملك الأردن، وآخر حكام مكة المكرمة من الأشراف الهاشميين، إنه الحسين بن علي، شريف مكة.

ولد في الأستانة عام ١٨٥٤م، وكان والده منفيا بها، انتقل معه إلى مكة وهو في الثالثة من العمر، تأدب وتفقه ونظم الشعر قبل أن يرسله عمه الشريف عبد الله باشا في مهمات، دخل منطقة نجد وغدا على صلة وثيقة بقبائلها، لكن الإمارة آلت بعد وفاة والده وعمه الشريف عبد الله إلى عمه عون الرفيق الذي طلب من العثمانيين، وكان طاغية، نفي الحسين إلى الأستانة حيث عين عضواً في مجلس شورى الدولة فأقام فيها إلى أن توفي عون ثم عمه الثالث عبد الله، فعاد إلى مكة أميراً معيناً، وقد قاتل الأدريسي صاحب بلاد عسير، منجدا الأتراك في حملتهم على هذا الأخير.

وعلى أثر نجاح جمعية (الاتحاد والترقي) في حركة ١٩٠٨م وإعلان الدستور العثماني في العام نفسه وتشكيل الحكومة الاتحادية وخلع السلطان عبد الحميد بدأت العلاقات العثمانية العربية تسير نحو الأسوأ، فقد اعتمدت الحكومة العثمانية الجديدة سياسة التتريك الأمر الذي أثار نفور العرب وانزعاجهم، وما تبع ذلك من ملاحقة للمقاومين والنضاليين العرب الذي هاجروا إلى أماكن بعيدة عن متناول الحكومة العثمانية وعملائها، وكانت أهم محطاتهم مصر والحجاز والقارة الأمريكية، وكان هؤلاء المهاجرين لهم اليد الكبرى في إثارة الرأي العام العربي ضد الأتراك، ووجوب النضال للانفصال عن السلطة والاستقلال عنها.

وكان تطور الأوضاع قبل الحرب العالمية الأولى عاملاً آخر لزيادة الجفاء بين العرب والعثمانيين إذ أن الحكومة العثمانية فضلت الانحياز إلى ألمانيا ودول المحور، اعتقادا منها أن هذه السياسة تبقي على السلطنة موحدة بينما انتصار الحلفاء سيؤدي إلى تقسيمها، ومن هنا كان التقاء العرب والبريطانيين حول معاداة الأتراك، فشريف مكة الحسين بن علي كان يرغب في الاستقلال عن السلطنة تلاقيا مع مطالب الجمعيات العربية، وكانت السلطات البريطانية تبحث عن حليف لها يناصرها ضد العثمانيين، ويكون ذا مركز ديني بارز يستطيع إبطال أي إعلان للجهاد المقدس قد يطلقه السلطان محمد الخامس، ويقاتل الإنجليز ضد العثمانيين، فجرت اتصالات بين كنشنتر المندوب السامي البريطاني في مصر، ومن بعده خليفته مكماهون، وبين الشريف الحسين، وتم تبادل الرسائل بين مكماهون والشريف في ما عرف بمراسلات مكماهون - الحسين.

وقد اكتملت صيغة التقارب بين الزعماء العرب والشريف حسين عن طريق الأمير فيصل الذي ناب عن والده الشريف في الاتصالات التي جرت بين جمعيتي العهد والعربية الفتاة، وهو في طريقه إلى ومن الأستانة، وتمخضت هذه الاتصالات بشكل نهائي عن ميثاق دمشق الذي اتفقت عليه الحركة العربية وسلمته إلى الأمير فيصل كي يسلمه لوالده للعمل بموجبه كأساس للاتفاق مع بريطانيا والحصول على دعمها لاستقلال العرب.

وكان جوهر مراسلات الشريف حسين مع السير (هنري مكماهون) تتضمن مطالب العرب القومية والداعية لاستقلال البلاد العربية واعتراف بريطانيا بهذا الاستقلال، وحددت المنطقة المعنية بالاستقلال بأقطار المشرق العربي الحالي، وفي مقابل ذلك اعترف الشريف بأفضلية بريطانيا في كل

المشاريع الاقتصادية في البلاد العربية، وأن تعلن الثورة ضد الدولة العثمانية، وفي ١٦ آذار ١٩١٦م اختتمت المراسلات بين الطرفين وتم الاتفاق النهائي لمباشرة العمل المشترك ضد الدولة العثمانية.

وبعد ما يقارب الثلاثة أشهر من الاستعدادات والتحضيرات للثورة أنهى الشريف كل احتمالات التفاهم مع الاتحادين وأعلن الثورة في حزيران ١٩١٦م حينما أطلق الرصاصة الأولى للثورة من شرفة داره إيذاناً بإعلانها، لتبدأ من مكة وتستمر طوال عامين اكتسحت فيها القوات العربية - تدعمها مساعدات بريطانية- معظم مواقع الجيش العثماني في الحجاز، وأسهمت بشكل فعال إلى جانب قوات الحلفاء في تحرير الشام ودخول دمشق في تشرين الأول ١٩١٨م، وإعلان الحكومة العربية فيها برئاسة الأمير فيصل بن الشريف حسين.

إن الثورة العربية لئن فشلت في تحقيق الاستقلال التام والكامل للبلاد العربية، إلا أنها أبرزت القضية العربية إلى الوجود وانتزعت اعتراف الدول الكبرى بها، وكرست شرعية المطالب العربية، ونقلتها إلى العمل علانية بعد أن كانت سرية، ثم كان الانتدابان الفرنسي- والبريطاني على البلاد العربية وبدا النضال يأخذ وجهاً جديداً ضد المنتدبين في سبيل الوصول إلى الحرية والاستقلال.

وبعد أن اشتد التوتر بين الحسين وابن مسعود قصد الحسين قبرص في عام ١٩٢٥م فأقام فيها ستة أعوام، ومرض فأذن له الإنكليز بالذهاب إلى عمان حيث توفي فيها بعد ستة أشهر، فحمل إلى القدس ودفن في المسجد الأقصى عام ١٩٣١م.

حسين بن عون، داتوك (١٩٢٢م-   )

ثالث رئيس وزراء ماليزي في الفترة من عام ١٩٧٦م إلى ١٩٨١م، ولد داتوك في مدينة جوهور، وكان والده وجده أيضاً من رؤساء وزراء جوهور، وقد تلقى داتوك تعليمه في الكلية الإنكليزية في منطقة جوهور بهرو، ثم التحق بعد ذلك بأكاديمية عسكرية في الهند وفي عام ١٩٤٢م، التحق بالجيش الهندي وعمل في منطقة الشرق الأوسط خلال الحرب العالمية الثانية، التحق بالقوات البريطانية ليشارك في تحرير الملايو من الاحتلال الياباني في عام ١٩٤٥م.

وقد أدى كل من داتوك ووالده عون بن جعفر دوراً مهما في تكوين المنظمة القومية المتحدة في الملايو عام ١٩٤٦م، وقد عارضا اقتراح بريطانيا بتكوين اتحاد الملايو الذي كان من شأنه أن يجعل من الملايو مستعمرة بريطانية، وأصبح عون جعفر رئيسا للمنظمة القومية المتحدة وداتوك أمينها العام وقائد الشباب فيها.

وفي عام ١٩٥١م استقال كلاهما من المنظمة بسبب خلافات في السياسات المنيعة، سافر حسين إلى لندن لدراسة القانون، وعاد من هناك ليعمل محامياً في المحاكم العليا، كما انضم من جديد إلى المنظمة في عام ١٩٦٨م. تم انتخابه عضوا في البرلمان، كما شغل عددا من المناصب الوزارية، وفي الفترة من ١٩٧٣م إلى ١٩٧٦م عمل نائباً لرئيس الوزراء تون عبد الزراق، وعندما توفي عبد الرزاق في عام ١٩٧٦م أصبح حسين رئيسا للوزراء.

الأمير حمد بن خليفة آل ثاني

حمد بن خليفة بن حمد بن عبد الـلـه بـن قاسـم آل ثـاني، أمـير دولـة قطـر تلقى دراسـتـه الابتدائية والإعدادية والثانوية في مدارس قطر ثـم التحـق بكليـة سـان هيرسـت العسكرية بالمملكة المتحدة وتخرج منها عام ١٩٧١م. وانضـم إلى القـوات المسـلحة القطرية برتبـة مقـدم. ثـم عـين قائـدا للكتيبة المتحركة الأولى التي أصبحت تسمى فيما بعد كتيبة حمد المتحركة. رقي إلى رتبـة لـواء وعـين قائدا عاما للقوات المسلحة القطرية. أدى دورا رئيسا في تطوير القوات المسلحة القطرية وزيادة عـدد أفرادها واستحدث وحدات جديدة وتجهيزها بالأسلحة الحديثة والاهـتمام بتـدريب الضبـاط والأفـراد على أحدث الأساليب العسكرية.

بويع وليا للعهد في عام ١٩٧٧م كما عـين وزيـرا للـدفاع في نفـس العـام، وأوكلـت إليـه أيضـا مسؤولية رئاسة المجلس الأعلى للتخطيط الذي يعتبر بمثابة الركن الأساسي في بناء الدولة العصرية. وكان يتولى إدارة شؤون البلاد خلال السنوات الأخيرة. وقد شغل منصب رئيس المجلس الأعلى لرعاية الشباب منذ إنشائه عام ١٩٧٩م حتى عام ١٩٩١م. وقد أنشأ أول اتحـاد رياضي عسكري حصـل عـلى عضوية الاتحاد الرياضي العسكري الدولي.

حصل على العديد من الأوسمة من دول عربية وأجنبية تقـديرا لجهـوده في تقويـة العلاقـات الثنائية مع تلك الدول. فقد حصل على وسام عُمان من سـلطنة عُـمان عـام ١٩٧٥م ووشـاح النيـل مـن مصر عام ١٩٧٦م. ووسام الابن العظيم من اندونيسيا عام ١٩٧٧م ووسام فرانكودي ميراند مـن فنـزويلا عام ١٩٧٧م. ووشاح القائد من وسام القديس ميشيل والقديس جورج من بريطانيا عام ١٩٧٩م. ووسام جرانت أوفيسية دولا ليجيون نونوج من فرنسا عام ١٩٨٠م والوسام

المحمدي من المغرب عام ١٩٨١م، ووشاح الاستحقاق اللبناني من لبنان عـام ١٩٨٦م. بويع أمـيرا لقطر عام ١٩٩٥م.

الملك حمد بن عيسى آل خليفة (١٩٥٠م-)

ملك مملكة البحرين، ولد في ٢٨ كانون الثاني ١٩٥٠م، تلقى تعليمه في البحرين ثـم سـافر إلى إنكلترا لتلقي اللغة الإنكليزية. ولإتمام دروسه الثانوية في كمبردج. ثم في الولايات المتحـدة حيـث دخـل الكلية الحربية في كنساس. تولى ولاية العهد في العام ١٩٦٤م.

عين رئيسا لدائرة الدفاع في الدولة عام ١٩٦٨م، ووزير الدولة لشؤون الدفاع، ومؤسس جيـش الدفاع فيها، تسلم مقاليد الحكم بعد وفاة والده الأمير عيسى ابن سلمان آل خليفة في ١٩٩٩/٣/٦م، لـه كتاب بعنوان "الضوء الأول" في شهر شباط ٢٠٠٢م أعلن عن قيام الملكية في البحرين.

الملك خالد بن عبد العزيز (١٩١٣م-١٩٨٢م)

ولد في الرياض، تلقى تعليمه في المدارس القرآنية في المملكة، وعندما أصبح في الرابعـة عشرة من عمره أرسله والده عبـد العزيـز إلى الصحـراء ليمثـل الدولـة لـدى قبائلها ويستمع إلى شكاويهم ومظالمهم. وتوليه مختلف قبائل المملكة ثقة فائقة. وقد ساعد والده في عدة مهمات خلال الكفاح مـن أجل توحيد البلاد، وأصبح حـاكم الحجاز عـام ١٩٣٢م، ثـم وزيـرا للداخليـة عـام ١٩٤٣م وكانـت لـه اهتمامات بالزراعة. ترك خالد البلاد لأول مرة في ١٩٣٩م ليشارك مع أخيه فيصل في مـؤتمر لنـدن حـول فلسطين ثم اصطحبه الملك فيصل إلى الولايات

المتحدة وإلى عدد من البلدان الأوروبية. ولكنه عاد إلى المملكة وفضل الاهتمام بأوضاع البدو، وتحديدا بمشاريع استصلاح الصحراء من خلال استخدام المياه الجوفية. وفي الرياض كرّس وقته لأعمال الخير والإحسان. عين نائبا لرئيس مجلس الوزراء ووليا للعهد عام ١٩٦٢م. حيث نودي بفيصل ملكا وأصبح خالد وليا للعهد، ثم ارتقى العرش بعد وفاة فيصل عام ١٩٧٥م، فاختار الملك خالد الأمير فهد وليا للعهد ونائبا أول لرئيس مجلس الوزراء ورئيسا للحرس الوطني.

انتهت خطة التنمية الخمسية الثانية في عهده وكانت قد ركزت على تنويع القاعدة الاقتصادية. كما عقد في عهده مؤتمر القمة الإسلامي التاريخي في الطائف ومكة عام ١٩٨١م وفي السنة نفسها وقع بالأحرف الأولى على تأسيس مجلس التعاون الخليجي.

ألف الملك خالد وولي العهد فهد فريق عمل، وأنيطت بولي العهد الأعمال الإدارية وكانت حركتا التطور الصناعي والتربوي سائرتين قدما حين توفي الملك خالد في حزيران ١٩٨٢م، وكان أصيب أكثر من مرة بنوبة قلبية.

الرئيس خروتشوف، نيكيتا (١٨٩٤م-١٩٧١م)

رجل دولة سوفيتي، حكم الاتحاد السوفيتي (السابق) من عام ١٩٥٣م إلى عام ١٩٦٤م. وتميز حكمه بالعداء الشديد للستالينية وبإرساء الدعائم الأولى لسياسة الانفراج الدولي والتعايش السلمي.

انتسب إلى الحزب الشيوعي عام ١٩١٨م وحارب في صفوف الحرس الأحمر أثناء الحرب الأهلية. عضو في مجلس السوفييت الأعلى عام ١٩٣٧م سكرتير أول للحزب في اوكرانيا. عضو في المكتب السياسي عام ١٩٣٩م،

شارك في تنظيم الأنصار خلف الخطوط الألمانية. وساهم كمفوض سياسي في الجيش في الدفاع عن ستالينغراد. وفي عام ١٩٤٩م انتقل إلى موسكو.

بعد وفاة ستالين ٥ آذار ١٩٥٣م حرص قادة الاتحاد السوفييت (السابق) على العودة إلى نظام القيادة الجماعية. فعهد إلى خروتشوف بمنصب الأمين العام للحزب وإلى مالنكوف برئاسة الحكومة السوفيتية. لكن خروتشوف سرعان ما أقصى حلفاءه من الستالينيين (مولوتوف) ومن ذوي النفوذ الخطرين (الماريشال جوكوف) وذي الميول الليبرالية السياسية والاقتصادية (مالنكوف) فعين المارشال بولغانين رئيسا للحكومة ١٩٥٥م ثم أقصاه في عام ١٩٥٧م ليجمع في يده الأمانة العامة للحزب ورئاسة الحكومة وسيطر على الحياة السياسية في الاتحاد. وعمل خروتشوف على تحقيق التعسف البوليسي. وحاول القضاء على فساد الإدارة. ثم وجه ضربة قاضية إلى الستالينية حين تقدم بتقريره السري الشهير إلى المؤتمر العشرين للحزب ١٩٥٦م وكشف فيه فظائع حكم ستالين والأخطاء السياسية والتقنية التي اقترفها منذ عام ١٩٣٥م. وخلص التقرير إلى ضرورة العودة إلى مبادئ الديموقراطية اللينينية بكاملها.

استهل خروتشوف حكمه بسياسة اقتصادية أكثر ليبرالية مما في السابق وكان هدفها تحسين أوضاع المواطنين المادية وتمثلت بتخفيض أسعار المواد الغذائية والسلع المصنعة. ورفع الأجور الدنيا كما حاول حل مشكلة السكن في المدن وتخفيف الأعباء عن الفلاحين وتحسين أسعار منتجاتهم الزراعية، لكن إزالة الستالينية لم تطل مبدأي تشييع الأراضي والتخطيط الاقتصادي. وكان شعار الخطة السبعية (١٩٥٩-١٩٦٥م) (استدراك تأخر الاتحاد السوفيتي وتجاوز البلدان الرأسمالية المتقدمة). وركزت هذه الخطة على تطوير الأقاليم

الشرقية. والصناعة الكيماوية والطاقة الحرارية والكهرباء ووسائل النقل. كذلك اتخذ خروتشوف سلسلة من الإصلاحات لتعزيز السلطات المحلية وتخفيف وصاية السلطة المركزية. إلا أن نتائج هذه السياسة كانت مخيبة للآمال فاضطر إلى التراجع عنها.

وأدت نتائج الإصلاحات في القطاع الزراعي إلى أزمة اقتصادية نجمت عن تقهقر الإنتاج الزراعي. وانخفاض عائدات المزارعين واستيائهم. وحمل خروتشوف مسؤولية ذلك. كذلك أثار برنامج خروتشوف للتغير في الحياة السياسية والاجتماعية بهدف زيادة الاهتمام بحاجات المواطنين وتطلعاتهم وزيادة مشاركتهم في الحياة السياسية وتحسين العلاقات بين الشعوب التي يتكون منها الاتحاد السوفيتي (السابق) والقضاء على مراكز القوة التي تعرقل جهوده الإصلاحية. أثار هذا البرنامج غضب مجموعة القادة التقليديين الذين كانوا مجرد أداة تنفيذية إلى إثارة عداء الحزب بكامله، وفي تشرين الأول ١٩٦٤م أجبر أعضاء مجلس الرئاسة خروتشوف على الاستقالة وعينوا ليونيد بريجنيف خلفا له.

وفي مجال السياسة الخارجية حرص خروتشوف على الحفاظ على ما حققه الاتحاد السوفييتي (السابق) من مكاسب في المستوى الدولي بعد الحرب العالمية الثانية باقتسام العالم مع الولايات المتحدة. واستأنف العلاقات مع يوغسلافيا، وأقام حلف وارسو ١٩٥٥م مع دول الديموقراطيات الشعبية في أوروبا الشرقية باستثناء يوغسلافيا. وعارض إدخال إصلاحيات لبيرالية على النظام السياسي في دول المعسكر الاشتراكي. بالتفاوض حينا في بولنده وبالقوة حينا آخر في هنغاريا. ويبدو أن هذه الليبرالية كانت من أسباب حل الكوفترن

(نيسان ١٩٥٦م) في حين أن خشية الاتحاد السوفيتي (السابق) مـن رغبـة بكـين في تبنـي سياسـة المـد الشيوعي الثوري، دفعت خروتشوف والولايات المتحدة الأمريكية إلى إنهاء الحرب الباردة وتبني سياسة التعايش السلمي ١٩٥٤م.

وفي وسط شباط ١٩٦٠م أبرم الاتحاد السوفيتي (السابق) معاهدة تجارية مع كوبا. ووقف إلى جانبها في أزمتها مع الولايات المتحدة ١٩٦٠م وأعلن عـن استعداده للـدفاع عنهـا. ولـو اضطر إلى استخدام السلاح الذري إذ اقتضى الأمر. في أيلول ١٩٦٢م أكد عزمه هذا بإرسـال سـفن تحمـل صواريخ سوفيتية إلى كوبا. مما أدى إلى تأزم في العلاقات بين الاتحاد السوفيتي (السابق) والولايات المتحـدة كـاد يؤدي إلى حرب ذرية بينهما لولا تراجع خروتشوف وإصداره الأوامـر إلى السـفن بـالعودة إلى الاتحـاد السوفيتي (السابق) من كوبا. وفي الوقت نفسه أخذت علاقات الاتحاد السوفيتي (السابق) تسـوء مـع الصـين الشعبية بسبب الخلاف على عدد من النقاط تتعلق بالسياسة الداخليـة في الصـين ومعارضـة الصين سياسة التعايش السلمي. وانتهى الأمر إلى القطيعة التامة بينهما ١٩٦٠م.

اعتكف خروتشوف في دارة ريفيـة حتـى وفاتـه في ١١ أيلـول ١٩٧١م وقـد ظهـرت في العـالم الغربي قبل وفاته سيرة حياة ذاتية له ١٩٧٠م بعنوان (خروتشوف يتذكر).

خليل الوزير (١٩٣٥م-١٩٨٨م)

أحد أشهر القادة الفلسطينيين في السنوات الخمسين التي أعقبت سقوط فلسطين وقيل فيـه (أول الرصاص وأول الحجارة) لأنه أول من قام بالعمليات

العسكرية في غزة عام ١٩٥٤م، وأول من أسهم في الانتفاضة عام ١٩٨٧م، ولد في مدينة الرملة في عام ١٩٣٥م ولجأ مع عائلته إلى غزة بعد سقوط مدينته عام ١٩٤٨م، بدأ وهو في الثامنة عشرة بتنفيذ بعض العمليات العسكرية الصغيرة ضد المواقع الصهيونية المواجهة لقطاع غزة.

أسس في عام ١٩٥٤م مع محمد الإفرنجي وحمد العابدي وكمال عدوان وعبد الله صيام أولى المجموعات الفدائية وارتبط بالإخوان المسلمين والتقى ياسر عرفات أول مرة في غزة عام ١٩٥٥م، التحق بجامعة القاهرة ثم بجامعة الإسكندرية ولم يكمل دراسته في أي منهما لانشغاله بالعمل السياسي، اعتقلته السلطات المصرية عام ١٩٥٧م ثم طردته إلى غزة بسبب نشاطه العسكري.

أسس أول مكتب لحركة (فتح) في الخارج وهو مكتب الجزائر، وتم اعتقاله في سوريا في عام ١٩٦٦م مع ياسر عرفات وشارك في أحداث أيلول ١٩٧٠م انتخب في المؤتمر الرابع لحركة (فتح) في حزيران ١٩٧٠م نائباً للقائد العام لقوات (العاصفة) وخطط وأشرف على معظم العمليات العسكرية الكبيرة في الكيان الصهيوني وأشهرها عملية كمال عدوان التي قادتها دلال المغربي في آذار ١٩٧٨م، وعملية مفاعل ديمونا في آذار ١٩٨٨م، اغتاله الكيان الصهيوني في منزله بتونس في ١٦ نيسان ١٩٨٨م، ودفن في دمشق وشيعته جماهير كثيرة من لبنان وسوريا والأردن.

الملك خوان كارلوس دوبوربون

ملك إسبانيا منذ عام ١٩٧٥م ولد في ورما، حفيد الملك ألفونس الثالث عشر الذي أقصي عن العرش الإسباني في ١٣ نيسان ١٩٣١م. وعلى الرغم من

أن والده دون خوان هو الابن الأصغر لألفونس إلا أن العاهات الجسمانية اضطرت عميه عـلى عـدم المطالبة بالعرش، وعلى حصر هذا الحق بوالده وبه من بعده.

بعد موت ألفونس الثالث عشر ١٩٤١م رفض الجنرال فرنكو رغم تأييده بالملكية ترك السلطة لدون خوان الذي كان يطالب بالعرش. وقد أراد فرنكو أن يكون الوصي السياسي على خـوان الـذي كـان يتلقى العلم في سويسرا.

وفي ١٨ كانون الثاني ١٩٥٥م عاد خوان كارلوس إلى مدريد، حيث أمضى خمس سنوات طالبـا في الأكاديميات العسكرية للأسلحة الثلاثة (الجوية، البحرية، البرية). وفي عـام ١٩٦٢م تـزوج مـن الأميرة صوفي شقيقة ملك اليونان قسطنطين، وفي ٢٢ تموز ١٩٦٩م عينه فرنكو خليفة له على أن يسترجع خـوان كارلوس لقب ملك، وقد أراد فرنكو من وراء هذا التعيين الذي اعتبر تجاوز الحقـوق دون خـوان (والـد خوان كارلوس) في العرش أن يظهر كمؤسس لملكية تنطلق منه شخصيا وليس من حـق العائلـة الملكيـة دوبوريون في العرش الإسباني. وقد هدد للوصول إلى هذا الهـدف بتعيـين ألفونسـو دوبوريـون دامبيار، وهو حفيد آخر للملك ألفونس الثالث عشر وزوج حفيده فرنكو، فاضطر خوان كارلوس لقبـول العـرش بهذا الشكل.

وفي تشرين الثاني ١٩٧٥م توفي فرنكو فخلفه خوان كارلوس تحت اسـم الملك خـوان كـارلوس الأول، فباشر بانتهاج سياسة مناقضة لسياسة فرنكو الاستبدادية، فسمح بحرية نشاط الأحزاب السياسية (ومنها الحزب الشيوعي الإسباني) وطبق سياسـة لامركزية في الحكـم وأفرج عـن المعتقلـين السياسيين وانفتح على السوق الأوروبية المشتركة، فطالب بالانضمام إليها. واستمر على

انتهاج الصداقة والتعاون مع العرب التي كان قد سبقه إليها فرنكو، وأنجز إكمال انسحاب إسبانيا من الصحراء الغربية.

الرئيس خوجا، أنور (١٩٠٨م-١٩٨٥م)

سياسي ورجل دولة الباني درس الحقوق في فرنسا (جامعة مونبليه)، انتسب إلى الحزب الشيوعي الفرنسي. ونشر عدة مقالات في صحيفة الأوماتبتة الفرنسية الشيوعية تحت أسماء مستعارة. سكرتير في السفارة الألبانية في بلجيكا. عاد إلى ألبانيا عام ١٩٣٦م حيث عمل مدرسا، وقف بصلابته في وجه الغزو الإيطالي لبلاده عام ١٩٣٩م لجأ إلى المقاومة السرية وحكم عليه بالإعدام غيابيا عام ١٩٤١م.

شارك في تأسيس الحزب الشيوعي الألباني وأصبح أمينه العام. وفي الوقت نفسه أسس جبهة التحرير الوطنية الألبانية التي قادت المقاومة ضد النازية والفاشية وأصبح المفوض السياسي الأول لجيش التحرير. قائدا على المقاومة ١٩٤٤م واللجنة نفسها تحولت إلى حكومة انتقالية برئاسة خوجا نفسه إضافة إلى وزارة الدفاع. بعد انتخابات عام ١٩٤٦م العامة أعلنت ألبانيا جمهورية شعبية. وكانت ألبانيا واقعة عمليا في تلك الأثناء تحت نفوذ الحزب الشيوعي اليوغسلافي. وكان خوجا معارضا لهذا النفوذ في حين كان دوجي الذي ينافسه على الزعامة محسوبا على اليوغسلاف.

وعندما انفجر الخلاف بين تيتور ستالين عام ١٩٤٨م استفاد أنور خوجا من هذه الفرضية فوقف إلى جانب الاتحاد السوفيتي (السابق) واتهم خصمه دوجي بالتآمر مع يوغسلافيا وأعدمه ١٩٤٩م. واتبع ذلك بحملة تطهير

واسعة طالت معظم معارضيه. وفي عام ١٩٥٤م تخلى خوجا عن رئاسة الحكومة لصديقه محمد شيخو الذي كان قد سلمه قبل ذلك وزارتي الدفاع والخارجية. واكتفى بمنصب السكرتير الأول للحزب الشيوعي. وهو في الواقع الموقع الرئيس للسلطة. كان يفتخر دائما بتأييده للستالينية، لكن مع وفاة ستالين ١٩٥٣م أخذ يبتعد تدريجيا عن السياسة السوفيتية مع استمرار تمجيده لستالين واتهام السياسة السوفيتية الجديدة (بالتحريضية) الجديدة.

وفي عام ١٩٦٠م وقف إلى جانب الصين وأعلن وسط عزلة أوروبية كاملة أنه الوحيد في أوروبا الذي يبني نظاما اشتراكيا لينياً. لكنه ما لبث أن حاول كسر طوق العزلة من حوله فأقام علاقات جيدة مع رومانيا وحاول أن يعيد العلاقات الدبلوماسية مع يوغسلافيا واليونان في مطلع السبعينات من القرن العشرين للميلاد.

وبعد وفاة ماوتسي تونغ وانتهاج السياسة الصينية الجديدة سياسة مهادنة مع الولايات المتحدة، أخذ أنور خوجا يبتعد تدريجيا عن الصين لا بل يوجه الانتقادات العلنية إليها مما أدى إلى قطع المساعدات الصينية عنه وازدياد عزلة ألبانيا في الساحة الدولية. وأيد فيتنام في صراعها ضد الصين عام ١٩٧٩م وحاول أن يعوض المساعدة الصينية بالاتجاه نوعا ما نحو أوروبا الغربية، وقد رافق ذلك صراع داخلي دفع ثمنه الشيوعيون الألبان المؤيدون للصين.

دارلان، جان لويس كزافييرفرانسوا (١٨٨١م-١٩٤٢م)

ولد في مدينة نيراك في عالم ١٨٨١م، انتسب إلى الكلية البحرية الفرنسية في عام ١٨٩٩م وبعد تخرجه خدم في سلاح البحرية الفرنسية ١٩٠٢م،

وعند اندلاع الحرب العالمية الأولى (١٩١٤م-١٩١٨م) أشرف دارلان على قيادة القطع البحرية في الجهة الغربية، شغل عدة مناصب عسكرية مهمة أبرزها منصب رئيس المجلس العسكري في وزارة البحرية الفرنسية في عام ١٩٢٦م.

ساهم في الفترة من ١٩٢٩م إلى ١٩٣٤م بدور فعال في إعادة بناء وتنظيم الأسطول البحري الفرنسي- وقاد في الفترة (من ١٩٣٤م إلى ١٩٣٦م) الأسطول الفرنسي- في المحيط الأطلسي- وفي العام ١٩٣٦م تولى "دارلان" منصب رئيس أركان سلاح البحرية الفرنسي- ورقي في العام ١٩٣٩م إلى رتبة أميرال، وأسندت إليه مهمة القائد العام للقوات البحرية الفرنسية.

تعاون "دارلان" مع حكومة "فيشي" تعاوناً تاماً بعد سقوط فرنسا على يد الألمان في أواسط العام ١٩٤٠م، إبان الحرب العالمية الثانية. وقد شغل دارلان منصب وزير البحرية، كما أصبح رئيس للوزراء للفترة ما بين شباط ١٩٤١م ونيسان ١٩٤٢م، بالإضافة إلى منصب نائب لرئيس الحكومة والخليفة المعين للمارشال "بيتان".

وسعى دارلان إلى إقامة تعاون عسكري مع ألمانيا وقام بزيارة إلى هتلر في يرشتنيغادن (في ١١ أيار ١٩٤١م) الذي أسفر عنه توقيع بروتوكول عرف باسم "دارلان- فادليمونت" وقد رفض هذا البروتوكول من قبل حكومة "فيشي" مما أدى إلى استقالة "دارلان" من جميع مناصبه الحكومية واحتفظ بقيادة القوات البرية والبحرية والجوية.

انتقل دارلان بصفته قائداً للقوات إلى الجزائر في أوائل تشرين الثاني ١٩٤٢م وذلك إبان تحضير الخطط لإنزال القوات البريطانية والأمريكية لبدء الحملة على شمال أفريقيا "٨ تشرين الثاني عام ١٩٤٢م)، وبعد رفض وافق

دارلان على التعاون مع الحلفاء لقاء الاعتراف بسلطته، إلا أنه اغتيل في ٢٤ كانون الأول عام ١٩٤٢م في الجزائر وقد اغتاله متطرف شاب ينتمي إلى اتباع الملكية الفرنسية.

دافو، لوي نيكولا (١٧٧٠م-١٨٢٣م)

عسكري فرنسي بقيادة دوموريه في بلجيكا عام ١٧٩٢م، ونابليون في مصر (١٧٩٨م-١٧٩٩م)، وفي معركة اوسترلتز عام ١٨٠٥م، وقاد القوات الفرنسية في معركة اويرشتيت عام ١٨٠٥م، وهاجم الجناح الأيسر الروسي في برويسث اويرشتيت ايلو عام ١٨٠٧م، انضم إلى نابليون عام ١٨٠٩م لهزيمة الجناح الأيسر النمساوي في ايغمول في حملة راتيسبون، شن هجوماً حاسماً على الجناح الأيسر النمساوي في معركة واغرام في تموز ١٨٠٩م، قاد قوات الحملة الفرنسية على روسيا ١٨١٢م، وفي عام ١٨١٥م عينه نابليون وزيراً للحربية وأسندت إليه مهمة الدفاع عن باريس في معركة واترلو.

الرئيس داكو، دافيد

سياسي ورئيس أفريقيا الوسطى تلقى دراسته في بانفي وتخرج من معهد المعلمين في برازافيل. وزير الزراعة والموارد المائية والغابات (١٩٥٧م-١٩٥٨م) وزير الداخلية والاقتصاد والتجارة في حكومة أفريقيا الوسطى المؤقتة ١٩٥٨-١٩٥٩م. وفي آذار ١٩٥٩م أصبح داكو على أثر حادث الطائرة الذي أودى بحياة الرئيس بارتيمليمي بأوغندا رئيسا للوزراء في جمهورية أفريقيا الوسطى. وكان داكو آنذاك أحد أقرب مساعدي الرئيس الراحل

ومن أبرز مؤيديه داخل (حركة التطور الاجتماعي لأفريقيا السوداء). بالإضافة إلى علاقة القرابة الوثيقة التي كانت تربط به.

وفي نيسان عام ١٩٥٩م فازت حركة التطور الاجتماعي تحت قيادة داكو فوزا ساحقا في الانتخابات العامة، ما دفع بهذا الأخير إلى الاتجاه نحو تركيز السلطات بين يديه وتحويل النظام السياسي في أفريقيا الوسطى إلى نظام رئاسي شديد المركزية. وكان من نتيجة ذلك أن استقال في حزيران ١٩٦٠م آبيل غومبا، وزير العدل من منصبه وعمد إلى تأسيس (حركة التطور الديموقراطي في أفريقيا الوسطى) كحركة معارضة للنظام الجديد، وفي ١٢ آب ١٨٩٦م أصبحت أفريقيا الوسطى جمهورية مستقلة وفي ١٧ تشرين الثاني ١٩٦٠م انتخب داكو رئيسا للجمهورية المستقلة الجديدة، وما كاد داكو يستقر في الحكم حتى عمد (في كانون الأول ١٩٦٠م) إلى حل حركة التطور الديموقراطي ومنعها، واعتقال غومبا والكثيرين من المعارضين وإعلان نظام الحزب الواحد.

وفي السياسة الخارجية حاول داكو التوفيق بين علاقته الوثيقة بفرنسا من جهة، وبين اتجاهه لانتهاج سياسة عدم الانحياز من جهة ثانية. فأقام علاقات مع الصين الشعبية ما أثار نقمة جاك فوكار، المسؤول عن الشؤون الأفريقية في قصر الاليزيه، وعمل على إطاحته، وبالفعل ففي الأول من كانون الثاني عام ١٩٦٦م قاد الكولونيل جان بيدي بوكاسا (وهوابن عم داكو ورئيس أركان الجيش سابق في الجيش الفرنسي) انقلابا ضده واعتقله، وبعد ثلاثة أعوام من الانقلاب قرر بوكاسا

عدم محاكمة داكو (نظر للمسؤوليات الجسيمة التي تحمل أعباءها لسنوات خلت)، وفي عام ١٩٧٦م عينه مستشارا شخصيا له، والواقع أن داك كان يعمل منذ ذلك الحين بالتنسيق مع السياسة الفرنسية التي وجدت أن بوكاسا رغم تفانيه في خدمة مصالحها يسبب لها من الإحراج أكثر مما يفيدها. ففي عام ١٩٧٩م وأثناء غياب بوكاسا خارج البلاد تدخلت فرنسا تدخلا مباشرا فأتت بداكو الذي كان موجودا في باريس على متن إحدى طائراتها العسكرية، وسلمته رئاسة البلاد (أعلن داكو أنها جمهورية) وقد سار داكو منذ ذلك الحين على سياسة بوكاسا نفسها لجهة الموالاة التامة لفرنسا.

دالادييه، ادوارد (١٨٨٤م-١٩٧٠م)

رئيس وزراء فرنسي، ولد في فوكلوس في مقاطعة بروفنس الواقعة قرب مدينة افينون، وهي المنطقة التي أصبح نائباً عنها في البرلمان في باريس وذلك ما بين ١٩١٩م و١٩٤٠م ثم من ١٩٤٦م لغاية ١٩٥٨م. ثم أصبح رئيساً للوزراء فترة قصيرة عام ١٩٣٣م، ثم احتل هذا المنصب مرة أخرى عام ١٩٣٤م، كما احتل منصب وزير الحربية والدفاع لمعظم الفترة من ١٩٣٢م لغاية ١٩٤٠م، ومن خلال منصبة رئيساً للوزراء من نيسان ١٩٣٨م حتى آذار ١٩٤٠م.

وقد ارتبط اسمه باتفاقية ميونخ الشهيرة ١٩٣٨م حيث شارك مع رئيس الوزراء البريطاني "تشاميرلين تاميرلين" بالجهود التي بذلت لتجنب الحرب مع ألمانيا، فأسفرت جهوده عن توقيعه اتفاقية ميونخ (١٩٣٨/٩/٢٩م).

وإبان سقوط فرنسا في أيدي النازيين ١٩٤٠م أودع السجن حتى عام ١٩٤٥م، وبعد الحرب العالمية الثانية عاد دالادييه إلى العمل السياسي، وأعيد انتخابه عضواً في الجمعية الوطنية الفرنسية (مجلس النواب). كما بقي رئيساً للحزب الراديكالي حتى وفاته في باريس في ١٩٧٠/١٠/١٠م.

دالاس، جون فستر (١٨٨٨م-١٩٥٩م)

سياسي ورجل دولة أمريكي ولد في واشنطن، درس القانون في جامعة جورج واشنطن، ثم التحق بجامعة السوربون في فرنسا حيث تخصص في القانون الدولي.

وعند نهاية الحرب العالمية الأولى (١٩١٤م-١٩١٨م)، عينه الرئيس "ولسون" مستشاراً قانونياً للوفد الأمريكي في مؤتمر الصلح في فرساي ثم أصبح عضواً في لجنة تعويضات الحرب المنبثقة عن المؤتمر المذكور والتي شكلت في نهاية الحرب.

ساهم "دالاس" إبان الحرب العالمية الثانية في تحضير ميثاق هيئة الأمم المتحدة في "دمبارتون أوكس"، وفي العام ١٩٤٥م عين مستشاراً في مؤتمر هيئة الأمم المتحدة في "سان فرانسيسكو" ثم مندوباً في الجمعية العامة للأمم المتحدة في الأعوام ١٩٤٦م، ١٩٤٧م، ١٩٥٠م. وبالإضافة إلى ذلك فقد خدم "دالاس" بصفته مستشاراً خاصاً لوزير الخارجية في اجتماعات رؤساء خارجية الدول العظمى التي عقدت في لندن ١٩٤٥م، وموسكو ١٩٤٧م وباريس ١٩٤٩م.

وفي العام ١٩٥٠م عينه الرئيس الأمريكي "ترومان" مستشاراً شخصياً له بدرجة سفير، وكلفه بإجراء مفاوضات معاهدة الصلح مع اليابان، والتوصل إلى عقدها دون الاضطرار إلى توجيه الدعوة لعقد مؤتمر عالمي خوفاً من تضارب مصالح الولايات المتحدة والاتحاد السوفيتي، وعدم التوصل إلى شروط ترضى عنها الولايات المتحدة، وسافر "دالاس" إلى عواصم الدول المعنية من أجل تحقيق هذه المهمة، وحقق نجاحاً دبلوماسياً كبيراً كان نتيجته قيام اليابان بتوقيع المعاهدة إلى جانب ٤٨ دولة أخرى في "سان فرانسيسكو" في العام ١٩٥١م.

وفي العام ١٩٥٢م عينه الرئيس "ايزنهاور" وزيراً للخارجية، وباشر مهام مركزه الجديد بعد حلف اليمين القانوني في ٢١ كانون الثاني ١٩٥٣م، وبقي دالاس في هذا المنصب إلى أن اضطرته إصابته بمرض السرطان إلى الاستقالة في ١٥ نيسان ١٩٥٩م.

تأثرت سياسة "دالاس" الخارجية إبان ولايته كوزير لخارجية الولايات المتحدة الأمريكية بكرهه العميق للشيوعية، وتخوفه من اتساع النفوذ الشيوعي في العالم، واقتناعه بفوائد الإكثار من عقد المعاهدات والاتفاقات الدولية. متأثراً في ذلك بتخصصه السابق كمحام في الشؤون الدولية، كوسيلة لحل النزاعات الدولية وخلق المحاور في مواجهة الاتحاد السوفيتي ودول الكتلة الشرقية.

وبالإضافة إلى ما سبق، فقد بنى "دالاس" سياسته الخارجية على رفض الاعتراف بحق الدول في اتخاذ موقف الحياد وعدم الانحياز بين الدولتين العظيمين، وكان يرى أن هذا الموقف انحياز للشيوعية ويدعم الاتحاد السوفيتي ويضعف النفوذ الأمريكي، ويحاول أن يفرض على دول العالم الثالث، ولو تحت التهديد، أن تنضم إلى الأحلاف الموجهة ضد السوفييت حتى لو كان هذا الانضمام ضد مصالحها، ويعرضها للتورط في صراع العمالقة الذي لا مصلحة لها فيه.

لقد حمل "دالاس" "العصا الغليظة" ولوح باستخدامها طوال فترة عمله كوزير للخارجية الأميركية، وحققت هذه السياسة عدداً من النجاحات كما تعرضت للفشل أكثر من مرة. وكانت هذه السياسة تعتمد في البداية على التفوق النووي الأمريكي، ولكن زوال هذا التفوق وتطور القوة النووية السوفيتية أفقدها قاعدتها. وقد جعل دفع العالم نحو "حافة الحرب" يعني دفع العالم والولايات

المتحدة أيضاً نحو الانتحار. وباختفاء "دالاس" من مسرح السياسة الخارجية بدا تحول هذه السياسة تدريجياً نحو أساليب أكثر مرونة وواقعية، وأشد تلاؤماً مع ميزان القوى العالمي الجديد.

داودنغ، هيو كازوال (١٨٨٢م-١٩٧٠م)

عسكري بريطاني، قائد قيادة المقاتلات البريطانية، التحق داودنغ بالكلية العسكرية الملكية في "وليش" في عام ١٨٩٩م، وتخرج برتبة ملازم ثانٍ، والتحق بسلاح المدفعية، وخدم عملياً في جبل طارق ثم سيلان ومنها إلى "هونغ كونغ" ثم نقل إلى الهند في عام ١٩١٢م عاد إلى إنكلترا ليلتحق بكلية ضباط الأركان، وفي بداية عام ١٩١٤م التحق بالمدرسة المركزية للسلاح الجوي الملكي، حديث العهد، وفي نهاية عام ١٩١٤م أنهى دورته في هذا المركز وأصبح بذلك طياراً مقاتلاً.

وعند نشوب الحرب العالمية الأولى (١٩١٤م-١٩١٨م) أشرف داودنغ على مطار في "دوفر" الذي كان يتم منه إرسال الأسراب المقاتلة إلى فرنسا ثم أشرف على سرب اللاسلكي الذي كانت مهمته تنظيم الاتصالات اللاسلكية بين القاعدة الجوية والطائرات.

وفي العام ١٩٣٠م عين مشرفاً على شؤون الأبحاث والإمداد بوزارة الطيران، واستطاع "داودنغ" من خلال المركز الهام (الذي شغله لمدة ست سنوات) أن يوجه التقدم التقني للسلاح الجوي بكفاءة، مستفيداً من خبرته السابقة في سرب اللاسلكي ومتطلبات الطائرات المقاتلة للأجهزة الفنية المساعدة لها ولذلك تم أثناء ذلك صنع وتطوير العديد من المعدات والأسلحة

اللازمة لشبكة الدفاع الجوي، وفي عام ١٩٣٥م عملت بريطانيا على زيادة فعالية وسائل الدفاع الجوي، وكان أهمها إنشاء قيادة خاصة بالمقاتلات إلى جانب قيادة القاذفات وقيادة الدفاع الساحلي، وقد أسندت قيادة المقاتلات إلى "داودنغ" في أول نيسان ١٩٣٦م، وقد عمل على الفور على زيادة عدد الطائرات المقاتلة الحديثة "هاريكان" و"سبيتغاير" اللتين كانتا قد انتجتا وطورتا بناء على طلبه في العام ١٩٣٤م أثناء شغله لرئاسة إدارة البحوث، وقام بدراسة وضع القوة الجوية الملكية عام ١٩٤١م وأحيل على التقاعد لكبر سنه في عام ١٩٤٢م.

الرئيس داود محمد (١٩٠٩م-١٩٧٨م)

عسكري ورجل دولة أفغاني، استولى على السلطة إثر انقلاب عسكري قام به عام ١٩٧٣م، وأسقط الملكية وإعلان الحكم الجمهوري، ثم سقط وقتل في انقلاب عام ١٩٧٨م.

حاكم إقليم قندهار عام ١٩٣٢م بمرسوم أصدره عمه (كان هو من العائلة المالكة) الملك نادر شاه والد الملك محمد ظاهر شاة الذي اعتلى العرش عام ١٩٣٣م، وعندما بلغ محمد داود الثلاثين من عمره، أصبح قائدا عاما للقوات المسلحة المركزية، ورئيسا لكل المدارس العسكرية في أفغانستان. وطوال ١٤ عاما تولى العديد من المناصب العسكرية، ووصل إلى رتبة فريق، كما شغل عدة مناصب دبلوماسية خلال تلك الفترة. وزير الدفاع عام ١٩٥٠م، رئيس الوزراء، ووزير الدفاع والداخلية عام ١٩٥٣م، وقع عام ١٩٥٥م أول اتفاقية بين أفغانستان والاتحاد السوفيتي لتقديم مساعدات ضخمة للتنمية في بلاده، وفي

عـام ١٩٦٣م سقطت حكومة داود تحت ضغط تردي الأحوال الاقتصادية في البلاد.

على أثر ذلك شكل الملك محمد ظاهر شاه أول حكومة أفغانية لم تضم بين أعضائها أياً مـن أفراد الأسرة المالكة، وبعد عشر سنوات تموز ١٩٧٣م قاد داود انقلابا على الملكيـة بينـما كـان ابن عمـه الملك محمد ظاهر شاه في إيطاليا وقد نفذ الانقلاب نحو أربعين ضابطا وعدد لا يزيد عن ٣٠٠ جنـدي، وتم دون إراقة دماء.

وأعلن داود إلغـاء الملكيـة وتوليـه رئاسـة الحكومـة إضـافة إلى رئاسـة الجمهوريـة، واحـتفظ بوزارتي الخارجية والدفاع. ورغم إعلانه لأخذه بسياسة عدم الانحياز، فإنـه ارتبط بعلاقـات وثيقـة مـع الغرب، كما وطد اتصالاته بشكل خاص مع شاه إيران، وفي عـام ١٩٧٨م قامـت مجموعـة مـن الضبـاط الشيوعيين بانقلاب على حكم داود، تميز بدمويته وأسفر عن مقتل محمد داود نفسه وعدد مـن أفـراد أسرته وأنصاره وعين الانقلابيون نور محمد طرقي رئيسا جديدا للبلاد، الذي وصف بأنه ماركسي وزعيم حزب "خلق" الأفغاني اليسـاري، وقـد استقبل الانقـلاب بالترحيـب في أوسـاط الـدول الاشتراكيـة، بينـما اعتبرت الدولة الغربية والعربية ما حدث في أفغانستان خطوة رئيسة نحو زعزعـة الاستقرار في منطقـة الخليج وبادرة هجومية يقوم بها المعسكر الاشتراكي في طريق المجابهة مع الغرب.

دوباي، اوغست إدمون (١٨٥١م-١٩٣٤م)

عسكري فرنسي، تخرج في ١٨٧٠م من كلية "سان سير" العسكرية برتبة ملازم في سلاح المشاة، واشترك في الحرب الفرنسية - البروسية، ووقع أسيراً في يد القوات البروسية. وبعد انتهاء الحرب أطلق سراحه، وشغل مناصب عديدة، منها مدرساً في كلية "سان سير"، ثم مديراً لها وشغل مرتين منصب رئيس المكتب العسكري التابع لوزارة الحربية.

شغل عام ١٩١١م منصب رئيس للأركان العامة، وأرسل في مهمة رسمية إلى روسيا وبعد عودته إلى فرنسا أصبح قائداً لفيلق منطقة "تور" وعندما اندلعت الحرب العالمية الأولى كان دوباي عضواً في المجلس الحربي الأعلى، ولقد كلف في العام ١٩١٤م بقيادة الجيش الأول الفرنسي، وصد به الهجوم الألماني على "ساربورغ" في آب من العام نفسه، ثم انتصر ثانية على القوات الألمانية في ثغرة منطقة "الشارم" الأمر الذي وضع حداً لجميع المحاولات الألمانية الهجومية على منطقة جبال "الفوج" الفرنسية وفي العام ١٩١٥م أصبح قائداً لمجموعة جيوش المنطقة الشرقية، ثم حاكماً عسكرياً للعاصمة "باريس" في العام ١٩١٦م، وبقي في هذا المنصب حتى نهاية الحرب، توفي في عام ١٩٣٤م.

دوبتشيك، الكسندر (١٩٢١م-١٩٩٢م)

السكرتير الأول السابق للحزب الشيوعي التشيكوسلوفاكي، وزعيم سياسي تشيكوسلوفاكي، خارج إطار الحزب، ذلك أن اسمه ارتبط ارتباطاً وثيقاً بحركة "ربيع براغ" التي التقت حولها أكثر القطاعات الشعبية، ثم عاد وبرز كأحد ألمع قيادي الحركة الإصلاحية من أواسط السبعينات حتى وفاته.

رحل مع أبيه (الذي كان شيوعياً) منذ الصغر إلى الاتحاد السوفيتي، ولم يعد لبلاده إلا في ١٩٣٨م، وانتسب للحزب الشيوعي في ١٩٣٩م، وشارك في مقاومة الاحتلال الألماني إبان الحرب العالمية الثانية، وجرح أكثر من مرة، تفرغ لشؤون الحزب الشيوعي في ١٩٤٩م، وتلقى تدريباً في المدرسة الحزبية العليا في موسكو (١٩٥٥م-١٩٥٨م)، وأخذ يتقدم بسرعة في صفوف الحزب ليصبح في ١٩٦٣م السكرتير الأول للحزب في سلوفاكيا (وهو سلوفاكي)، وعضو هيئة رئاسة الحزب في تشيكوسلوفاكيا، فالسكرتير الأول للحزب في مطلع ١٩٦٨م أشرف على إدخال إصلاحات ديمقراطية تحت شعار "اشتراكية ذات وجه إنساني". وقد أثارت هذه التحولات الكبيرة في سياسة الحزب التشيكي مخاوف المعسكر الاشتراكي من حيث احتمال خروج تشيكوسلوفاكي من مجموعة دول شرقي أوروبا الاشتراكية وحلف "وارسو" واتخاذها سياسة تقارب مع الغرب، ربما أدت في النهاية إلى تهديد الأمن القومي لبقية دول الحلف وللاتحاد السوفيتي.

وفي ليلة ٢٠ - ٢١/ ٨ / ١٩٨٦م قامت قوات خمس دول من حلف "وارسو" هي: الاتحاد السوفيتي وألمانيا وبولونيا والمجر وبلغاريا، بدخول الأراضي التشيكوسلوفاكية عبر حدودها المشتركة مع الاتحاد السوفيتي وبولونيا وألمانيا الديمقراطية والمجر، تحت قيادة الجنرال السوفيتي "بافلوفسكي" واستولت في الوقت ذاته على المطارات الموجودة فيها بواسطة قوات محمولة جواً، وخاصة مطار "براغ" ودخلت القوات المذكورة العاصمة من فجر يوم ٨/٢١ واستولت بسرعة على مقر اللجنة المركزية للحزب، وعرف هذا التدخل باسم "ربيع براغ" مما اضطره إلى الاستقالة في نيسان ١٩٦٩م ليحل

محله غوستاف هوساك وبعد شهور عين دوبتشيك سفيرا في أنقرة قبل أن يطرد من الحزب في ٢٦ حزيران ١٩٧٠م، وتوفي عام ١٩٩٢م.

دوغان، البيرماري (١٨٦٦م-١٩٥٢م)

جنرال فرنسي ولد في مدينة "رين" الفرنسية في العام ١٨٦٦م، وحارب في أفريقيا الشمالية، حيث شارك في كافة العمليات المغربية، كما ساهم حتى العام ١٩١٤م في إقامة المستوطنات حول فارس والقصيبة.

لمع دوغان كقائد ماهر في معركة "شارلروا" ثم في معركة غابة "سابو" في العام ١٩١٦م، مع فرقة الرماة الرابعة، وفي العام ١٩١٨م تولى قيادة الفرقة المغربية الشهيرة، حيث شارك مشاركة فعالة في آخر معارك الحرب العالمية الأولى.

في العام ١٩٢٢م عاد "دوغان" إلى المغرب، وتولى في العالم ١٩٥٢م قيادة الجيوش التي حاربت ضد الأمير عبد الكريم الخطابي في بداية الحملة على الريف. أنهى حياته كقائد للجيش الثالث عشر. وتوفي في "بون-ليفيك" عام ١٩٥٢م.

دوكو، جان (١٨٨٤م-١٩٦٣م)

عسكري فرنسي، والحاكم العام للهند الصينية الفرنسية إبان حكومة "فيشي" الانتقالية الفرنسية خلال الحرب العالمية الثانية، قام في الهند الصينية ببعض الإصلاحات التي كان يهدف من ورائها تقويض النفوذ الياباني في هذه

المنطقة، الأمر الذي مهد الطريق أمام المقاومة الوطنية للحكم الفرنسي في فيتنام وكمبوديا ولاووس في الفترة التي تلت وقوع الحرب.

ولد جان دوكو في "بوردو" بفرنسا في العام ١٨٨٤م. وعندما حصل على رتبة فريق بحري وأصبح قائداً للقوى البحرية الفرنسية في الشرق الأقصى. عين في منصب الحاكم العام للهند الصينية في ٢٠/ ٧ / ١٩٤٠م، وتم ذلك بعد فترة وجيزة من استسلام فرنسا لألمانيا. وخلال أسبوعين من توليه الحكم تسلم طلباً من اليابانيين بالسماح لهم بإرسال قواتهم عبر خليج "تونكين" حتى يحاصروا خطوط تموين الحلفاء للصين، ويستخدموا القواعد الجوية في الهند الصينية لتسهيل غزو اليابان للصين. وعندما طلب من حكومة فيشي المشورة والعون نصحته هذه الحكومة بالرضوخ لمطالب اليابانيين. وفي ١٩٤٠/٩/٢٠م وقع اتفاقية تسمح لليابانيين باستخدام ميناء "هايغونغ" وبوضع قواتهم في "تونكين".

وبالرغم من أن اليابانيين سمحوا لدوكو ولإدارته الفرنسية بالاحتفاظ بالسلطة الاسمية في الهند الصينية فإنهم لم يسمحوا له بالقيام بأي عمل يتعارض مع مصالحهم، وحاول دوكو أن يجابه جهود وتهديدات اليابانيين، فقام بتعبئة الموارد الطبيعية والبشرية في الهند الصينية في أواخر العام ١٩٤١م. كما دعا إلى تحسين العلاقات بين الفرنسيين وشعوب الهند الصينية، وأنشأ منظمة شبه عسكرية ومنظمات شبيبة، وبدأ يعارض الأنظمة الفرنسية الاستعمارية، ووضع دوكو الفيتناميين في المناصب الحكومية المدنية، ومنحهم رواتب مساوية للفرنسيين وأسس مجلساً استشارياً فدرالياً أعلى من الفرنسيين والفيتناميين، يضم من الفيتناميين ضعف عدد الممثلين الفرنسيين، وكان المجلس يتمتع بقسط قليل

جداً من السلطة الحقيقية، إلا أن العديد من الموظفين الفيتناميين تولوا مناصب إدارية في ظل حكومة "فيتنام" المستقلة فيما بعد.

تحول دوكو، الذي كان في البداية من المؤيدين المتشددين لحكومة "فيشي" إلى تأييد فرنسا الحرة بقيادة الجنرال شارل ديغول في نهاية الحرب، وعمل على تفويض سلطة الاحتلال الياباني، فاعتقله اليابانيون في ١٩٤٥/٣/٩م عندما قاموا باكتساح الهند الصينية، وفرضوا عليها سلطتهم الكاملة.

وبعد انتهاء الحرب سجن دوكو لمدة سنتين بسبب تعاونه السابق مع حكومة فيشي وبتهمة تسهيل جهود الحرب اليابانية، نشر مذكراته في العام ١٩٤٩م تحت عنوان "على دفة حكم الهند الصينية: حياتي كحاكم عام (١٩٤٠م-١٩٤٥م) " توفي في باريس في ٢١ / ١٠ / ١٩٦٣م.

دولاتردو تاسيني، جان ماري غبرييل (١٨٨٩م- ١٩٥٢م)

عسكري فرنسي، لعب دوراً هاماً في الحرب العالمية الثانية، كما تولى قيادة القوات الفرنسية في الهند الصينية.

ولد جان ماري غبرييل دو لاتردوتاسيني في "موييرون - آن- باريه" (الغاندي) في العام ١٨٨٩م، ودخل كلية "سان سير" الحربية وأظهر تفوقاً في الدراسة والاهتمام بالعلوم العسكرية. وكان من أنصار "ديغول" في وجهات نظره حول أسلوب معارك الحرب الحديثة للأسلحة المشتركة.

عندما انتهت المعارك بين ألمانيا وفرنسا في بداية الحرب العالمية الثانية بهزيمة فرنسا هزيمة ساحقة. رفض دولاتر الاستسلام للهزيمة، واستجاب لداء

الجنرال ديغول، وانضم إلى قوات فرنسا الحرة التي بدأ ديغول في تنظيمها فـوق الأراضي الإنكليزيـة وفي بعض المستعمرات الفرنسية، وكان له دور قيادي بـارز في إعـداد القـوات وتـدريبها، وحصل عـلى ثقـة قيادة الحلفاء بسبب كفاءته العسكرية، ومهارته القيادية، فـتم تكليفه بقيادة الجيش الفرنسيـ الأول الذي اشترك في عمليات إيطاليا، وفي الإنزال في جنوب فرنسا ضـمن قيـادة مجموعة الحلفاء بقيادة الجنرال ديغرز، وقد استطاعت قوات الجنوب أن تلحق الهزائم المتكررة والمتلاحقـة بـالقوات الألمانيـة، وأمكن لها التقدم نحو الشمال حتى حققت الاتصال بقوات الشمال التـي تـم إنزالهـا في "النورمانـدي". واستطاع الجيش الفرنسي بقيادة "دوتاسيني" أن يمارس عملياته بنجاح حتى وصل إلى الـدانوب. وكـان لهذا النجاح دوره في تطوير عمليات الحرب، مما حمل للجنرال دوتاسيني مزيداً من الثقـة والاحـترام في أوساط قادة الحلفاء، وجعل فرنسا قادرة على استعادة مكانها بين الحلفاء المنتصرين.

وفي ٩ أيار ١٩٤٥م تم التوقيع على وثيقة استسلام ألمانيا، ثم بدأ العمـل بعـد ذلـك مـن أجـل إعداد مؤتمر بوتسدام للإشراف على تقسيم ألمانيا، وكان الجـنرال دولاتـر دوتاسـيني ممـثلاً لفرنسـا في مجلس الإشراف على ألمانيا. والذي كان يضم المارشال جوكوف عن الاتحاد السوفيتي، والجنرال ايزنهاور عن الولايات المتحدة الأمريكية، والفيلدمارشال مونتغومري عن المملكة المتحدة (بريطانيا)، وفي يـوم ٥ حزيران ١٩٤٥م تم التوقيع على التصريح حول هزيمة ألمانيا، وحول استلام حكومات الاتحاد السـوفيتي والولايات المتحدة الأمريكية وإنكلترا وفرنسا زمام السلطة العليا في ألمانيا.

وعادت فرنسا بعد الحرب العالمية الثانية إلى سياستها التقليدية وحاولت معاودة فرض سيطرتها بقوة على مستعمراتها فيما وراء البحار، دون أن تدرك روح التحرر التي أخذت تجتاح الشعوب وتسيطر على الجماهير، فبدأت الثورات في الاندلاع وتطورت الأعمال القتالية في مسرح الهند الصينية إلى حرب حقيقية، فتم تعيين دولاتر دوتاسيني في العام ١٩٥٢م قائداً لجيش الهند الصينية، وقائداً على القوات الفرنسية في الشرق الأقصى، وقد استطاع دولاتر ممارسة الأعمال القتالية وقيادة العمليات بكفاءة عالية، وفي العام نفسه توفي دولاتر، وفقدت فرنسا قائداً من أفضل قادتها المحدثين وأكثرهم كفاءة، وقد تم ترفيعه إلى رتبة ماريشال فرنسا بعد وفاته وصدرت نشرات تمجد ذكراه بهدف إحياء دوره في سبيل بلاده.

دولفوس، انغلبرت (١٨٩٢م-١٩٣٤م)

سياسي ورجل دولة نمساوي، في عام ١٩٣٢م أصبح دولفوس مستشاراً للنمسا، وعرف بمعارضته الشديدة للاشتراكية التي كانت تحظى بتأييد الدستور الديمقراطي النمساوي وهكذا أوقف دولفوس الحكومة البرلمانية مؤقتا عن العمل في شهر آذار ١٩٣٣م، ومن شهر شباط ١٩٣٤م نظم العمال الاشتراكيون مظاهرة احتجاج جعلت دولفوس يصدر الأوامر إلى قوى الجيش النمساوي بمهاجمة المناطق السكنية الاشتراكية في ضواحي فينا. مما أدى إلى حرب أهلية استمرت خمسة أيام، انتهت بالقضاء على الاشتراكيين، وبعد ثلاثة شهور أعلن دولفوس قيام الدستور ذي الطابع الفاشي، وقبل سريان مفعول هذا الدستور اغتيل دولفوس في ٢٥ تموز عام ١٩٣٤م في البالهاوس، مقر الرئاسة،

على يد النازيين النمساويين، إلا أنهم فشلوا في محاولتهم لقلب نظام الحكم. أما في مجال السياسة الخارجية فقد عرف دولفوس باعتماده على صداقته مع موسوليني وعلى علاقات التعاون مع هنغاريا. وخلفه إلى منصب المستشار كورت فون شوشنغ.

دوهيت، غيليو (١٨٦٩م-١٩٣٠م)

عسكري ومنظر طيران إيطالي، دخل الجيش الإيطالي كضابط مدفعية وتدرج في سلم الرتب العسكرية حتى وصل إلى رتبة عميد.

تركز اهتمامه بعد ذلك على مسائل الطيران والقوة الجوية، وجاء ذلك في الفترة التي غدا الطيران فيها عاملاً ذا أهمية كبيرة في العالم، وسط موجات بداية القرن العشرين، وهي الموجة التي توجت بنجاح الأخوين "رايت" و"فلاير" بالتحليق في الطائرة في العام ١٩٠٨م.

بسبب انتقاده للسياسة الجوية لهيئة الأركان الإيطالية صدر قرار بإحالته إلى المحاكمة أمام محكمة عسكرية في أواخر عام ١٩١٦م، ونقض قرار الحكم رسمياً عام ١٩٢٠م، وفي عام ١٩٢١م رقي إلى رتبة ماريشال، وفي السنة نفسها نشرـ كتابه الأول بعنوان "سيطرة على الجو" شارحاً فيه نظرياته المتعلقة بمسائل القوة الجوية وطرق بنائها وتطورها.

اعتمد "دوهيت" في بناء نظريته التي عرفت بشكل عام باسم "نظرية دوهيت" على فرضيتين أساسيتين هما:

الأولى: أن الطائرات تشكل وسائط قتالية هجومية لا مثيل لها، وأن قدراتها في هذا المجال غير محدودة نظراً لانعدام الوسائل الكفيلة بمقاومتها بشكل فعال.

الثانية: أن الهجمات الجوية هي الوسيلة المثلى لتحطيم الروح المعنوية للسكان المدنيين في البلاد المعادية، عن طريق ضرب التجمعات السكانية والمنشآت الحيوية وتدميرها. توفي دوهيت عام ١٩٣٠م.

دوينتس، كارل (١٨٩١م-١٩٨٠م)

أميرال ومنظر عسكري ألماني، ومن مشاهير قادة الحرب العالمية الثانية، ولد دوينتس في "غرونو" قرب برلين في ١٨٩١/٩/١٦م وانضم إلى البحرية في العام ١٩١٠م، خدم خلال الحرب العالمية الأولى في سلاح الغواصات في البحرين الأسود والأبيض المتوسط، وأسر في تشرين الأول ١٩١٨م إبان قيادته للغواصة "ي-٦٣" في البحر الأبيض المتوسط، ونقل إلى إنكلترا ثم عاد إلى ألمانيا أثر انتهاء الحرب، حيث شارك في سنوات ما بين الحربين العالميتين في إعادة بناء الأسطول الألماني سراً، متابعاً تخصصه في حرب الغواصات.

عين قائداً لسلاح الغواصات في العام ١٩٣٦م وتدرج في مختلف الرتب العسكرية، وكان عميداً بحرياً حتى العام ١٩٣٩م حين رقي إلى رتبة لواء بحري. وكانت ألمانيا عند اندلاع الحرب العالمية الثانية في ذلك العام لا تمتلك أكثر من ٥٦ غواصة عاملة بعضها ساحلي، وكان دوينتس يدرك أن الرقم أقل بكثير مما تحتاجه عملية الهجوم الحاسم على خطوط المواصلات البحرية

البريطانية، وكان يرغب في الحصول على ٣٠٠ غواصة قادرة على العمل في أعالي البحار، ورغم موافقة "هتلر" على زيادة معدلات إنتاج الغواصات فإن تلك الزيادة بقيت أقل من طموحات دوينتس.

عمل دوينتس على تصعيد حرب الغواصات ضد سفن الحلفاء، إلا أن غواصاته بدأت تتلقى ضربات جدية من قبل طائرات الحلفاء وسفن الحراسة المرافقة للقوافل التي تعبر المحيط الأطلسي، وكان شهر آذار من العام ١٩٤٣م نهاية "العصر الذهبي" الذي شهدته الغواصات الألمانية في الحرب العالمية الثانية، إذ بدأت إصابة هذه الغواصات بخسائر كبيرة، في الوقت الذي تدنت فيه فاعليتها ضد سفن الحلفاء.

وفي عام ١٩٤٥م عين دوينتس قائداً لقيادة الشمال، في الوقت الذي عين فيه "كيسلرينغ" قائداً لقيادة الجنوب، ضمت إطار المحاولة اليائسة التي قام بها "هتلر" لمواصلة القتال، إلا أن الرايخ الثالث كان يسير نحو نهايته المحتومة، ولقد قام هتلر بتعيين دوينتس رئيساً للرايخ، وقائداً عاماً للقوات المسلحة، وتسلم "دوينتس" الحكم في ١٩٤٥/٥/٢م، ليشرف على استسلام ألمانيا في ١٩٤٥/٥/٧م، واستمر في الحكم بعد ذلك بموافقة الحلفاء حتى ١٩٤٥/٥/٢٣م. اعتقل وقدم إلى المحاكمة في نورمبرغ، فحكم عليه في العام ١٩٤٦م بالسجن مدة ١٠ سنوات.

دياز، ارماندو (١٨٦١م-١٩٢٨م)

عسكري إيطالي، أصبح رئيساً لهيئة الأركان للجيش الإيطالي خلال الحرب العالمية الأولى، وحقق عدة انتصارات على النمساويين، ولد دياز في

نابولي بتاريخ ١٨٦١/١٢/٥م، وتخرج من الكلية الحربية، في "نابولي" ثم من الكلية الحربية في "تورينـو". وبرز في الحـرب الإيطاليـة - التركيـة (١٩١١م-١٩١٢م)، ورقـي إلى رتبـة لـواء في العـام ١٩١٤م، وسـاعد الجنرال "لويجي كادورنا" في إعادة تنظيم الجيش الإيطالي وإعداده للحرب العالمية الأولى.

وبعد هزيمة كادورنا إبان الحرب العالمية الأولى حل ديـاز مكـان "كادورنـا" كـرئيس للأركـان، ونجح في تثبيت الجيش الإيطالي، وصد هجوم القوات النمساوية في حزيران ١٩١٨م، كـما نجـح في شـن هجوم مضاد قوي وكان للانتصار الذي حققه دياز في معركة "فيتوريوفينتو" التي نشبت في الفـترة (مـن ١٠/٢٤ حتى ١٩١٨/١١/٣م) دور حاسم في هزيمة النمساويين في الحرب.

وفي العام ١٩٢١م منح دياز لقـب "دوق النصر" ورقـي إلى رتبـة ماريشـال في العـام ١٩٢٤م، وأصبح وزيراً في أول حكومـة فاشـية شـكلها "بتيتـو موسـوليني" (١٩٢٢م-١٩٢٤م)، إلا أن سـوء صـحته أجبرته على الاستقالة والتقاعد إلى أن توفي في "روما" في ١٩٢٨/٢/٢٩م.

دياز، بورفيريو (١٨٣٠م-١٩١٥م)

سياسي ورجل دولة مكسيكي، ينحدر من أصل هندي، ورغـم اختصاصــه في اللاهـوت. تحـول دياز إلى عالم السياسة في أواسط الخمسينات من القرن التاسع عشر، وأصبح في عام ١٨٧٦م قائـد الـبلاد خلفاً لخواريز وبقي في هذا المنصب مدة أربعة وثلاثين عاماً، وتميز عهده بالسياسـة الصـارمة والفعالـة. وحكومة تألفت من بضعة أفراد من أنصاره الذين سيطروا عـلى مجـالي السـلطة القضـائية والتنفيذيـة، وتمتع دياز بامتيازات خاصة من القوى العظمى

وذلك لتأييده كافة الخطط الهادفة لإقامة تعاون دولي "وخاصة تلك التي ترعاها الولايات المتحدة الأمريكية" من ناحية، ومن ناحية أخرى لتوفيره شروطاً مشجعة للمستثمرين الأجانب، وازدهرت المكسيك بدرجة منقطعة النظير ظاهرياً إلا أن حكمه كان ديكتاتورياً، وكان حكمه من العوامل التي أدت إلى الحرب الأهلية المكسيكية (١٩١٠م-١٩١٩م) التي مزقت البلاد طيلة عدة سنوات بعد عزله، توفي "دياز" في المنفى في باريس يوم ٢ تموز عام ١٩١٥م.

ديام، نغودينه (١٩٠١م-١٩٦٣م)

سياسي ورجل دولة فيتنامي، شغل منصب وزير الداخلية في عام ١٩٣٣م واستقال لخلافه مع فرنسا، عارض اليابانيين، وسجن في ١٩٤٥م، عاش بين ١٩٥٠م و١٩٥٣م في أوروبا والولايات المتحدة الأمريكية. رئيس وزراء فيتنام الجنوبية في حزيران ١٩٥٤م خلفاً للأمير بولوك. اعتمد على حركة الائتلاف الوطنية التي كان يتزعمها شقيقه نغودينه لو لمواجهة المعارضة المتصاعدة ضده. وأجرى في عام ١٩٥٥م استفتاء كان نتيجته الإطاحة برئيس الدولة باوداي وحل محله، أعلن قيام نظام الجمهورية في تشرين الأول ١٩٥٥م ابتعد أكثر فأكثر عن فرنسا وطلب جلاء قواتها في نيسان ١٩٥٦م بدعم أمريكي قوي وصريح.

وقد لعبت الولايات المتحدة الأمريكية الدور الرئيس في بقائه في السلطة طوال السنوات التسع التي حكم فيها فيتنام الجنوبية. وكان من أبرز أخطائه أنه فرض قوانين قمعية شديدة في حين لم يكن يملك جهازاً إدارياً قوياً وقادراً، الأمر الذي جعله يزداد اعتماداً على الوجود العسكري الأمريكي في وقت كانت فيه

"جبهة التحرير الفيتنامية" "الفيتكونغ" تمارس نشاطها، وتفرض سلطة ثورية على المناطق الرئيسة التي تخضع لسيطرتها، وتقضي في تلك المناطق على مظهر الفساد والاستبداد الشخصيـ لذا أخـذت قائمـة المعارضين لديهم في الاتساع، خاصة بعد ازدياد نفوذ أفراد أسرتـه، وعندما وصلت المعارضـة داخـل صفوف الجيش إلى درجة عالية من الحدة، أصبح من الواضح للدبلوماسيين والعسكريين الأمريكيين في سايغون أن بقاء ديام يشكل عبئاً على جهودهم رغم ولائه لهم. اغتيل ديام على أثر انقلاب عسكري في تشرين الثاني عام ١٩٦٣م.

دي بونو، اميليو (١٨٦٦م-١٩٤٤م)

عسكري وسياسي إيطالي، مـن أوائـل الـذين اعتنقـوا الفاشية وساعدوا مؤسسها "بنيوتو موسوليني" على الوصول إلى السلطة.

ولد دي بونو في ١٨٦٦/٣/١٩م في "كاسانودادا" في "إيطاليا" وانخرط في الخدمـة العسكرية في عام ١٨٨٤م برتبة ملازم ثان في الحرب الإيطالية – التركية في طرابلس وبرقة (١٩١١م-١٩١٢م)، رفع إلى منصب في الأركان العامة، ثم تميز خلال الحرب العالمية الأولى (١٩١٤م-١٩١٨م).

وقد دفعته المثل القومية المتطرفة التي كان يعتنقها إلى المشاركة بتأسيس الحزب الفاشي وشارك في العام ١٩٢٢م مع "موسوليني" في الزحف الشهير على روما، ثم خدم كرئيس للشرطة وقائـدا للميليشا الفاشية، وعين بعدها حاكماً على طرابلس الغرب التي كانت مستعمرة إيطالية.

وفي الثلاثينات تولى دي بونو قيادة الجيش الإيطالي خلال حملته في أفريقيا الشرقية، وقاتل في أثيوبيا عام ١٩٣٥م، إلا أنه سرعان ما استبدل بالقائد "بادوليو" بعد أن تم ترفيعه إلى رتبة ماريشال.

وفي العام ١٩٤٢م عين وزيراً للدولة، وشارك في الاجتماع الذي عقده المجلس الفاشي الأعلى (٢٤-٢٥ / ٧ / ١٩٤٣م). والذي تقرر فيه تنحية موسوليني عن السلطة وقد كان "دي بونو" من بين الذين أدلوا بأصواتهم ضد هذا الأخير، وحين استعاد "موسوليني" سلطته بمساعدة الألمان، قام باعتقال "دي بونو" وحاكمة بتهمة الخيانة العظمى حيث حكم عليه بالإعدام في ١٩٤٤/١/١١م.

ديز رايلي، بينجامين (١٨٠٤م-١٨٨١م)

سياسي ورجل دولة بريطاني، انتخب عضواً في البرلمان عن منطقة ميدستون عام ١٨٣٧م، وكان ديزرايلي ذا مبدأ راديكالي في حزب المحافظين عرف بمساندته "لحركة شبان إنكلترا"، وكان من معارضي بيل في قضية حرية التجارة عام ١٨٤٦م، وترأس على مدى اثنين وعشرين عاماً حركة حماية الإنتاج الوطني في مجلس العموم، واحتل منصب وزير المالية عام ١٨٥٢م ثم للفترة ما بين (١٨٥٨م-١٨٥٩م) ثم في عام ١٨٦٧م، ولدى احتلاله منصب رئيس مجلس العموم قدم مشروع قانون الإصلاح عام ١٨٦٧م. وبعدها أصبح رئيسا للوزراء عشر شهور عام ١٨٦٨م ثم قاد جبهة المعارضة على مدى ستة أعوام. ثم أصبح رئيسا للوزراء مرة ثانية من ١٨٧٤م حتى ١٨٨٠م نادى خلالها بتبني سياسة خارجية فعّالة. وعرف ديزرايلي بتبنيه إصلاحات اجتماعية هدفت إلى تحسين مستوى السكن والظروف الصحية فيه كما حاول تطوير مفهوم الإمبراطورية، وكانت أهم الأسباب التي أدت إلى هزيمته عام ١٨٨٠م هي حركات التصدي لقوى الاستعمار في أفغانستان وجنوب أفريقيا. ويعد ديزرايلي المؤسس الثاني لحزب المحافظين وحاول فرض قناعاته الخاصة على أعضاء الحزب فيما يخص الإصلاحات الداخلية وتطوير مفهوم

الإمبراطورية. وبفضل مبادراته الخاصة تمكنت بريطانيا من الحصول على نسبة ٤٠ بالمائة من حصص قناة السويس عام ١٨٧٥م.

الرئيس ديغول، شارل (١٨٩٠م-١٩٧٠م)

رئيس فرنسا للفترة من ١٩٥٩م إلى ١٩٦٩م ولد في ليل عام ١٨٩٠م وتوفي في كولومبي-لي-دو-زيغلير عام ١٩٧٠م في عائلة كاثوليكية متحررة ومثقفة. وانكب باكرا على القراءة في باريس وبرغسون وبيغي. وظهر ميله إلى الحياة العسكرية. دخل مدرسة سان سير العسكرية وبعد تخرجه عين في الفوج الثالث والثلاثين في سلاح المدفعية الذي كان بإمرة الكولونيل فيليب بيتان. أسر في دوومون ١٩١٦م، واعتقل في قلعة انغولشتادت بعد عدة محاولات فرار. بعد إخلاء سبيله شارك في حرب بولندا ضد روسيا السوفياتية ١٩٢٠م ودرس التاريخ العسكري في سان سير وعين في هيئة أركان جيش الرين. وأصبح عضوا في الهيئة التي ترأسها بيتان الذي كان رئيس مجلس الحرب الأعلى ١٩٢٥م وقائد كتيبة القناصة في تريف ١٩٢٧م. ثم عضو هيئة الأركان الفرنسية في بيروت ١٩٢٩-١٩٣١م.

وقف إلى جانب قيام جيش مجهز بمحركات (مصفحات وغيرها) متفقا بذلك مع المفهوم الذي كان يدعو له الجنرال اتيان في فرنسا، والجنرال غودريان

في ألمانيا. واللذين لم تلق نظريتهما أي تجاوب من القادة العسكريين في حينه، عين شارل ديغول قائدا لفرقة البوارج الرابعة في بداية الحرب العالمية الثانية. فقاد عدة حملات مضادة (مونتكورني، ابدفيل، أيار ١٩٤٠م). ورقي إلى رتبة جنرال لواء (بصورة مؤقتة) استدعاه بول رينو (وزير الدفاع) وعينه معاون سكرتير الدفاع الوطني في ٦ حزيران ١٩٤٠م حيث أظهر تصميمه على متابعة الحرب حتى ولو اضطرت الحكومة الخروج من الأراضي الفرنسية، وعقد عدة لقاءات مع معارضي الهدنة التي قبل بها بيتان.

لجأ ديغول إلى لندن في ١٧ حزيران ١٩٤٠م أي بعد أن شكل بيتان حكومته، ومن هناك أذاع في اليوم التالي نداءه الشهير نداء ١٨ حزيران الذي يدعو فيه إلى متابعة القتال ضد قوات المحور وإلى جانب بريطانيا. ونظم بصورة تدريجية (قوات فرنسا الحرة) التي فشلت أول الأمر في داكار (أواخر أيلول ١٩٤٠م) لكنها توصلت إلى ربط تشاد وأفريقيا الاستوائية الفرنسية ومدغشقر وجزيرة ريونيون بـ (فرنسا الحرة) وألغت (مجلس الدفاع عن الإمبراطورية) (تشرين الأول ١٩٤٠م) وباهتمامها في الوقت نفسه بقيادة وتنظيم المقاومة الفرنسية في الداخل، وأدت جهود ديغول إلى إنشاء (المجلس الوطني للمقاومة) ١٩٤٣م وكان جان مولان أكثر المحرضين والعاملين على إنشائه.

لقي ديغول كل الدعم من ستالين، لكنه ما لبث أن وجد نفسه يواجه لا مبالاة الرئيس الأميركي به، فاستبعد (ومعه قوات فرنسا الحرة) عن المشاركة في إنزال الحلفاء في أفريقيا الشمالية، حيث اعترفت القوات الإنكليزية والأميركية بالسلطة الفرنسية القائمة هناك، والتي كانت بقيادة الجنرال هنري جيرو الذي تعاون من الأساس مع الأميركيين والإنكليز، ولكنه كان معاديا للجنرال ديغول،

ثم عاد وتحالف معه في (اللجنة الفرنسية للتحرير الوطني) التي تألفت في مدينة الجزائر (حزيران ١٩٤٣م) بعد مؤتمر كازا بلانكا (الدار البيضاء) وبعد لقاء ضم الرجلين ديغول وجيرو. وبدءا من تلك الأثناء حدد ديغول التوجه الجديد الذي سيعطيه للسياسة الاستعمارية. فنادى بالتنمية المستقلة وبإدخال سكان الأقاليم الفرنسية ما وراء البحار في إطار (الاتحاد الفرنسي). وصل إلى بايو بعد إنزال الحلفاء في النورماندي. ثم إلى باريس المحررة في آب ١٩٤٤م. حيث فرض نفسه زعيما سياسيا بتوصله إلى إقامة السلطة المركزية وتثبيت دعائمها، وحل الميليشيات الوطنية (الشيوعية) وإعادة تنظيم الجيش الفرنسي ليتسنى له المشاركة في معارك التحرير المتواصلة إلى جانب الحلفاء. والقيام بحملة التطهير التي استهدفت المتعاونين مع المحتل الألماني.

اختارته الجمعية الوطنية التأسيسية كرئيس للحكومة المؤقتة للجمهورية (تشرين الثاني ١٩٤٥م) والاسم نفسه (الحكومة المؤقتة للجمهورية الفرنسية) كانت قد أطلقته على نفسها اللجنة الفرنسة للتحرير الوطني في الجزائر (أول حزيران ١٩٤٩م. وديغول الذي كان يخشى ـ عودة مؤسسات الجمهورية الثالثة وممارساتها. تقدم بمشروع دستور جديد من حقه أن يقوي السلطة التنفيذية. لكن مشروعه اصطدم بمعارضة أنصار السلطة التشريعية (خاصة الاشتراكيين والشيوعيين) وأدى به هذا الخلاف إلى الاستقالة من وظائفه منذ كانون الثاني ١٩٤٦م. وبعيدا عن الحياة السياسية في باريس قام بعده رحلات في الاتحاد الفرنسي ـ حيث أظهر معارضته الشديدة للجمهورية الرابعة، وأنشأ تجمع الشعب الفرنسي ١٩٤٧م.

وعندما كان الوضع يزداد خطورة في الجزائر والتوتر يتضاعف في الأوساط السياسية والعسكرية الفرنسية (مطلع ١٩٥٨م) عرفت فرنسا حملة سياسية كبرى تطالب بعودة شارل ديغول إلى السلطة وقد وقف إلى جانب هذه الحملة أنصار (الجزائر فرنسية). وبعد وقت قصير من انتفاضة ٣ أيار ١٩٥٨م في الجزائر ولي شارل ديغول رئاسة الحكومة الفرنسية (أول حزيران ١٩٥٨م) فبادر أول ما بادر إلى إصلاح المؤسسات ثم دعا إلى استفتاء عام على دستور جديد وجرى هذا الاستفتاء في ٢٨ أيلول ١٩٥٨م. وعلى أساسه قام نظام جديد تميز بكونه رئاسيا إذ أعطى رئيس الجمهورية صلاحيات قوية (المادة ١٦) وزادها قوة لجوء الرئيس إلى الاستفتاءات الشعبية. وقد اضعف هذا الأمر اللعبة البرلمانية بقدر ما زاد من السلطة التنفيذية وخاصة سلطة الرئيس.

وبعد فوز (الاتحاد من أجل الجمهورية) في الانتخابات التشريعية تشرين الثاني ١٩٥٨م انتخب شارل ديغول رئيسا للجمهورية الخامسة كانون الأول ١٩٥٨م وبدأ ممارسة مهماته في كانون الثاني ١٩٥٩م واختار ميشال دوبريه لتشكيل حكومته الأولى ١٩٥٩-١٩٦٢م حدود الخطوط العريضة لسياسته الداخلية بإعادة النهوض الاقتصادي وإصدار الفرنك الجديد. ولسياسته الاستعمارية بنمط شراكه جديدة مع أقاليم ما وراء البحار في إطار (المجموعة) ونشر السلام في الجزائر. ولسياسته الخارجة بإعادة إعطاء فرنسا دورها وهيبتها في العالم. لكن الصعوبة الأساسية التي اعترضت انطلاقة نظامه جاءت من الجزائر ومن حل معضلتها، فبعد أن قدم دعمه لفرنسيي الجزائر بقوله في الجزائر العاصمة في ٤ حزيران ١٩٥٨م (لقد فهمتكم) وفي مدينة موستاغانم، في ٧ حزيران (لتحيا الجزائر فرنسية) عاد شارل ديغول ليعطي سياسته

الجزائرية اتجاها جديدا أوصل البلدين إلى اتفاقيات إيفيان آذار ١٩٦٢م وإلى استقلال الجزائر وبعد قليل نجا ديغول من محاولة لاغتياله آب ١٩٦٢م نظمها الضابط جان باستيان رثيري الذي كان من أنصار الجزائر فرنسية والذي رفض الجنرال ديغول العفو عنه، فحكم عليه بالإعدام. ونفذ الحكم في ١ آذار عام ١٩٦٣م. وقبل أقل من سنة واحدة من محاولة الاغتيال هذه أي في نيسان ١٩٦١م. قام أربعة جنرالات فرنسيين في الجزائر هم -شال، زيلر، جوهو، وسالان بمحاولة انقلابية فاشلة ضد ديغول لإفشال سياسته وإبقاء الجزائر فرنسية، وانتهى بهم الأمر إلى الاستسلام للسلطات الفرنسية.

وبعد استقلال الجزائر تشكلت حكومة جديدة برئاسة جورج بومبيدو ١٩٦٢-١٩٦٨م اهتمت بالدرجة الأولى بجعل سياسة فرنسا سياسة مستقلة. ودعت إلى التقارب بين الشرق والغرب والمصالحة مع ألمانيا (معاهدة التعاون الفرنسية الألمانية في ١٩٦٣م) وانسحاب فرنسا من منظمة معاهدة شمالي الأطلسي "الحلف الأطلسي" في ١٩٦٦م مع بقائها عضوا في التحالف. وأخيرا خلف (قوة ضاربة) نووية.

كان ديغول نصيرا لأوروبا الموحدة اقتصاديا ومستبعدا في الوقت نفسه بريطانيا من الدخول في السوق المشتركة، وقد اتخذ على الصعيد الدولي مواقف مستقلة تماما عن طرفي الحرب الباردة. الولايات المتحدة والاتحاد السوفيتي (السابق) كالموقف من فيتنام والصين والشرق الأوسط حيث أدان الكيان الصهيوني في حرب الأيام الستة ١٩٦٧م. لكن هذه السياسة المستقلة المركزة على (عظمة فرنسا) لم تمر دون صعوبات اجتماعية واقتصادية ومالية. خاصة لجهة التضخم الذي بدأ منذ ١٩٦٢م كما كان على النظام الديغولي أن يواجه

معارضه سياسية ونقابية وجدت تعبيرها الأول بمناسبة الانتخابات الرئاسية (بالاقتراع الشعبي العام) حيث وجد الجنرال ديغول نفسه يواجه وبالبالوتاج خصمه مرشح اليسار فرنسوا متيران ١٩٦٥م قبل أن يعاد انتخابه لولاية جديدة.

وفي الانتخابات التشريعية ١٩٦٧م فقدت الأغلبية الديغولية أصواتا كثيرة ذهبت لمصلحة مرشحين اليسار. وأما التململ الاقتصادي والاجتماعي والثقافي في فرنسا فوجد ترجمة له في انتفاضة ثورة أيار ١٩٦٨م. الطلابية التي لم يتمكن ديغول من تعطيلها إلا في انتخابات تشريعية جديدة جرت في حزيران ١٩٦٨م وحضر لها بحملة انتخابية قوية ركز فيها على أخطار الفوضى والشيوعية التوتاليتارية. ومع ذلك أصبح النظام الديغولي مزعزع الأركان خاصة وأنه ما لبث أن أصيب بهزيمة في الاستفتاء حول المشروع المزدوج القاضي بـ (إعادة تنظيم الأقاليم الفرنسية) و(تغيير مجلس الشيوخ) ١٩٦٩م. إذ صوت ضده ٥٢.٥% فترك شارل ديغول الحكم بعد أن سيطر على الحياة السياسية الفرنسية زهاء ٣٠ عاماً.

ديفيس، جيفرسون (١٨٠٨م-١٨٨٩م)

عسكري ورجل دولة أمريكي، رئيس الولايات الكونفدرالية الجنوبية في الحرب الأهلية الأمريكية تخرج من كلية ويست بوينت عام ١٨٢٨م، وبعد أدائه الخدمة العسكرية انتخب عضواً في الكونكرس الأمريكي عام ١٨٤٥م، ثم استقال في عام ١٩٤٦م ليخدم في الحرب الأمريكية - الإسبانية، وشغل منصب وزير الحربية في الأعوام ١٨٥٣-١٨٥٧م وركز اهتمامه في إمكانية تعزيز الدفاعات الساحلية، وفي عام ١٨٦١م اختاره الكونكرس رئيسا للولايات

الجنوبية، ثم جرى انتخابه لاحقاً لمدة ست سنوات، ويعده القادة العسكريون في الولايات الجنوبية زعيماً سياسياً صعب المراس، وفي عام ١٨٦٥م وقع في الأسر وسجن وأُدين بتهمة الخيانة العظمى وأطلق سراحه في عام ١٨٦٧م.

ديل، جون غرير (١٨٨١م-١٩٤٤م)

عسكري بريطاني، دخل الجيش عام ١٩٠١م وخدم في المرحلة الأخيرة من حرب البوير (١٩٠١م-١٩٠٢م)، وفي الحرب العالمية الأولى أصبح قائد فيلق بريطاني في فرنسا عام ١٩٣٩م، وعين نائب لرئيس هيئة الأركان العامة عام ١٩٤٠م، ولقد شارك "ديل" قيادة الحلفاء على الجبهة الغربية في وضع خطة الدفاع عن بلجيكا وهولندا والحدود الفرنسية الشرقية، ولقد برهن في منصبه كرئيس للأركان العامة على وضوح التفكير والقدرة على رؤية البعد الاستراتيجي للأركان العامة على وضوح التفكير والقدرة على رؤية البعد الاستراتيجي لمجريات الحرب، وهذا ما جعله مسؤولاً إلى حد كبير عن القرار الخاص بإرسال ١٥٠ دبابة إلى مصر في آب عام ١٩٤٠م رغم قلة الدبابات في بريطانيا، واحتمالات قيام الألمان بغزو الجزر البريطانية بعد أن أخرجوا فرنسا من الحرب في حزيران عام ١٩٤٠م.

وأصبح رئيساً لهيئة الأركان العامة الإمبراطورية في كانون الأول ١٩٤١م، وعين رئيساً للبعثة العسكرية البريطانية في واشنطن وعضواً في لجنة رؤساء الأركان المشتركة، ولقد ساهم خلال وجوده في "واشنطن" في تخطيط التنسيق بين السياسات العسكرية الأمريكية والبريطانية، توفي ديل في عام ١٩٤٤م.

ديميريل، سليمان (١٩٢٤م-)

سياسي ورجل دولة تركي، درس الهندسة وعمل مديراً سابقاً لهيئة المياه التابعة للدولة، انتخب في ١٩٦٤م زعيماً لحزب العدالة خلفاً للجنرال غوموسبالا. في ١٩٦٥م شكل ديميريل وزارة من أعضاء حزبه الذي فاز بـ ٢٤٠ مقعداً من أصل ٤٥٠ مقعداً في انتخابات تشرين ١٩٦٥م، كانت سياسته قائمة على التركيز على معاداة الشيوعية، وامتازت سياسته الخارجية بالمرونة والوقوف إلى جانب العرب في صراعهم مع إسرائيل. استطاع أن يجدد مدة ولايته بعد انتخابات ١٩٦٩م، ولكن وزارته استقالت في شباط ١٩٧٠م على أثر تصويت مجلس النواب ضد مشروع الميزانية الذي تقدم به، بيد أن الجمعية العمومية منحته الثقة، وتلا ذلك اضطرابات استمرت طول ١٩٧١م، في آذار ١٩٧١م قدم ديميريل استقالته على أثر الإنذار الذي وجهه إليه القادة العسكريون الذين اتهموه بدفع البلاد إلى الفوضى والاضطراب الاقتصادي، تمكن من إحراز عدد كبير من المقاعد البرلمانية في الانتخابات النيابية ١٩٧٧م مكنته من تشكيل حكومة ائتلافية محافظة على أثر فشل بولنت أجاويد من الاحتفاظ بثقة الأغلبية المطلقة في البرلمان، في أواخر عام ١٩٨١م أطاح انقلاب عسكري الحكم المدني وابعد ديميريل عن كل مناصبه السياسية.

شكل الانقلاب بداية نشاط سياسي لأوزال الذي تعاون مع العسكر ورأس الحكومة الأولى المنتخبة في ١٩٨٣م، عندما أجريت انتخابات عامة أعادت الحكم إلى المدنيين وفي ١٩٨٩م تسلم اوزال الرئاسة من إيفرين، هكذا أصبح أوزال غريما لديميريل الذي منذ أن أصبح رئيساً للوزراء من جديد في ١٩٨٩م

أخذ يسعى إلى أن يبعد أوزال عن السياسة ويقلص صلاحياته كرئيس للجمهورية ملتزم بالدستور، وبعد وفاة أوزال في ١٩٩٣م انتخب ديميريل رئيسا للجمهورية.

الرئيس دينغ كسياو بينغ (١٩٠٤م-١٩٩٧م)

شيوعي صيني،ولد في غوانغان في مقاطعة سينشوان في جنوب غربي الصين، بعد أن أتم دراسته الابتدائية والثانوية غادر إلى فرنسا في إطار برنامج دراسي في عام ١٩٢٠م، وفي عام ١٩٢٤م انضم إلى الحزب الشيوعي الصيني. في عام ١٩٢٧م عاد إلى الصين وشارك في النظام السري. في عام ١٩٣١م انضم إلى ماوتسي تونغ في مجلس السوفيات في جيانغتسي جنوب غربي البلاد. في عام ١٩٣٨م أصبح المفوض السياسي في الجيش الخامس الذي شارك بفاعلية في الحرب ضد اليابان ١٩٣٧-١٩٤٥م. في عام ١٩٤٥ أصبح عضوا في اللجنة المركزية للحزب الشيوعي الصيني في عام ١٩٥٤م عين أمينا عاما للحزب وأصبح عضوا في المكتب السياسي عام ١٩٥٥م تعرض للنقد والإبعاد أثناء الثورة الثقافية لاتهامه باختيار "طريق الرأسمالية".

في عام ١٩٧٣م استدعي إلى بكين ليستعيد منصبة كنائب لرئيس الوزراء، ويصبح رئيسا لهيئة أركان الجيش، وفي عام ١٩٧٤م ترأس الحكومة خلال مرض رئيس الوزراء شو إن لاي. وفي عام ١٩٧٩ قام برحلته التاريخية إلى الولايات المتحدة الأمريكية. وفي عام ١٩٨٩م أرسل الدبابات لصد الطلاب المتظاهرين في ساحة تياناتمن التي وقعت في إطارها مذبحة الطلاب. لكنه تمكن من تحسين صورة الصين في الخارج. وبقي حكما في الصراع على السلطة بين القيادة الصينية. في عام ١٩٩٢م قام بجولة في جنوبي

البلاد لتسريع الإصلاحات الاقتصادية وفي شباط ١٩٩٤م كان آخر ظهور علني له عبر التلفزيـون بمناسـبة رأس السنة القمرية قد بدت عليه علامات الوهن الشديد.

بعد ذلك أخذت الأنباء تتحدث عن لسان أطباء ومقربين مـن دينـغ أنـه لم يسـتطيع الكتابـة ويكاد يكون أعمى، وتضاءل سمعه كثيرا وغدا غير قادر على الوقوف أو المشي ودخـل في حالـة غيبوبـة. وأخذ الصينيون ينظرون بقلق إلى الكيفية التي ستؤول إليها الأمور من بعده، وهو الـذي أخـرج الصـين من فوضى الثورة الثقافية، وحقق تحولات اقتصادية تاريخية ومهمة. وهذا القلق لم يخفف منه الواقـع الرسمي لمشكلة خلافة دينغ، وهو اختيار جيانغ زيمين خلفا لدينغ ورئيسا للبلاد ابتداء من ١٩٨٩م، ومن ذلك الوقت حصل جيانغ على تسعة أنصاب في الحزب والجيش والحكومة.

توفي دينغ في ١٩ شباط ١٩٩٧م، وطلب في وصيته أن ينشرـ رمـاده في البحـر وأن يـتم التـبرع بقرنيتيه وأن تقدم أعضاؤه الداخلية للبحث العلمي.

أجمعت الكتابات التحليلة لحكم دينغ أنه انطلق بسرـعة عـلى عجلتـين: الإصـلاح والانفتـاح. إصلاح النظام الداخلي بتحويله تدريجيا نحو الليبرالية المتكيفة مع الخصوصية الصينية الضاربة الجـذور في التربة الكونفوشيوسية، والانفتاح الخارجي على اليابان والولايات المتحدة والغـرب الرأسـمالي عمومـا. وأعاد السلام الداخلي إلى البلاد وفك العزلة عنه وغسل "العـار الـوطني" بحصـوله في ٢٦ أيلـول ١٩٨٤م على الوعد بعودة هونغ كونغ إلى السيادة الصينية في آخر حزيران ١٩٩٧م. وقد سلك طريقا وسـطا بـين مختلف التيارات وخصوصا "المحافظين" المتمسكين بتركه الثورة المادية وسيطرة الحزب الواحد، وبين

"الإصلاحيين" الذين أرادوا تعجيل الإصلاحات من طريق الليبرالية الرأسمالية. فساعدته سياسته التوفيقية هذه في بسط سلطته ولكنها لم تخل من الهزات كما حدث في عامي ١٩٨٦،١٩٨٩م في الانتفاضات الطلابية التي هزت "إمبراطورية الوسط" كما يقول الصينيون عن بلدهم.

رابح بيطاط (١٩٢٥م-)

سياسي ورجل دولة جزائري، ولد في عين كرمة في ولاية قسطينة، بدأ منذ سني شبابه الأول يناضل في صفوف الحركة الوطنية الجزائرية وكان في مطلع شبابه عاملاً في مصنع للسجائر ثم انضم إلى حزب الشعب الجزائري واصبح عضواً نشيطاً في التنظيم الخاص شبه العسكري التابع لهذا الحكم، فحكم عليه غيابياً في عام ١٩٥٢م بالسجن مدة خمس سنوات، فاضطر إلى العمل السري. كان واحداً من التسعة الذين أسسوا المجلس الثوري للوحدة والعمل، وفي الأول من تشرين الثاني ١٩٥٤م أصبح قائداً عسكرياً لمنطقة الجزائر، في ٢٣ آذار ١٩٥٥م اعتقلته السلطات الفرنسية فحاول عبثاً الانتحار وقد حكمت عليه السلطات العسكرية بالسجن المؤبد.

في آب ١٩٥٦م عين عضواً في المجلس الوطني للثورة بالرغم من غيابه في السجن، ثم عين وزيراً للدولة في الحكومة الثورية المؤقتة، أطلق سراحه في ١٩٦٢م غداة التوقيع على اتفاقية ايفيان، أيد أحمد بن بلة صراعه ضد يوسف بن خدة وعين نائباً لرئيس مجلس الوزراء في أول حكومة ألفها بن بلة، ولكن سرعان ما اختلف مع بن بلة فاستقال من الحكومة ثانية رفض

المشاركة في مؤتمر جبهة التحرير الوطني في ١٩٦٤م، وذلك قبل أن يلجأ إلى أوروبا، أيد حركة حزيران ١٩٦٥م التي قادها هواري بومدين.

وفي ١٠ تموز ١٩٦٥م عين وزير دولة ثم وزيراً للنقل قبل أن يصبح رئيس "المجلس الشعبي الوطني" عام ١٩٧٦م.

راضي حسن عناب (١٨٩٧م-   )

عسكري أردني، ولد في مدينة نابلس عام ١٨٩٧م، وكان والده ضابطاً في الجيش العثماني، وكان ينتقل معه حيث درس في عدة مدارس، نابلس، ثم مدينة كاليبولي، تركيا، سالوتيك، اليونان عندما كانت ولاية عثمانية ثم دار المعلمين في المعهد العثماني في استانبول.

في ١٩١٥م دعي للخدمة العسكرية حيث دخل مدرسة المرشحين ثم التحق بالوحدات العسكرية في الجيش العثماني، وفي عام ١٩١٧م رفع إلى رتبة ملازم وفي عام ١٩١٨م انسحب الجيش العثماني من البلاد حيث بقي في دمشق وانخرط بدعوة من الجيش العربي للضباط العرب بعد أن دخلت قوات جيش الثورة العربية الكبرى بقيادة الأمير فيصل بين الحسين دمشق، وبعد دخول الفرنسيين دمشق حل جيش الثورة العربية فخرج الملازم راضي عناب من دمشق ووصل عمان عام ١٩٢١م حيث التحق في خدمة الأمير عبد الله وانخرط في قوات الأمن التي كانت في طور التشكيل، وقد رفع إلى رتبة ملازم أول بتاريخ ١٤ آب ١٩٢١م.

وبعد انتهاء خدمة الفريق كلوب في الأول من آذار ١٩٥٦م رقي راضي عناب إلى رتبة أمير لواء وعين رئيسا للأركان، وبذلك يكون أول رئيس أركان عربي للجيش العربي.

راموس، فيدل فالديز (١٩٢٨م-   )

سياسي ورجل دولة فلبيني، ولد راموس في انسينجان في مقاطعة باتجاسينان، وفي عام ١٩٥٠م تخرج في الأكاديمية العسكرية في ويست بوينت بالولايات المتحدة الأمريكية، وتحت قيادة الرئيس ماركوس أصبح القائد العام للشرطة في الفلبين في عام ١٩٧٢م، وكان نائب رئيس أركان القوات المسلحة، وفي عام ١٩٨٦م ساند راموس ترشيح اكينو نفسها للرئاسة، واصبح رئيس الأركان في أثناء توليها الرئاسة، وفي نوفمبر ١٩٨٦م أفصح عن إخلاصه للرئيسة الجديدة برفضه الانضمام إلى محاولة الجناح اليمني لقلب الحكومة.

أصبح راموس رئيسا للفلبين في يونيو ١٩٩٢م خلفاً للرئيسة السابقة "كورازوت اكينو"، ويعتبر راموس أول بروتستانتي ينتخب رئيسا للدولة، بينما ٨٠% من السكان كاثوليك.

راولينسون، هنري (١٨٦٤م-١٩٢٥م)

عسكري بريطاني، ولد راولينسون في بريطانيا ١٨٦٤م، وانضم إلى الجيش البريطاني حين بلغ العشرين من عمره، اشترك في الحملات التي قامت بها القوات البريطانية في بورما (١٨٨٦م-١٨٨٧م) ووادي النيل ١٨٩٨م، ثم

أرسل إلى جنوب أفريقيا حيث ظهرت كفاءته خلال حرب "البوير" (١٨٩٩م-١٩٠٢م).

قاد راولينسون خلال الحرب العالمية الأولى الجيش البريطاني الرابع، وتمكن من دحر القوات الألمانية في معركة "أميان" (١٩١٨/٨/٨م) التي كانت أول انتصار فعلي حققته الجيوش الحليفة في حملتها النهائية في تلك الحرب، كما تولى قيادة قوات الحلفاء التي أرسلت إلى شمال روسيا عام ١٩١٨م، وبعد انتهاء الحرب أرسل في العام ١٩٢٠م إلى الهند حيث احتل منصب القائد العام للقوات البريطانية هناك، وعمل على إعادة تنظيم تلك القوات ورفع مستواها إلى حين وفاته في "دلهي" في ١٩٢٥/٣/٢٨م.

رايدر، ايريخ (١٨٧٦م-١٩٦٠م)

عسكري ألماني، ولد رايدل في عام ١٨٧٦م في "فاندسبيك" (ألمانيا الغربية حالياً) التحق بالقوات البحرية الحربية في العام ١٨٩٧م، وشارك في العمليات العسكرية خلال الحرب العالمية الأولى (١٩١٤م-١٩١٨م) كرئيس للأركان تحت قيادة الأميرال "هيبر" واشتهر في معارك "دوغر بانك" عام ١٩١٥م و"جوتلاند" عام ١٩١٦م، عمل مفتشاً للبحرية الألمانية في العام ١٩٢٢م، ثم أصبح على راس القوات البحرية في بحر الشمال في العام ١٩٢٨م بعد ذلك عين قائداً أعلى للقوات البحرية الألمانية في العام ١٩٣٥م، ومنحه هتلر مرتبة الأميرال الأكبر في الرايخ الثالث، وقد استطاع بنفوذه الشخصي وحنكته أن يبعد الأسطول البحري عن الأهواء والمنازعات السياسية، وأن يحافظ على وحدته المعنوية.

وعند اندلاع الحرب العالمية الثانية كان رايدر أول من اقترح القيام بغزو "النرويج" وهو الذي أشرف على تخطيط وتنفيذ غزو "الدنمارك" و"النرويج" في العام ١٩٤٠م، كما حث هتلر على نقل مسرح الحرب الرئيس إلى البحر الأبيض المتوسط كبديل لغزو بريطانيا والاتحاد السوفيتي، وكان يعتبر استراتيجية غزو كل من الدولتين المذكورتين استراتيجية طائشة، ولكن هتلر لم يعر اقتراحاته اهتماماً. ولم تقتصر اختلافات الرجلين حول هذا الأمر فحسب، بل تعدته إلى قضية تفوق سفن السطح وأفضليتها على سلاح الغواصات، فقد كان هتلر والأميرال "دونيتز" يريان إعطاء الأفضلية لسفن السطح.

وفي كانون الثاني ١٩٤٣م استقال رايدر من مناصبه العسكرية، ويرجع ذلك إلى غضب هتلر عليه بسبب فشل الأسطول في تدمير القوافل المتجهة نحو الاتحاد السوفيتي عبر المنطقة القطبية، والخسائر التي منيت بها البحرية الألمانية هناك، وفي نهاية الحرب ألقى الحلفاء القبض على رايدر، ومثل أمام محكمة مجرمي الحرب في "نورمبورغ" وفي العام ١٩٤٦م حكم عليه بالسجن مدى الحياة وأودع في السجن وفي عام ١٩٥٥م أخلى الحلفاء صراحة.

رشيد عالي الكيلاني (١٨٩٣م-١٩٦٥م)

سياسي عراقي، ولد في عائلة بغدادية ذات مكانة مرموقة، درس الحقوق ودرس القانون، عين عضواً في محكمة التمييز، فوزيراً للعمل عام ١٩٢٤م، ولكنه سرعان ما استقال احتجاجاً على اتفاقية البترول المبرمة مع بريطانيا على أساس أنها مجحفة بحق العراق، في ١٩٣٣م تولى رئاسة الوزارة، فعمد الإنكليز إلى إثارة الفتنة الطائفية في شمالي البلاد. كان الآشوريون ضحيتها، وقمعها

الكيلاني بعنف، وزير الداخلية في حكومة ياسين الهاشمي عام ١٩٣٥م، ثم رئيس الديوان الملكي في عهد الملك غازي.

بعد إعلان الحرب العالمية الثانية، رأى الوصي على العرش عبد الإله أن يساير الرأي العام العراقي الذي استنكر الغموض والدسائس البريطانية المحيطة بمقتل الملك غازي، والذي كان يرى في نوري السعيد صنيعة للإنكليز، فطلب إلى رشيد عالي الكيلاني، رئيس الديوان العالي، أن يرأس حكومة أقطاب تضم كبار السياسيين العراقيين، وتم تأليف الوزارة في آذار ١٩٤٠م، إلا أنها سرعان ما اصطدمت بالإنكليز نتيجة محاولة هؤلاء فرض الإرادة البريطانية على الشعب العراقي، فقد طلب الإنكليز من رشيد عالي الكيلاني قطع العلاقات مع ألمانيا، إلا أن رشيد عالي رفض طلبهم على اعتبار أن المعاهدة العراقية – البريطانية لا تحتم ذلك، وأنه يتوجب تزويد العراق بالسلاح أو بالمال اللازم لشراء السلاح، وإصدار بيان مشترك مع فرنسا يعلق التعاطف مع أماني العرب القومية في سوريا وفلسطين، إلا أن بريطانيا رفضت طلبات العراق وعمدت فوراً بالتعاون مع الوصي عبد الإله على إسقاط وزارة الكيلاني عن طريق دعوة الوزراء إلى الانسحاب من الحكومة، فيضطر رئيس الوزراء إلى الاستقالة بدوره، وبالفعل أقدم الوزراء وفي طليعتهم نوري السعيد وزير الخارجية على الاستقالة، وكاد رشيد عالي أن يضطر إلى تقديم استقالته لولا تدخل التنظيم القومي العربي في الجيش العراقي بقيادة العقداء الأربعة (صلاح الدين صباغ، محمود سلمان، كمال شبيب وفهمي سعيد) وإبلاغهم إياه بأن الجيش يؤيده، وأن عليه أن يختار وزراء جدد بدلاً من المستقيلين، وقد فعل الكيلاني ذلك وأعد مرسوماً بحل مجلس النواب أيضاً، إلا أن الوصي عبد الإله لم يوقع على

المراسيم، بل لجأ إلى مدينة الديوانية، فما كان من الكيلاني إلا أن قدم استقالته، فقام الوصي بتعيين طه الهاشمي رئيساً للوزراء ليعمل على إقصاء العقداء الأربعة عن مناصبهم، وعندما حاول الهاشمي أن يفعل ذلك تضامن الضباط مع زملائهم وحاصروا منزله وأجبروه على الاستقالة، وأحاطت قوات الجيش بالقصر إلا أن الوصي استطاع الفرار بسيارة المفوض الأمريكي إلى القاعدة البريطانية في الحبانية ثم إلى البصرة بطائرة تابعة لسلاح الجو البريطاني وحاول التحريض ضد الحكومة الوطنية في بغداد ولم يتجاوب معه سوى صالح جبر، متصرف البصرة، فأصدر قادة الجيش أمراً لحماية البصرة بالقبض عليه، ففر الوصي إلى القدس، وقد سيطر الجيش على المرافق العامة في البلاد. ولدى اجتماع المجلس النيابي في ١٠ نيسان ١٩٤١م أعلن تنصيب الشريف شرف وصياً على عرش العراق بدلاً من عبد الإله. وألقت بعد يومين حكومة "الدفاع الوطني" برئاسة رشيد عالي الكيلاني (وكانت حكومته الرابعة) وعضوية ناجي شوكت، ناجي السويدي، علي محمود الشيخ علي، محمد علي محمود، رؤوف البحراني، يونس السبعاوي، د. محمد حسن سلمان وموسى الشابندر.

وفي ٢ أيار ١٩٤١م أعلنت بريطانيا الحرب على العراق، وفتحت النار من قاعدة الحبانية وأنزلت قوات كبيرة في البصرة وتحركت القوات في الأردن نحو الرطبة والرمادي فبغداد، وأبدى الشعب العراقي حماساً كبيراً في الدفاع عن الحكم الوطني، وسانده فلسطينيون كانوا قد تجمعوا في بغداد بعد الثورة الفلسطينية الكبرى، كما تشكلت لجان شعبية في سوريا للدفاع عن ثورة العراق، وكانت القاعدة العسكرية البريطانية في الحباتية على مسافة أقل من

ساعتين بالسيارة عن بغداد، في حين لم يكن الجيش العراقي يملك سوى بضعة أسلحة عتيقة.

استمرت الحرب حتى ٢٩ أيار ١٩٤١م حيث انتهت بانتصار الإنكليز، وبتوقيع هدنة في ٣٠ أيار عام ١٩٤١م وعادت الأمور واستتبت للإنكليز وللوصي عبد الإله ولنوري السعيد، وتشكلت حكومة مواليه لهم وأعلنت في ٢ حزيران ١٩٤١م الأحكام العرفية، وحاكمت القادة الوطنيين وأصدرت عليهم أحكاماً غيابية بالإعدام، وقد تمكنت السلطات البريطانية من استلام الفارين من إيران، فأبعدتهم أول الأمر إلى روديسيا، ثم جاءت ببعض منهم إلى بغداد، ونفذت حكم الإعدام شنقاً بحق فهمي سعيد ومحمود سليمان ويونس السبعاوي في ٥ أيار ١٩٤٢م، وكامل شبيب في آب ١٩٤٤م، وعلى أثر تسلم العقيد صلاح الدين الصباغ من تركيا قامت السلطات بإعدامه يوم ١٦ تشرين الأول ١٩٤٥م، أما رشيد عالي الكيلاني فغادر إلى إيران، ثم إلى ألمانيا فالسعودية فمصر، ولم يعد إلى العراق إلا بعد انقلاب ١٩٥٨م، وتوفي في بيروت في صيف عام ١٩٦٥م.

رامزي، بيرترام (١٨٨٣م-١٩٤٥م)

عسكري بريطاني، ولد في لندن في العام ١٨٨٣م، وفي عام ١٨٩٨م انخرط في الخدمة العسكرية، وبحلول العام ١٩٣٨م رقي إلى رتبة فريق بحري، وأحيل إلى التقاعد، ثم لم يلبث أن دعي إلى الخدمة من جديد في آب عام ١٩٣٩م، عشية نشوب الحرب العالمية الثانية، وشغل قائد القوة البحرية البريطانية في دوفر والمسؤول عن جلاء القوات البريطانية من فرنسا إثر هزيمة "دتكيرك".

وبقي رامزي خلال السنتين التاليتين في الخط الأمامي لمواجهة خطر الغزو الألماني للأراضي الإنكليزية، وعندما انحسر هذا الخطر تولى مسؤولية مراقبة القتال الإنكليزي، في الوقت الذي كان فيه الألمان يسيطرون على الشاطئ الفرنسي المقابل.

اشترك في وقت لاحق في التخطيط لعمليات الإنزال "المشعل" في شمال أفريقيا في تشرين الثاني ١٩٤٢م، وفي غزو صقليا عام ١٩٤٣م أصبح القائد العام البحري في عمليات الإنزال في نور مندي في حزيران ١٩٤٤م، قتل في حادث تحطم طائرة في ٢ كانون الثاني عام ١٩٤٥م.

روبرتسن، وليام روبرت (١٨٦٠م-١٩٣٣م)

عسكري بريطاني، دخل الجيش جندياً عام ١٨٧٧م، خدم في عمليات القوات البريطانية في الهند، وفي أركان المخابرات قبل أن يعود إلى إنكلترا في العام ١٨٩٦م حيث اصبح أول ضابط يترقى من صفوف الجنود ويلتحق بكلية أركان الحرب في "كامبرلي" عام ١٨٩٧م.

خدم روبرتسن في أركان المخابرات أثناء حرب البوير (١٨٩٩م-١٩٠٢م) وأصبح قائداً لكلية الأركان عام ١٩١٠م ثم مديراً للتدريب العسكري في وزارة الحرب البريطانية عام ١٩١٣م، وعندما اندلعت الحرب العالمية الأولى في العام ١٩١٤م أصبح رئيساً لفرع الإمداد والتموين لقوات الحملة البريطانية في فرنسا، وفي كانون الثاني عام ١٩١٥م عين رئيساً لأركان الجنرال "دون فريتش" ثم أصبح رئيسا لهيئة الأركان الإمبراطورية في كانون الأول عام ١٩١٥م، فأيد من منصبه هذا السير "دوغلاس هيغ" في التأكيد على أهمية

الجبهة الغربية، كما عارض المحاولات الحكومية المستمرة لتوزيع القوات البريطانية واستخدامها في أماكن أخرى، مما أدى إلى نقله في شباط ١٩١٨م إلى القيادة الشرقية في إنكلترا، وقاد الجيش البريطاني في فترة (١٩١٩م-١٩٢١م) إبان عملية احتلال منطقة "الرين" توفي في لندن في ١٩٣٣/٢/١٢م.

الرئيس روزفلت، ثيودور (١٨٥٨م-١٩١٩م)

رئيس الولايات المتحدة الأمريكية بين عامي ١٩٠١م و١٩٠٩م وقد اكتسب روزفلت شهرة واسعة بصفته رئيسا، واستخدم سلطته القيادية لمساعدة الولايات المتحدة الأمريكية في مجابهة العديد من التحديات في الداخل والخارج.

ولد روزفلت في مدينة نيويورك ١٨٥٨م وفي عام ١٨٩٧م عينه الرئيس وليم ماكنلي مساعدا لوزير البحرية. حيث عمل روزفلت على تقوية الحرية وفي عام ١٨٩٨م شارك روزفلت في الحرب الكوبية، مما أكسبه شهرة واسعة ساعدته على الفوز في انتخابات عام ١٨٩٨م حاكما لولاية نيويورك وأثناء توليه منصب حاكم ولاية نيويورك بدا روزفلت ما عرف بدبلوماسية العصا الغليظة التي استمرت فيما بعد خلال مدة رئاسته.

في عام ١٩٠٠م تقدم الرئيس ماكنلي لانتخابات الرئاسة واختار روزفلت لمنصب نائب الرئيس، وبعد ستة أشهر من انتخابه توفي الرئيس ماكنلي فأصبح روزفلت رئيسا للولايات المتحدة، وفي فترة رئاسته الأولى سعى روزفلت إلى تقليص سلطة مؤسسات الأعمال الضخمة. وفي عام ١٩٠٣م أنشأ الكونكرس -بناء على طلب روزفلت- وزارة التجارة والعمل، وفي مجلس

السياسة الخارجية كان أبرز إنجازاته عقد اتفاقية بنما التي تعطي الولايات المتحدة حق استخدام شريط من الأرض حفرت عليه قناة بنما.

وفي فترة رئاسته الثانية ١٩٠٥-١٩٠٩م طالب روزفلت الكونكرس بإجازة التشريعات التي تمنع الانتهاكات في صناعة السكك الحديدية. كذلك أجاز الكونكرس قوانين لحماية الجمهور من الأطعمة والعقاقير الضارة.

وفي عام ١٩٠٥م ساعد روزفلت على إنهاء الحرب الروسية اليابانية، وفي عام ١٩٠٨م عقدت اليابان والولايات المتحدة الأمريكية اتفاقية روث تاكاهيرا التي تعهد فيها البلدان بعدم السعي إلى إحراز مكاسب أخرى في منطقة المحيط الهادي.

ترك روزفلت الرئاسة عام ١٩٠٩م وكان يبدو أنه سوف يرشح للرئاسة مرة أخرى في انتخابات عام ١٩٢٠م لكنه توفي بمنزله في نيويورك عام ١٩١٩م.

الرئيس روزفلت، فرانكلين ديلانو (١٨٨٢م-١٩٤٥م)

الرئيس الوحيد للولايات المتحدة الأمريكية الذي انتخب أربع مرات، استمرت لمدة ١٢ عاماً. وتوفي بعد ٨٣ يوما من انتخابه للمرة الرابعة.

أصبح روزفلت رئيسا في فترة قمة الكساد العظيم. وفي أول خطبة له بعد تنصيبه دعا إلى الإيمان بمستقبل أمريكا وأعلن بوضوح أن الشيء الوحيد الذي يجب أن تخافه هو الخوف نفسه وقد بدأت حقبة جديدة في التاريخ الأمريكي تحت قيادته، حيث أطلق على برنامجه اسم الصفقة الجديدة، وفرضت حكومته قيودا قوية على شركات الأعمال أكثر من أي وقت مضى.

ولد روزفلت في عام ١٨٨٢م في نيويورك بالولايات المتحدة الأمريكية، وكان الولد الوحيد لأبويه، وتعلم في مدرسة غرتون في غرتون، ماساش سيتس بالولايات المتحدة، وفي عام ١٩٠٠م التحق بجامعة هارفارد حيث درس التاريخ، وتخرج فيها عام ١٩٠٣م التحق بكلية الحقوق بجامعة كولومبيا عام ١٩٠٤م. وبعد تخرجه عمل محاميا لمدة ثلاث سنوات، لكنه لم يبد حماسا للعمل القانوني.

فاز روزفلت عام ١٩١٠م في انتخابات مجلس الشيوخ بولاية نيويورك حيث عرف بعد ذلك بأنه سياسي ماهر، وبعد اندلاع الحرب العالمية الأولى ودخول أمريكا الحرب، عمل روزفلت الذي كان مساعدا لوزير البحرية في عدة مشاريع حربية، وقام بجولة في ميادين الحرب الأوروبية، وقابل القادة العسكريين مما جعله شخصية قوية.

وفي عام ١٩٢٠م رشح مؤتمر الحزب الديموقراطي جيمس كوكس حاكم ولاية أوهايو لمنصب الرئيس روزفلت لمنصب نائب الرئيس ولكن المرشحين الجمهوريين هزماهما بسهولة. وفي عام ١٩٢١م أصيب روزفلت بشلل الأطفال واعتقد الجميع أن نشاطه السياسي قد انتهى. إلا أنه وبعد صراع مع المرض عاد للحياة السياسية عام ١٩٢٤م قوبل روزفلت بحفاوة بالغة ولفت الانتباه إليه بوصفه قائدا ديموقراطيا لم يستسلم للمرض.

انتخب روزفلت حاكما لولاية نيويورك عام ١٩٢٨م نظرا للسياسات الجيدة التي طبقها. ثم أعيد انتخابه بأغلبية ساحقة عام ١٩٣٢م وفي السنة نفسها رشحه الحزب الديموقراطي لمنصب الرئيس، كما رشح جون نانسي جارنر حاكم ولاية تكساس لمنصب نائب الرئيس. فاز الاثنان بالانتخابات بأغلبية كبيرة وأصبح روزفلت رئيسا في ٤ آذار عام ١٩٣٣م وعمره ٥١ عاماً.

عندما تولى روزفلت الرئاسة كان الكساد العظيم قد تفاقم إلى مستويات سيئة، فقدم روزفلت برنامجا للإصلاح سمي الصفقة الجديدة. ووصفه بأنه استخدام سلطة الحكومة بشكل منظم من المساعدة الذاتية لكل طبقات جماعات وأقسام البلاد. وفي مجال السياسة الخارجية كانت سياسته تجاه دول أمريكا اللاتينية سياسة حسن الجوار كما وصفها هو نفسه. وتتلخص تلك السياسة في إبداء حسن النية تجاه تلك الدول، واعترفت إدارته بالاتحاد السوفيتي (السابق) في عام١٩٣٣م، وتبادل البلدان الممثلين الدبلوماسيين بعد ١٦ عاما من القطيعة.

في عام ١٩٣٦م أعيد انتخاب روزفلت رئيسا للولايات المتحدة للمرة الثانية. وفي عام ١٩٣٩م بدأت الحرب العالمية الثانية عندما غزت ألمانيا بولندا وكان رأى روزفلت أن انتصار دول الحوار سوف يهدد الديموقراطية في كل مكان في العالم. ولكن دعاة العزلة في الولايات المتحدة كان من رأيهم أن تبقى الولايات المتحدة بعيدة عن الحرب. كما أن الكونكرس أجاز قانون الحياد لعام ١٩٣٩م.

في عام ١٩٤٠م خالف الحزب الديموقراطي في كل السوابق ورشح روزفلت لولاية ثالثة، وفاز روزفلت بالانتخابات رئيسا للولايات المتحدة للمرة الثالثة. وفي عام ١٩٤١م أصدر روزفلت مع رئيس وزراء بريطانيا ونستون تشرتشل إعلان الأطلسي وفي عام ١٩٤١م أعلن روزفلت أن جميع الناس يجب أن يتمتعوا بحرية التعبير وحرية العبادة، والتحرر من الحاجة والخوف. وسميت هذه الحقوق الأربعة الحريات الأربع.

أعلنت الولايات المتحدة الحرب على اليابان ١٩٤١م بعد أن هاجمت اليابان الأسطول الأمريكي الذي كان يرسو في ميناء بيل هاربور. وفي نفس

العام أعلنت ألمانيا وإيطاليا الحرب على الولايات المتحدة فأعلنت الولايات المتحدة الحرب عليهما. بعد ذلك سافر روزفلت عدة مرات للالتقاء برؤساء الدول المتحالفة للتشاور معهم وتحديد الأهداف السياسية للحرب.

في عام ١٩٤٤م أجريت الانتخابات في الولايات المتحدة وفاز روزفلت ونائبه هاري ترومان بسهولة على منافسيهم الديموقراطيين، وبعد يومين من تنصيبه غادر روزفلت بلاده للاجتماع بتشرتشل وستالين في يالطا. حيث اتفقوا على الهجوم النهائي على ألمانيا وغير ذلك من القضايا.

في ٢٩ آذار ١٩٤٥م ذهب روزفلت إلى وورم سبرنجتر للاستجمام، وفي ١٢ نيسان أصيب بنزيف في الدماغ بينما كان يعمل في مكتبه، وتوفي في اليوم نفسه.

روزنبيرغ، الفريد (١٨٩٣م-١٩٤٦م)

أيدلوجي الفكر النازي، وسياسي ألماني، تدرج في عدة مناصب، ووضع عدة دراسات وكتب أشهرها كتاب "أسطورة القرن العشرين" عام ١٩٣٠م، الذي جعل منه منظر النازية، وأدعى في كتابه التفوق العنصري الآري وعبادة الزعيم العظيم، كان يريد أن يستبدل بالنصرانية عقيدة وثنية جرمانية، وأصبح وزيراً لشؤون الألماني الشرقية المحتلة (١٩٣٩م-١٩٤٥م) وبعد الحرب تم إعدامه لما اقترفه من جرائم الحرب.

روكوسوفسكي، كونستنتين (١٨٩٦م-١٩٦٨م)

عسكري سوفيتي، من أبرز القادة العسكريين خلال الحرب العالمية الثانية، جند في فوج الفرسان الثقيلة "دراغون" الخامس في الجيش القيصري في آب عام ١٩١٤م، عند نشوب الحرب العالمية الأولى ثم انضم إلى الجيش الأحمر أثر قيام ثورة تشرين الأول عام ١٩١٧م، واشترك في معارك الحرب الأهلية وحروب التدخل الأجنبي (١٩١٨م-١٩٢٠م).

وفي العام ١٩٢٤م أوفد إلى مدرسة الخيالة العليا في "لينغراد" لتلقي دورة دراسية عليا، وذلك بعد أن أمضى فترة من الوقت في جمهورية منغوليا الشعبية للمساعدة في تنظيم قوات الخيالة الخاصة بها، ثم انتقل "روكوسوفسكي" في العام ١٩٣١م إلى فيلق الخيالة الخامس، وقد اعتقل في العام ١٩٣٨م إبان عملية التطهير وذلك لأسباب إدارية، ثم افرج عنه، وفي ربيع عام ١٩٤٠م رقي إلى رتبة عميد.

وعند نشوب الحرب العالمية الثانية استدعي روكوسوفسكي في ١٩٤١/٧/١٤م إلى "كييف" حيث أبلغه قائد الجبهة أن القيادة العليا ستسند إليه قيادة جيش في الجبهة الغربية، التي كان يقودها "تيمو شينكو" فسافر إلى موسكو في اليوم التالي، حيث أبلغ بتوليه مجموعة متحركة قوامها فرقتان أو ثلاث فرق مدرعة وفرقة مشاة في منطقة "يارتسيفو" لمنع العدو من التقدم باتجاه "فيازما" حتى يمكن الاحتفاظ بمدينة "سمولنسك" وسد طريق التقدم نحو "موسكو" أو تأخيره على الأقل لأطول فترة ممكنة، وفي ١٩٤١/٧/١٧م تسلم قيادة هذه المجموعة، التي أصبحت تعرف "بمجموعة روكوسوفسكي".

وفي أوائل تموز ١٩٤٢م عين "روكوسوفسكي" باقتراح من "جوكوف" قائد لجبهة "بريانسك" التي كانت تضم جيوش الأسلحة المشتركة ٤٨ و١٣ و٣٨ والجيش المدرع ٥ والفيلقين المدرعين ١ و١٦ وفيلق خيالة. ولعبت هذه الجبهة دوراً هاماً في صد التقدم الألماني نحو "فورونيج" وحماية الجناح الجنوبي للجبهة الغربية، أثناء الهجوم الألماني نحو "ستالينغراد" وفي بداية أيلول أسندت إليه قيادة جبهة "ستالينغراد" التي سرعان ما تغير اسمها إلى جبهة "الدون" على حين أطلق اسم جبهة ستالينغراد على "الجبهة الجنوبية الشرقية" وكانت جبهته الجديدة تضم الجيوش ٦٣ و٢١ و٢٤ و٦٦ والجيش المدرع ٤، وتحمي قطاعاً من الجبهة عرضه نحو ٤٥٠كلم، وساهمت هذه الجبهة مساهمة كبيرة في تخفيف الضغط عن "ستالينغراد" بالهجمات التي كانت تشنها على الجناح الشمالي للقوات الألمانية، ثم لعبت دوراً كبيراً في الهجوم المضاد الذي انتهى بتطويق الجيش السادس الألماني دال جيب "ستالينغراد" ثم أوكل إليها مهمة تصفية الجيش نهائياً في شهر كانون الثاني ١٩٤٣م، واستسلم الماريشال "فون باولوس" وجيشه السادس لروكوسوفسكي وقواته في ٢ شباط ١٩٤٣م واستدعاء "ستالين" في ١٩٤٢/٢/٤م، وهنأه على نصر "ستالينغراد" ثم أخبره بتغيير اسم جبهته إلى "الجبهة المركزية".

وفي ١٩٤٤/١١/١٢م عين روكوسوفسكي قائداً لجبهة "روسيا البيضاء الثانية" التي قامت باحتلال "بروسيا الشرقية" في شباط وآذار ١٩٤٥م، ثم شاركت في عملية "برلين" على الجناح الشمالي، والتقت قواتها في ١٩٤٥/٥/٣م مع القوات البريطانية جنوب غربي "فيسمار" وطهرت شاطئ البلطيق، وبعد انتهاء الحرب أوفد روكوسوفسكي إلى "بولونيا" بطلب من حكومتها، حيث عين وزيراً

للدفاع ومنح رتبة "ماريشال بولونيا" كما انتخب عضواً في مجلس الشعب البولوني وعضواً في المكتب السياسي لحزب العمال البولوني، ثم عاد في العام ١٩٥٦م إلى الاتحاد السوفيتي حيث عين نائباً لوزير الدفاع، وانتخب عضواً في اللجنة المركزية للحزب الشيوعي السوفيتي، وعضواً في مجلس السوفييت الأعلى، وفي العام ١٩٦٢م عين مفتشاً عاماً للقوات المسلحة السوفيتية، وقد منح وسام "لينين" تسع مرات ولقب "بطل الاتحاد السوفيتي" مرتين، توفي في ١٩٦٨/٨/٣م.

روملِ، أروين (١٨٩١م-١٩٤٤م)

من مشاهير القادة العسكريين الألمان الملقب "بثعلب الصحراء" التحق رومل بالجيش العام ١٩١١م كطالب ضابط في فوج المشاة ١٢٤. اشترك في الحرب العالمية الأولى في العام ١٩١٤م كضابط مشاة كفء على الجبهة الفرنسية وبقي فيها حتى نهاية الحرب، وإثر معاهدة "فرساي" وتخفيض عدد الجيش الألماني إلى ١٠٠ ألف جندي كان النقيب "رومل" من ضمن الأربعة آلاف ضابط ألماني الذين بقوا في الجيش العامل تحت قيادة الجنرال "فون سيكت".

اهتم رومل طوال فترة ما بين الحربين بمتابعة آراء "فوت سيكت" و"ليدل هارت" و"فولر" عن الحركية في القتال، واستخدم المدرعات في حرب الحركة، وفي العام ١٩٢٩م رقي رومل إلى رتبة رائد وعين مدرباً في مدرسة المشاة في "درسدن" ثم تولى قيادة كتيبة مشاة جبلية في العام ١٩٣٣م، ثم عين في العام

١٩٣٥م كمدرس في أكاديمية الحرب العليا في "بوتسدام"، وفي العام ١٩٣٨م عين مديراً لأكاديمية الحرب في "فيزتو بشتات".

اختاره هتلر قائدا لحرسه الخاص عندما دخل "براغ" في آذار ١٩٣٩م، ورقي في آب إلى رتبة لواء في قيادة هتلر، وكان مسؤولا عن أمنه خلال غزو بولندا في أيلول ١٩٣٩م، الأمر الذي أتاح له فرصة متابعة تطبيق أسلوب الحرب الخاطفة عملياً لأول مرة بصورة متكاملة، ولذلك طلب من هتلر تسليمه قيادة فرقة "بانزر" "فرقة مدرعة" كي يشارك عملياً في تطبيق هذا الأسلوب خلال الهجوم المتوقع على فرنسا، فعينه "هتلر" قائداً لفرقة البانزر السابعة في ١٩٤٠/٢/١٥م التي عرفت باسم فرقة "الشبح".

وفي ١٩٤١/٢/١٢م وصل رومل إلى طرابلس في ليبيا ليتولى قيادة الفيلق الأفريقي الألماني، الذي تقرر إرساله إلى شمالي أفريقيا للحيلولة دون سقوط ليبيا في أيدي الجيش البريطاني، بعد سلسلة الهزائم التي لحقت بالجيش الإيطالي في "سيدي براني" و"طبرق" و"بيضاء قم" أمام قوة الصحراء الغربية البريطانية بقيادة "أوكونور" وتحت إشراف الجنرال "ويفل" وهناك بدأت المرحلة التي لمع فيها اسم رومل بسرعة واكتسب شهرته العالمية المعروفة.

وفي منتصف آب عام ١٩٤٢م تولى الجنرال "مونتغومري" قيادة الجيش الثامن تحت إشراف الجنرال "الكسندر" القائد العام الجديد للشرق الأوسط، فأعاد التنظيم للخط الدفاعي بعد وصول تعزيزات جديدة إليه، وتمكن من صد هجوم رومل الأخيرة على خط "العلمين" فيما عرف بمعركة "علم حلفا" (من ليلة ٣٠-٨/٣١/ حتى ١٩٤٢/٩/٦م). على أثر ذلك انتقلت المبادرة الاستراتيجية تماماً إلى أيدي البريطانيين وبات رومل ينتظر وقوع هجوم بريطاني عام، نظراً لأنه كان

يدرك حقيقة عدم إمكان تعزيز قواته بمزيد من التشكيلات المدرعة والجوية، في ظل الاعتبارات الاستراتيجية الألمانية العليا، التي كانت تولي الجبهة السوفيتية أولوية شبه مطلقة، خاصة إبان احتدام معركة "ستالينغراد" وزاد من خطورة وضع قوات رومل في تلك الفترة تزايد المشكلات الإدارية، وتناقص المحروقات اللازمة لحرب الحركة، بسبب طول خطوط المواصلات، والنشاط الجوي والبحري البريطاني، وسوء الإدارة الإيطالية المشرفة على أعمال الشحن والنقل البحري من إيطاليا إلى ليبيا.

وظهر اختلال ميزان القوى العسكري بوضوح لصالح "مونتغومري" عشية بدء معركة "العلمين" الهجومية في ١٩٤٢/١٠/٢٣م، التي انتهت بانسحاب رومل في ١٩٤٢/١١/٥م، بعد أن تكبد خسائر فادحة في تشكيلاته المدرعة، وفقد معظم مشاته الإيطالية، ولكنه ألحق بالمقابل خسائر كبيرة بالمدرعات والمشاة البريطانية.

ولقد أظهر رومل كفاءة في سحب بقايا قواته بعد هزيمة "العلمين" ثم أظهر بعد ذلك كفاءة مماثلة عند الانسحاب من "العقلية" ونجح في وقف تقدم "مونتغومري" بعض الوقت أمام خط "ماريت" قرب الحدود التونسية، وتمكن خلال هذه الفترة من شن هجوم مضاد ضد القوات الأمريكية المتقدمة من الجزائر للالتقاء مع قوات الجيش الثامن، وحقق في هذا الهجوم المعاكس بعض النجاح فيما عرف بمعركة "ممر قصرين" إثر ذلك استدعاء "هتلر" إلى أوروبا في ١٩٤٣/٣/٩م حتى لا يسقط في الأسر مع بقية قوات المحور التي استسلمت بعد ذلك في تونس بتاريخ ١٩٤٣/٥/٧م.

وعين رومل قائداً للقوات الألمانية شمالي جبال الألب، ثم أرسل إلى اليونان لدراسة وضع القوات الألمانية والإيطالية هناك، نظراً لاحتمال قيام الحلفاء بغزو الأراضي اليونانية، ثم عين في نهاية العام ١٩٤٣م مفتشاً على تحصينات جدار الأطلسي حيث حاول تحسينها وتقويتها قدر الإمكان، ثم تولى قيادة مجموعة الجيوش "ب" في فرنسا تحت قيادة "فون رونشترت".

في الرابع عشر من أيار ١٩٤٤م تمكن عمدة مدينة شتوتغارت، كارل شترولن، ورئيس الأركان هانز شييلد من إقناع رومل بالانضمام إلى حركة مقاومة النازية التي كانت قد بدأت تنمو وتتطور في أماكن وجود القوات الألمانية في أوروبا الغربية، غير أن رومل رفض مقابل هذا المشاركة في المؤامرة الساعية للإطاحة بهتلر عن طريق اغتياله، رضي فقط بأن يتصل بالحلفاء على أمل التوصل إلى هدنة تمكن من إعادة الجيوش الألمانية إلى داخل حدود ألمانيا.

وكان رومل في هذا على توافق تام مع الجنرال فون شتولبناغل، قائد القوات الألمانية في فرنسا، ولقد توافق الرجلان في ما يخص الجبهة الشرقية، على الإبقاء على القوات الألمانية عند جبهة تمتد من مجيل إلى مصب الدانوب عابرة لمبرغ، وكان من المتفق عليه أن يتم بث برامج إذاعية تشرح للشعب الألماني حقيقة الوضع العسكري، وكذب النازيين. ولقد تحدثت الخطة أيضاً عن قيام وحدات من "البانزر" بعزل قيادة هتلر واعتقاله وتقديمه للمحاكمة.

جاء إنزال الحلفاء في النورماندي ليقلب الأمور رأساً على عقب بعد ذلك بثلاثة أسابيع، واضطر رومل إلى خوض المعركة حيث أصيب بالعديد من الجراح، ولكن موت رومل بعد ذلك بأربعة أشهر لم يكن بسبب تلك الجراح، بل بالسم. ففي ١٤ تشرين الأول عام ١٩٤٤م كان رجال الغستابو قد قبضوا

على الجنرال فوق شتولبناغل الذي أصيب بجراح بليغة وأجروا معه تحقيقاً شاملاً ودقيقاً اعترف فيه الرجل بأن الماريشال أروين رومل متورط بدوره في المؤامرة التي حيكت ضد هتلر، وكادت تقضي عليه يوم العشرين من تموز ١٩٤٤م، وفي اليوم نفسه توجه وفد عسكري مؤلف من الجنراليين غدورف ومايزل إلى بيت رومل في هرلنغن حيث كان في إجازة نقاهة نالها بسبب الجراح التي أصيب بها خلال معركة النورماندي، وعندما استقبل رومل الموفودين في بيته وجدهما يعرضان عليه أن يختار واحداً من مصيرين، إما أن يتناول جرعة سم حملت إليه فيموت طواعية، وإما أن يحاكم في برلين، فكان جواب رومل أن صعد إلى سيارة موفودي هتلر حيث تناول جرعة السم ومات على الفور مفضلاً الانتحار على المحاكمة.

رونشتيت، كارل رودولف غيردفون (١٨٧٥م-١٩٥٣م)

عسكري ألماني، اكتسب شهرة واسعة أثناء الحرب العالمية الثانية، وفي العام ١٨٨٨م التحق "روندشتيت" بمدرسة "كاديت" للمبتدئين (الطلاب الضباط) في "اوراتين شتاين" ثم نقل في العام ١٨٩٠م إلى مدرسة "كاديت" عليا، وتخرج منها بعد سنتين كمرشح ضابط في سلاح المشاة، ثم التحق في العام ١٨٩٢م بالكلية العسكرية في "هانوفر" وتخرج منها برتبة ملازم ثان في حزيران ١٨٩٣م، فعاد إلى الخدمة في الكتيبة ٨٣ ذاتها.

عند نشوب الحرب العالمية الأولى في العام ١٩١٤م كان النقيب "روندشتيت" يعمل ضمن هيئة أركان فرقة المشاة ٢٢، ولقد شارك في معركة "المارث" ١٩١٤م ولعب خلالها دوراً قيادياً هاماً بعد أن أصيب قائد الفرقة

بجروح خطيرة، وعندما ثبتت الجبهة وتحولت المعارك إلى حرب الخنادق، نقل إلى "دانتويرب" في بلجيكا حيث عمل في منصب إداري، وفي ربيع ١٩١٥م نقل إلى منصب ضابط أركان لفرقة مشاة كانت تقاتل على الجبهة الشرقية، ثم انتدب للعمل مع الحكومة البولندية في "وارسو" وفي العام ١٩١٦م عين رئيساً لهيئة أركان الفيلق في جبال الكارايات بالمجر، وكان قد أصبح برتبة رائد. وفي خريف ١٩١٧م عين رئيساً لهيئة أركان الفيلق ٥٣ في الجبهة الشرقية، ثم شغل منصب رئيس أركان الفيلق ١٥ في العام ١٩١٨م، وانتدب بعد ذلك للعمل في رئاسة الأركان التركية حتى نهاية الحرب مع تركيا في ٣٠ تشرين عام ١٩١٨م.

تنقل روندشتيت خلال العشرينات من القرن العشرين في عدة مناصب وقيادات عسكرية، من ضمنها رئاسة أركان فرق مشاة وخيالة، وقيادة فرقة الخيالة الثانية، ووصل إلى رتبة لواء في بداية العام ١٩٣٣م، وآثر وصول هتلر إلى السلطة في كانون الثاني من العام ذاته، عين "روندشتيت" في "برلين" قائداً لمجموعة الجيوش الأولى، وبقي في هذا المنصب حتى العام ١٩٣٨م، حيث منح رتبة فريق وأحيل إلى التقاعد نظراً لبلوغه السن القانونية للتقاعد، إلا أنه استدعي إلى الخدمة في العام ١٩٣٩م عشية اندلاع الحرب العالمية الثانية، نظرا لكفاءته العالية، وخبرته كضابط أركان في شؤون التخطيط الاستراتيجي، وتسلم قيادة مجموعة جيوش الجنوب في الحملة على بولندا (المشروع الأبيض) ولقد ألقيت على عاتق هذه المجموعة مهمة القيام بالضربة الرئيسة في الحملة المذكورة التي بدأت في ١٩٣٩/٩/١م. وعين أثر انتهاء الحملة البولندية في ١٩٣٩/٩/٢٧م حاكماً عسكرياً لبولندا، ولكنه لم يكن مرتاحاً لهذا المنصب، نظراً لتعيين حاكم

مدني نازي يشاطره السلطات، ولم يطل به الوقت في هذا المنصب إذ نقله هتلر مع هيئة أركانه إلى الجبهة الغربية في منتصف تشرين الأول ١٩٣٩م حيث تسلم قيادة مجموعة الجيوش "أ" التي تضم الجيشين ١٢ و١٦.

وقاد مجموعة جيوش الجنوب في غزو روسيا في حزيران عام ١٩٤١م، وعلى أثر قرار الانسحاب الذي أصدره لقواته نتيجة شن القوات الروسية هجوماً معاكساً الأمر الذي أغضب هتلر وأصدر أمر بوقف الانسحاب والصمود، مما دفع روندشتيت لتقديم طلب إعفاء من قيادته احتجاجاً على هذا التدخل المباشر في إدارته، إلا أنه استدعي في آذار ١٩٤٢م وعين قائداً عاماً في الغرب ليشرف على الدفاع عن الشاطئ الأوروبي حيث بدأ الألمان إنشاء الخط الدفاعي الساحلي (جدار الأطلسي)، قبل عمليات الإنزال في النورماندي، وعلى أثر فشله في صدر عمليات إنزال قوات الحلفاء أعفي من مناصبه وحل محله الماريشال "فون كلوغ" في تموز ١٩٤٤م. إلا أنه استدعي مرة أخرى في أيلول عام ١٩٤٤م لتولي منصب الماريشال "فون كلوغ" أثر انتحاره بسبب تورطه في مؤامرة اغتيال هتلر، وعلى أثر هزيمة القوات الألمانية في هجوم الآردين في كانون الأول ١٩٤٤م التي كانت تحت قيادته، أصدر هتلر أمراً بإعفاءه من منصبه وتعين الماريشال "كيسلرينغ" بدلاً عنه ألقت القوات الأمريكية القبض عليه في ١٩٤٥/٥/١م وأطلق سراحه في ١٩٤٩/٥/٢٦م وتوفي في ١٩٥٣/٢/٢٤م.

روهم، أرنست (١٨٨٧م-١٩٣٤م)

قائد نازي ألماني، استلم قيادة الجيش "العاصفة" التابع للحزب النازي الألماني خلال المرحلة السابقة لوصول هتلر إلى السلطة عام ١٩٣٣م، وبقي

على رأس هذا الجيش حتى إعدامه (حزيران ١٩٣٤م)، كان من الأشخاص الستة الـذين شكلوا "الحـزب الاشتراكي الوطني الألماني"، ثم انضم هتلر إلـيهم بعد ذلك، في مطلع الثلاثينـات، تعـاظم دور جيش العاصفة بقيادة روهم وأصبح يمثل خطراً متزايداً على كبار ضباط الجيش وعلى مكانـة هتلر داخـل الحزب النازي، تزايد خوف هتلر من دور "العاصفة" بعد أن أصبح رئيسا للحكومة عام ١٩٣٣م، خاصـة وأن روهم استمر ينادي بضرورة الاستمرار "بالثورة النازيـة" وفقاً للمنطلقـات الأولى للنازيـة فأحيكـت مؤامرة تتهمه بالخيانة، واعتقل وعدم في ٣٠ حزيران ١٩٣٤م، وعرفت ليلة إعدامه باسم "ليلة السكاكين الطويلة" نظراً لكثرة من أعدموا من أنصاره دون محاكمة، وقد ارضى إقصاء روهـم وحل تشكيلات جيش العاصمة كبار القادة العسكريين، وكبار رجال الصناعة والمال الألمان الـذين انـدفعوا بعد ذلك للعمل مع هتلر بحماسة شديدة.

ريبنتروب، جواشيم (١٨٩٣م-١٩٤٥م)

سياسي ألماني، وزير خارجية ألمانيا في العهد الأخير لهتلر (١٩٣٨م-١٩٤٥م) حكم عليه بالإعدام في محكمة نورنبرغ الدولية، لعب دوراً مهماً في الاتصالات الدبلوماسية التي مهدت لغزو ألمانيا والاتحـاد السوفيتي لبولونيا عام ١٩٣٩م، إذ كان له الدور الأول في إعـداد معاهـدة عـدم الاعتـداء المعقودة بـين هتلر وستالين في آب ١٩٣٩م. اقترن اسمه باسم وزير خارجية الاتحاد السوفيتي، مولوتوف الـذي وقـع معه الميثاق الألماني – السوفيتي في ٢٨ أيلول عام ١٩٣٩م، بالإضافة إلى دوره البارز في توقيع المعاهـدات التي أبرمتها ألمانيا قبل الحرب العالمية الثانية.

مع اندلاع الحرب العالمية الثانية في العام ١٩٣٩م تناقصت أهمية ريبنتروب بشكل مستمر، بعد أن أصبحت الدبلوماسية تحتل مكانة ثانوية في أولويات الرايخ الثالث، إلا أنه حافظ على مكانته الشخصية بسبب دعم هتلر له، ولقد تعرض هذا الدعم لهزة إثر محاولة اغتيال هتلر في ١٩٤٤/٧/٢٠م، نظراً لاشتراك عدد من موظفي وزارة الخارجية الألمانية في تلك المحاولة، وفي نيسان ١٩٤٥م ومع ظهور ملامح انتهاء الحرب فر دينتروب من برلين وعثر عليه في "همبورغ" في ١٩٤٥/٦/١٤م، فقبضت عليه السلطات البريطانية واعتبرته من مجرمي الحرب، الذي نسبت إليهم بموجب ميثاق محكمة "نورمبورغ" التهم التالية: الجرائم ضد السلم، الإعداد والتحريض على الحرب العدوانية، جرائم الحرب مع سوء معاملة أسرى الحرب والتنكيل بالسكان المدنيين، التآمر ضد الإنسانية، ولقد أصدرت المحكمة بإعدامه، ونفذ هذا الحكم شنقاً في سجن "نورمبورغ" في ١٩٤٦/١٠/١٦م.

ريد جواي، ماثيو بنكر (١٨٩٥م-   )

عسكري أمريكي، شارك في الحرب العالمية الثانية، وقام بدور بارز إبان الحرب الكورية (١٩٥٠م-١٩٥٣م).

ولد ماثيو بنكر ريدجواي في ١٨٩٥/٣/٣م في "فورت مونرو" (فرجينيا) تخرج من كلية "ويست برينت" العسكرية وعين برتبة ملازم ثان في ١٩١٧/٤/٢٠م، ثم خدم مع فوج المشاة الثالث، رقي إلى رتبة ملازم أول في ١٩١٧/٥/١٥م، ثم إلى رتبة نقيب في آب من العام نفسه بشكل مؤقت، وقد تسلم في السنوات التي تلت العام ١٩١٨م عدة مناصب منها مدرس في كلية "ويست

بوينت" بعد ذلك أوكلت إليه مهمات عسكرية مختلفة في الخارج، فعمل في مدينة "تياتتسين" في الصين عام ١٩٢٥م، وفي "نيكاراغوا" (١٩٢٧م-١٩٣٠م) ومنطقة قناة "بناما" عام ١٩٣١م، والفلبين (١٩٣٢م-١٩٣٣م)، عين مساعداً لرئيس أركان الفيلق السادس ١٩٣٥م، ومساعداً لرئيس أركان كل من الجيش الثاني ١٩٣٦م، والجيش الرابع (١٩٣٧م-١٩٣٩م)، وفي غضون ذلك كان قد تخرج من كلية الجيش الحربية في العام ١٩٣٧م.

عندما دخلت الولايات المتحدة الحرب العالمية الثانية، كان "ريد جواي" قد رقي إلى رتبة مقدم ١٩٤٠م، فنقل إلى "واشنطن" حيث عمل في شعبة التخطيط الحربي التابعة لوزارة الحربية في الفترة (١٩٣٩م-١٩٤٢م)، وأسندت إليه في آب عام ١٩٤٤م قيادة الفيلق المحمول جواً ١٨ الذي حارب في فرنسا وبلجيكا وألمانيا في العامين ١٩٤٤م و١٩٤٥م، وقد تمكن هذا الفيلق من أسر حوالي نصف مليون جندي ألماني، رقي إلى رتبة فريق بصورة مؤقتة في العام ١٩٤٥م وقام بقيادة فيلقه للمشاركة في صد الهجوم الألماني فيما يعرف باسم "معركة الأردين الثانية" وفي آب عام ١٩٤٥م عهدت إليه قيادة منطقة "لوزون" العسكرية في الفلبين، وفي أعقاب استسلام اليابان عين قائداً لمسرح العمليات الحربية في البحر الأبيض المتوسط من تشرين الأول ١٩٤٥م حتى كانون الثاني ١٩٤٦م، وبقي لغاية العام ١٩٤٨م الممثل الأمريكي في لجنة الأركان العسكرية التابعة للأمم المتحدة.

لعب ريدجواي دوراً بارزاً في قيادة قوات الأمم المتحدة خلال الحرب الكورية (١٩٥٠م-١٩٥٣م) فلقد عين في أواخر كانون الأول ١٩٥٠م قائداً للجيش الأمريكي الثامن والقوات المتحالفة في كوريا خلفاً للفريق "دالتون

ووكر" الذي قتل في ١٩٥٠/١٢/٢٣م، خلال تقهقر القوات المتحالفة إلى جنوبي خط العرض ٣٨، تحت ضغط الهجوم المعاكس الشمالي، فنشر الفيلق الأمريكي الأول على الجبهة الغربية، كما نشر الفيلق الأمريكي التاسع على الجبهة الوسطى مستنداً إلى سلسلة الجبال التي كانت تتولى الدفاع عنها الفيالق الجنوبية (١) و(٢) و(٣) بالإضافة إلى الفيلق الأمريكي العاشر، وفي ١٩٥١/١/١م بدأ الهجوم الصيني - الكوري الشمالي على طول الجبهة مع التركيز على الجبهة الغربية، وحقق المهاجمون خرقاً بين الفيلقين الأول والتاسع، وتمكنوا من احتلال "سيئول" وتوغلوا مسافة ٥٠ كيلو متراً جنوبي "ووندجو". وكان بوسع المهاجمين الالتفاف لتطويق القوات المتحالفة وإبادتها، لكنهم أوقفوا الهجوم دون سبب واضح وانسحبوا نحو الشمال، وفي هذه الفترة عين "ريد جواي" خلفاً للجنرال "ماك آرثر" في ١٩٥١/٤/١١م كقائد أعلى لقوات الأمم المتحدة في كوريا، والقائد الأعلى للقوات المتحالفة في اليابان، والقائد العام للشرق الأقصى، منح رتبة فريق أول، وحل مكانه في قيادة القوات الميدانية العاملة في كوريا الجنرال "فان فليت" وبعد سريان مفعول معاهدة السلام اليابانية في نيسان ١٩٥٢م، عينه الرئيس "ترومان" قائداً أعلى للقوات المتحالفة "حلف شمالي الأطلسي" في أوروبا خلفاً للجنرال "داويت ايزنهاور". وفي تموز من العام نفسه عين قائداً عاماً للقوات الأمريكية الموجودة في أوروبا.

اختاره الرئيس "ايزنهاور" في العام ١٩٥٣م ليحل مكان الجنرال "ج.لوتون كوليتز" كرئيس لأركان الجيش الأمريكي، وبقي في هذا المنصب إلى أن تقاعد في العام ١٩٥٥م، وحل مكانه الجنرال "ماكسويل د. تايلور".

الرئيس ريغان، رونالد ويلسون

رئيس الولايات المتحدة في الفترة ما بين ١٩٨١م و١٩٨٩م ينتمي إلى الحزب الجمهوري انتخب أول مرة رئيسا عام ١٩٨٠م كان ريغان محبوبا شعبيا أعيد انتخابه بالأغلبية المطلقة للمرة الثانية عام ١٩٨٤م بعد هزيمة منافسه والترف مونديل المرشح الديموقراطي. ولد ريغان في مدينة تيمكبو بولاية إلينوي، عمل ريغان معلقا رياضيا في محطة إذاعة بعد تخرجه من كلية أيوركا في الينوي عام ١٩٣٢م وقع ريغان عقدا مؤقتا للعمل كممثل محترف مع إخوان وودنر عام ١٩٣٧م. وكان أول فيلم يظهر فيه حب في الهواء عام ١٩٣٧م. أثناء الحرب العالمية الثانية ١٩٣٩-١٩٤٥م أمضى ريغان وقته في إعداد الأفلام التثقيفية.

شغل ريغان أول وظيفة عامة سنة ١٩٦٦م حيث انتخب حاكما لولاية كاليفورنيا. وظل يشغلها حتى عام ١٩٧٥م وكان يقوم بنفسه برسم الخطوط العريضة للقرارات السياسية المهمة. لكنه كان يترك تنفيذ التفاصيل للآخرين. وفي عام ١٩٨٠م منح الحزب الجمهوري ثقته بسهولة لريغان كي يرشح نفسه لخوض معركة الرئاسة عن هذا الحزب. وبناء على رغبة ريغان فقد تم اختيار جورج بوش مندوب الولايات المتحدة الأمريكية السابق في الأمم المتحدة. ليكون نائبا للرئيس عن الحزب الجمهوري. وحين تولى ريغان الرئاسة كان عليه أن يواجه العديد من المشكلات الداخلية في بداية رئاسته، واستطاع ريغان في نهاية فترة رئاسته الأولى ان يخفض نسبة البطالة. وأعاد للاقتصاد القومي عافيته، أما في مجال الشؤون الخارجية فقد ناضل ريغان مع الكونكرس

(مجلس النواب) من أجل برنامجه الدفاعي المبني على خطة تدعو إلى بناء قوة عسكرية ضخمة للولايات المتحدة الأمريكية.

وفي عهده جرت محادثات بين الولايات المتحدة والاتحاد السوفيتي (السابق) تدعو إلى الحد من إنتاج الأسلحة النووية. ولكن لم يكتب النجاح لتلك المحادثات. ولم يتوصل الطرفان إلى اتفاق كما أخذت الثورة في نيكارغوا أو السلفادور جانباً كبيرا من اهتمامات ريغان بالشؤون الخارجية. فقد كانت كوبا والاتحاد السوفيتي (السابق) تمدان حكومة نيكاراغوا وثوار السلفادور بالسلاح. وكانت الولايات المتحدة الأمريكية تمد ثوار نيكاراغوا المعروفين باسم الكونترا والحكومة السلفادوريه بالمستشارين والأسلحة. وفي منتصف ثمانينات القرن العشرين عزز ريغان برنامجه الخاص بالحرب الدفاعية بالتوسع في برنامج المبادرة الدفاعية المعروفة باسم حرب النجوم. وهذا البرنامج يقضي بالتوسع في بناء المحطات الفضائية لإطلاق الصواريخ الدفاعية منها. وفي عام ١٩٨٧م زار ميخائيل جورباتشوف الزعيم السوفيتي (السابق) الولايات المتحدة ووقع مع الرئيس ريغان أثناء تلك الزيارة معاهدة تطالب الطرفين بتدمير ما لديهما من صواريخ نووية متوسطة المدى ٥٠٠-٥٠٥٠٠كم تطلق من الأرض.

فقد ريغان وإدارته قدرا كبيرا من الهيبة والمكانة بسبب بيع الأسلحة الأمريكية لإيران واستخدام أرباح تلك الصفقة في مساعدة ثوار نيكاراغوا، وتم كلا الأمرين سرا بيع السلاح ومساعدة الثورة لكن سرعان ما افتضح أمرهما وعرفهما الشعب الأمريكي في عام ١٩٨٦م وقد حدث ذلك في الوقت الذي كانت للولايات المتحدة متبعة سياسة معلنة تقضي بمنع بيع الأسلحة لإيران. تم تحويل الأموال للكونترا في منتصف ثمانينات القرن العشرين الميلادي في نفس الوقت

الذي كان الكونكرس يفرض فيه حظرا على المساعدات العسكرية للكونترا. وأدعى ريغان أنه لا يعلم شيئا عن تحويل تلك الأموال. أجري تحقيق في قضية إيران كونترا عام ١٩٨٧م. ورفع تقرير بشأن تلك القضية انتقد فيه ريغان بشدة، وبعد أن ترك ريغان منصب الرئاسة. عاد إلى كاليفورنيا مرة ثانية عام ١٩٨٩م.

زاخاروف، ماتغي (١٨٩٨م-١٩٧٢م)

عسكري سوفيتي، ولد في العام ١٨٩٨م واستدعي إلى خدمة العلم في العام ١٩١٧م، فشارك في الحرب العالمية الأولى برتبة جندي، انضم إلى الثورة الروسية إثر اندلاعها، واشترك مع وحدات الحرس الأحمر في مهاجمة قصر الشتاء ١٩١٧م، ثم التحق بالجيش السوفيتي كضابط، وأنها دورة تدريبية في كلية الأركان السوفيتية في العام ١٩٣٧م، وفي ١٩٣٨/٧/١م غدا مساعداً لرئيس الأركان العامة لشؤون التعبئة والتنظيم، وبقي في هذا المنصب حتى ١٩٤٠/٧/١٩م، حيث عين رئيساً لأركان منطقة "اوديسا" العسكرية، وعندما نشبت الحرب بين ألمانيا النازية والاتحاد السوفيتي في ١٩٤١/٦/٢٢م، عين زاخاروف رئيسا لأركان المحور الشمالي الغربي، وساهم أثناء معركة "موسكو" ١٩٤١م في وضع خطط العمليات على جبهة "كالينين" في مرحلة الهجوم المضاد، كما ساهم في معركة "لينينغراد".

عمل أثناء معركة "كورسك" وعبور "الدنيبر" ١٩٤٣م رئيساً لأركان "جبهة السهوب"، ثم رئيساً لأركان "الجبهة الأوكرانية الثانية" تحت قيادة الماريشال "مالينوفسكي" حيث شارك في عملية "ياسي كيشينيف" على الحدود الرومانية ١٩٤٤م، وفي العمليات الأخرى التي خاضتها الجبهة عند "بودابست"

و"فينا" و"براغ" ١٩٤٥م، وقد اختاره "مالينوفسكي" بعد ذلك رئيساً لأركان "جبهة ما وراء البايكال" أثناء الحرب ضد اليابان في العام ١٩٤٥م.

بعد انتهاء الحرب العالمية الثانية استلم زاخاروف قيادة كلية الأركان (١٩٤٥م-١٩٥٦م)، ثم عين في العام ١٩٥٧م قائداً للقوات السوفيتية في ألمانيا الديمقراطية، رقي إلى رتبة ماريشال في العام ١٩٥٩م، وشغل منصب رئيس الأركان العامة السوفيتية، ونائب وزير الدفاع في الفترة من ١٩٦٠م حتى ١٩٦٣م، توفي في موسكو في ١٩٧٢/١/٣١م.

زاو زيانغ (١٩١٩م-   )

زعيم شيوعي وسياسي وإداري صيني، ولد في مقاطعة هونان، انضم إلى الحزب الشيوعي في ١٩٣٨م، تدرج في مهمات حزبية إلى أن أصبح في ١٩٦٥م سكرتيراً أول للحزب في مقاطعة غوان غدونغ، فتعرض لهجوم عنيف من الحرس الأحمر أثناء الثورة الثقافية، فأقيل من مناصبه بعد هزيمة الثورة، أعيد إليه الاعتبار وعين في ١٩٧٤م مسؤولاً عن قيادة الحزب في مقاطعة سيتشوان، فعمل من خلال سياسته المرنة والعملية على زيادة الدخل الصناعي وزيادة الإنتاج الزراعي، وقد حصل على هذه النتائج لاتباعه سياسة تشجيع العمال والفلاحين بالحوافز المادية، ومنح مدراء المؤسسات الإنتاجية نوعاً من الاستقلالية عن السلطات المركزية، وكانت النتيجة زيادة الدخل الصناعي بنسبة ٨١% خلال ثلاث سنوات، وهذا ما لفت أنظار قيادة الحزب، وبشكل خاص دينغ كسياو بينغ، إليه فانتخب في ١٩٧٧م عضوا احتياطياً في المكتب السياسي للحزب، ثم عضواً كاملاً في ١٩٧٩م، وفي أيلول ١٩٨٠م عين زاوزيانغ رئيسا

لوزراء الصين مكان هواغوفنغ، واعتبر تعينه في هذا المنصب انتصاراً للخط الذي يمثله دينغ كسياوبينغ، وقد وضع زاو على رأس اهتماماته تطبيق سياسة الحزب الجديدة القائمة على التحديثات الأربعة: الزراعة، الصناعة، الدفاع الوطني، والعلم والتكنولوجيا.

الشيخ زايد بن سلطان آل نهيان

رئيس دولة الإمارات العربية المتحدة، وحاكم إمارة أبو ظبي. ولد في قصر ـ الحصن القائم وسط مدينة أبو ظبي رابع أربعة أبناء رزق بهم الشيخ سلطان بن زايد الذي حكم إمارة أبو ظبي بين عامي ١٩٢٢م و١٩٢٦م، وكان ترتيبه الحادي عشر في سلسلة حكام آل نهيان، وقد عرف عن الشيخ سلطان قدرته على بسط السلام والنظام.

خلال السنوات الأولى من عمره بدأ الشيخ زايد في الإصلاح على شؤون الدين وحفظ القرآن الكريم. انتقل إلى مدينة العين حيث أمضى سنوات شبابه الأولى. وفي عام ١٩٤٩م تولى الشيخ زايد إدارة شؤونها. فلجأ إلى تنمية الزراعة وفي سنة ١٩٥٣م بدأ الشيخ زايد يتلمس طريقه إلى العالم الخارجي بحذر فكانت رحلته الأولى إلى بريطانيا قبل أن يزور بعدها الولايات المتحدة ولبنان والعراق ومصر ـ وسوريا والهند وسويسرا وفرنسا وغيرها من الدول فزادت قناعته بمدى حاجة البلاد إلى الإصلاح والانفتاح والتطور وعبر عن تشوقه لتحقيق كل هذا بالكلمات التالية: "كانت أحلامي كثيرة، وكنت أحلم بأرضنا تواكب حضارة العالم الحديث ولكني لم أكن أستطيع أن أفعل شيئا كثيرا، ولم يكن

بين يدي ما يحقق الأحلام ولكني كنت واثقا أن الأحلام سوف تتحقق في أحد الأيام".

وفي ٦ آب ١٩٦٦م تبوأ الشيخ زايد مقاليد الحكم في إمارة أبو ظبي (بعدما كان حاكما على العين)، فأخذ على عاتقه الأخذ بسبيل النهوض بالبلاد، فبدأت أبو ظبي تخطو خطواتها الأولى في عالم البناء المنظم بدءا من الإدارة الحكومية ومباشرة تنفيذ مئات المشاريع الإنمائية. فخلال سنوات قليلة قطعت إمارة أبو ظبي شوطا هائلا في كل مجالات التقدم وقد صب الاهتمام بصورة خاصة بالتربية والتعليم. فقامت أول جامعة في الإمارات في عام ١٩٧٧م أي بعد سنوات من الاتحاد وقد بدأت فعلا نهضة علمية شاملة في الدولة. إذ كان هناك ٣٣ ألف طالب في عام ١٩٧١م، ووصل عددهم في عام ١٩٩٢م إلى نحو ٢٧٠ ألف طالب.

انتخب رئيسا لدولة الإمارات العربية المتحدة منذ تأسيسها في عام ١٩٧١م ولا يزال، ساهم ماليا في دعم المجهود الحربي العربي عام ١٩٧٣م وفي الفترة التي تلت حرب تشرين الأول. كما كان له موقف مشهود إزاء قطع النقط إبان هذه الحرب وبعدها. اتبع سياسة التنسيق مع المملكة العربية السعودية في القضايا النفطية السياسية. وله عدة مواقف مشهودة في خدمة القضية الفلسطينية ومساندة شعبها.

الملك زوغو الأول، أحمد (١٨٩٥م-١٩٦١م)

سياسي ورجل دولة ألباني، من عائلة تبوأ أفرادها مناصب رفيعة في الإدارة العثمانية. كان يعرف أصلا باسم أحمد بك زوغو، كما كان يلقب باسم

اسكندر بك الثالث. كان في الجيش العثماني الذي تركه ليشارك في صد هجمات العثمانيين على بلاده أثناء الحروب البلقانية ١٩١٢-١٩١٣م. وفي الحرب العالمية الأولى أنضم إلى الجيش الإمبراطوري النمساوي.

وبعد انتهاء الحرب عاد إلى ألبانيا ليتفرغ للسياسة، فتزعم حزب الشعب الإصلاحي ووزير داخلي ١٩٢٠م ووزير الحربية وقائد الجيش ١٩٢١م، قضى ـ على ثورة القبائل ١٩٢٢م التي عادت وتأججت وتوسعت ١٩٢٤م فهرب ولجأ إلى يوغسلافيا التي وضعت بتصرفه قوة عسكرية استطاع بها العودة إلى تيرنا واسترجاع سلطته.

وفي عام ١٩٢٥م أعلن قيام جمهورية ألبانيا التي انتخب أول رئيس لها، ثم ما لبث أن حصرـ السلطات بين يديه مما مكنه من تنصيب نفسه ١٩٢٨م ملكا على البلاد، فانتهج سياسة داخلية إصلاحية على غرار الغرب شبيهة بسياسة اتاتورك في تركيا. وخارجيا عقد سلسلة من المعاهدات مع إيطاليا الفاشية تحولت ألبانيا بموجبها إلى منطقة نفوذ إيطاليا، ورغم ذلك أمر موسوليني بغزو ألبانيا وتحويلها إلى محمية إيطالية عشية اندلاع الحرب العالمية الثانية. ففر زوغو إلى الخارج (اليونان وإنكلترا) ليقود المعارضة ضد الاحتلال الإيطالي لبلاده. آملا باستعادة السلطة مرة ثانية بعد انتهاء الحرب. إلا أن دوره في الخارج كان ثانويا، وأستأثر الحزب الشيوعي الألباني بقيادة المقاومة الداخلية مما أهل هذا الحزب ١٩٤٥م استلام السلطة في البلاد وإلغاء الملكية وإعلان ألبانيا جمهورية اشتراكية شعبية.

زيد الرفاعي (١٩٣٦م-   )

سياسي أردني، ابن سمير الرفاعي (رئيس وزراء أردني)، درس في الولايات المتحدة الأمريكية وعمل في البلاط الملكي الأردني وفي السلك الدبلوماسي منذ ١٩٥٧م، كما شغل وظيفة السكرتير الشخصي للملك حسين، رئيس الوزراء ووزير الخارجية والدفاع (١٩٧٣م- ١٩٧٦م)

زيد بن شاكر آل عون (١٩٣٤م-   )

عسكري وسياسي أردني، ولد في عمان ١٩٣٤/٩/٤م، والده الأمير شاكر الذي وصل إلى شرق الأردن مع الملك عبد الله بن الحسين، درس في مدارس عمان، وأتم دراسته الأكاديمية في كلية فكتوريا بالإسكندرية عام ١٩٥١م، التحق بالقوات المسلحة الأردنية بتاريخ ١٩٥٣/١٠/١م، وتلقى علومه العسكرية في كلية ساند هيرست العسكرية في بريطانيا عام ١٩٥٥م، وفي عام ١٩٦٥م التحق بكلية الأركان في (ليفنورث/ أمريكا) وقد شغل عدة وظائف قيادية منها قائد فئة دروع، ضابط ركن القيادة العربية المشتركة، مساعداً للملحق العسكري في لندن، قائد لواء الدرع ٦٠ في حرب حزيران ١٩٦٧م، قائد السلاح المدرع الملكي، قائد الفرقة المدرعة الثالثة الملكية، مساعد رئيس هيئة الأركان للعمليات عام ١٩٧٠م، ثم رئيساً لهيئة الأركان في ١٩٧٢م، عين في عام ١٩٧٦م قائداً عاماً للقوات المسلحة الأردنية، وفي ١٩٨٨م عين رئيساً للديوان الملكي ومستشاراً عسكرياً للملك الحسين، وفي ١٩٨٩م رئيساً للوزراء ووزيراً للدفاع للمرة الأولى ثم بعد ذلك شكل الوزارة أكثر من مرة.

زيلر، ماري اندريه (١٨٩٨م-١٩٧٩م)

عسكري فرنسي، ولد في العام ١٨٩٨م، انضم إلى الجيش في العام ١٩١٥م كمتطوع في سلاح المدفعية، وأصبح ملازماً وهو في الثامنة عشرة من عمره، خاض غمار الحرب العالمية الأولى (١٩١٤م-١٩١٨م)، وكان عند نهايتها قائداً لبطارية مدفعية، ثم شارك في الحملة الفرنسية على سوريا (١٩٢٠م-١٩٢١م). حصل في العام ١٩٣٣م على شهادة ركن ونقل إلى شمالي أفريقيا حيث عين مديراً للنقل في الجزائر وذلك في العام ١٩٤٠م، وبقي في ذلك المنصب حتى العام ١٩٤٢م، حيث شارك في معارك تونس إلى أن أصبح معاوناً لرئيس هيئة أركان الجنرال "جوان" في إيطاليا (١٩٤٣م-١٩٤٤م).

وفي العام ١٩٤٦م رقي إلى رتبة جنرال، وعين في العام ١٩٥٠م مفتشاً لسلاح المدفعية حتى العام ١٩٥٢م حيث أصبح قائداً للمنطقة الثالثة في "ريت" ثم أصبح مفتشاً عاماً للجيش في العام ١٩٥٥م، استقال من مناصب في العام ١٩٥٦م نتيجة لخلاف تشب بينه وبين وزير الدفاع الفرنسي آنذاك، وانتقل في العام ١٩٥٨م إلى سلك الاحتياط، وتمت ترقيته آنذاك إلى رتبة فريق أول، وفي أيار ١٩٥٨م استدعاه الجنرال "ديغول" من جديد وعينه رئيسا لهيئة أركان الجيش الفرنسي حيث ظل يشغل ذلك المنصب حتى تشرين الأول ١٩٥٩م. وعلى أثر الخلاف الذي نشب في أواخر الخمسينات بين الجنرال ديغول ومجموعة العسكريين الفرنسيين الذين عارضوا سياسته حول مستقبل الاستعمار الفرنسي في الجزائر، انضم "زيلر" إلى المجموعة المعارضة وكان إلى جانب الجنرال "شال" أحد المخططين الرئيسين للحركة الانقلابية الفاشلة ضد ديغول التي حدثت في الجزائر في نيسان ١٩٦١م، وبعد أن تمكن ديغول من القضاء على المحاولة

الانقلابية ثم اعتقال "زيلر" وحكم عليه بالسجن لمدة خمسة عشر عاماً، توفي في أيلول عام ١٩٧٩م.

الرئيس زين العابدين بن علي

رئيس الجمهورية التونسية بدءا من عام ١٩٨٧م. ولد بحمام سوسة ١٩٣٦م وتلقى تعليمه الثانوي بالمعهد بسوسه، انخرط في صفوف الشبيبة الدستورية وقام ببعض النشاطات المعادية للاستعمار مما أدى إلى فصله من الدراسة في المعاهد التونسية. أرسل إلى فرنسا ضمن مجموعة زملائه حيث التحق بمدرسة مختصة بمختلف الأسلحة بسان سير بفرنسا وأحرز شهادة هذه المؤسسة. كما نال شهادات أخرى من مدرسة المدفعية بشالون سورمان (فرنسا) والمدرسة العليا للاستعلام والأمن. ومدرسة مدفعية الميدان المضادة للطائرات بالولايات المتحدة. كما أحرز أيضا شهادة مهندس مختص في الإلكترونيات.

بدأ حياته المهنية ضابطا شابا بقيادة الأركان مشرفا على الأمن العسكري من عام ١٩٥٨م إلى ١٩٧٤م. ثم عين بعد ذلك ملحقا عسكريا بالسفارة التونسية بالرباط. وفي عام ١٩٧٧م عين مديرا عاما للأمن الوطني بعد فترة قصيرة قضاها بديوان وزير الدفاع الوطني. وفي عام ١٩٨٠م عين سفيرا للجهورية التونسية بوارسو حيث عمل أربع سنوات، وفي عام ١٩٨٤م عين من جديد مديرا عاما للأمن الوطني، وبعد تسعة أشهر من السنة نفسها سمي كاتب دولة للأمن الوطني، وارتقى في عام ١٩٨٥م إلى منصب وزير الأمن الوطني. ثم

أصبح وزيرا للداخلية عام ١٩٨٦م وفي عام ١٩٨٧م عين وزير أول، واحتفظ بوزارة الداخلية وأصبح أمينا عاما للحزب الاشتراكي الدستوري.

واعتمادا على تقرير طبي عن صحة الرئيس الحبيب بورقيبة شهد فيه بعض الأطباء بعجزه التام عن ممارسة وظائفه، تولى زين العابدين بن علي منصب رئاسة الدولة في ١٩٧٨/١١/٧م.

وفي عام ١٩٨٨م تم صدور الميثاق الوطني وقد شدد هذا الميثاق على الهوية العربية والإسلامية لتونس، فكان البند الأول فيه هوية شعبنا عربية إسلامية متميزة تمتد جذورها في ماض بعيد حافل بالأمجاد"، وأشاد الميثاق بالمقابل (بالتحول النوعي الذي خلق ظروف القطيعة مع عهد الذبول والانحطاط ومهد للأجيال الحاضرة سبل مواكبة العصر والمعارف الحديثة). واقترن بالميثاق انفتاح نسبي على المعارضة الإسلامية الأصولية لفترة قصيرة قبل أن تتجدد المواجهة معها لتقود إلى ضربة قاصمة لها منذ ١٩٩١م.

وفي انتخابات ٢١ آذار ١٩٩٤م حصل الرئيس زين العابدين بن علي على ٩٩.٩٩% من أصوات الناخبين ليبدا ولاية ثانية تمتد خمس سنوات. فيما حصل الحزب الحاكم (التجمع الدستوري الديموقراطي) على ٩٧.٧٣% من الأصوات ليسيطر على ١٤٤ مقعدا. أما المقاعد الـ ١٩ الإضافية فتوزعتها أربعة أحزاب معارضة ١٠ لحركة الديموقراطيين الاشتراكيين، و٤ لحركة التجديد الحزب الشيوعي سابقا، ٣ للاتحاد الديموقراطي الوحدوي، ومقعدان لحزب الوحدة الشعبية.

وفي ٢٦ تشرين الأول ١٩٩٥م وقع ابن علي ورئيس الوزراء الإسباني فلببي غونزاليس (في القصر الجمهوري في تونس) معاهدة (صداقة وحسن

جوار وتعاون) واعتبرت المعاهدة الأولى من نوعها بين تونس وبلد غربي. وجاءت تتويجا لزيارة بن علي لإسبانيا في ١٩٩١م. وزيارة الملك خوان كارلوس لتونس في عام ١٩٩٤م وتقدم إسبانيا إلى المرتبة الثالثة بين شركاء تونس الأوروبيين بعد فرنسا وإيطاليا.

الرئيس زينسو، أميل درلين (١٩١٨م-   )

سياسي ورئيس جمهورية بينن (١٩٦٨م-١٩٦٩م)، وثامن رئيس دولة بعد إعلان الاستقلال في عام ١٩٦٠م في العاصمة بورتو نوفو في ٢٢ أيار ١٩٥٩م، خاض المعركة الانتخابية على رأس حزب الشعب الداهومي (P.P.D) الذي أدى اندماجه بالحزب الجمهوري الداهومي إلى انبثاق حزب الداهوميين الوطنيين (P.M.D).

بعد سقوط الجمهورية الثالثة على يد المقدم ألفونس آلاي، أجرى العسكريون استفتاء شعبيا في آذار ١٩٦٨م لتحدي موعد الانتخابات فحصلوا على ٩٢.٥% من أصوات المقترعين وعينوا ٥ أيار موعدا لانتخابات الرئاسة، وبعد تعذر اختيار الرئيس بالانتخاب عين العسكريون إميل درلين زينسو الذي كان يشغل آنذاك منصب وزير الخارجية رئيسا للجمهورية حدا للفوضى، وهي المرة الثامنة بعد الاستقلال التي يعين فيها رئيس الجمهورية تعيينا. وقد وافق على استلام مقاليد الحكم لأن الداهومي كان يجتاز مرحلة صعبة ويعاني الكثير من المشاكل الاقتصادية، ولأن أحد من السياسيين الداهوميين لم يحاول منذ عشرين سنة تأليف حكومة وحدة وطنية.

في ٢٧ تموز ١٩٦٨م أجرى زينسو استفتاء شعبيا بشأن الحكم العسكري فجاءت نتيجة الاستفتاء لغير صالح العسكريين فحل المجلس العسكري فورا، وتشكلت حكومة جديدة مؤلفة من التكنوقراط الشباب تمثلت فيها كل القوى السياسية في البلاد، كما راعت التوازن الآني والإقليمي مراعاة دقيقة.

إلا أن الفئات الثورية من الشعب استمرت تعارض حكم زينسو بسبب ارتباطه الوثيق بفرنسا الدولة المستعمرة السابقة، وخاصة من قبل الطلبة الجامعيين وبعض رؤساء النقابات، وقد أدت هذه المعارضة إلى انتشار الفوضى خاصة في مدارس بورتو نوفو العاصمة. أما النقابيين فقد طالبوا بزيادة الأجور في حين كانت البلاد تعاني من فقر مواردها المالية. كما أن الزعماء التقليديين الذي حرمهم المجلس العسكري من حق التشريع، عادوا إلى التحرك من جديد لقلب حكم زينسو والاستئثار بالسلطة، أطاح الجيش بحكمه في نيسان ١٩٦٩م وأصدر حكما غيابيا بإعدامه مما دفعه إلى اللجوء إلى فرنسا.

ساراي، موريس (١٨٥٦م-١٩٢٩م)

عسكري فرنسي، اشتهر بعنصريته وقسوته في قمع الثورة السورية الكبرى في العام ١٩٢٥م، ولد ساراي في العام ١٨٥٦م تخرج من كلية "سان سير" العسكرية برتبة ضابط في سلاح المشاة في العام ١٨٧٧م ثم خدم في المستعمرات الفرنسية في أفريقيا، وأصبح مديراً لسلاح المشاة (١٩٠٧م-١٩١١م)، تسلم قيادة فرقة في الفيلق السادس في "ريمس" في العام ١٩١٣م، ثم تسلم قيادة الفيلق في العام ١٩١٤م، ومع اندلاع الحرب العالمية الأولى في العام نفسه عين "ساراي" قائداً للجيش الثالث في "فردان"، وفي عام ١٩١٥م

عين قائداً لجيش الشرق، ولقد قاد هذا الجيش في "سالونيك" وتمكن من استعادة "موناستير" في "البلغاريين" في العام ١٩١٦م، وفي العام التالي ساهم في خلع ملك اليونان المحايد "قسطنطين الأول" عن عرشه ثم عاد إلى فرنسا وأحيل إلى التقاعد بسبب بلوغه السن القانونية، غير أنه أعيد إلى الخدمة في العام ١٩١٨م.

وفي العام ١٩٢٤م شغل "ساراي" منصب المندوب السامي في سوريا خلفاً للجنرال "ويغان"، ولقد اندلعت شرارة الثورة السورية الكبرى (١٩٢٥م-١٩٢٦م) في جبل العرب أثناء توليه ذلك المنصب، وسرعان ما تنامت تلك الثورة لتشمل الأراضي السورية كلها وجزءاً من الأراضي اللبنانية. وكانت التدابير التي اتخذها لمواجهة الثورة تتسم بالشدة المفرطة وعدم التميز بين الثوار والسكان، واستخدام القوة النارية ضد الأهداف المدنية، وفي ١٩٢٥/١٠/١٨م حاول الثوار اغتياله أثناء مروره بالقطار في منطقة الميدان، فأطلقوا النار على مقصورته ولكنه نجا من الموت، وعند نزوله في قصر العظم في دمشق حيث كان يقيم دائماً لدى مجيئه إليها، قام الثوار باقتحام القصر لاغتياله وقتل أثناء المحاولة عدد كبير من جنود حامية القصر، ولكن المحاولة فشلت بسبب استشهاد قائدي مجموعتي الاقتحام واضطرار الثوار إلى الانسحاب.

في ١٩٢٥/١٠/١٨م أصدر الجنرال "ساراي" أمر ببدء القصف لمدينة دمشق مما أدى إلى تدمير أحياء كاملة وأماكن أثرية وحدوث حرائق كبيرة، وقد نجم عن هذا القصف حدوث ضجة عالمية واستنكار كبير، مما أدى إلى عزل "ساراي" واستبداله بأحد أعضاء مجلس الشيوخ الفرنسي البارزين "هنري دوجو فتيل" الذي وصل إلى دمشق في نهاية العام ١٩٢٥م، توفي "ساراي" في "باريس" في العام ١٩٢٩م.

ساندیز، دنكان أدويت (١٩٠٨م-)

عسكري وسياسي بريطاني، خدم في القوات البريطانية في النرويج عام ١٩٤٠م، أصيب بعوق بسبب الخدمة الفعالة عام ١٩٤١م، وتولى منصب العضو المالي في مجلس الجيش في الأعوام (١٩٤١م-١٩٤٣م)، ومنصب وكيل وزارة التموين (١٩٤٣م-١٩٤٤م)، اختاره رئيس الوزراء تشرتشل ليترأس لجنة حكومة الحرب التي بحثت إمكانيات الأسلحة السرية الألمانية التي أعطيت الرمز "كروسباو"، وقدم تقريراً في ٢٩ أيار ١٩٤٣م كشف فيه عن احتمال تطوير صاروخ ألماني بعيد المدى واستمر مصراً على وجود هذا الخطر رغم الشكوك التي عبر عنها الآخرون، لا سيما مستشار تشرتشل العلمي الأستاذ لندمان "اللورد تشيرويل"، تولى سانديز مهام وزير الأشغال (١٩٤٤م-١٩٥٥م)، ومهام وزير الدفاع من كانون الثاني ١٩٥٧م إلى تشرين الأول ١٩٥٩م، أعلن عام ١٩٥٧م القرار الرسمي إسناد قوة قاذفات القنابل النووية بصواريخ باليستية، إذ نصب الصواريخ الأمريكية في القواعد البريطانية وشمل ذلك في وقت لاحق تطوير صارخ بريطاني بلوستريك، ألغي الصاروخ الأخير عام ١٩٦٠م وأخيراً وبعد مشاريع فاشلة أخرى حصلت بريطانيا على صاروخ بولاريس الأمريكي، وأعلن سانديز عام ١٩٥٧م خطة إنهاء نظام التجنيد في بريطانيا.

الرئيس سانشيز، فيدل هيرنانديز

أحد العسكريين الذين تعاقبوا على الحكم في السلفادور منذ ١٩٣١م أي منذ استيلاء الجنرال ماكسيميليانو هيرنانديز مارتينيز على السلطة لشدة بطشه وتعسفه. وبعد إبعاد هذا الأخير في ١٩٤٢م تعاقب على الحكم عسكريون

راحوا ينشئون الأحزاب السياسية الضامنة لاستمرار سياستهم. في هذه الأجواء جاء فيدل سانشيز إلى الحكم فانتهج سياسة معادية للشيوعية، ولكنه في الوقوت نفسه عمل على إنماء الشعور القومي وقام بمحاولات إصلاح لتحسين حياة الفلاحين الفقراء.

وتميز حكمه بالحرب التي جرت في عام ١٩٦٩م ما بين السلفادور والهندوراس، والتي أشعل فتيلها خلاف على نتيجة مباراة في كرة القدم، إلا أن الأسباب الحقيقية قديمة ومتصلة بحروب ونزاعات سابقة بين البلدين. كانت آخرها الاتفاقات حول هجرة اليد العاملة السلفادورية إلى الهندوراس. إذ كان هناك نحو ٣٠٠ ألف عامل سلفادوري يعملون في الهندوراس التي تتميز بقلة سكانها واتساع أراضيها بعكس السلفادور المتميزة بأعلى كثافة سكانية في أميركا الوسطى. دامت الحرب مائة ساعة تغلبت فيها السلفادور على الهندوراس لكن تدخل منظمة الدول الأمريكية أوقف الحرب دون أن يحل الخلافات. أما الرئيس سانشيز فإنه أضاف نتيجة هذه الحرب رصيدا على مواقفه الوطنية. ففي انتخابات رئاسة الجمهورية في ١٩٧٢م فاز مرشحه الكولونيل ارنورو مولينا على خصمه خوسيه نابوليون ديوارت.

سباتز، كارل (١٨٩١م-١٩٧٤م)

عسكري أمريكي، لعب دوراً هاماً في قيادة القوات الجوية الأمريكية خلال الحرب العالمية الثانية، التحق بالجيش عام ١٩١٤م وانتقل إلى القسم الجوي التابع للجيش عام ١٩١٥م، وعلى أثر انتهاء الحرب العالمية الأولى شغل

سباتز مناصب عديدة في سلاح الجو، من ضمنها رئيس قسم التدريب والعمليـات في الفـترة (١٩٣٣م-
١٩٣٥م).

أصبح قائد القـوات الجوية التابعـة للجيش الأمريكي في المسرح الأوروبي (١٩٤٢م-١٩٤٣م)
وكان مقرها في ايست انجليا في إنكلترا، وفي شباط ١٩٤٣م عين قائداً للقوات الجوية في البحر المتوسط
في عمليتـي صقليا وإيطاليـا، وفي كـانون الثـاني ١٩٤٤م أصـبح سباتز القائـد العـام للقوات الجوية
الاستراتيجية (قاذفات القنابل) الأمريكية في شمال غرب أوروبا وكان يشرف بذلك على غـارات القصـف
الجوي الاستراتيجي في ألمانيا.

في العـام ١٩٤٥م نقـل سباتز إلى مسـرح عمليـات المحيط الهادئ لإدارة عمليـات القصـف
الاستراتيجي النهائية ضد مدن اليابان الرئيسة، وكان آخـر هـذه العمليـات قصف هيروشيما وتاغازاكي
بالقنابل الذرية في آب عام ١٩٤٥م، وتولى سباتز منصب رئيس أركان القوة الجويـة الأمريكية (١٩٤٧م-
١٩٤٨م)، توفي في العام ١٩٧٤م.

الرئيس ستالين، جوزف (١٨٧٩م-١٩٥٣م)

زعيم شيوعي بارز حكم الاتحاد السوفيتي السابق حكما مطلقا مـن عـام ١٩٢٨م إلى عـام
١٩٥٣م، نشأ في ظل لينين واستلم قيادة الحزب والدولة من بعده، ففتك بمعارضيه، ودعم أسس الدولـة
السوفيتية وفق نظرية (الاشتراكية في بلد واحد) وقـاد بـلاده نحو الانتصـار في الحـرب العالميـة الثانيـة.
وتقاسم مناطق النفوذ في العالم مع الولايات المتحدة الأمريكية مـن خـلال مؤتمر يالطا محولا الاتحاد
السوفيتي السابق إلى الدولة العظمى الثانية في العالم.

اسم ستالين اسم مستعار (لقب) يعني (الرجل الفولاذي) اتخذه لنفسه وعرف به. أما اسمه الحقيقي: يوسف (جوزف) فيساريو نوفيتش دجو غاشيفيلي. ولد في مدينة غوري بجمهورية جورجيا في أسرة فقيرة إذ كان والده إسكافيا فقيرا، وكانت والدته متدينة تعمل منظفة للثياب. وكانت أمنيتها أن يصبح ابنها كاهنا. فألحقته بمعهد تفليس الديني، وسرعان ما طرد منه ١٨٩٩م بسبب آرائه ونشاطاته الثورية.

انضم إلى حزب العمال الاشتراكي الديموقراطي الروسي، وقاد تحت اسم كوبا الإضرابات والمظاهرات العثمانية في القوقاز، وشارك في نشاط (الألوية القتالية) التي استولت على بعض الأملاك لصالح الحزب. بعد انشقاق الحزب للمرة الأولى ١٩٠٣م بين المنشفيك والبلشفيك. اتخذ جانب البلشفيك واستمر عليه، تعرض للنفي مرارا، وكتب عدة مقالات ليلفت إليه انتباه لينين، استمر منفيا في سيبريا في عام ١٩١٣م إلى ١٩١٧م (الثورة وسقوط النظام الملكي). عضو المكتب السياسي عشية هذه الثورة. شأنه شأن تروتسكي، رغم الفارق في الدور بينهما دور إنجاح الثورة إذ كان تروتسكي يفوقه أهمية ونظرية وممارسة.

عين مفوضا لشؤون القوميات وكلف بمهمات تنظيمية داخلية مكنته من بسط سيطرته على الجهاز الحزبي ومن الوصول إلى منصب الأمين العام للجنة المركزية ٣ نيسان ١٩٢٢م. وتنبه لينين لهذا الخطأ من مركزية الصلاحيات المعطاة لستالين لكن بعد فوات الأوان، فكتب في وصيته يقول: "إن الرفيق ستالين قد ركز في يديه قوة هائلة عندما أصبح أمينا عاماً، ولست متأكدا من أنه يعرف كيف يستعمل هذه القوة بالحذر الكافي". وذهب لينين إلى أبعد

من ذلك في ملحق وصيته، فنصح "بإزاحة ستالين عن هذا المنصب، وتعيين رجل مكانه". لكن ستالين نجح في إزاحة معارضيه عن طريقة الواحد أثر الآخر خصوصا تروتسكلي الذي كان ألمع رجال الثورة والحزب والسلطة فكرا وتنظيما وممارسة بعد لينين مباشرة فنفاه عام ١٩٢٩م وأرسل من يغتاله في المكسيك عام ١٩٤٠م.

أقام دكتاتورية لا تعرف حتى التلميح بالرأي المخالف، فنظم بين عامي ١٩٣٤م و١٩٣٨م سلسلة محاكمات شهيرة عرفت بمحاكمات موسكو كانت ذريعتها اغتيال معاونه كيروف. وشمل كل المعارضين، فأعدم الكاتب والأديب والسياسي والشيوعي ... بتهم مختلفة. وعلى رأس هؤلاء القادة الذين سبق لهم وتعاونوا مع تروتسكي إبان الثورة ١٩١٧م وفي سنوات الحرب الأهلية اللاحقة حتى ولو كانوا قد تبرءوا (كما فعل البعض) من تروتسكي ووقفوا إلى جانبه (أي ستالين).

أجرى سياسة تصنيع شاملة قائمة على التخطيط المركزي الصارم. وفرض نظام التعاونيات وتمكن من تحديث البلاد في فترة وجيزة، ومع صعود النازية سعى ستالين إلى تأخير التصادم بها ما أمكن فوقع حلف هتلر ستالين الذي لم يدم أكثر من ٢٢ شهرا (٢٣ آب ١٩٣٩م -٢٢ حزيران ١٩٤١م)، فسمح للغزو الألماني لأجزاء واسعة من الاتحاد السوفيتي السابق، استمر الانهيار في المواقع السوفيتية حتى معركتي ستالينغراد (شتاء ١٩٤٢م) وكورسك (صيف ١٩٤٣م) الذي ضم الرئيس الأميركي روزفلت ورئيس الوزراء البريطاني تشرتشل وفي مؤتمر يالطا ١٩٤٥م الذي ضم الزعماء الثلاثة ليعيدوا رسم خريطة العالم على ضوء انهيار النازية والفاشية والعسكرية اليابانية. وشارك في

مؤتمر بوتسدام (٧-١٢ آب ١٩٤٥م). وخرج الاتحاد السوفيتي السابق بزعامة ستالين من الحرب قوة عسكرية عظمى رغم العشرين مليون قتيل سوفيتي. وامتدت شهرته فلقب ب (أبي الشعوب) و(مهندس الشيوعية).

ومع بداية الحرب الباردة خرج الرئيس اليوغسلافي تيتو على السياسة الستالينية ١٩٤٧م وشن ستالين حملة تطهير دموية جديدة في صفوف الأحزاب الشيوعية في أوروبا الشرقية. كما اتخذ موقفا مؤيدا من تقسيم فلسطين، وفي عهده امتلك الاتحاد السوفيتي عام ١٩٤٩م القنبلة الذرية محطما بذلك احتكار السلاح النووي، وفارضا نوعا من الاستقطاب الدولي الثنائي وتوازن الرعب النووي، توفي على فراشه وهو في قمة مجده ١٩٥٣م، وبعيد قضائه على مؤامرة استهدفت حياته وقيل إن عدة أطباء يهود كانوا قد تورطوا فيها. وقد تبع ذلك حملة تطهير واسعة شمل العديد من الشيوعيين اليهود.

سبير، البرت (١٩٠٥م-١٩٨١م)

زعيم ورجل دولة ألماني نازي، المهندس الرسمي للدولة بعد تسلم هتلر زمام الحكم عام ١٩٣٣م، وزير الإنتاج الحربي عام ١٩٤٢م، برع في استخدام العمل المسخر (التطويع) لشق الطرق وبناء الدفاعات الاستراتيجية برعايته، وصل الإنتاج الاقتصادي الألماني إلى ذروته عام ١٩٤٤م، خفف من وطأة سياسة الأرض المحروقة التي حاول هتلر تطبيقها في ألمانيا في أواخر الحرب التي كانت ستؤدي إلى الدمار الكامل لألمانيا، حكمت عليه محكمة "نورنبرغ" بالسجن لمدة ٢٠ سنة، أطلق سراحه عام ١٩٦٦م.

ستارك، هارولد رينسفورد (١٨٨٠م-١٩٧٢م)

عسكري أمريكي، شغل منصب رئيس العمليـات البحريـة مـن عـام ١٩٣٩م إلى آذار ١٩٤٢م، وعضو هيئة رؤساء الأركان المشتركة الأمريكية، وعضو لجنة رؤساء الأركان المشـتركة البريطانيـة – الأمريكية. لقيت آراؤه قبولاً لـدى المخططين الأمريكيين الخاصة في سياسـة الـدفاع القـومي الأمريكي المعروفة بالخطة "د" التي قدمها في تشرين الثاني ١٩٤١م، إلى أنه في حالة دخول أمريكا الحرب فيجب أن تكون حرباً هجومية في الغرب ضد ألمانيا وحرب دفاعية في الشرق ضد اليابان، وأيد ستارك السياسـة البريطانية بالقيام بعمليات كاملة في شمالي أفريقيا حتى وإن أدى ذلك إلى تأخير غزو أوروبا عن طريق عبور القنال الإنكليزي، خلف كنغ سـتارك في آذار ١٩٤٢م ثـم قـاد سـتارك القـوات البحريـة في مسرح العمليات الأوروبي.

سترسمان، غوستاف (١٨٧٨م-١٩٢٩م)

سياسي ورجل دولة ألماني، ولد في برلين عام ١٨٧٨م، وأصبح عضواً في الرايخستاغ عام ١٩٠٧م، وأحد رؤساء الحزب الوطني الليبرالي، مستشاراً بعد كوتو، شكل حكومـة وفـاق وطنـي أنهـت المقاومـة السلبية في منطقة الرور التي كانـت فرنسـا قـد احتلتها، أجبر علـى الاسـتقالة بعـد رفـض الاشتراكيين مساندته في سياسته الاجتماعية، إلا أنه ظل يشغل منصب وزيـراً للخارجيـة حتـى وفاتـه عـام ١٩٢٩م، واستطاع أن يحقق انقلاباً في موقع ألمانيا الدبلوماسي وكسب ثقة الدول الغربيـة بمحاولـة منـه لتطبيـق معاهدة فرساي، وكان من بين أعظم نجاحاته الشخصية معاهـدة لوكـارتو عـام ١٩٢٥م، وبدايـة الجـلاء الفرنسي عن

رينانيا، وتمكن من حصول الموافقة على دخول ألمانيا عصبة الأمم لتشغل عضوية دائمة في المجلس عـام ١٩٢٦م، ونجح في خفض حجم التعويضات، ومنح جائزة نوبل للسلام في عام ١٩٢٦م.

الرئيس سترونسر، الفريدو

عسكري ورئيس دولة الباراغواي منذ عام ١٩٥٤م إلى ١٩٨٩م حيث أطاح به انقلاب عسكري قاده الجنرال اندرس رودريغز، منذ توليه السلطة بانقلاب عسكري انتهج نظاما سياسيا يمينيا متشددا. فعلق الحريات العامة وأعلن الأحكام العرفية. معاد للشيوعية فنال مساعدات ماليـة مـن الولايـات المتحدة والبرازيل. مما مكنه من إجراء إصلاحات محدودة في الحقل الاقتصادي.

ولد في ٣ تشرين الثاني ١٩١٢م في مدينة اسنسيون لوالد ألماني الأصل كان مهاجرا في البارغواي حيث تزوج من امرأة باراغويانية، تلقى تربية صارمة ووجهه والده نحو الجندية، في العشرين من عمره أصبح برتبة ملازم، شارك في حرب شاكسو ضد بوليفيا، عندما قام الجنرال مورينبغو بـانقلاب عسكري وتسلم زمام السلطة في البلاد. ترقى سترونسر إلى رتبة كولونيل (كـان نقيبا في نهاية حرب شاكو)، وعهـد إليه قمع محاولة انقلاب قام بها بعض الضباط الليبراليين، فوقعت أثناءها حرب أهلية دامت ستة أشهر ظهر فيها سترونسر قسوة كبيرة.

أوجد محازبين عديدين له في صفوف حزب (كولورادو) المحافظ، فعاونوه على إطاحة النظام القائم، وأصبح رئيسا للبلاد. حل المجلس، وأعلن

الأحكام العرفية وسحق إضرابات ١٩٥٨ و١٩٥٩م وهجمات المقاومة في الأعوام ١٩٦٠ و١٩٦١ و١٩٦٥م وطهر الجيش من العناصر المناوئة له وحل الأحزاب، هرب في عهده أكثر من ٤٠ ألف من السكان ولجأوا إلى البلدان المجاورة خاصة الأرجنتين.

ساعدته الولايات المتحدة على تحقيق بعض الإنجازات الاقتصادية كجر المياه إلى العاصمة وشق ٤٥٠٠ كلم من الطرقات (لم يكن في الباراغواي أكثر من ٥٠٠ كلم من الطرقات)، ووزع أراض على ٤٠ ألف عائلة وأنشأ محطات لتوليد الكهرباء. وأهم مشروع أنجزه بمساعدة البرازيل التي تعاظم نفوذها في البلاد حتى قيل أن الباراغواي أصبحت بمثابة (مستعمرة برازيلية). عدل الدستور بشكل يسمح له بتجديد ولايته قدر ما يشاء وكان يعاد انتخابه بنسبه تفوق ٨٠%. وكان يخصص نحو ثلث الميزانية للجيش حتى يأمن استمرار دعمه له ويتجنب انقلابا عسكريا عليه. وقد اعتاد الاتصال يوميا بالقيادة العسكرية ليتأكد من أن أحدا لا يدبر مؤامرة عليه.

ستوليبن، بيتر (١٨٦٢م-١٩١١م)

رجل دولة سياسي، لفت ستوليبن أول الأمر انتباه نيكولاس الثاني من خلال نشاطه في قمع الاضطرابات الفلاحية عام ١٩٠٥م في إقليم ساراتوف، الذي كان حاكماً عليه، عينه القيصر وزيراً للداخلية في أيار عام ١٩٠٦م، وجعله رئيساً للوزراء بعد شهرين، وهو منصب ظل يشغله إلى أن اغتيل داخل مسرح كييف في أيلول عام ١٩١١م.

اتبع ستوليبن سياسة إصلاح معتدلة وحاول أن يوازن بين العناصر الليبرالية في المجلس التشريعي وذلك باستحداث طبقة جديدة من الفلاحين الوسط (الكولاكس) الذين سيكونون أصلاً فئة محافظة. وفي الوقت نفسه ضيق ستوليبن الحق الدستوري في انتخابات المجلس التشريعي وذلك بتقديم مؤهلات تثبت حق الملكية، وقد تميزت فترة حكمه أيضاً بالمعاملة السيئة لمن يخل بالأمن في المناطق الريفية، بواسطة نظام مجالس عسكرية ميدانية.

سر الختم خليفة (١٩١٧م-   )

سياسي ورجل دولة سوداني، من مواليد جنوبي السودان، تخرج من كلية غوردن في العام ١٩٣٦م، وعمل في التعليم، وسافر في بعثة إلى أكسفورد، عمل مفتشاً في وزارة المعارف ونائباً لمدير التعليم في منطقة جنوبي السودان، ثم عميداً للمعهد الفني في الخرطوم، تولى منصب الوكيل الدائم لوزارة المعارف في منتصف ١٩٦٤م، اختير رئيساً للوزراء ووزيراً للدفاع في الحكومة المدنية الانتقالية التي تشكلت في أعقاب حركة تشرين الأول الشعبية عام ١٩٦٤م، تولى رئاسة مجلس دفاع القوات المسلحة السودانية في تشرين الثاني ١٩٦٤، قدم استقالة وزارته في ١٨ شباط ١٩٦٥م، ثم كلفه مجلس السيادة السوداني بتشكيل وزارة جديدة مهمتها التحضير للانتخابات العامة، فشكلها من ممثلي أحزاب: الوطني الاتحادي، الأمة، الجنوبيين، الشعب الديمقراطي، جبهة الميثاق، الإسلامي، الحزب الشيوعي. أجرت حكومته الانتخابات في الشمال فقط، وحاولت حل مشكلة الجنوب، وهيأت الأسباب لعقد مؤتمر المساندة المستديرة (١٦-٢٩ آذار ١٩٦٥م) في الخرطوم، قدم استقالته في تشرين الثاني ١٩٦٥م،

وبعدها عمل سفيراً للسودان في روما (١٩٦٥- ١٩٦٧م)، ثم في لندن (١٩٦٨م - ١٩٦٩م)، عين وزيراً للتعليم العالي والبحث العلمي (١٩٧٢م-١٩٧٥م).

سعد زغلول (١٨٦٠م-١٩٢٧م)

زعيم الثورة الوطنية الديمقراطية بمصر ١٩١٩م، من مواليد العام ١٨٦٠م بقرية ابيانة مركز قوة شمالي الدلتا لأسرة موسرة، في العام ١٨٧٣م التحق بالأزهر حيث التقى جمال الدين الأفغاني والشيخ محمد عبده، الأول شجعه على كتابة المقالات والثاني عينه محرراً في "الوقائع المصرية" عندما رأس تحريرها سنة ١٨٨٠م، ساهم في الثورة العربية، وعندما فشلت الثورة فصل من عمله كناظر لقلم القضايا بمديرة الجيزة وانصرف إلى مهنة المحاماة، في العام ١٨٨٣م قبض عليه لاشتراكه في جمعية "الانتقام" في العام ١٩٠٦م (بعد حادثة دنشواي) عين وزيراً للمعارف فعارض سياسة الإنكليز وأسلوبهم في التعليم، أنشأ مدرسة القضاء الشرعي، وأسهم في تأسيس الجامعة المصرية في عام ١٩٠٧م، في العام ١٩١٣م ترشح في انتخابات الجمعية التشريعية وحقق نجاحاً باهراً، وكان صاحب أول بيان انتخابي في تاريخ مصر، انتخب وكيلاً للجمعية التي تبنت دعوته للنظام النيابي ضد سلطة الخديوي الفردية.

في أعقاب الحرب العالمية الأولى تألف وفد مصري برئاسة سعد زغلول لمقابلة المندوب السامي البريطاني للمطالبة بالاستقلال التام وإلغاء الأحكام العرفية ورفع الرقابة عن الصحف والمطبوعات، فلم يظفروا منه بجواب صريح وعندما تقرر عقد مؤتمر الصلح في باريس عزم سعد زغلول ورفاقه على الذهاب إلى المؤتمر لتمثيل مصر وخلال الحوار بينهم وبين المندوب السامي

البريطاني اتهموا بأنهم لا يمثلون الشعب المصري فظهرت حركة التوكيلات وهي التي عبر الشعب المصري من خلالها عن تأييده للوفد وذلك بالتوقيع على توكيله لسعد زغلول ورفاقه للمطالبة باستقلال مصر والسودان وقد غضبت السلطات البريطانية لاتساع حركة التوكيلات فقامت بنفي سعد زغلول ورفاقه إلى جزيرة مالطة، ولكن هذا الحادث كان كالشرارة التي أشعلت نيران الثورة وسرعان ما انتشرت في كافة أنحاء البلاد، لذلك اضطرت بريطانيا الإفراج عن سعد زغلول ورفاقه وسافر الوفد إلى باريس لعرض قضية البلاد على مؤتمر الصلح، ولكن ما لبث الوفد أن خاب أمله في المؤتمر، فقد أقرت الحامية البريطانية على مصر، وأعلن الرئيس الأمريكي (ولسون) صاحب البنود الأربعة عشر التي علقت مصر عليها آمالها، إن حكومته تعترف بالحماية البريطانية على مصر إلى جانب اعتراف بعض الدول الكبرى بهذه الحماية.

فنفي سعد زغلول مرة أخرى إلى سيشل في أيلول ١٩٢١م فعادت الثورة من جديد وعمت الاضطرابات مصر وتألفت جمعيات سرية لمقاومة الإنكليز ومن يتعاون معهم والمطالبة بإلغاء الحماية وممارسة مصر لحقها في تبادل التمثيل الدبلوماسي وإلغاء الأحكام العرفية مما أجبر الحكومة البريطانية على الاستجابة لهذه المطالب وأصدرت تصريح في ٢٨ شباط ١٩٢٢م أعلنت فيها إلغاء الحماية على مصر والاعتراف بها دولة مستقلة ذات سيادة، وأفرجت بريطانيا عن سعد زغلول في ١٩٢٣م وشكل بعد عودته من منفاه أول حكومة وفدية بعد فوزه في الانتخابات في ١٩٢٤/١/٢٧م. واستقال في تشرين الثاني من العام نفسه أثر مقتل السيري ستاك وفي العام ١٩٢٥م انتخب رئيساً لمجلس

النواب، وفي اليوم نفسه حل المجلس وشهدت البلاد انتفاضة شعبية عارمة، توفي في ٢٣ آب ١٩٢٧م.

سلطان الأطرش (١٨٨٨م-١٩٨٢م)

زعيم شعبي وقائد الثورة السورية الكبرى عام ١٩٢٥م على الاستعمار الفرنسي، ولد في القرية بمحافظة السويداء، وتمرس على يد والده المجاهد الشيخ ذوقان الأطرش بالفروسية والرماية وفنون القتال، وقد تعلم مبادئ القراءة والكتابة على بعض المعلمين، ثم تابع دراسته بالمطالعة الشخصية، وكانت أول معركة شارك فيها مع والده في مواجهة الاحتلال العثماني سنة ١٩١٠م في قرية الكفر، وقد أبدى فيها شجاعة ملحوظة. أعدم العثمانيون والده وعدداً من زعماء الجبل مع من أعدم من الأحرار ١٩١١م، وتركت هذه الحادثة أثراً عميقاً في نفسه، وبحصافة الزعيم جعل الثأر الشخصي ثأراً وطنياً من الاستعمار كله، لبى نداء الثورة العربية الكبرى، مع مجموعة من المجاهدين استظلت بالعلم العربي وسيطرت على قلعة بصرى الشام سنة ١٩١٨م، كما قاد معركة "تلال المانع" على مشارف دمشق في وجه المحتلين العثمانيين والألمان، ودخل إلى دمشق في ٢٩ أيلول ١٩١٨م، ورفع العلم العربي على دار البلدية فيها، وكان ذلك العلم الذي نسجه أهل بيته أول علم عربي يرفرف في سماء دمشق بعد الحكم العثماني الذي دام نحو أربعمائة عام.

قاد سلطان الأطرش عام ١٩٢٥م الثورة السورية الكبرى التي شارك فيها خيرة مجاهدي الوطن وحظيت بإجماع وطني منقطع النظير، وخاض أشرف المعارك وكانت معركة "الكفر" أولى معارك الثورة (٢٣ تموز عام ١٩٢٥م)،

فكانت معركة سريعة أبيدت فيها الحملة الفرنسية على بكرة أبيها ولم ينج منها إلا نفر قليل حمل أخبار الهزيمة إلى قيادتهم في السويداء.

وقد أصدر سلطان الأطرش بيان الثورة التاريخي الذي توجه بشعار "الدين لله والوطن للجميع" ونادى فيه العرب بقوله "إلى السلاح إلى السلاح أيها العرب السوريون" وطالب فيه بوحدة البلاد وتعيين حكومة شعبية تجري انتخابات مجلس تأسيسي لوضع قانون أساسي يقوم على مبدأ سيادة الأمة المطلقة والقانون والعدل والحرية والمساواة ولاقت هذه الدعوة استجابة عارمة في البلاد اختير بعدها سلطان قائداً عاماً لجيوش الثورة الوطنية، وفي آب ١٩٢٥م جرد المستعمرون الفرنسيون وحدات عدة مسلحة بأحدث الأسلحة آنذاك من طائرات ودبابات ومدافع ثقيلة ورشاشات لقمع الثورة فتصدى الثوار بهذه الحملة، وجرت معركة المزرعة قرب مدينة السويداء واستطاع الثوار فيها إبادة الحملة إلا القليل من أفرادها وفر قائدها الجنرال ميشو، وكانت معركة المزرعة أعظم معركة في معارك الاستقلال وقد انتشرت أنباء الثورة وانتصاراتها في جميع أنحاء سوريا، كما وصلت أنباؤها إلى أوروبا، وعمت المقاومة أرجاء سورية وانتشرت في البقاع المتاخمة في لبنان، وكانت معارك المجدل وسحبته وراشية، وكانت معركة راشية أشهرها، إذ تسلق الثوار قلعتها الحصينة واستولوا عليها وأحرقوها، ثم توالت المعارك فكانت وقعة المسيفرة والسويداء ورساس وعرى وأم الرمان وغيرها، مما جعل الفرنسيين يشددون الحصار على الثوار، فاضطر الثوار إلى النزوح إلى الأزرق في إمارة شرقي الأردن، ثم نزح سلطان ورجاله إلى وادي السرحان والنبك في الحجاز على أمل العودة إلى الوطن في وقت قريب.

استعان سلطان بملوك الدول العربية آنذاك لمتابعة الكفاح، فبعث رسله إلى الملك عبد العزيز أل سعود والملك فيصل الأول ورئيس وزراء مصر وإلى فلسطين إيماناً منه بوحدة الكفاح العربي ووحدة الهدف، ولكن اتفاق الحلفاء الأوروبيين وضعت المقاومة العربية أديا إلى وقف القتال، وظل سلطان ورفاقه المجاهدون أوفياء لمبادئهم، يحدوهم إيمانهم الراسخ بوحدة سوريا والوحدة العربية ووجوب استقلال الوطن استقلالاً تاماً، ولم تنقطع الصلات بالحركة الوطنية في سوريا طوال مدة نفيه حتى عاد هو ورفاقه إلى الوطن بعد إبرام المعاهدة السورية الفرنسية عام ١٩٣٦م، فأصدرت فرنسا عفواً شاملاً عن كل المجاهدين، واستقبل سلطان ورفاقه بدمشق في ١٨ أيار سنة ١٩٣٧م باحتفالات شعبية عارمة، والتقى الرئيس جمال عبد الناصر ووقف دائماً إلى جانب الثورة الفلسطينية وكان يردد القول: "ما أخذ بالسيف، بالسيف يؤخذ". توفي في مسقط رأسه، عام ١٩٨٢م.

سلطان بن عبد العزيز (١٩٢٨م -   )

أمير ورجل دولة سعودي، الابن الثاني عشر للملك عبد العزيز آل سعود ولد عام ١٩٢٨م، شغل مناصب حكومية عديدة منها رئاسة الحرس الملكي في الرياض ثم أميراً عليها عام ١٩٤٨م عين في أول مجلس وزراء، وزيراً للزراعة والاتصالات عام ١٩٥٤م وكان أهم المشروعات التي عني بها مشروع توطين البادية، وكان عضواً في معظم الوفود التي ترأسها شقيقة الملك الراحل "فيصل" إلى مؤتمرات القمة العربية الإسلامية.

في عام ١٩٦٢م عين وزيراً للدفاع والطيران ومفتشاً عاماً، ومنذ ذلك التاريخ شهدت القوات المسلحة تطورات واسعة من حيث التنظيم والتحديث وإنشاء الكليات والمعاهد والمدارس العسكرية.

الشيخ سلمان بن حمد آل خليفة (١٨٩٤م-١٩٦١م)

حاكم البحرين لمدة ٢٠ سنة (وهو الحاكم العاشر للبحرين من آل خليفة)، آل خليفة فخذ من قبائل العتوب العربية، وصلوا إلى السلطة بقيادة حمد بن خليفة شيخ جزيرة "زبارة" في ١٦ تموز ١٧٨٣م، وطردوا آخر عامل فارسي هو الشيخ ناصر العماني الأصل، وتنسب أسرة الخليفة إلى "تغلب بن وائل بن قاسط" من بني ربيعة من العرب العدنانية، ولد في العام ١٨٩٤م عينه والده الشيخ حمد بن عيسى ولياً للعهد قبل وفاته بسنتين، عني بالخدمات الاجتماعية والأشغال العامة وشق الطرق وبناء المستشفيات، وسن قوانين العمل والعمال، وفي أيامه افتتحت مدارس للبنات، توفي في العام ١٩٦١م وخلفه ابنه الشيخ عيسى بن سلمان آل خليفة.

السلطان سليم الثالث (١٧٦١م-١٨٠٨م)

سلطان عثماني حكم في الفترة (١٧٨٩م-١٨٠٧م) اتسم عهده بالاضطرابات الداخلية والحروب المدمرة مع الدول الأوروبية.

وقد بذل السلطان سليم الثالث جهوداً كبيرة لتقوية الجيوش العثمانية، إلا أن جهوده باءت بالفشل بعد توغل الجيشين الروسي والنمساوي المتحدين على العثمانيين فاستولى الروس على مدينة بندر واحتلوا مزيداً من المناطق بساربيا

وجهاتها، كما دخل النمساويون مدينة بلغراد وفتحوا بلاد الصرب، وفي آب ١٧٩١م أبرمت الدولة العثمانية مع النمسا معاهدة تقضي بأن يتم الصلح بينهما، أما روسيا فاستولت على مدينة إسماعيل وبعد توسط إنكلترا وبروسيا وهولندا تم الصلح بين الدولتين في كانون الثاني ١٧٩٢م، وحقق الروس مكاسب كبيرة، وفي ١٧٩٨م اجتاحت القوات الفرنسية بقيادة نابليون بونابرت، مصر وأتمت احتلالها في ١٧٩٩م، وفي تشرين الأول ١٨٠١م عقدت الدولة العثمانية معاهدة مع بونابرت أخلى الفرنسيون بموجبها مصر وأكدت الدولة العثمانية الامتيازات الفرنسية السابقة. في هذه الأثناء عاشت البلاد حالة من الفوضى وكثرت الفتن، وثار الانكشارية وعزلوا السلطان في عام ١٨٠٧م.

سليم، وليم جوزيف (١٨٩١م-١٩٧٠م)

عسكري بريطاني، خدم في الحرب العالمية الأولى وخدم في السودان وسوريا وعندما نشبت الحرب العالمية الثانية قبل أن ينتقل إلى بورما تولى قيادة فيلق بورما في ١٩٤٢/٣/١٩م، وكانت الفرقة الهندية السابعة عشرة عند وصوله إلى بورما قد هزمت من قبل القوات اليابانية في أثناء انسحابها عبر نهر "سيتنغ" وكان اليابانيون قد بدأوا التقدم نحو قلب بورما، فحاول القيام بهجوم مضاد لمواجهة هذا التقدم، إلا أنه فشل في ذلك نظراً لتعب قواته وضخامة الخسائر التي تكبدتها، وتفوق اليابانيون براً وجواً، فاضطر إلى التراجع ونجح في الانسحاب برجاله إلى الحدود الهندية، حيث تسلم قيادة الفيلق الهندي الخامس عشر الذي تشكل حديثاً، وأشرف على تدريبه وإعداده لخوض حرب الأدغال ضد اليابانيين.

وفي تشرين الأول ١٩٤٣م عين سليم قائداً للجيش البريطاني الرابع عشر المشكل حديثاً والتابع لقيادة جنوبي شرقي آسيا، وخاض في أوائل العـام ١٩٤٤م قتالاً ناجحاً أسفر عن صد هجوم القوات اليابانية على جبهة "اراكان" وفك الحصار الطويل الذي كان حول "ايمفال" إثر هذه النجاحات، انتقل سليم إلى الهجوم عابراً نهر "تشيندوين". ولقد ابتكر سليم من خلال خبراته القتالية في الملايو تكتيكات جديدة ملائمة لحرب الأدغال في المناطق الصعبة دون الاعتماد على إقامة خط جبهة متصل، واستخدم حرب العصابات لمساندة جهده الرئيس لإخراج اليابانيين من معظم أنحاء "بورما"، وفي ١٩٤٥/٥/٣م احتل "رانغون" العاصمة، وتمكن من طرد القوات اليابانية من "بورما" بعد أن أوقع في صفوفها خسائر كبيرة. وفي حزيران ١٩٤٥م تولى سليم منصب القائد العام لقوات الحلفاء البرية في جنوبي شرقي آسيا. وأصبح سليم رئيس هيئة الأركان العامة للقوات الإمبراطورية في الأعوام (١٩٤٨م-١٩٥٢م)، ثم أصبح الحاكم العام لاستراليا حتى عام ١٩٦٠م، توفي في لندن عام ١٩٧٠م.

الرئيس سليمان فرنجية

سياسي لبناني ورئيس الجمهورية اللبنانية من عام ١٩٧٠م إلى ١٩٧٦م ولد في زغرتا مـن عائلـة مارونية. قاد أول معاركه السياسية عام ١٩٥٨م ضد سياسة كميل شمعون. دخل الحيـاة السياسـية لأول مرة سنة ١٩٥٠م عندما انسحب شقيقه حميد فرنجية (الذي كان وزيرا في عدة حكومات ومرشحا قويـا لرئاسة الجمهورية سنة ١٩٥٢م) بسبب مرضه. أنتخب نائبا باستمرار منذ عـام ١٩٦٠م وشـغل عـدة مناصب وزارية في حكومات صائب سلام ١٩٦٠م عبد اللـه

الباقي ١٩٦٨م، ورشيد كرامي ١٩٦٩-١٩٧٠م قبل أن ينتخب في آب ١٩٧٠م رئيسا للجهورية بأغلبية صوت واحد. خصمه الشهابي إلياس سركيس.

تميزت فترة حكمه بالاصطدام مع المقاومة الفلسطينية، ومع الحركة الوطنية والتقدمية اللبنانية وذلك عام ١٩٧٣م و١٩٧٥-١٩٧٦م. أسس جماعة من الميليشيا باسم جيش التحرير الزغرتاوي عام ١٩٦٩م وكان عضوا في الجبهة الانعزالية التي فجرت أحداث لبنان ١٩٧٥-١٩٧٦م، ورفض الاستقالة من رئاسة الجمهورية بعد انفلات الأحداث وانهيار الجيش وسائر مؤسسات الدولة، رغم الطلب الذي تقدم به مجلس النواب، إلا أنه في النهاية تخلى عن الرئاسة إلى الرئيس إلياس سركيس.

الرئيس سلفادور اللندي (١٩٠٨-١٩٧٣م)

سياسي ورجل دولة ورئيس تشيلي (١٩٧٠م-١٩٧٣م). ولد في مدينة فالباريثر التشيلية من أب محام، درس في تاكنا فالديفيا وفالباريزو، وأصبح طبيبا وأقام في سانتياغو حيث بدا نشاطه السياسي وانتخب نائب رئيس اتحاد الطلاب. من أكثر الموضوعات التي شغلت نشاطه السياسي في الفترة الأولى، نضاله ضد البؤس في مناطق الصفيح التي تحيط العاصمة سانيتاغو. كان أحد مؤسسي الحزب الاشتراكي في عام ١٩٣٣م سجن مرتين واضطر إلى ترك الدراسة في الجامعة والعمل كطبيب أسنان مساعد، ثم كطبيب في أحد الدور لرعاية المختلين عقليا، في عام ١٩٣٨م انتخب نائبا، وقاد الحملة الانتخابية الرئاسية لمصلحة المرشح أغيري سيردا، أول رئيس عن الجبهة الشعبية في تشيلي. في عام ١٩٤٢م دخل الحكومة وزيرا للصحة وحاكما لصندوق الضمان

العمالي، وفي عام ١٩٤٥م انتخب سيناتوراً ثم نائب رئيس مجلس الشيوخ، ترشح ثلاث مرات لرئاسة الجمهورية منها ١٩٦٤م حيث كان مرشحا بصفته رئيس "اللجنة الثورية للعمل الشعبي" ضد منافسه – الذي نجح– إدوارد فراي. في المرة الرابعة فاز بالرئاسة في ١٤ أيلول ١٩٧٠م.

في ٢٤ تشرين الأول ١٩٧٠ صادق البرلمان على انتخابه، وفي ٤ تشرين الثاني خلف رسميا إدوارد فراي وأقام في القصر الرئاسي. واجهته أوضاع اقتصادية صعبة ومعقدة، فجابهها بتسريع الإصلاح الزراعي الذي كان فراي قد باشر به، وبتأميم صناعة النحاس ومحاولة زيادة القدرة الشرائية لدى التشليين. وفي آذار ١٩٧١م حصل حزبه على ٤٩.٧٥% من أصوات المقترعين، لكن في ٢٠ تموز من السنة نفسها فقدت حكومته الأغلبية من المجلسين (النواب، والشيوخ) فعرفت تشيلي عامين من الاضطرابات والإضرابات التي أجبرت اللندي على إجراء تعديلات وتبديلات وزارية عديدة حتى اضطر في تشرين الأول ١٩٧٢م على توزير عسكريين في حكومته، في آذار ١٩٧٣م، نال حزبه (الوحدة الشعبية) ٤٣.٩% من الأصوات، لكن كاد اللندي أن يواجه اضطرابات خطيرة في أجواء تضخم هائل ٢٥% في العالم الواحد. ووسط ضغوطات من حركة اليسار الثورية من جهة، ومن الحركة الفاشية (وطن وحرية) من جهة ثانية. في ٧ أيلول ١٩٧٣م أعلن عن استعداده لإجراء استفتاء شعبي عام حول سياسته، لكن بعد أربعة أيام في ١١ أيلول فوجئ بانقلاب عسكري عليه بقيادة قائد الجيش وعضو الحكومة منذ ٢٥ آب ١٩٧٣م، أغستو بينوشيه أوغارتا، وأثناء هجوم الانقلابيين على القصر الرئاسي لاقى

اللندي مصرعه، فأعلن الانقلابيون أنه انتحر في حين رجحت الأنباء العالمية أنه قتل وهو يقاوم.

سمتس، يان كرستيان (١٨٧٠-١٩٥٠)م

عسكري وسياسي عنصري جنوب أفريقي، ولد في جنوب أفريقيا من أصول هولندية وتابعية بريطانية، درس القانون في جامعة كمبردج، مارس المحاماة في مقاطعة الكاب، بدأ حياته مناصراً سياسة رئيس وزراء مستعمرة الكاب سيسيل رودس، لكنه ما لبث أن انضم إلى البوير، فعينه الرئيس كروغر مدعياً عاماً لبريتوريا في مقاطعة الترانسفال، وفي حرب البوير تولى سمتس في (١٩٠١-١٩٠٢)م قيادة قوات البوير في مستعمرة الكاب.

في ١٩١٦م تولى القيادة العسكرية لحملة جنوب أفريقيا ضد ألمانيا في مناطق شرقي أفريقيا، وأصبح ممثل جنوبي أفريقيا في حكومة الحرب الإمبراطورية (١٩١٧-١٩١٨)م واشترك في مؤتمر السلام في باريس، خلف بوث ليكون رئيساً للوزراء في الأعوام (١٩١٩-١٩٢٤)م ووزير العدل (١٩٣٣-١٩٣٩)م ثم رئيس الوزراء (١٩٣٩-١٩٤٨)م، توفي "سمتس" في عام ١٩٥٠م.

سميث، وولتر بيديل (١٨٩٥-١٩٦١)م

عسكري وسياسي أمريكي، بدأ حياته العسكرية كمجند في حرس "انديانا" القومي (١٩١٠-١٩١٥)م، وفي العام ١٩١٧م منح رتبة ملازم مشاة في الجيش الأمريكي، قاتل لفترة قصيرة إبان الحرب العالمية الأولى، وخدم في الولايات

المتحدة والفلبين، وفي شباط ١٩٤٢م عين سكرتيراً لرئاسة الأركان الأمريكية المشتركة وسكرتيراً أمريكياً لرئاسة الأركان الأمريكية البريطانية المشتركة برتبة عميد، وفي أيلول ١٩٤٢م عين رئيساً لأركان الجنرال "ايزنهاور" (الذي كان في تلك الفترة قائداً عاماً للقوات الأمريكية في مسرح العمليات الأوروبي، واصبح قائداً عاماً لقوات حملة الحلفاء في أوروبا وشمالي أفريقيا في كانون الأول ١٩٤٣م)، وبقي سميت رئيساً لأركان "ايزنهاور" حتى غادر الأخير أوروبا بعد انتهاء الحرب، ولقد شارك سميث إبان الحرب في المفاوضات حول استسلام إيطاليا ١٩٤٣م وألمانيا ١٩٤٥م.

وعند عودته إلى الولايات المتحدة في العام ١٩٤٥م أصبح سميث رئيساً لقسم العمليات والتخطيط في الأركان العامة التابعة لوزارة الدفاع الأمريكية، ثم أصبح سفيراً للولايات المتحدة في "موسكو" (١٩٤٦-١٩٤٩)م إثر ذلك قاد سميث الجيش الأمريكي الأول (١٩٤٩-١٩٥٠)م، وهو يحمل رتبة لواء، وعمل مديراً لوكالة المخابرات المركزية الأمريكية CIA (١٩٥٠-١٩٥٣)م، بتزكية من "ايزنهاور" (الذي شغل في تلك الفترة منصب القائد العام لقوات حلف شمالي الأطلسي- في أوروبا) توفي في عام ١٩٦١م.

الرئيس سنغور، ليوبولد

سياسي ورجل دولة وأديب سنغالي، صاحب نظرية (الزنوجية) ورئيس جمهورية السنغال من آب ١٩٦٠م إلى كانون الأول ١٩٨٠م يعني اسمه (الأسد الباسل الذي لا يهاب).

ولد في جول (السنغال) في عائلة تنتمي لقبيلة سيرير في إقليم السودان الجنوبي (مالي حاليا).
في السابعة من عمره دخل مدرسة البعثة الكاثوليكية بالقرب من جول، ثم التحق بمدرسة الليسيه في
داكار، في ١٩٢٦م التحق بالتعليم الثانوي في مدرسة داكار العليا وأنهى هذه المرحلة في ١٩٢٨م. في
١٩٣٨م عين أستاذا للغة الفرنسية في ليسيه مارسلان برتيلو بالقرب من باريس حيث التقى سيزير الذي
كان يعمل على إطلاق نظرية (الزنوجية).

وبعد أن أمضى عاما في الجبهة أثناء الحرب العالمية الثانية اعتقلته السلطات الألمانية ثم
أطلقت سراحه في ١٩٤٢م فعاد إلى التدريس وبعد الحرب عين سنغور أستاذ اللغات والحضارات
الأفريقية في المدرسة الوطنية الفرنسية لأقاليم ما وراء البحار. وفي ١٩٤٥م انتخب نائبا عن السنغال في
الجمعية التأسيسية للجمهورية الفرنسية الرابعة، وشغل منصب أمين سر الدولة في حكومة اندحار فور
(١٩٥٥-١٩٥٦م). أسس الاتحاد التقدمي السنغالي مع مامودوديا (محمود ضيا). في ١٩٥٧م أسس
(المؤتمر الأفريقي) وفي استفتاء ١٩٥٨م استطاع بحكم منصبه أمينا عاما للاتحاد السنغالي التقدمي أن
يقنع المواطنين بضرورة التصويت إلى جانب فرنسا. وفي ١٩٦٠م ترأس اتحاد مالي، وفي آب ١٩٦٠م
انتخب رئيسا للجمهورية السنغالية واستمر في هذا المنصب حتى اعتزاله في ١٩٨٠م واعتبرت الأوساط
الدولية اعتزاله سابقة وديموقراطية في الحياة السياسية الأفريقية.

اشتهر سنغور كمثقف وأديب وشاعر إلى جانب صفته السياسية، وفي ٧ نيسان ١٩٦٦م أقيم
أول مهرجان عالمي للفنون الزنجية في داكار. تمكن فيه سنغور من أن يجمع من حوله عشرات من كبار
المفكرين والكتاب والمثقفين

الذين جاءوا من أنحاء العالم. لا سيما من الولايات المتحدة. وأثار المهرجان جدلا كشف الغطاء عن صراع ثقافي عميق يدور بين المتعاملين مع الشأن الأفريقي. تعامل ينادي بـ (الشخصية الأفريقية) ويمثلها زعماء الدول والمناطق التي كانت خاضعة للاستعمار الإنكليزي. وتعامل ثان ينادي بـ (الزنوجية) ويمثلها مثقفون ومسؤولون ينتمون إلى بلدان كانت (أو لا تزال) تخضع للاستعمار الفرنسي- ولم تمنع حمى النقاشات بين الانكلوفونيين وبين الفرنكوفونيين ذلك المهرجان الأول والفريد في نوعه الذي رعاه الرئيس والأديب سنغور، من أن يلعب لاحقا دورا كبيرا في بعث العديد من الفنون الأفريقية. كما في تحريك الشخصية الأفريقية للبحث عن الجذور وعن الهوية (عن الزنوجية).

سوباندريو (١٩١٤ - ١٩٦٥)م

سياسي اندونيسي- وأحد أبرز المقربين من أحمد سوكارنو ومهندس السياسة الخارجية الإندونيسية من مؤتمر باندونغ وحتى استلام الجنرال سوهارتو السلطة عام ١٩٦٦م، مارس الطب طيلة فترة الاحتلال الياباني، وعند انتهاء الحرب العالمية الثانية شارك في العمل السياسي والعسكري ضد الاستعمار الهولندي، وانضم إلى سوكارنو الذي أوفده إلى لندن ١٩٤٧م بمهمة إعلامية، وفي عام الاستقلال ١٩٤٩م عينه سوكارنو أول سفير لدى بريطانيا، وزير الخارجية ١٩٥٦م إضافة إلى مسؤولية العلاقات التجارية الخارجية، ١٩٥٩م عارض سلخ أجزاء من بلاده، وتالياً عارض اتحاد ماليزيا وانسحب من الأمم المتحدة وتقرب من الصين الشعبية، ودعا إلى منظمة دولية جديدة خاصة بشعوب العالم الثالث، وزار الدول العربية أكثر من مرة وخاصة مصر، أقصي

عام ١٩٦٦م مع مجموعة مـن الـوزراء المؤيـدين لسـوكارنو، ثـم اعتقـل وحكـم عليـه بالإعـدام بتهمـة تخريب الاقتصاد الإندونيسي، ونفذ فيه الحكم ١٩٦٥م.

سولانا، خافيير (١٩٤٢-   )م

سياسي إسباني، أمين عام حلف شمال الأطلسي، ولد في أسرة من البورجوازية الكبيرة. طرد مـن الجامعة بسبب معارضته نظام فرنكو، درس في بريطانيا، ثـم الولايات المتحدة حيـث حصـل علـى الدكتوراه في الفيزياء، وفي ١٩٦٤م انضم إلى منظمـة الشبيبة الاشتراكية، وبقـي منـذ ذلك الحـين وفيـاً للحـزب الاشتراكي.

شغل مناصب وزارية عديدة، في إسبانيا (الثقافة ١٩٨٢م، التربيـة والعلـوم ١٩٨٨م، الخارجيـة ١٩٩٢م)، قبل أن يأتي إلى بروكسيل لتولي منصب الأمـين العـام لحلـف شـمال الأطلسيـ في ١٩٩٥م، منـذ توليه هذا المنصب واجه سولانا تحديات عدة فقد أشرف علـى أول مهمـة للسـلام يقـوم بهـا التحـالف العسكري، وكان ذلك في البوسنة، وقاد أول توسيع للحلف باتجاه أوروبـا الشرقيـة عـبر قبـول انضمـام بولندا وجمهورية التشيك وهنغاريا في صفوفه، كان يفاوض بنشاط للحصول في أيار ١٩٩٧م على اتفـاق حول العلاقات الجديدة مع روسيا، ومن بين ما عمل لـه تهدئـة التـوتر بـين اليونـان وتركيا الشـقيقتين العدوين في الحلف الأطلسي.

الرئيس سيكوتوري، أحمد (١٩٢٢-١٩٨٤م)

سياسي ورجل دولة أفريقي وأول رئيس لجمهورية غينيا، طبعت شخصيته المناضلة نقابيا وسياسيا تاريخ غينيا منذ سنوات ما بعد الحرب العالمية الثانية حتى وفاته في عام ١٩٨٤م. ولد أحمد سيكوتوري في فاراناه عام ١٩٢٢م من عائلة مسلمة اشتغلت بالزراعة، وهو حفيد لجهة أمه ساموري توري زعيم قبائل المالتيكي التي ظلت بقيادته تقاوم الاستعمار الفرنسي طيلة ١٦ عاما في أواخر القرن التاسع عشر. درس أحمد سيكو توري القرآن في مطلع حياته.

ثم انتقل إلى مدرسة فرنسية فنية في كوناكري وطرد منها بسبب إضراب للطلاب تولى تنظيمه وقيادته. فاضطر إلى إكمال دراسته بالمراسلة، ثم نجح في امتحان التقدم إلى وظيفته في وزارة البريد عام ١٩٤١م. ثم انتقل إلى وزارة المالية في عام ١٩٤٨م إلا أنه طرد من وظيفته بسبب نشاطه النقابي والسياسي إذ كان قد أسس في عام ١٩٤٥م أولى نقابة في غينيا وكانت نقابة موظفي البرق والبريد والهاتف التي ارتبطت آنذاك باتحاد الشغل الفرنسي.

في عام ١٩٤٦م أصبح سكرتيرا عاما لاتحاد نقابات غينيا، ثم انتخب عضوا في المؤتمر التأسيسي لحزب التجمع الأفريقي الديموقراطي الذي كان يركز نشاطه في بلدان أفريقيا الفرنسية الغربية. ولكن سيكوتوري سرعان ما انفصل عن هذا الحرب. الذي كان أقطابه الآخرون وعلى رأسهم السنغالي ليوبوليد سنغور وهو فويت بوانيي (ساحل العاج) ينادون بالتعاون مع فرنسا. وراح سيكوتوري يركز نشاطه في غينيا وحدها. وأطلق على حزبه اسم (الحزب

الديموقراطي) ورفض الانضمام إلى الاتحاد الفرنسي ـ مطلقا مقولته الشهيرة: "إننا نفضل الجـوع مـع الحرية على الرخاء مع العبودية".

انتخب مرارا نائبا عن كوناكري، إلا أن السلطات الفرنسية طعنـت مـرتين في قانونيـة انتخابـه وأفشلته، وقد أدى ذلك إلى عكس النتيجة التي كانت يتوخاها الفرنسيون فارتفعت شعبية سـيكوتوري، خاصة وأنه كان يتابع نضاله التقاربي إلى جانب نضاله السياسي. وتمكـن في ١٩٥٣م مـن إنجاح إضراب عام كان قد دعا إليه واستمر ٧٣ يوما وأجبر الإدارة الاستعمارية على تطبيق قانون العمل في غينيا.

في عام ١٩٥٥م فاز برئاسة بلدية كوناكري، وفي السنة التالية انتخب نائبا في الجمعية الوطنيـة الفرنسية ممثلا عن غينيا. وفي ١٩٥٧م صـدر قـانون خـاص بالمستعمرات (القانون المعـروف بـ قـانون غاستون دوفير) أتاح لسيكوتوري أن يصبح رئيس مجلس غينيا. وكان سيكوتوري ينتقد هذا القانون لأنه يؤدي إلى بلقنة أفريقيا التي تحتاج أكثر ما تحتاج إلى تجمعـات كـبرى هـي وحدها القادرة عـلى مواجهة البلدان الصناعية.

كان حزبه مع تصاعد نضاله ودوره ينمو نموا كبيرا في مناطق المالينكي. إلا أنه جوبه بمعارضـة قوية في مناطق تسكنها قبائل أخرى خاصـة مناطـق فوتـا وجالون المعروفة بنزعتها المحافظة. وقام سيكوتوري بزيارات إلى فرصوفيا وبراغ حيث اهتم بدراسة الحزبين الشـيوعيين هنـاك. ولم يخف تـأثره بالماركسيه، ولكن القومية بقيت محور تفكيره ومحرك نضاله وأهدافه. يقـول (إن كـل فكـرة تنـزع إلى تفكيك أفريقيا لمصلحة دول انعزالية أو جمهوريات إقليميـة سـنحاربها بكل مـا أوتينـا مـن قـوة لأنها بنظرنا وريثة الاستعمار العامل على

التجزئة). وفي ٢٨ أيلول ١٩٥٨م وحدها غينيا وبزعامة سيكوتوري بين الدول الأفريقية الفرنسية قال (لا) في الاستفتاء الذي أجراه الجنرال ديغول حول مشروع دستور يبقيها ضمن المجموعة الأفريقية الفرنسية. وبعد أقل من أسبوع أي في ٢ تشرين الأول ١٩٥٨م أعلن استقلالها الناجز، وكان الجنرال ديغول بعد أن استقبل بحماس كبير في تاناناريف وبرزافيل، وابيدجان حيث قام بجولة كانت تهدف إلى إدخال إصلاحات وتعديلات على النظام الاستعماري. لاقى فتورا ظاهرا في كوناكري.

في ٢٥ آب ١٩٥٨م من قبل نحو ١٠٠ ألف مواطن غيني كانوا يهتفون لاستقبال أحمد سيكوتوري أكثر من هتافهم لرئيس الدولة الفرنسية وكانت المجابهة بين الرجلين حادة ومصيرية. سيكوتوري يطالب بالاستقلال الفوري وغير المشروط. وديغول لا يرى خيارا لغينيا غير الانضمام إلى النظام الذي تقترحه فرنسا لمستعمراتها ودون تحفظ. وإلا كانت القطيعة التامة وكان إيقاف كل مساعدة. وهذا ما حصل بالفعل نتيجة معارضة سيكوتوري اقترح ديغول فكان الزعيم الأفريقي الفرنكوفوتي الوحيد الذي اتخذ هذا الموقف واستمر عليه مضطرا إلى بناء الدولة وكوادرها في ظروف بالغة الصعوبة.

فقد عنى الاستقلال بالنسبة إلى غينيا بزعامة سيكوتوري نضالا مستمرا ضد الامبريالية، ورفضها للاستعمار الجديد وللبنى القديمة. كما أنه عنى مرحلة باتجاه قيام فدرالية أفريقية. إذ أن الرؤية الوحدوية التي كانت الدافع الفكري الأكبر لسيكوتوري كانت في أساس رفضه للتجزئة التي كانت تجري. يفرضها المشروع الفرنسي على المستعمرات الفرنسية، من هنا كان ترحيبه عام ١٩٥٩م بالاتحاد مع غانا التي كان يتزعمها كوامي نكروما المعروف بدعوته لجامعة

الدولة الأفريقية. لكن نظام (ومشروعه) سيكوتوري في غينيا بدأ يعاني من العزلة نتيجة تضافر جهود الاستعماريين في خلق المصاعب أمامه وخاصة نتيجة سقوط الزعماء الأفارقة (رفاق وأصدقاء سيكوتوري أمثال تكروما ١٩٦٦م الذي لجأ إلى كوناكري ومودياكيتا ١٩٦٨م فانكفأ نظام سيكوتوري على نفسه وأخذ يولي الأولوية لتدعيم جبهته الداخلية لمواجهة ما أسماه (المؤامرة المستمرة ضد الثورة).

الرئيس شابيز، هوغو (١٩٥٤-   )م

رئيس جمهورية فنزويلا، انتخب في هذا المنصب في ٦ كانون الأول ١٩٩٨م ضد منافسه المرشح المستقل، وأستاذ الاقتصاد أنريكي سالاس الذي نال نسبة لا تتعدى ٣٩% على الرغم من انسحاب مرشحي الأحزاب التقليدية التي قررت دعم سالاس حتى لا يصل الكولونيل شابيز إلى مقعد الرئاسة. واستلم شابيز مهامه في ٢ شباط ١٩٩٩م.

التحق شابيز بالكلية العسكرية في عام ١٩٧١م لأنه رأى أن في ذلك أفضل سبيل ليصبح رياضيا محترفا. لكن وجوده في المؤسسة العسكرية بدلا من أن ينمي قدراته البدنية نمى ميوله السياسية، فلمس مدى اتساع نطاق الفساد في فنزويلا واعتبر أن أفضل سبيل للمكافحة أن يمضي بالسير إلى خطى سيمن بوليفار (المحرّر التاريخي)، وأسس في سبيل هذا الهدف الحركة (البوليفارية الثورية) عام ١٩٨٢م. وقرر وضع معتقداته قيد التطبيق، فتزعم على رأس مجموعة من الوحدات العسكرية محاولة انقلابية فاشلة لقلب نظام الرئيس كارلوس أنريكو بيرفير عام ١٩٩٢م. فاعتقل وأودع السجن حتى عام ١٩٩٤م

حيث قرر الرئيس رافائيل كالديرا إطلاق سراحه باعتبار أنه لم يعد يشكل أي خطر على الحياة السياسية العامة بعد أن جرد من رتبته العسكرية.

لكنه سرعان ما تبين أنه مثلما غذت المؤسسة العسكرية ميوله السياسية، فإن السجن غذى لديه ميولا تبشيرية، فبدا شابيز يجوب مناطق فنزويلا وأحياءها البائسة ملقيا خطابات مبسطة ومباشرة تدين الطبقة السياسية وتحملها مسؤولية الفرد. وعمل سنة ١٩٩٧م على تأسيس حركة أطلق عليها اسم "الحركة من أجل الجمهورية الخامسة" التي انضمت إليها "الحركة من أجل الاشتراكية" و"حزب كل اليسار"، ونجحت في تكريس موقع سياسي لها في الانتخابات التشريعية في تشرين الثاني ١٩٩٨م حيث فازت بحوالي ٣٠% من مقاعد البرلمان.

خلال حملته الانتخابية اتهمته القوى المحافظة بأنه شارك في حرب العصابات في كولومبيا، وأنه مرتبط بمهربي المخدرات، ويخضع لتأثير الزعيم الكندي فيدل كاسترو، ويفتقر إلى أية خبرة إدارية، إذ لم يسبق له أن أدار أي منصب إداري.

لكن شابيز بعد أيام قليلة من انتخابه قام بجولة إلى عدد من الدول الأوروبية بدأها في إسبانيا التي تعتبر المعبر الرئيس لأي مسؤول في أمريكا اللاتينية يحاول فتح حوار مع الاتحاد الأوروبي، ثم زار فرنسا وإيطاليا ثم كندا، مؤكدا على صورة الاعتدال، ومتقربا من جانب رجال المال والأعمال في بلاده الذين كانوا قد أيدوه في الانتخابات بعد إعلانه أنه سوف يطبق سياسة اقتصادية ليبرالية، وفي أواسط كانون الثاني ١٩٩٩م التقى وفدا من أعضاء الكونغرس

الأمريكي وأوضح أمامه خطوطه العريضة للسياسة التي سوف يتبعها مؤكدا على أنه حليف للسياسة الأمريكية.

وعلى الصعيد الداخلي أكد عزمه على الإطاحة بالنظام الحربي القائم (أهل الفساد) حيث أكد على الدعوة إلى استفتاء شعبي لتشكيل (جمعية تأسيسية) وطنية تضع أسسا لنظام سياسي جديد.

الرئيس الشاذلي بن جديد

عسكري وسياسي وثالث رئيس للجمهورية الجزائرية، ولد في قرية صغيرة بالقرب من مدينة عنابة شرقي الجزائر ١٩٢٩م في عائلة فلاحين متواضعة الحال. انخرط في الجيش الفرنسي- وبقي فيه حتى عام ١٩٥٤م وفي مطلع عام ١٩٥٥م انضم إلى جبهة التحرير فتميز بشجاعته وتمرسه بحرب العصابات. قائدا لكتيبة ١٣ في ١٩٦٠م الشمالية على الحدود المغربية التي كان يديرها العقيد هواري بومدين، وقد بقي بن جديد إلى جانبه حتى حصول الجزائر على استقلالها عام ١٩٦٢م.

وعندما انفجر الخلاف بين بن بله وبومدين من جهة وبين الحكومة المؤقتة برئاسة يوسف بن خده من جهة ثانية، وقف الشاذلي بن جديد بصلابة إلى جانب الطرف الأول الذي كان يمثل آنذاك الشرعية للثورة، عينته القيادة الجديدة حاكما عسكريا لولاية قسنطينة ١٩٦٣م ثم عين حاكما عسكريا لولاية وهران ١٩٦٤م وفي عام ١٩٦٥م عندما وقع الخلاف بين بن بله وبومدين الذي قاد انقلابا استولى على الحكم. أيد بن جديد الحركة الانقلابية فعين عضوا في مجلس الثورة الذي كان الهيئة الفعلية التي تمسك بكامل السلطة في البلاد.

ظل الشاذلي بن جديد طيلة فترة حكم بومدين حاكما عسكريا لمنطقة وهران، وفي عام ١٩٦٩م رقي إلى رتبة عقيد، وعندما أصيب بومدين بالمرض عينه مجلس الثورة (كانون الأول ١٩٧٨م) ضابط ارتباط بين الجيش ومجلس الثورة، أي المسؤول الأول عن القوات المسلحة في الجزائر. ثم عين قبيل وفاة بومدين وزيرا للدفاع، وبعد وفاة بومدين رقته جبهة التحرير لمنصب رئاسة الجمهورية وفاز به في ٧ شباط ١٩٧٩م. أجبر على التنحي عن السلطة في الحادي عشر من كانون الثاني ١٩٩٢م لاعتباره متساهلا مع الأصوليين.

الشاذلي القليبي (١٩٢٥ -)م

سياسي ورجل دولة ومفكر تونسي، وأمين عام لجامعة الدول العربية بعد انتقالها من القاهرة إلى تونس، ولد في مدينة تونس، وتلقى تعليمه الثانوي في المدرسة الصادقية، أكمل دراساته العليا في الآداب والفلسفة في السوربون (فرنسا)، عمل أستاذاً جامعياً عام ١٩٥٧م، لكن في عام ١٩٥٨م ترك التعليم بعد تعيينه مديراً عاماً للإذاعة والتلفزيون، وفي ١٩٦١م كلف بإنشاء أول وزارة للشؤون الثقافية في تونس، وبقي مشرفاً عليها حتى عام ١٩٧٠م، بالاضافة إلى تسلمه مرتين في تلك الفترة وزارة الإعلان، واسندت إليه وزارة الثقافة من جديد في ١٩٧١م، واستمر فيها حتى ١٩٧٣م، ثم تسلمها مرة ثالثة من ١٩٧٦م حتى ١٩٧٨م، وكان قد شغل أثناء ذلك وبالتحديد ما بين ١٩٧٤م و١٩٧٦م منصب مدير ديوان رئيس الجمهورية، من أيلول ١٩٧٨م إلى حزيران ١٩٧٩م، شغل للمرة الأخيرة منصب وزير الإعلام وذلك قبل أن ترشحه تونس لمنصب الأمين العام لجامعة الدول العربية والذي انتخب له في ٢٨ حزيران ١٩٧٩م.

بالإضافة لنشاطه العام على الصعيد الوطني كان للشاذلي القليبي نشاطات محلية وحزبية واسعة، فهو منذ ١٩٦٣م يشغل منصب رئيس بلدية قرطاجة التي تميزت في عهده بحياة ثقافية مجددة، كما أنه مارس منذ ١٩٦٤م رئيسا للشعبية المحلية للحزب في قرطاجة، كما انتخب في العام نفسه عضواً في اللجنة المركزية للحزب، وجدد انتخابه لهذا المنصب في كل المؤتمرات التي عقدها الحزب بعد ذلك، في كانون الثاني ١٩٦٨م أصبح عضواً في المكتب السياسي للحزب الدستوري، واحتفظ بعضويته إلى تاريخ انتخابه أميناً عاماً للجامعة العربية في حزيران ١٩٧٩م.

يمتاز الشاذلي القليبي بثقافته العربية العميقة وسعة إطلاعه باللغة العربية (إذ أنه عضو في مجمع اللغة العربية في القاهرة ١٩٧٠م) بالإضافة إلى انفتاحه الواسع على الثقافات الأجنبية وبخاصة الثقافة الفرنسية، وشارك في مستهل حياته العامة في تحرير العديد من الصحف والمجلات الوطنية، ما أكسبه خبرة قيمة في حسن التخاطب مع الرأي العام العربي والعالمي، وفي الدفاع عن القضايا العربية أمام المحافل الدولية والصحافة الأجنبية، وقد حاول من خلال مركزه كأمين عام للجامعة العربية أن يعزز أجهزة الإعلام الخارجية وأن يطور عمل الجامعة في المجالات كافة، شارك بنشاط في الجهود الرامية لوضع حد لمأساة الحرب في لبنان (من خلال عضويته في لجنة المتابعة العربية – ١٩٨١م).

شارون، أرييل (١٩٢٨-   )م

عسكري صهيوني بارز، شارك في نشاط الهاغاناة، ثم في حرب ١٩٤٨م، ثم رأس قوة كوماندوس خاصة لمقاومة الفدائيين العرب، اشترك في حرب ١٩٥٦م ثم في حرب ١٩٦٧م حيث قاد المجموعة التي استولت على ممر متلة، وبعدها عين قائداً للمنطقة الجنوبية حيث عمل على إجلاء المئات مـن بـدو رفح، لمع اسمه في حرب تشرين ١٩٧٣م بعد انهيار خط بارليف عندما قام بقيادة القوات الإسرائيلية بفتح ثغرة في الدفاعات المصرية (الدفرسوار)، استقال من الجيش وأصبح نائباً عـن تكتـل ليكـود. عينه رابين مستشاراً عسكرياً له، أعيد انتخابه في انتخابات ١٩٧٧م، وعين وزيرا للزراعة والاستيطان في حكومة بيغن الأولى، وتميزت فترة وجوده عـلى رأس وزارة الاستيطان بتسريع برنـامج الاستيطان الصهيوني في الأراضي العربية المحتلة. وبعد انتخابات ١٩٨٠م عين وزيراً للدفاع فكـان المهنـدس الأول لعملية غـزو لبنان (صيف ١٩٨٢م)، أقيل مـن وزارة الدفاع بسبب مسؤوليته عن مجـزرة صبـرا وشاتيلا (مخيمان فلسطينيان في بيروت) المروعة التي أرعبت صورها العالم، بل ودفعت أكثر مـن ربع مليون صهيوني إلى التظاهر في شوارع تـل أبيب مطالبين بمعاقبة الجاني، وفي ١٣ شباط ١٩٨٣م تألفت لجنة التحقيـق الصهيونية الخاصة وقدمت مطالعتها حول "مسؤولية شارون هذه" وطلبت من شارون الاستقالة مـن وزارة الدفاع فاستقال وبقي وزيراً من دون وزارة، استمر شارون رجلاً سياسياً مطالباً بالاستيطان وبطرد الفلسطينيين إلى خارج "أرض إسرائيل الكبرى".

وقد طبق هذا النهج بشكل أوسع وأعنف عندما تسلم رئاسة وزراء إسرائيل، فقد حارب انتفاضة الشعب الفلطسيني بشكل عنيف، وهدم المنازل وقتل العديد من الأبرياء، كما يحاول جاهداً تدمير السلطة الفلسطينية بإدارتها وزعامتها.

شتاوفنبرغ، كلاوس شنك (١٨٩٥-١٩٤٤)م

ضابط ألماني في عهد الرايخ الثالث حاول اغتيال هتلر، ففشل وأعدم. اشترك في المعارك التي دارت في بولونيا وفرنسا وعلى الجبهة الروسية (حيث استاء جداً من عنف الاحتلال الألماني)، عندها بدأ يخطط لتحرير ألمانيا من حكم هتلر، وتحرير روسيا من حكم ستالين، وفي بداية ١٩٤٣م أرسل إلى جبهة تونس وبعد ذلك بأيام فجرت السيارة بالألغام التي كان يستقلها مما أدى إلى بتر يده اليمنى وقلع عينه اليمنى، عولج في ميونخ ورقي إلى رتبة كولونيل وأرسل إلى برلين لينضم لمجلس قيادة الجنرال اولبرخت، خاب أمله بالاشتراكية الوطنية (النازية) التي كان قد انتمى إليها، فاتجه نحو اشتراكية تنهل قيمها من الدين، في بداية ١٩٤٤م، رقي إلى رتبة قائد أعلى للجيوش المسؤولة عن الأمن الداخلي في المدن الألمانية الكبيرة، وقد أتاحت له وظيفته هذه سماع خطابات هتلر وحضور اجتماعاته، اشترك مع رفقاء له في مخطط يقضي باغتيال هتلر وهملر وغورينغ، وكان يحمل باستمرار في حقيبته قنبلة يدوية، حدد اليوم العشرون من تموز ١٩٤٤م موعداً لتحقيق مخطط اغتيال هتلر في اجتماع عام للقيادة العسكرية بحضور هتلر، وفي مدينة راستنبورغ ترك شتاوفتبرغ قاعة الاجتماع قبل موعد انفجار القنبلة بخمس دقائق وانفجرت القنبلة بالفعل

وتصاعد الدخان من مبنى الاجتماع فظن شتاوفنبرغ أنه قد قضي على هتلر، فذهب إلى برلين لإتمام خطة الانقلاب في موعدها المحدد أي في الساعة الرابعة بعد الظهر، لكن لما سرى الخبر بأن هتلر قد نجا من الموت راح المتآمرون يتراجعون الواحد بعد الآخر. فأعدم هتلر شنقاً ٢٢ جنرالاً وانتحر ٥٨. وفي ليل ٢٠-٢١ تموز ١٩٤٤م أعدم شتاوفنبرغ مع رفيقه أولبرخت.

الرئيس شكري القوتلي (١٨٩١-١٩٦٧)م

سياسي سوري ورئيس جمهورية سابق، ولد بدمشق، تلقى علومه الابتدائية في مدرسة الأباء اللعازاريين والعلوم الثانوية في المدرسة الإعدادية والعالية في الكلية الشاهانية بالأستانة وتخرج منها يحمل الليسانس في العلوم السياسية.

عمل في صفوف شبيبة المنتدى الأدبي ثم أصبح عضوا في العربية الفتاة، أعتقل في الحرب العالمية الأولى مع المناضلين العرب، كلفه الملك فيصل عام ١٩٢٠ بتشكيل ولاية دمشق. غادر البلاد في أثناء الثورة السورية عام ١٩٢٥م إلى مصر والحجاز. أعفي عنه وعاد إلى دمشق حيث شارك في تشكيل الكتلة الوطنية، اشترك في المؤتمر العربي القومي الذي عقد بالقدس في كانون الأول ١٩٣١م ووقع الميثاق التاريخي.

أثناء وجود وفد المفاوضات من أجل المعاهدة في باريس تولى إدارة مكتب الكتلة الوطنية ودعايتها. انتخب نائبا عن دمشق في دورة ١٩٣٦م، وتولى بعدها في أول حكومة وطنية وزارتي المالية والدفاع. وعلى أثر دخول "الديغوليين" إلى سوريا في الحرب العالمية الثانية ووفاة الشيخ تاج الدين الحسني،

رئيس الجمهورية بالتعيين قاد القوتلي معركة الانتخابات وفاز برئاسة الجمهورية، وفي رئاسته تم جلاء الفرنسيين عن سوريا. أعيد انتخابه رئيسا للجمهورية بعد تعديل الدستور. فأطاح به عام ١٩٤٩م انقلاب حسني الزعيم فلجأ إلى مصر. وأعيد انتخابه مرة ثالثة عام ١٩٥٦م. وتنازل عن منصبه لصالح الوحدة بين مصر وسوريا وانتخاب الرئيس جمال عبد الناصر رئيسا لها. وقد أطلق على شكري القوتلي نتيجة لذلك لقب "المواطن العربي الأول".

الرئيس شيفاردنادزة، إدوارد (١٩٢٨-   )م

وزير خارجية الاتحاد السوفيتي سابقا، رئيس جمهورية جورجيا ١٩٩٦م في عام ١٩٧٢م أصبح شيفاردنادزه سكرتير الحزب الشيوعي الجورجي، وقد خلف في هذا المنصب مجا فانادزه. وفي عام ١٩٨٥م أصبح وزير خارجية الاتحاد السوفيتي، أي في العام نفسه الذي تولى فيه ميخائيل غورباتشوف سكرتارية اللجنة المركزية للحزب الشيوعي السوفيتي، وأطلق البيريسترويكا (إعادة البناء) والفلاسنوست (العلنية).

واستمر شيفاردنازه وزيرا للخارجية حتى استقالته في ٢٠ كانون الأول ١٩٩٠م، أي قبل عام وخمسة أيام من انهيار الاتحاد السوفيتي، وأنزل علمه على مبنى الكرملين، ورفع علم روسيا مكانه ٢٥ كانون الأول ١٩٩١م. وقال وهو يقدم استقالته في "مؤتمر نواب الشعب" أنه يفعل ذلك "احتجاجا على هجمة الدكتاتورية". وأعطى موقفه هذا تفسيرات كثيرة من أهمها أنه كان يدرك أن التخبط الذي كان يعيش فيه الاتحاد السوفيتي سوف ينتهي إلى واحدة من نتيجتين: إما الانقلاب العسكري الذي يأتي بدكتاتور إلى السلطة، أو في أحسن

الأحوال تحول غورباتشوف نفسه إلى دكتاتور تحت وطأة الضغوط الحزبية والعسكرية، وأما انهيار الاتحاد السوفيتي.

تعاون وهو وزير الخارجية السوفيتي إلى أقصى الحدود مع وزير الخارجية الأمريكي جيمس بيكر، وخاصة في موضوع حرب الخليج الثانية. فأصدر الرجلان "البيان الأمريكي-السوفيتي المشترك" الذي رعى الحملة الأمريكية والدولية على العراق، والذي سجل نهاية الحرب الباردة.

وفي ٧ آذار ١٩٩٢م من انهيار الاتحاد السوفيتي عاد شيفاردنادزه إلى جورجيا، وبعد ثلاثة أيام انتخب رئيسا لمجلس الدولة في جورجيا.

الرئيس شيراك، جاك

رئيس فرنسا الحالي منذ عام ١٩٩٥م، ولد في باريس عام ١٩٣٢م وكان طفلا وحيدا لأب يعمل مدير لشركة في باريس. ويعود أصله الريفي إلى منطقة كوريز. دخل كأبناء طبقته الميسورة إلى الثانويات الكبرى في العاصمة الفرنسية ومنها إلى سامرسكول في جامعة هارفارد. ثم التحق بالمدرسة القومية للإدارة العليا ١٩٥٧-١٩٥٩م ليخرج بدبلوم في العلوم السياسية. وفي هذه المدرسة ظهرت تدريجيا مؤهلاته القيادية.

استطاع أن يحصل على رتبة ماجور بعد خضوعه أثناء الدراسة للخدمة العسكرية الإلزامية في وحدة المدرعات. لكنه كاد يفقد هذه الرتبة على أثر توقيعه (نداء استوكهولم للسلام) وهو نداء صاغه ونظمه الحزب الشيوعي الفرنسي. لكن شيراك الذي شعر بأن مستقبله السياسي مهدد برمته كافح بكل الوسائل كي لا يجرد من رتبته العسكرية وتوسل لدى رؤسائه من أجل إرساله

إلى الجزائر للمشاركة في الحرب. وكان في تلك الفترة يرغب في أن يكون ضابطا نظاميا. لكن القيادة العسكرية كانت ترى أنه من غير الضروري تعريض شاب يتمتع بمؤهلات مرموقة للخطر.

استفاد شيراك بسرعة من تجربته وأقلع عن بيع وقراءة صحيفة الحزب الشيوعي (لومانيته). ورفع شعار الجزائر فرنسية. وفي نهاية عشريناته اندفع نحو السلطة والتحق بمكتب رئيس الوزراء جورج بومبيدو ١٩٦٢م فاختار منذ تلك اللحظة معسكره اليميني الديغولي بوضوح. وما كانت سنة ١٩٦٨م حتى انتخب شيراك نائبا عن منطقة كوريز (منطقة زراعية في وسط فرنسا) تحت راية حزب (اتحاد الدفاع عن الجمهورية)، وكان يتولى في تلك الفترة منصب سكرتير دولة في وزارة الشؤون الاجتماعية مكلفا بقضايا العمل. وهو ما قيض له المشاركة في التفاوض مع النقابات العمالية إبان أحداث أيار ١٩٦٨م الطلابية والاجتماعية. وكان من القلة الذين وقفوا ضد هذه الأحداث، فكافأه بومبيدو وعينه وزير دولة لشؤون الموازنة، ثم وزيرا للزراعة والتنمية الريفية.

وفي عام ١٩٧٤م تفاقمت حالة جورج بومبيدو الصحية وصار جاك شيراك وزيرا للداخلية، وكان عمره ٤٢ عاما. ومع أنه كان يقدم بوصفه خليفة لبومبيدو إلا أن حداثة عمره (بالنسبة إلى منصب الرئاسة الأولى) كانت تعتبر أيضا حائلا دون هذا الأمر.

لكن وزارته كانت معنية بالتحضير للانتخابات الرئاسية التي شهدت تنافسا حادا بين الزعيم الديغولي المعروف وبطل مقاومة النازية جاك شابان دلماس ووزير الاقتصاد فاليري جيسكار ديستان. وانحاز شيراك لديستان مبتعدا عن الديغوليين القدامى. وفسر موقفه برغبته في إزاحة من يمكنه أن يكون منافسا

له في المستقبل وبعد فوز ديستان تقرب شيراك من تياره، وأصبح رئيسا للوزراء لكنه لم يدم طويلا مع الرئيس الجديد فاستقال في عام ١٩٧٦م. وعمد لتوه إلى تأسيس التجمع من أجل الجمهورية الـذي تحول بسرعة إلى واحد من أكبر الأحزاب السياسية الفرنسية (أصبح في أوائـل التسعينات يجمع في صفوفه ١٥٠ ألف عضو و٢٦٠ نائبا في البرلمان و٩٢ عضوا في مجلس الشيوخ. كـما تولى إدارة ٤٣ مدينـة يزيد تعداد سكانها عن ٣٠ مليون نسمة، وعلى رأسها العاصمة باريس التي تولى شـيراك رئاسـة بلـديتها بصورة متوالية منذ ١٩٧٧م).

واندفع يعارض ديستان بقوة واتهمه بتمثيل المصالح الأجنبية في فرنسا. وصادف أن أصيب في تلك الفترة بجروح خلال حادث سير ودخل إلى مستشفى كوشان للمعالجة. ومنها وقع نداء شهير عرف فيما بعد بـ (نداء كوشان) اتهم فيه الـرئيس ديستان بتمثيـل حـزب (الأجانب) في فرنسا. وكـان ديستان يومها معروفا بتقربه من الولايات المتحدة ومعجبا بسياستها الليبرالية. الأمر الذي كان يتعارض مع النزعة الديغولية القومية وترشح شيراك لانتخابات ١٩٨١م الرئاسية، غير أن نسبة ما حصل عليه من أصوات ١٨% لم تمكنه من اجتياز الدورة الثانية. فساعد بذلك على فوز المرشح الاشتراكي فرنسوا ميتران.

ثم كانت انتخابات ١٩٨٦م التشريعية التي شهدت فوزا ساحقا لليمـين. فتـولى شـيراك رئاسـة الحكومة في ظل ميتران، ودخلت بذلك البلاد تجربة ما عرف بـ (التعايش).

الرئيس شيلدرز، إرسكين هاملتون (١٩٠٦-١٩٧٤)م

سياسي ورجل دولة جمهوري ايرلندي من أصل إنكليزي وأول بروتستانتي ينتخب لمنصب رئيس جمهورية ايرلندا. كان والده مناضلا من أجل وحدة ايرلندا فاعتقلته حكومة ايرلندا الحرة ١٩٢٣م بسبب معارضته لاتفاقية تقسيم ايرلندا التي كانت قد وقعت في عام ١٩٢١م، وحاكمته محاكمة صورية وأعدمته. فكان ابنه إرسكين لم يتجاوز بعد السابعة عشرة من عمره عندما التقى والده قبيل تنفيذ حكم الإعدام فيه الذي أوصاه بأن يكرس حياته لتحقيق المصالحة بين البروتستانت والكاثوليك في ايرلندا.

ارتبط مصير شيلدرز منذ ذلك الحين بوطنه الجديد ايرلندا، وظل مرتبطا وفيا لرفاق والده من أنصار أيامون دي فاليرا فانضم إلى حزب فيانافيل منذ تأسيسه. وانتخب عضوا في مجلس النواب لأول مرة عام ١٩٣٨م عن دائرة موناغهان الواقعة على الحدود بين الايرلنديتين، ما أتاح له أن يلعب باستمرار دور الموفق بين الطائفتين الايرلنديتين.

شغل أربع مرات منصب وزير خلال ٢٨ عاما من العمل السياسي، انتخب عام ١٩٧٣م بأغلبية ٥٢% من الأصوات الجمهورية الايرلندية، علما أن البروتستانت لا يشكلون أكثر من ٥% من سكان الجمهورية، فعمل على إيجاد حل للمشكلة الطائفية والسياسية التي تفرق بين دبلن وبلفاست، لكنه توفي بعد عام ونصف ١٩٧٤م.

الصادق المهدي

زعيم سياسي وديني سوداني ولد الصادق المهدي يوم ٢٥ كانون الأول ١٩٣٦م. وكان مولده مبشراً بمرحلة جديدة في تاريخ السودان إذ تزايد الوعي الوطني عند طلائع الخريجين وشرعوا في اتصالات تبلورت في ١٩٣٨م في إنشاء مؤتمر الخريجين وأسس جده عبد الرحمن المهدي حزب الأمة في عام ١٩٤٥م حينما كان الصادق في التاسعة من عمره. وكان عبد الرحمن رجلا بعيد النظر واسع الحيلة إذ أدرك أن لا قبل له بمناطحة الاستعمار. وآثر أن يصانعه (فنسج ثوبا من الحرير) حول آرائه كما تقول إحدى وثائق الحزب وركز على تنمية الدعائم المالية للأسرة.

رفع حزب الأمة شعار (السودان للسودانيين) في مواجهة شعار (وحدة وادي النيل) وكان الصادق المهدي في الثامنة عشرة من عمره حين أصيب حزب الأمة بنكسة كبرى إذ فاز الاتحاديون في أول انتخابات أجريت في السودان في عام ١٩٤٥م بأغلبية ٥١ دائرة من مجموع ٩٧ دائرة. ولم يستقر حزب الأمة إلا بـ ٢٣ دائرة. بيد أن الخريطة السياسية كانت تتبدل بسرعة مذهلة، فالثورة المصرية التي ساعدت على أن ينال السودان حقه في تقرير المصير أنشأت في مصر ـ نظاما قوض التعددية الحزبية وقهر المعارضين. وصدم السودانيون بأنباء سطوة أجهزة الأمن وممارستها كما أن التجار والموظفين والعمال والمزارعين (عماد جماهير الاتحاديين في المدن ومراكز الإنتاج) تهيبوا في اللحظة الحاسمة إثر المنافسة المصرية العالية الكفاءة على أرزاقهم ومواقعهم. فشهد السودان تحولا غربيا ومدهشا، إذ تولى الاتحاديون المفوضون من قبل الشعب تنفيذ برنامج منافسيهم في حزب الأمة. أي أن حزب الأمة

خسر الانتخابات بينما كسب برنامجه الجولة، وأعلن الاستقلال دون وشائج عضوية بمصر.

لم يكن الصادق في سن تسمح له بالمشاركة في تلك المرحلة إذ تركز جهده على طلب العلم في كلية كمبوني في الخرطوم. ثم كلية فكتوريا في الإسكندرية. فكلية العلوم (جامعة الخرطوم حاليا) حيث كان يرغب في دراسة الزراعة، وسافر بعد ذلك إلى بريطانيا فدرس العلوم السياسية والاقتصادية في جامعة أوكسفورد. وتخرج بامتياز ثم رجع إلى الوطن حيث صار رئيسا للوزراء بمجرد بلوغه سن الثلاثين ١٩٦٦م.

وكما هو متوقع فإن تطورات الأحداث فتحت أعين الصادق المهدي بقسوة بالغة على حقائق دنيا السياسة العملية. إذ أدرك أن دعوة التحديث التي حملها معه من أوكسفورد ستجر إلى صدام مرير يشرخ القاعدة الحزبية التي أتت به إلى سدة الحكم.

كان والده الصديق قد توفي في عام ١٩٦١م وخلفه إماما على الأنصار شقيقه أي عم الصادق الهادي المهدي. وشهدت الفترة ما بين عامي ١٩٦٣م وانقلاب النميري في عام ١٩٦٩م شدا وجذبا وانقساما مروعا في الحزب وفي أسرة المهدي. كان نتائج ذلك سقوط حكومة السيد الصادق بعد تسعة أشهر فقط. ثم حدثت مصالحة لكن التوحيد الحقيقي للقوى خلف الصادق لم يكتمل إلا بعد أن اصطدم الإمام المهدي بنظام النميري عسكريا فقتل في عام ١٩٧٠م ولم يعد هناك منافس مقنع يتصدى لآراء الصادق الجديدة. ولعل المكايدة الحزبية (داخل حزب الأمة وخارجه) هي المسؤولة عن إنكار إنجازات الصادق المهدي عبر السنين. وأهم إنجازاته هي عقد مؤتمر الحزب في عام ١٩٨٦م ورضي أن

يصير رئيسا بالانتخابات وليس بالوراثة. وقام بإصدار بيانا تأسيسيا للحزب اعترف فيه لأول مرة (أن لشعبنا بشعب مصر الشقيقة علاقة خاصة نرجو أن تتجسد في شكل اتفاقات تحقق مصالح الشعبين). وهذا تحول كبير في حزب نشأ على أساس التوجس من مصر ومعاداتها والرعب من الهجرة المصرية. وكما وضع حدا لتنظيم الميليشيات شبه العسكرية التابعة للأنصار (والتي طالما أرعبت منافسيهم) وأعاد تنظيم الحزب على أساس وحدات تمثل مختلف الفئات والقطاعات. ووضع لوائح داخلية للحزب وحافظ على وحدته حتى صار في انتخابات ١٩٨٦م أكبر الأحزاب السودانية (إذ فاز بـ١٠٠ دائرة من مجموع ٢٦٢م بينما فاز الاتحاديون الذين خاضوا الانتخابات منقسمين ودون أن يعقدوا مؤتمر ب ٦٣ دائرة فقط). وكذلك استمال أعدادا هائلة من سكان المدن والمثقفين. ودفع الحزب نحو موقع الوسط الذي كان الحزب الاتحادي يحتله منفردا. وأسس مركز للأبحاث والدراسات خاصة بالحزب.

يأخذ البعض على الصادق أنه مفكر وباحث أولا وثانيا وسياسي ثالثا. وينتقده البعض لأنه لم يتوصل إلى اتفاق مع الحركة الشعبية بعد انهيار حكم النميري. في حين أن اللوم يقع على جون قرنق قائد الحركة الشعبية كما شهد محللون محايدون لأنه لم يبد اليقظة اللازمة لإجهاض انقلاب ٣٠ حزيران ١٩٨٩م قبل وقوعه رغم التقارير والتحذيرات التي وصلته.

اعتقل الصادق خمس مرات بين عامي ١٩٨٩م وآخر ١٩٩٦م وبين اعتقال واعتقال كانت السلطات تضعه تحت المراقبة الشديدة وهو في منزله، لكنه نجح في كانون الأول ١٩٩٦م من الخروج من البلاد قاصدا اسمرة وفق خطة

سرية دبرها وقادها ابنه عبد الرحمن الصادق المهدي الذي كان ضابطا ملازما قبل تسريحه.

صباح الأحمد الصباح (١٩٢٩-)م

نائب رئيس مجلس الـوزراء الكويتـي ووزير الخارجيـة، ولـد عـام ١٩٢٩م تلقى دراسته الابتدائية في المدرسة المباركية بالكويت، وتابع دروسـه على أيـدي أسـاتذة خصوصيين، بـدأ حياته السياسية في سنة ١٩٥٤م وتولى أول منصب وزاري له في سنة ١٩٦١م عندما عين وزيراً للإرشاد والأنبـاء، تـولى وزارة الخارجيـة في ١٩٦٣/١/٢٨م واستمر متقلداً هـذا المنصب في جميـع الـوزارات حتـى ١٩٩١/٤/٢٠م عندما أبعد عن التشكيلة الوزارية التي تألفت برئاسة الشيخ سعد العبدالله الصباح، أسندت إليه وزارة الخارجية مجدداً في ١٩٩٢/١٠/١٨م، يعتبر أقدم وزير خارجية في العالم وعميد وزراء الخارجية العرب وهو أحد المدافعين عن عودة علاقات الكويت مع الدول العربية التي نـاصرت العراق في عدوان حرب الخليج الثانية في عام ١٩٩١م.

الرئيس صدام حسين

رئيس جمهورية العراق الحالي منذ ١٩٧٩م، لقد ولد في بيئة فلاحية فـي ٢٨ نيسـان ١٩٣٧م. ولد في عائلة معروفة بمواقفها الوطنية والقومية فنهـل مـن وسط هـذه العائلـة مبادئ حب الوطن والاعتزاز بالأمة والتضحية في سبيلها. ولكنه وهو اليتيم الذي عـود نفسـه الاعتماد على نفسـه واتخـاذ قراراته الخاصة التي تتعلق بمستقبله ومصيره.وكان من أبرز تلك القرارات وأهمها قرار

التعليم. حيث انتقل في سن العاشرة إلى تكريت لغرض الدراسة حيث يقيم خاله الحاج خير الله طلفاح الذي احتضنه وأدخله المدرسة.

انضم إلى حزب الطليعة العربية المناضلة، حزب البعث العربي الاشتراكي عام ١٩٥٦م، صحيح أنه تلقى أول المبادئ الوطنية والقومية من بيئته العائلية. ومن الوسط الاجتماعي والدراسي الذي نشأ فيه ولكن وعيه لم يتخذ سياقا عميقا ومنظما إلا من خلال انتمائه إلى الحزب منعطفا أساسيا جديدا في مجرى حياته فقد نقله هذا القرار من ميدان الاهتمام الشخصي- العام بالقضايا الوطنية والقومية والعمل الفردي المشتت، إلى ميدان الاهتمام اليومي الموجه بهذه القضايا والعمل الجماعي المنظم والمسؤول في سبيلها.

لقد انحرفت ثورة ١٤ تموز ١٩٥٨م عن الطريق الذي رسم لها لتحقق التحرر السياسي والاقتصادي ولبناء القطر بشكل يخدم المصلحة الوطنية والقومية. فقد اتجه حكم عبد الكريم قاسم الذي انفرد بالسلطة إلى التضييق على الشعب واضطهاده. كما عمل على إبعاد جميع القوى القومية عن السلطة والتنكيل بها وشجع بشكل واضح هذا الصراع بين القوى الوطنية في القطر لكي يضعفها ليبقى هو في الحكم دون منازع. ونظرا لمشاركة صدام حسين في عملية تصفية عبد الكريم قاسم ١٩٥٩م، هرب إلى مصر. وعاد إلى العراق بعد انتصار الثورة في ٨ شباط عام ١٩٦٣م، وسقط نظام عبد الكريم قاسم وتسلم عبد الرحمن عارف الحكم. ولكن صدام حسين لم يستسلم للقيادة الجديدة وأدخل السجن عدة مرات وظل ملاحقا من المخابرات العراقية، وفي ١٧ تموز ١٩٦٨م دخل صدام حسين على ظهر دبابة عسكرية وشارك في إسقاط حكم عبد الرحمن عارف، وتم تعيين أحمد حسن البكر أمين سر القيادة القطرية للحزب ورئيسا للجمهورية

ورئيسا للوزراء وقائدا عاما للقوات المسلحة. وبعد الاجتماع الأول للقيادة الجديدة تقرر اختيار صدام حسين نائبا لرئيس مجلس قيادة الثورة، كما تولى أمن الثورة والمهام الحساسة في الدولة. وفي ١٦ تموز ١٩٧٩م أعلن أحمد حسن البكر تنحيه عن السلطة لصالح نائبه صدام حسين.

دخل الرئيس العراقي بعد توليه السلطة حربا شرسة مع إيران حرب دامت نحو ثماني سنوات، كما دخل بجيشه أرض دولة الكويت، وخاض حربا مع الدول المتحالفة لتحرير الكويت. ونظرا لذلك تم إصدار قرار من الأمم المتحدة بتطبيق حصار اقتصادي على العراق.

صلاح الدين الصباغ (١٨٩٩م- ١٩٤٥م)

عسكري ثوري عراقي، ولد في الموصل لأب لبناني (من صيدا) وأم من الموصل، درس في بيروت والموصل واسطنبول، دخل الخدمة العسكرية (في الجيش العثماني) ورفع إلى ملازم في ١٩١٧م، التحق بالجيش العربي في سوريا، اعتقله الفرنسيون بعد سقوط الحكم العربي في دمشق، بعد إطلاق سراحه ذهب إلى العراق والتحق بالجيش هناك، وأرسل للدراسة في عدد من المعاهد العسكرية البريطانية، درس في الكلية العسكرية في العراق وأصبح آمراً للقوة الجوية، فمعاوناً لرئيس أركان الجيش.

انتصر لحركة الكيلاني وكان في مقدمة الضباط وقادة الحركة الوطنية في تشكيل مجلس الدفاع ليدير شؤون البلاد إبان ثورة ١٩٤١م، وتولى قيادة الفرقة الأولى والثالثة والفرقة المصفحة وأصبح قائداً للجبهة الغربية في فترة المجابهة مع القوات الإنكليزية والتعزيزات التي جاءت من شرقي الأردن مع هزيمة الحركة الوطنية وإعدام رفاق الصباغ (فهمي سعيد، محمود سليمان، ويونس السبعاوي)، تمكن من الفرار إلى إيران ثم إلى تركيا التي سلمته بعد تردد طويل إلى بريطانيا بالتعاون مع سلطات الانتداب الفرنسي في سوريا، وتم إعدامه عام ١٩٤٥م.

الرئيس صن يات صن (١٨٦٦م-١٩٢٥م)

مؤسس الجمهورية الصينية بعد إطاحته للنظام الإمبراطوري في عـام ١٩١١م. القوميــون الصينيون يكرمون ذكراه ويعتبرونه (أب الجمهورية) والشيوعيون يجلونه على أساس أنه (رائد الثورة).

ولد صن يات صن في قرية واقعة في مقاطعة غوانفدونغ الجنوبية ١٨٦٦م. غادر مزرعة أبيـه وهو في الثالثة عشرة من عمره وهـاجر إلى هـاواي حيـث التحـق بشـقيقه الأكـبر الـذي كـان يعمـل في التجارة. دخل في مدرسة للإرساليات في هونولولو، فتعلم الإنكليزية وأطلع على العلوم الغربية.واعتنـق المسيحية، أنهى دراسته في معهد للطب في هونغ كونغ بين ١٨٨٧و ١٨٩٢م. وأثنـاء وجـوده في مقاطعـة كانتون ١٨٨٤-١٨٨٦م. أقام علاقات وثيقة مع الجمعيات السرية المناوئة لحكم أسرة مانشو.

في عام ١٨٩٤م أسس جمعية سرية باسم (رابطة إصلاح الصين) التي عملت على تجميـع كـل المعارضين الصينيين للحكم الإمبراطوري في حزب واحد. وفي عام ١٨٩٥م قام بانتفاضه فاشلة اضطر عـلى أثرها إلى الهرب خارج الصين، فعاش في المنفى مدة عشرـ سـنوات (اليابـان، الولايات المتحـدة، أوروبـا) تعرض خلالها لحادثة اختطاف فاشلة على يد الشرطة الإمبراطورية وهو في لنـدن عـام ١٨٩٧م فـزادت هذه الحادثة من شهرته ونفوذه خاصة في أوساط مثقفين الجاليات الصينية المنتشرة في الخارج.

قبيل عودته إلى الصين من طوكيو ١٩٠٥م كان صن يات صـن قـد توصـل إلى صـياغة مبـادئ حركته الأساسية الثلاثة (بمساعدة من مثقفي صينيين) الذي يبدو فيها متأثرا جدا بالفلسـفة الليبراليـة الغربية، أول هذه المبادئ

القومية التي نادى بها ووجهها ضد أسرة ماتشو الإمبراطورية التي تسببت بضعفها في التغلغل الإمبريالي في الصين، وثانيهما الديموقراطية التي تتطلب وضع دستور جمهوري يضمن المساواة في الحقوق بين المواطنين وفصل السلطات، والمبدأ الثالث متصل بمجموعة من أفكار استوحاها من المبادئ الاشتراكية وترتكز على عدالة توزيع الثروات وإيجاد فرص العمل.

بعد عودته ١٩٠٥م شارك في عدة تحركات ومؤتمرات ضد الحكم الإمبراطوري، إلا أنها جميعها باءت بالفشل. وفي عام ١٩١١م كان أنصاره قد بلغوا من القوة ما مكنهم من القيام أخيرا بثورة ناجحة بإطاحة حكم الأباطرة. وأعلنوا قيام (جمهورية الصين) وعينوا صن يات صن أول رئيس لها بعد أن استدعوه من الولايات المتحدة حيث كان يقوم بجولة إعلامية. وبعد بضعة أشهر من تسلمه الرئاسة أعلن صن يات صن رسميا وفي آب ١٩١٢م تأسيس حزب الكومنتانغ (أي حزب الشعب).

واجهت الجمهورية الصينية برئاسة صن منذ تأسيسها العديد من الصعوبات. كان أبرزها خروج عدد من المقاطعات الشمالية عن سلطتها. وكان صن يات صن يحظى بتأييد ١٣مقاطعة من أصل ثماني عشرة، فحاول إرجاع المقاطعات الخمس الباقية إلى حظيرته بالتفاوض مع زعيمها يوان شيه كاي نائب الإمبراطور الأسبق. وقد توصل الرجلان إلى اتفاق لإعادة توحيد البلاد. مؤداه أنه إذا ما نجح يوان في إقناع الإمبراطور بالتنازل عن العشر فإن صن سيتخلى عن الرئاسة لمصلحة يوان. وفي ١٢ شباط ١٩١٢م تنازل آخر الأباطرة الصينيين عن العرش وتخلى صن يات صن عن منصبه ليوان.

إلا أن يوان سرعان ما انقلب على الجمهورية فوجه كل جهوده لمحاربة صن يات صن وحزبه، وذلك بالرغم من فوز الكومنتانغ بأغلبية ساحقة في الانتخابات النيابية التي جرت في عام ١٩١٣م. وفي عام ١٩١٤م عمد يوان إلى حل مجلس النواب بالقوة. مستندا بذلك إلى قواته العسكرية وتأييد الأوساط المالية الصينية له، إضافة إلى التأييد الأوروبي والأميركي، عند ذلك اضطر صن إلى مغادرة البلاد ثانية واللجوء إلى اليابان في حين استمر يوان في جهوده لتنصيب نفسه إمبراطورا مما أدى إلى قيام حرب أهلية طاحنة خاصة في مناطق الصين الجنوبية الغربية.

وفي عام ١٩١٦م توفي يوان معزولا بعد أن فشل في تحقيق مطامحه ولم تؤد وفاته إلى إعادة وحدة الصين بل ازدادت الحرب الأهلية فيها ضراوة مما أسفر عن تقسيم البلاد إلى دويلات صغيرة متقاتلة ضعيفة يسير على مقاليدها (أسياد الحرب) خاصة في الشمال.

في ظل الظروف رأى صن يات صن أن من الضروري لكي يعيد وحدة الصين أن يبني قوة عسكرية ضاربة ومنظمة انطلاقا من الجنوب وبالتحديد من كانتون، وهكذا أعلن صن يات صن عام ١٩١٧م عن تشكيل الحكومة العسكرية لجنوبي الصين ومركزها كانتون، وأخذ انطلاقا منها يعد العدة لإعادة توحيد الصين، واختبار أفكاره السياسية من خلال إدارته لهذه المدينة وابتداء من عام ١٩١٧م وبالتحديد بعد نجاح ثورة أكتوبر الروسية، بدأ صن يتلقى الدعم العسكري من الحكم السوفيتي الجديد في مواجهة أسياد الحرب الذين هددوا كانتون مرارا وأرغموا حكومتها العسكرية على الخروج من المدينة أكثر من مرة.

وابتداء من عام ١٩٢٣م بدأت علاقة صن مع الاتحاد السوفيتي السابق تتعمق خاصة بعد أن دخل الشيوعيون الصينيون بشكل فردي إلى الكوفتنانغ، ولعبوا دورا متزايدا في قيادة النضال ضد أسياد الحرب الشماليين، وفي عام ١٩٢٤م قام الجنرال فينع بو-هسيانغ بالانقلاب على رئيسية في بكين والانضمام إلى صن يات صن مما فتح الباب واسعا أمام إعادة توحيد البلاد.

وبالفعل فقد ذهب صن إلى بكين ليجتمع بزعماء الصين الشماليين وإقناعهم سلميا بأهمية هذا التوحيد. إلا أن المنية وافته في عام ١٩٢٥م وهو على وشك تحقيق حلمه القومي، فخلفه تشيانغ كاي تشيك الذي وحد الصين مؤقتا لكنه انقلب على الشيوعيين وطردهم من الكومنتانغ وتحالف مع الولايات المتحدة.

أحيط صن يات صن بعد وفاته بتكريم واحترام عظيمين من جميع الصينيين، وعندما انتصر الشيوعيون في عام ١٩٤٩م وأعلنوا قيام جمهورية الصين الشعبية عينوا شينغ لينغ سونغ أرملة صن وشقيقة زوجة تشيانغ كاي تشيك نائبة لرئيس الجمهورية تكريما لذكرى زوجها.

صوناي، جودت (١٩٠٠م-)

عسكري ورجل دولة تركي، انتقل من الحياة العسكرية إلى منصب رئيس الجمهورية التركية ١٩٦٦م، انتسب إلى الكلية الحربية في استنبول في ١٩١٦م، ثم إلى أكاديميتها العسكرية، حارب مع الجيش العثماني في فلسطين في ١٩١٧م، ثم تحت إمرة أتاتورك، ترقى في ١٩٣٠م إلى رتبة ملازم، ثم عمل في هيئة الأركان العامة ١٩٣٣م، عين أستاذاً في الكلية الحربية ما بين ١٩٤٢م و١٩٤٧م. وفي ١٩٤٧م أصبح قائداً لسلاح المدفعية وفي ١٩٥٩م، عين رئيساً

لقسم العمليات في قيادة الأركان، ثم نائباً لرئيس الأركان العامة (١٩٥٨م-١٩٦٠م)، أصبح رئيساً للأركان العامة بعد انقلاب الجنرال جمال غورسيل عـام ١٩٦٠م، واستقال في ١٩٦٦م لكي يصبح عضواً في مجلـس الشيوخ، وفي نيسان ١٩٦٦م انتخبه البرلمان رئيساً للجمهورية خلفاً للجنرال غورسيل، انتهت مـدة ولايتـه في عام ١٩٧٣م.

الرئيس ضياء الحق، محمد (١٩٢٤م-١٩٨٨م)

عسكري ورجل دولة باكستاني، ضابط في سلاح الخيالة ١٩٤٥م في الهند. تخرج في كلية الأركان ١٩٥٥م شارك في الحرب الهندية الباكستانية ١٩٦٥م عمل مستشارا للجيش الأردني ١٩٦٩-١٩٧١م ونـال اكثر من وسام أردني.

شارك في الحرب الثانية بين الهنـد وباكسـتان ١٩٧١م وفي ٥ تمـوز ١٩٧٧م قـاد حركة انقلابيـة عسكرية ضـد حكـم ذو الفقار عـلي بوتو. وأصبح الحـاكم العرفي العـام، وفي ١٤ آب ١٩٧٨م رئيسـا لجمهورية باكستان. حاول اعتماد سياسة إسلامية في القضايا الداخلية والاجتماعية.

وشارك في المؤتمرات الإسلامية الدولية، قامت حالة من التوتر الداخلـي إثر إعدامه الرئيس ذو الفقار علي بوتو. كما واجه مشاكل خطيرة بسبب الحـرب الأفغانية والثورة الإسلامية في إيـران ١٩٧٩م. وبسبب الضغوط الغربية حول امتلاك باكستان للتكنولوجيا النووية أجرى علاقـات متوازنـة مـع الهنـد وبنغلادش.

عامل المعارضة الداخلية بحزم لكن من دون قسوة وتطرف في استخدام القوة. قضي عليه في حادث طائرة في ١٧ آب ١٩٨٨م وقد وصفه مستشار الأمن القومي الأميركي بريجنسكي بأنه (مهندس تفتيت الإمبراطورية الروسية). لوقوف باكستان إلى جانب المجاهدين الأفغان طيلة سنوات الجهاد ضد الوجود السوفيتي في أفغانستان.

الرئيس ضياء الرحمن، ماجين (١٩٣٥م-١٩٨١م)

عسكري ورجل دولة بنغالي، ولد في باكستان الشرقية (بنغلادش في ما بعد) تطوع في الجيش الباكستاني ١٩٥٣م شارك عام ١٩٦٥م في الحرب الهندية الباكستانية، ثم في الحرب الهندية الباكستانية الثانية ١٩٧١م التي أسفرت عن انفصال باكستان الشرقية فغيرت اسمها إلى بنغلادش عن باكستان. وتشكيل جمهورية بنغلادش بزعامة مجيب الرحمن. وكان ضياء الرحمن الرجل الأول في هذه الحركة الاستقلالية أثناء اعتقال مجيب الرحمن في السجون الباكستانية.

في ١٥ آب ١٩٧٥م اغتيل مجيب الرحمن وحل مشتاق أحمد محله على رأس الدولة. وبعد نحو شهرين وقع انقلاب عسكري مضاد أطاح حكم مشتاق أحمد وأتى بنظام جديد موال لخط مجيب الرحمن السياسي. إذ أن هذا النظام لم يعمر طويلا أيضا ذلك أن حرب شوارع نشبت بينه وبين قيادة الجيش وعلى رأسها ضياء الرحمن. انتهت بانتصار العسكريين واستقالة مشتاق أحمد لمصلحة أبو السادات محمد صاليم رئيس المحكمة العليا الذي عين رئيسا للجمهورية.

أما واقع الأمر أن السلطة انحصرت في قيادة ثلاثية مشكلة من قادة الأسلحة الثلاثة في الجيش. ومن ضمنهم ضياء الرحمن الذي قام بدور حاسم في القضاء على الانقلاب الموالي لمجيب الرحمن. رئيس أركان الجيش ١٩٧٥م إضافة إلى منصبي وزير التجارية الداخلية والمالية.

عمل على إضعاف نفوذ حزب عوامي واعتقال معظم معارضيه، وفي عام ١٩٧٦م أعلن نفسه حاكما عرفيا على البلاد. ثم رئيسا للجمهورية نيسان ١٩٩٧م عمل دائما على إظهار حكمه بمظهر الديموقراطية على الطريقة الغربية. فأجرى انتخابات واستفتاء وكانت النتيجة ٩٩% لمصلحته.

في حين أن السلطة ظلت في أيدي المؤسسة العسكرية. أما سياسته الخارجية فكانت تميل إلى الغرب والصين. وجرت عدة محاولات فاشلة لاغتياله أو إطاحته إلى أن تمكنت مجموعة من العسكريين من اغتياله في عام ١٩٨١م.

الرئيس ضيوف، عبدو (١٩٣٥م-)

رئيس جهورية السنغال، وأحد أعمدة السياسة السنغورية ونظامها الحزبي والسياسي في البلاد، وخليفة سنغور على رأس الجمهورية السنغالية منذ عام ١٩٨٠م.

ولد عبدو ضيوف في لوغا (السنغال)، وتلقى دراسته الثانوية في داكار، والجامعة في داكار وباريس. انضم في عام ١٩٦١م إلى حزب الاتحاد التقدمي السنغالي (الذي أنشأه سنغور) عين مديرا للتعاون التقني ووزيرا للتخطيط في عام ١٩٦٠م، ثم أمينا عاما مساعدا لمجلس الوزراء عام ١٩٦١م، فأمينا عاما لمجلس الوزراء ١٩٦٤-١٩٦٥م وكان قبل ذلك حاكما لمقاطعة سين سالوم

١٩٦١-١٩٦٢م ثم مديرا لمكتب رئيس الجمهورية ١٩٦٣-١٩٦٥م، فـوزيرا للتخطيط والصناعة ١٩٦٨-
١٩٧٠م، ورئيس وزراء "منطقة حوض السنغال"، عين في ١٩٧٠م رئيسا للوزراء حيث عمل بدقة عـلى
إدارة شؤون البلاد وفق توجيهات الرئيس سنغور، أصبح رئيس الجمهورية منذ عام ١٩٨٠م.

في أواخر عام ١٩٨٠م قدم الرئيس سنغور استقالته من رئاسة الجمهورية. وفي ٢ كانون الثاني
١٩٨١م أقسم عبدو ضيوف رئيس الوزراء منـذ سنـة ١٩٧٠م اليمـين القانونيـة خلفـا لسـنغور، ليشـغل
منصب رئاسة الجمهورية حتى نيسان ١٩٨٣م وفقا لما جاء في الإصلاح الدستوري نيسان ١٩٧٦م الـذي
كان ينص على أن يتولى رئيس الوزراء رئاسة الجمهورية حتى انتهاء مدة ولاية الرئيس في حالة استقالته
أو خلو هذا المنصب، وبدأ ضيوف ممارسة صلاحياته بتعيين حبيب تياب رئيسا للوزراء.

في ٢٨ شباط ١٩٨٨م أعيد انتخاب ضيوف رئيسا مرة جديدة بأكثرية ٧٣.٢%. وبعد يومين في
أول آذار أعلنت حالة الطوارئ التي رفعت في ١٨ أيـار. وفي نفس الشـهر حكـم عـلى عبـد اللـه واد
بالسجن لعام واحد مع وقف التنفيذ.

وفي ٢١ شباط ١٩٩٣م انتخب عبدو ضيوف رئيسا لمرة جديدة بأغلبية ٥٨.٤% مـن الأصـوات،
ونال منافسه عبد اللـه واد ٣٨% وتجدد العنف الانفصالي في كازافنس في النصف الثاني من السنة أكثر
من ألف قتيل، كما تجددت المخاوف من عودة المواجهة بين موريتانيا والسنغال عنـدما عـادت الأولى
تضيّق على السنغاليين على أرضها وكان البلدان أعادا العلاقات الدبلوماسية بينها قبل عام.

طالب النقيب (١٨٦٢م-١٩٢٩م)

سياسي عراقي، ولد في البصرة، شغل منصب حاكم إقليم الإحساء في ١٩٠٢م إبان العهد الحميدي، وأصبح عضواً في مجلس "المبعوثان" في ١٩٠٩م، اتهمه الأتراك في ١٩١٣م بتدبير مؤامرة لاغتيال القائد العسكري التركي في البصرة، نفي إلى الهند بعد الاحتلال البريطاني للعراق، عين وزيراً في أول حكومة عراقية، ونافس فيصل في عرش العراق، فنفاه البريطانيون مجدداً إلى الهند، توسط بين الهاشميين والسعوديين في عام ١٩٢٤م، توفي في ميونيخ (ألمانيا) إثر عملية جراحية.

الطاهر بلخوجة (١٩٣١م-   م)

سياسي ورجل دولة تونسي، تخرج مهندساً في المعهد الزراعي العالي في تونس، ممثل الحركة الطلابية في المكتب السياسي للحزب الدستوري الجديد في (١٩٥٨م-١٩٥٩م)، شغل عدة مناصب دبلوماسية في الوفد التونسي في الأمم المتحدة، وفي وزارة الخارجية وبعض البلدان الأفريقية المجاورة وإسبانيا، عين في ١٩٧١م وزيراً للدولة مسؤولاً عن الزراعة، ثم وزيراً للشباب والرياضة ١٩٧٢م، وفي عام ١٩٧٢م عين رئيساً للبعثة التونسية لدى الأمم المتحدة في جنيف، وفي ١٩٧٣م وزيراً للداخلية وظل حتى كانون الأول ١٩٧٧م حين أقيل في جو أزمة وزارية عامة، في تشرين الأول عام ١٩٨٨م، حكم عليه بالسجن لمدة سنتين (مع وقف التنفيذ والتغريم) بتهمة اختلاس أموال عامة، وكان قبلاً يشغل منصب وزير الإعلام.

طه الهاشمي (١٨٨٨م-١٩٦١م)

عسكري وسياسي عراقي، ولد في بغداد ودرس فيها ثم في المدرسة الحربية في اسطنبول، وحصل على شهادة الأركان في ١٩٠٩م، في ١٩١٠م أصبح من أركان الفيلق الثامن في سوريا وشارك في ١٩١٢م في الحرب البلقانية، وانتمى في ١٩١٣م إلى جمعية العهد القومية العربية السرية، تولى مناصب مهمة في القوة العسكرية العثمانية في اليمن، وأصبح بعد ذلك رئيس أركان حرب الفيلق العثماني السابع في ١٩٢٠م، توجه إلى سوريا حيث عين مديراً للأمن العام في ظل الحكم الفيصلي، ثم توجه إلى العراق وأصبح رئيساً لهيئة الأركان للجيش العراقي ١٩٢٣م، وأعيد تعيينه في هذا المنصب في ١٩٣٠م، عين مرافقاً للأمير غازي، ولي العهد في ١٩٢٤م، أحالته حركة بكر صدقي على التقاعد، انتخب في ١٩٣٧م نائباً عن بغداد، وتولى وزارة الدفاع في ثلاث وزارات شكلها نوري السعيد، كما تولى هذا المنصب في وزارة رشيد عالي الكيلاني وأصبح رئيساً للوزارة شباط – نيسان ١٩٤١م، ترأس حزباً معارضاً أسسه في عام ١٩٥١م، عرف ب "الجبهة الشعبية المتحدة" توفي في عام ١٩٦١م.

الرئيس طرقي نور محمد (١٩١٧م-١٩٧٩م)

سياسي ورجل دولة أفغاني ومن أبرز زعماء الحزب الشيوعي الأفغاني، ملحق صحافي في السفارة الأفغانية في واشنطن ١٩٥٣م، ثم ما لبث أن استقال بعد أشهر قليلة احتجاجا على تعيين الجنرال داود رئيسا للوزراء. تفرغ للعمل الصحافي والسياسي ونشر عدة روايات تمجد الصراع الطبقي والنضال الشعبي.

أسس حزب الشعب الديموقراطي المعروف (خلق) عام ١٩٦٤م، وأصدر صحيفة تحمل الاسم نفسه وفي عام ١٩٧٢م حدث انشقاق داخل الحزب خرجت على أثره مجموعة أطلقت على نفسها اسم (الباشام) أي الراية.

وفي عام ١٩٧٧م أعيد توحيد الحزب مما سهل إمام الشيوعيين عملية الاستيلاء على السلطة ١٩٧٨م بعد تفاقم الصراع بينهم وبين نظام محمد داود. وبعد أشهر أصبح طرقي رئيسا للجمهورية والوزراء، وفي الوقت نفسه ترك صلاحيات واسعة لحفيظ الله أمين الذي أخذ يمارس سياسة قمعية البت ضده قطاعات واسعة من الشعب. كما ذهب ضحيتها العديد من القادة الحزبيين، وقد تنبه طرقي لخطوة هذه السياسة فأخذ يعد العدة لإبعاده ولكن بعد فوات الأوان. إذ بادر أمين إلى تدبير انقلاب دموي قتل على أثره الرئيس نور محمد طرقي (أيلول ١٩٧٩م).

وبالرغم من أن مقتل طرقي قد أطلق يد أمين في رسم السياسة إلا أنها في الواقع مهدت الطريق أمام غزو الجيش السوفيتي للبلاد الذي أطاح بحكم أمين وفرض نظاما شيوعيا في يد السوفييت وضع على رأسه بابراك كارمال (كانون الثاني ١٩٨٠م).

الملك طلال بن عبد الله (١٩٠٩م-١٩٧٢م)

ملك المملكة الأردنية الهاشمية، ولد عام ١٩٠٩م في مكة هو الابن الأكبر للملك عبد الله بن الحسين وهو والد الملك الحسين. انضم إلى الفيلق العربي عام ١٩٢٧م وأمضى ـ سنتين في كلية هيرست العسكرية البريطانية. نال رتبة لواء عام ١٩٤١م وفريق عام ١٩٤٨م.

تولى عرش المملكة الأردنية الهاشمية على أثر اغتيال والده الملك عبد الله في تموز ١٩٥١م، واستلم سلطاته الدستورية في ١٩٥١/٩/٦م.

وفي عهد الملك طلال صدر الدستور الأردني لعام ١٩٥٢م، ولم يتمكن الملك طلال من الاستمرار في ممارسة سلطاته الدستورية بسبب عنائه من المرض وفي ١٩٥٢/٨/١١م اتخذ مجلس الأمة الأردني والحكومة قرارا بتشكيل مجلس وصاية على العرش، واتخذ مجلس الأمة بنفس اليوم بإنهاء ولاية الملك طلال والمناداة بالأمير الحسين بن طلال ملكا دستوريا على البلاد.

عباس مدني (١٩٣١م-   )

زعيم سياسي ورجل دين جزائري، مؤسس (الجبهة الإسلامية للإنقاذ)، ولد في عام ١٩٣١م في سيدي عقبة، مدينة صغيرة في الجنوب الشرقي، انتمى في نهاية دراسته المتوسطة إلى حزب الشعب الجزائري وحركة التحرير الديمقراطية والتحق بحركة انتفاضة الأول من تشرين الثاني ١٩٥٤م في الجزائر واعتقل في ٧ تشرين الثاني من العام نفسه، وبقي حتى الاستقلال في عام ١٩٦٢م حيث أفرج عنه بعد توقيع اتفاقيات ايفيان بين جبهة التحرير الوطني والسلطات الفرنسية.

بعد إطلاق سراحه بدأ العمل السياسي الديني بحجة انحراف جبهة التحرير الوطني التي أخذ عليها تبني الاشتراكية، فاز بعضوية المجلس البلدي في محلة (العقبة) في عام ١٩٧١م، وبعد وفاة بومدين ١٩٧٨م منحه الشاذلي بن جديد حرية التعبير لأئمة المساجد وبرز عباس مدني عندما نظم أول تظاهره إسلامية ١٩٨٢م في قسنطينة، وهو عمل كان يحضره القانون في فترة

سيطرة الحزب الواحد، اعتقل بين ١٩٨٢م و١٩٨٥م وواصل عمله بصورة سرية حتى صدامات ١٩٨٨م الدامية التي فتحت ثغرة في النظام دخل منها الإسلاميون، وبعد السماح بالتعددية الحزبية أعلن قيام (الجبهة الإسلامية للإنقاذ) عام ١٩٨٩م، استطاعت الجبهة تحقيق انتصار في انتخابات عام ١٩٩٠م على مستوى البلديات والمحافظات.

اعتقل في عام ١٩٩١م مع نائبة علي بلحاج ووجهت إليهما تهمة التآمر المسلح على أمن الدولة وحكم عليه بالسجن ١٢ عاماً، وأفرج عنه في عام ١٩٩٧م مع عبد القادر حشاني بعد أن قرر الرئيس السابق الأمين زروال اتباع (السياسة التوفيقية) تجاه الإسلاميين المعتدلين.

عبد الإله بن علي (١٩١٢م-١٩٥٨م)

أمير هاشمي وسياسي ووصي العرش العراقي بعد مقتل الملك غازي بن فيصل الأول ١٩٣٩م، حتى بلوغ فيصل الثاني سن الرشد في عام ١٩٥٣م، ولد في الحجاز وكان الابن الوحيد للملك علي بن الحسين الذي تولى عرش الحجاز لفترة قصيرة. انتقل إلى العراق بعد اعتلاء عمه فيصل بن الحسين عرشها، تلقى العلم دون نجاح في كلية فكتوريا في الاسكندرية.

بدا ظهوره السياسي في العراق كحليف لنوري السعيد في أواخر ثلاثينات القرن العشرين عندما كان نوري يسعى لفرض هيمنته على الملك غازي وعلى السلطة، وكان عبد الإله ناقماً على ابن عمه الذي كان قد طلق زوجته الأميرة عالية أخت عبد الاله، وعندما أعلن عن مقتل الملك غازي في

حادث سيارة ١٩٣٩م حامت الشبهات حول عبد الإله ونوري ولازمتهما طيلة حياتها.

وقف عبد الإله كوصي على العرش إلى جانب نوري السعيد ونفذ رغبة الإنكليز إبان ثورة رشيد عالي الكيلاني ١٩٤١م، وبعد نحو عامين من فشل هذه الثورة بدا أن عبد الإله ابتعد عن نوري السعيد ودفع وزارته إلى الاستقالة (حزيران ١٩٤٤م) واعتمد شاكر الوادي من الضباط المعادين لنوري السعيد، وأخذ لفترة يشكل الوزارات ويفرض نفسه على المسرح السياسي، إلا أنه لم يفلح في السيطرة على مقاليد الأمور، فأعاد الإنكليز نوري السعيد لرئاسة الوزارة وعاد الوصي عبد الإله إلى كنفه أيضاً مع محاولات بذلها أحياناً مثل الدعم الذي قدمه لصالح جبر لمنافسة نوري، وحاول هذا الأخير إزاحة عبد الإله واقترح في عام ١٩٥٤م تعينه سفيراً في الخارج، قتل مع أركان النظام الملكي صبيحة ثورة ١٤ تموز ١٩٥٨م.

السلطان عبد الحميد الثاني (١٨٤٢م-١٩١٨م)

سلطان عثماني مارس الحكم من عام ١٨٧٦م حتى عام ١٩٠٩م تولى الخلافة بعد موت أبيه عبد المجيد الأول وإزاحة أخيه مراد الخامس المختل عقلياً، وذلك بتدبير من الوزراء الإصلاحيين بقيادة مدحت باشا الذي أصبح رئيسا للوزراء وكان وراء إصدار أول دستور عثماني في ٢٣ كانون الأول ١٨٧٦م.

وكان الطابع الليبرالي للدستور وسيلة من سائل وقف التدخل الأجنبي بسبب القسوة العثمانية في إخماد الانتفاضة البلغارية في ربيع ١٨٧٦م وتهدئة

الصرب ومونتينيفرو (الجبل الأسود) التي هيجت مشاعر العداء لتركيا في أوروبا. إلا أن الإجراءات العثمانية لم تمنع وقوع حرب مع روسيا منيت فيها السلطنة العثمانية بخسائر كبيرة ١٨٧٧م واضطرت لتوقيع معاهدة صلح مذلة.

وقد استنتج عبد الحميد أن المساعدات التي يمكن أن يتلقاها من الدول الأوروبية سوف تكون مشروطة بحق التدخل في الشؤون العثمانية الداخلية. فأقدم على حل المجلس النيابي الذي التأم في ١٨٧٧م. وفي العام التالي علق الدستور واتجه لتقوية الرابطة الإسلامية في السلطنة العثمانية، وكان إقدامه على جمع التبرعات لبناء سكة حديد الحجاز من جميع أنحاء العالم الإسلامي لتسهل مهمة الحج إلى مكة، دلالة على قوة عاطفته الإسلامية، كما كان من شأن تعين أبي الهدى الصيادي غيره من المستشارين العرب إضافة إلى موقفه من عروض هرتزل والمخططات الصهيونية في فلسطين الإسهام في تحقق النقمة ضد الحكم العثماني في الولايات العربية.

امتاز حكم عبد الحميد بالنزعة الأوتوقراطية فحكم من خلال خلوته في قصر يلدز بواسطة نظام من المخبرين السريين والرقابة الشديدة ونظام المواصلات التلغرافية. وكان يتمتع بالذكاء ويحب العمل والسهر بنفسه على مجمل قضايا الدولة. إلا أنه كان شكاكا بطبعه لا يثق بالآخرين ولا يطمئن لأحد. شملت إنجازاته إيجاد ١٨ مدرسة مهنية وتأسيس دار الفنون ١٩٠٠التي تحولت في ما بعد إلى جامعة استنبول، إضافة إلى بناء شبكات من المدارس الابتدائية والثانوية والعسكرية. كما أقدم على بناء شبكة من السكك الحديدية والتلغرافية وأعاد تنظيم وزارة العدل بشكل طور المحاكم المدنية والتجارية والجنائية.

بالإضافة إلى الاتوطراطية كان عبد الحميد آخر السلاطين الحقيقيين لإمبراطورية هرمه، عرفت برجل أوروبا المريض لمدة طويلة من الزمن وكانت موضع أطماع الدول الأوروبية. ففي عهده تمكنت الدول الأوروبية من احتلال تونس ١٨٨١م ومصر ١٨٨٢م والروملي -بلغاريا الجنوبية- ١٨٨٥م، فضلا عن نشوب الثورة الأرمنية في عام ١٨٩٤م الأمر الذي دفع عبد الحميد إلى التماس المساندة من الألمان لقاء منحهم الامتيازات كامتياز بناء سكة حديد بغداد في ١٨٩٩م، إضافة إلى ذلك ان الدول الأوروبية الرئيسة كانت بعد الحروب الكثيرة والمغامرات التي خاضها عبد الحميد واحتياجاته الدائمة إلى الأموال قد انتهت إلى وضع يدها على المقدرات الاقتصادية للسلطنة، وعلى مرافقها الأساسية ففرنسا استولت على إدارة حصر- التبغ ١٨٨٣م، وعلى أرصفة مستودعات مرفأي بيروت ١٨٩٢م وسالونيك ١٨٩٦م، وخطوط سكة الحديد بين يافا والقدس ١٨٩٠م ودمشق وحمص ١٨٩١م وغيرها. والإنكليز كانوا قد استولوا على حصة ضخمة في البنك العثماني، والروس حصلوا لأنفسهم على حقوق جمركية في أرصفة حيدر باشا ١٨٩٩م. ولم يلبثوا أن استولوا على أرصفة ومستودعات ميناء الإسكندرية لاحقا.

كانت تلك في الحقيقة الطريقة التي اختارتها أوروبا للحصول على إرث رجل أوروبا المريض، وكان ذلك هو الواقع المختبئ خلف احتفالات عبد الحميد الضخمة في الأول من أيلول ١٩٠٠م. وهذا الواقع كانت ترصده يومذاك عيون عدد كبار من الضباط المنتمين إلى تركيا الفتاة وعلى رأسهم أنور باشا وجمال باشا وطلعت باشا وفتحي المقدوني. كان هؤلاء يعرفون أن الإمبراطورية متجهة نحو الاحتضار إن هم لم ينقذوها. وكان يكفيهم للتيقن من هذا مشهد سلطانهم

وسط مدعويه الأوروبيين في ذلك اليوم، فراحوا طوال السنوات التالية يكثفون من اجتماعاتهم وخاصة في بيت يهودي إيطالي في سالونيك. تلك الاجتماعات التي كان يحضرها رفاق لهم من بينهم ضابط شاب ذو نظرية ثاقبة يدعى مصطفى كمال. والحال أن تلك الاجتماعات أسفرت عن الثورة التي قام بها الضباط في عام ١٩٠٨م انطلاقا من قصر أولمبيا في سالونيك زاحفين نحو العاصمة.

لكن عبد الحميد الماكر بدلا من أن يحاربهم سارع إلى الوقوف معهم متهما بطانته القريبة بالفساد. ثم ما أن استوعب تحركهم حتى أرسل أنور باشا ملحقا عسكريا في برلين. وراح يخترق تنظيمهم غير أن لعبته سرعان ما انكشفت فعاد أنور باشا وعادت القطع العسكرية للتحرك، وهكذا ما أن حل شهر نيسان ١٩٠٩م حتى وصلت الثورة ضد عبد الحميد الثاني إلى ذروتها. فأجبر على التنحي عن العرش، واعتقل داخل قصر اللاتيني، فيما عين أخوه محله سلطانا تحت اسم محمد الخامس.

عبد الحميد بن باديس (١٨٨٩م-١٩٤٠م)

أشهر زعماء الحركة الإصلاحية في الجزائر، ومؤسس جمعية العلماء المسلمين الجزائريين عام ١٩٣١م، ورئيسها حتى وفاته ١٩٤٠م، ولد في عاصمة الشرق الجزائري قسنطينة وفيها توفي، درس بجامع الزيتونة والمدرسة الخلدونية بؤرة الأفكار الوطنية والاتجاهات التحررية وخاصة محاضرات البشير صفر الذي تميز بروحه الوطنية والذي يعد في بناة تونس الحديثة.

سافر ابن باديس إلى الحجاز وفيها التقى زعيمين من زعماء الحركة الإصلاحية وهما الشيخ البشير الإبراهيمي والطبيب العقبي وكان هذا اللقاء قبل الحرب العالمية الأولى، وفيه اتفق الرجال الثلاثة على العودة إلى الجزائر وتأسيس حركة إصلاحية هناك، وكان ابن باديس أول العائدين في أثناء الحرب، ثم لحقه الإبراهيمي والتحق بها العقبي عام ١٩٢٠م.

دأب ابن باديس طوال حياته على العمل، يصل الليل بالنهار لبعث الجزائر العربية المسلمة، وليقول قولته التاريخية هذه في وطنه العربي المسلم، وقد دخل ابن باديس الميدان الإصلاحي، وفي سلوك المسلمين ضلالات ما أنزل الله بها من سلطان. والعروبة لا يكاد يسمع لها حسيس في الديار الجزائرية، فرابط في مواجهته مرابطة الجندي المجهول، وآمن بالأبعاد التي عشيت عنها فلاسفة الاستعمار، حتى أخرج إلى الوجود شعباً قال عنه: (لو جئناه بعد عشرين سنة لما أدركنا فيه قابلية للعلاج)، ولكن الله أراد خيرا بهذا الشعب، فبعث فيه من آمن بنشوره بعد إيمان الكثير بموته.

أصدر ابن باديس جريدة (المنتقد) عام ١٩٢٤م ثم مجلة (الشهاب الشهرية) الأسبوعية عام ١٩٢٥م ثم تحولت عام ١٩٢٩م إلى مجلة (الشهاب) واستمرت منتظمة الصدور حتى عام ١٩٣٩م، وتخللت (الشهاب) جرائد تتفاوت عمرا، وتتنوع أسماء منها (الشريعة) و(السنة) و(الصراط) و(البصائر) في سلسلتها الأولى، وكلها صدرت في ثلاثينات القرن العشرين، وكان اسم ابن باديس يتصدر ديباجة الجرائد والمجلات التي أصدرها، وربما تولى رئاسة تحريرها بعض العاملين معه في الحركة الإصلاحية، ولكنه يبقى هو نافخ الروح فيها، وراسم وجهتها، وهو يصرح باسمه فيما يكتب خاصة في الكلمة الحاسمة،

والموقف الصعب ولا يهادن المستعمر الفرنسي في المساس بأصالة الشخصية الجزائرية العربية المسلمة.

وبعض المؤرخين يرون أن ابن باديس هو الزعيم الروحي لحرب التحرير الجزائرية وما اخطؤوا القصد، والبعض الآخر يرى أن محمد عبده أخفق ثائراً وانتهى مصلحاً، بينما ابن باديس بدا مصلحاً ونجح ثائرا. وإن تجربة محمد عبده أتيح لها أن تنجح في الجزائر وهي قولة حق، فقد بدا عبد الحميد حركته الإصلاحية متأثراً بخطى محمد عبده وتوفى متأثراً بجمال الدين الأفغاني.

لم يتفرغ عبد الحميد بن باديس للتأليف في غمرة مدافعة الاستعمار عن وطنه وإنما رابط للتربية والتعليم في أوساط الشباب والوعظ والإرشاد في إصلاح المجتمع. وتفسير كتاب الله وسنة رسوله، وتغذية الصحافة الإصلاحية بافتتاحياته الهادفة ومقالاته الفاصلة.

عبد الخالق حسونه (١٨٩٨م-   )

سياسي مصري وأمين عام سابق لجامعة الدول العربية. ولد في القاهرة ومجاز في الحقوق من جامعة القاهرة عام ١٩٢١م وحامل ماجستير في العلوم الاقتصادية والسياسية من جامعة كمبردج. شغل عدة مناصب حكومية، ففي عام ١٩٢٦م أصبح ملحقاً بمفوضية مصر في برلين. ثم قائم بالأعمال للمفوضية المصرية في براغ ١٩٢٨م. وقنصل في مانشستر (بريطانيا) عام ١٩٣٠م. سكرتير عام لوزارة الخارجية عام ١٩٣٨م.وكيل وزارة الشؤون الاجتماعية ١٩٤٠م. محافظ للإسكندرية عام ١٩٤٢م. ووزير للمعارف العمومية ثم وزير للخارجية عام ١٩٥٢م. في وزارات علي ماهر والهلالي.

خلف عبد الرحمن عزام في منصب الأمين لجامعة الـدول العربية في عـام ١٩٥٢م. وأعيد انتخابه لهذا المنصب ثلاث مرات في عام ١٩٥٧، ١٩٦٧م وخلفه محمود رياض.

الرئيس عبد الرحمن سوار الذهب

رئيس جمهورية السودان، ولد في ١٩٣٤م وتخرج من الكلية الحربية عام ١٩٥٥م وحصل على شهادة الماجستير في العلوم العسكرية في الأردن عـام ١٩٧٠م خـلال دراسته في الأردن وقعت أحداث أيلول ١٩٧٠م بين الجيش الأردني والمقاومة الفلسطينية، وكان لـه دور رئيس في إنقـاذ رئيس منظمة التحرير الفلسطينية ياسر عرفات من الحصار ونقله بسيارة الرئيس جعفر النميري.

بعد عودته من الأردن بقي مقربا من الرئيس النميري وتـدرج في مناصبه العسكرية إلى أن رقي إلى رتبة فريق أول وعين قائدا عاما للقوات المسلحة ووزيرا للدفاع في ١٩٨٥/٣/١٠م.

وفي ١٩٨٥/٤/٦م قاد انقلابا أبيض أطاح بالرئيس جعفر النميري الذي كان خارج البلاد وتـرأس مجلسا عسكريا تولى الحكم، ثم سلم السلطة للمدنيين بعد أن انتخبت الجمعية التأسيسية السودانية الصادق المهدي رئيسا للوزراء في عام ١٩٨٦م.

عبد الرحمن عزام (١٨٩٣م-١٩٧٢م)

سياسي مصري. أول أمين عام للجامعة العربية منذ نشوئها. وكان قد شارك في كتابة نص ميثاقها. ولد في قرية (الشوبك) في محافظة الجيزة في ١٨ آذار ١٨٩٣م. شارك أثناء دراسته الثانوية في العديد من التظاهرات والتحركات النضالية ضد الاحتلال البريطاني. تطوع في الجيش التركي في حرب البلقان واشترك في معارك عدة بالصحراء الغربية خلال الحرب العالمية الأولى. واشتهر كمقاتل مع السنوسيين في ليبيا. وبعد عودته إلى مصر بعد الحرب انضم إلى حزب الوفد. ورافق سعد زغلول إلى لندن في أثناء المفاوضات مع الإنكليز. وفي عام ١٩٢٣م انتخب نائبا في أول برلمان مصري وقد مثل حزب الوفد عام ١٩٣١م في المؤتمر الإسلامي الذي انعقد في القدس وفي عام ١٩٣٩م اختير وزيرا للأوقاف ثم للشؤون الاجتماعية في وزارة علي ماهر. وبعد ثورة ٢٣ تموز ١٩٥٢م استقر في السعودية مستشارا سياسيا لها. توفي في مدينة كان (جنوب فرنسا) في ٢ حزيران ١٩٧٢ ودفن في حلوان بمصر.

عبد الرحمن الكواكبي (١٨٥٤م-١٩٠٢م)

ولد عبد الرحمن الكواكبي في مدينة حلب عام ١٨٥٤م وفيها تلقى العلم ودرس العلوم الفضائية والتاريخية والرياضية عمل في الصحافة. إذ أصدر في حلب في أوقات مختلفة جريدتي الشهباء والاعتدال. وبسبب أفكاره التي كان يضمنها مقالاته التي ينشرها في هاتين الجريدتين فقد لاقى كثيرا من العنت والاضطهاد من السلطة العثمانية التي أدركت حقيقة أهداف الكواكبي فعملت على إلغائها واحدة تلو الأخرى.

مارس الكواكبي التعليم فترة من الزمن. وقبل العمل في وظائف الحكومة. وكان معروفا بالصراحة والنزاهة. لذلك فقد أخذ الكثير من المسؤولين الأتراك يثيرون له المتاعب فأظطر إلى ترك الشام والسفر إلى مصر في عام ١٨٨٨م حيث دأب على التأليف ونشر المقالات الفكرية والسياسية.

لقد شن الكواكبي في مقالاته حملة على الفساد والرشوة والظلم والاستبداد. وكان يعتقد أن التعليم هو الوسيلة المهمة لتعميق الوعي عند الإنسان العربي. وفي كتابه (أم القرى) انتقد الإدارة العثمانية مذكرا بمركزيتها الشديدة. كما أنكر على السلاطين العثمانيين تلقبهم بلقب الخلافة. ويقدم الكواكبي أسبابا عديدة لإقامة (خلافة عربية) من أهمها أن العرب أقدم الأمم الأخرى حضارة وأنهم أعلم برسالة محمد (صلى الله عليه وسلم) ومن هنا فإن دعوة الكواكبي إلى إقامة خلافة عربية هي دعوة إلى نهضة العرب إلى وحدتهم قبل كل شيء، وإنها دعوة تبوئهم مركزا قياديا.

كان الكواكبي من أوائل الدعاة إلى اللامركزية الإدارية. وقد تسربت مقالاته إلى مختلف الأقطار العربية. وأقبل الشباب المثقف على قراءتها واستيعابها. لذلك تجمع الروايات أنه ذهب ضحية الغدر والدسيسة بتدبير من جواسيس السلطان عبد الحميد الثاني الذين دسوا له السم في الطعام أثناء إقامته في مصر ١٩٠٢م.

الرئيس عبد الرشيد شارمايكه (١٩١٩م-١٩٦٩م)

رئيس سابق لجمهورية الصومال. ولد في هـاراديري ١٩١٩م في إقليم أوبيـا شـمالي الصـومال، تلقى تعليمه الأول في مدرسة لتحفيظ القرآن، ثم التحق ١٩٣٢م بمدرسة حكوميـة في مقديشـو، اشـتغل بعدها في وظيفة حكومية لمدة عام، ثم تركها ليتولى إدارة بعض أعماله الخاصة، في عـام ١٩٤٤م اشـتغل موظفا حكوميا، وكانت بريطانيا متوليـة إدارة الصـومال. وعنـدما وضـع الصـومال تحـت وصـاية الأمـم المتحدة التحق بمدرسة الإدارة السياسية في مقديشو وحصل على دبلوم الإدارة السياسية في عام ١٩٥٢م، وفي عام ١٩٥٣م سافر إلى إيطاليا لاستكمال دراسته في معهد الاقتصاد والقانون وعاد في عـام ١٩٥٤م ثـم التحق بجامعة روما حيث حصل على الشهادة العليا في العلوم السياسية.

عمل بنشاط السياسة في عصبة شبان الصومال (جامعة الشـبيبة الصـومالية) منـذ نشـأتها في عام ١٩٤٤م انتخب عضوا في الجمعية التشريعية الصومالية في ١٩٥٩م عن مقاطعـة جـاردو. اختـير أول رئيس لحكومـة الصومـال عقـب الاسـتقلال مبـاشرة في تمـز ١٩٦٠م حتـى ١٩٦٤م وفي حزيـران ١٩٦٧م انتخب رئيسا للجمهورية خلفا للرئيس عبد اللـه بـن عـثمان. وانـتهج سياسـة حسـن الجـار مـع كينيـا واثيوبيا في محالة، لحل مشكلات الحدود سلميا بعد فترة من الصدام المسلح. اغتيل في ١٥ تشرين الأول ١٩٦٩م وبعد أسبوع استولى الجيش على السلطة (سيادبري).

الرئيس عبد السلام عارف (١٩٢١م-١٩٦٦م)

عسكري وسياسي عراقي، ولد في بغداد ١٩٢١م التحق بالأكاديمية العسكرية ١٩٣٨-١٩٤١م. وبكلية الأركان خدم في الجيش العراقي في حرب فلسطين ١٩٤٨م انضم إلى تنظيم الضباط الأحرار ١٩٥٧م وعرف بصداقته وموالاته لعبد الكريم قاسم.

شارك في ثورة ١٤ تموز ١٩٥٨م وكان وقتها ضابط ركن وقائد الكتيبة الثالثة من اللواء العشرين التابع للفرقة الثالثة والتي كانت في طريقها إلى الأردن. عين بعد نجاح الثورة نائبا لرئيس الوزراء ووزيرا للداخلية. وعلى الرغم من صداقته لعبد الكريم قاسم الذي أصبح القائد الأعلى للقوات المسلحة ورئيسا للوزراء ووزير الدفاع، فإن عدم وضوح العلاقات والنهج السياسي أديا إلى نشوء خلاف مبكر بين الاتجاهات والشخصيات الرئيسة في العهد الجديد حول عدد من القضايا. وفي المقدمة حول الموقف من الوحدة العربية مع الجمهورية العربية المتحدة والموقف من الرئيس جمال عبد الناصر.

وقد ناصر عبد السلام التيار الوحدوي الذي كان يحركه في العراق حزب البعث في وجه المعارضة المتزايدة للوحدة من قبل الحزب الشيوعي وبعض الفئات والتجمعات السياسية الأخرى التي بدأت تلتف تدريجيا حول عبد الكريم قاسم. وفي تشرين الثاني ١٩٥٨م اعتقل عبد السلام وحكم عليه بالموت. إلا أن عبد الكريم قاسم لم يصدق على الحكم وأطلق سراحه في ١٩٦١م.

وعندما قامت ثورة ٨ شباط ١٩٦٣م أصبح عبد السلام عارف رئيسا للدولة وكانت ثورة ٨ شباط تجسيد حي للنضال الشعبي المنظم في فكر حزب البعث العربي الاشتراكي وعقيدته، فقد أكد البيان الأول للثورة على أن ثورة

قومية تقدمية شعبية تعمل لتحقيق الوحدة الوطنية وإشراك الجماهير في توجيه إدارة الحكم. وهي تؤمن وتسعى من أجل تحقيق الوحدة العربية.

لم تستمر الثورة طويلا فبعد ما يزيد على التسعة أشهر عملت أجهزة الاستعمار والرجعية على التآمر والالتفاف على الثورة فنفذ عبد السلام عارف مؤامرته في ١٨ تشرين الثاني وقام بتصفية البعثيين في السلطة. فكانت هذه المؤامرة بداية للعهد العارفي الذي مر به العراق والذي اتسم بالفردية والضعف فشهد العراق تكالبا استعماريا في نشاط أجهزة المخابرات الأجنبية للسيطرة على البلاد. إلا أن حزب البعث العربي الاشتراكي استطاع رغم ما تعرض له من إرهاب وتعذيب أن يستعيد القيادة من جديد حين فجر ثورة ١٧-٣٠ تموز عام ١٩٦٨م.

وفي ١٣ نيسان ١٩٦٦م قضى عبد السلام بحادث طائرة أثناء تجواله فوق منطقة القرن في جنوبي العراق وسط عاصفة رملية.

الرئيس عبد العزيز بوتفليقة

الرئيس الجزائري الحالي ولد في تلمسان ١٩٣٧م دخل الحياة السياسية وهو على مقاعد الدراسة الثانوية في المغرب من خلال اتصاله بحزب الاستقلال. عضو الاتحاد العام للطلاب المسلمين الجزائريين. ترك دراسته الجامعية والتحق بجبهة التحرير، قام بعدة مهمات في الداخل وبشكل خاص في الولاية الخامسة أيد الجيش (بن بله وبومدين) في صراعه ضد الحكومة المؤقتة. نائب عن تلمسان ووزير الشباب والرياضة في أول حكومة للجزائر المستقلة ١٩٦٢م.

وفي ١٩٦٣م وبعد مقتل محمد خميس اختير بوتفليقة ليحل محله في وزارة الخارجية وكان عمره آنذاك ٢٦ عاماً. وقف في ١٩٦٥م ضد بن بله الذي قرر إبعاده، ما عجل في حركة ١٩ حزيران ١٩٦٥م التي أطاحت بن بله، وقد نسبه نظام بومدين الجديد وزيرا للخارجية وظل في هذا المنصب حتى وفاة بومدين ١٩٧٩م.

عمل بنشاط في المجالس والمؤتمرات الدولية. وانتخب في عام ١٩٧٤م رئيسا للجمعية العامة للأمم المتحدة. وبالإضافة إلى مناصبه السياسية كان بوتفليقة عضوا في المكتب السياسي لجبهة التحرير ١٩٦٤-١٩٨١م وعضوا في مجلس الثورة ١٩٦٥-١٩٧٩م. وعرض عليه منصب بصفته وزيراً مستشاراً لدى المجلس الأعلى للدولة عام ١٩٩٣م، ثم بصفته ممثل دائم لدى الأمم المتحدة إلا أنه رفض. وبعدها عام ١٩٩٤م اعتذر كذلك عن تعيينه رئيسا للدولة قبل اليامين زروال في عام ١٩٩٩م أصبح رئيسا للجمهورية بعد عشرين عاما من غياب البومدينية.

الملك عبد العزيز بن عبد الرحمن آل سعود (١٨٧٦م-١٩٥٣م)

عبد العزيز بن عبد الرحمن بن فيصل بن تركي بن عبد الله بن محمد بن سعود بن محمد بن مقرن بن إبراهيم بن موسى بن ربيعة بن مانع المريدي، وينتهي نسبه إلى بكر بن وائل من بني أسد بن ربيعة. ولد الملك عبد العزيز بن الرحمن آل سعود في مدينة الرياض ونشأ تحت رعاية والده، ولما اشتد عوده تعلم مبادئ القراءة والكتابة على يد الشيخ القاضي عبد الله الخرجي من علماء الرياض، حيث عهد إليه الإمام عبد الرحمن ابن فيصل بتعليم ابنه فحفظ

عبد العزيز بعضا من سور القرآن الكريم ثم قرأه كله على يد الشيخ محمد بن مصيبيح، كما درس جانبا من أصول الفقه والتوحيد على يد الشيخ عبد الله بن عبد اللطيف آل الشيخ الذي أعد لعبد العزيز كراسا دينيا جمع فيه بعض مسائل الفقه والتوحيد بالإضافة إلى المعارف الثقافية الأخرى التي اكتسبها بالخبرة والاحتكاك بالآخرين، خصوصا ببعض العلوم العصرية التي استقاها من خلال المتابعة والمذاكرة والمناقشات.

ولع الملك عبد العزيز بالفروسية ركوب الخيل منذ صباه وعرف عنه حركته الكثيرة وتنقله السريع، وكان حازما وذكيا متفوقا على أترابه، شجاعا جريئا مقداما، يجمع في طبيعته روح الحرب ورح السلم، يعالج الأمر بحكمة وحنكه ودراية، ويتحلى ببراعة سياسية لا يرقى الشك إليها، وكان يتمتع بخلق قوي وإرادة نافذة، بعيد المطامح طويل الرؤية. وظل يعتقد أن الاستعداد للأمر ودراسته هما الوسيلتان المثليان للنجاح، فهو جندي ظافر تقي ورع، جواد سخي، مهذب لطيف المعشر- ورقيق المعاملة في المجالات الاجتماعية. مما لا شك فيه أن حياة التنقل مع والده بين مضارب البادية -بعد رحيلهما عن الرياض- قد أثرت إلى حد بعيد في شخصيته، خاصة في مجال الحروب فقد تعود حياة البادية بما فيها من قساوة وشجاعة وأخلاق وتحمل للمسؤولية، كما استفاد من إقامته في الكويت التي استقرت فيها الأسرة السعودية بعض الوقت بعد الجلاء عن الرياض على أثر سيطرة آل الرشيد على كل البلاد النجدية. فكانت حياة عبد العزيز خليطا من لوعة النزوح والتنقل وصرامة الحياة وقسوتها في ظل الهجرة والبعد عن الوطن الأمن من جهة، وتجربة فقدان الملك والسيادة من جهة أخرى.

ومرّ الملك عبد العزيز خلال إقامته في الكويت بتجربـة سياسية كبـيرة مـن خـلال مجالسـة الشيوخ والأمراء والحكام ورجال الدولة، وقد ظهر أثر ذلك في فكره السياسي ومقدرته السياسية وأدائـه السياسي فيما بعد، وكان يحب سماع قصص البطولات والمعارك والتعرف على سير الأبطال، وتاريخ أسرته خاصة تاريخ جده فيصل بـن تـركي الـذي عـرف بتدينـه وفكره السـياسي الرصـين وشـجاعته وحنكتـه السياسية وتجربته الكبيرة في مجال السياسة والحكم والإدارة. وهكذا نلاحظ أنه أخذ يهيئ نفسه لعمل كبير جدا ألا وهو استعادة ملك أجداده المسلوب.

يأتي مشروع توحيد البلاد العربية السعودية في مقدمة أعمـال الملك عبد العزيز ومنجزاتـه، فقد حاول دخول الرياض عام ١٣١٨هـ ١٩٠١م في الوقت الـذي كـان فيـه الشيخ مبـارك الصبـاح شـيخ الكويت ومعه الإمام عبد الرحمن بن فيصل يحاربان ابن الرشيد في وقعة الصرـيف في ٢٦ ذي القعـدة عام ١٣١٨هـ ١٧ مارس ١٩٠١م، وقد انهزمت القوات الكويتية في تلك الوقعة وترتب علـى ذلـك عـدم تحقيق هدف الملك عبد العزيز آل سعود في استرداد الرياض من آل رشيد عاصمة آبائه وأجداده. حاول عبد العزيز استرداد الرياض مرة أخرى وذلك في عام ١٣١٩هـ ١٩٠٢م، وكانت هذه المحاولة أكثر رسوخا وأدق تخطيطا. وقد نجح الملك عبد العزيز هذه المرة واسترد الرياض من عجلان أمير آل الرشيد بعـد قتله واستسلام الحامية الرشيدية في ٥ شوال ١٣١٩هـ ١٥ يناير ١٩٠٢م، ونـودي بـأن الملك لله ثم لعبد العزيز آل سعود. وبهذا الحديث التاريخي بدأ ظهور الدولة السعودية الحديثة وقيامها وريثة شرعيـة للدولتين

السعوديتين الأولى والثانية ومن ثم بدأ تاريخ الملك عبد العزيز آل سعود كمؤسس أول وحقيقي لتلك الدولة.

تسلم الملك عبد العزيز مقاليد الحكم والإمامة بعد تنازل والده الإمام عبد الرحمن بن فيصل له عن الحكم والإمامة في اجتماع كبير عقد بالمسجد الكبير بالرياض بعد صلاة الجمعة عام ١٣٢٠هـ ١٩٠٢م، وظل الأب يشرف على أعمال ابنه طوال حياته، ظل الابن يجل ويقدر آراءه ويحترمها.

شرع عبد العزيز يوحد مناطق نجد تدريجيا، فبدأ بتوحيد المناطق الواقعة جنوب الرياض بعد انتصاره على ابن الرشيد في بلدة الدلم القريبة من الخرج. فدانت له كل بلدان الجنوب، الخرج والحريق والحوطة والأفلاج وبلدان وادي الدواسر. ثم توجه إلى منطقة الوشم وحارب ابن الرشيد وانتصر عليه، ودخل بلدة شقراء ثم واصل زحفه صوب بلدة تادق فدخلها أيضا ثم توجه إلى منطقة سدير ودخل بلدة المجمعة. وبهذا الجهد العسكري تمكن الملك عبد العزيز من توحيد مناطق الوشم والمحصل وسدير وضمها إلى بوتقة الدولة السعودية الحديثة.

تابع الملك عبد العزيز مشروعه لتوحيد البلاد، فتمكن من توحيد منطقة القصيم وضمها إلى الدولة السعودية الناشئة بعد أن خاض مجموعة من الوقعات الحربية ضد ابن رشيد وأنصاره العثمانيين، منها وقعة الغيضة في ١٨ ذي الحجة ١٣٢١هـ ١٠ مارس ١٩٠٤م، والبكيرية في ١ ربيع الثاني ١٣٢٢هـ ١٩٠٤م والشنانة في ١٨ رجب ١٣٢٢هـ ١٩٠٤م، وهي من المواقع الفاصلة في تاريخ البلاد، ووقعة روضه مهنا التي قتل فيها الأمير عبد العزيز آل الرشيد في صفر من عام ١٩٠٦م. ومثلث القصيم منطقة حيوية وإستراتيجية

للملك عبد العزيز آل سعود، خصوصاً في صراعه ضد ابن الرشيد بعد توقيع صلح بينه وبين متعب بن عبد العزيز آل الرشيد في أعقاب وقعة روضة مهنا، حيث اعترف الملك عبد العزيز لمتعب بن الرشيد بالإمارة على حائل ومنطقة جبل شمر. استعاد الملك عبد العزيز آل سعود منطقة الاحساء بكاملها عام ١٣٣١هـ ١٩١٣م قبيل اندلاع الحرب العالمية الأولى، ورحل الحاميات العثمانية التي كانت موجودة فيها إلى البصرة، وأقر العثمانيون بالأمر الواقع وفاوضوا الملك عبد العزيز واعترفوا رسميا به واليا على نجد. ومتصرفا على الاحساء وأهدوه النيشان العثماني الأول ورتبة الوزارة في أواخر عام ١٣٣٢هـ ١٩١٤م ولقبوه بصاحب الدولة. إلا أن هذا الاتفاق وهذا التقارب العثماني تجاه الملك عبد العزيز لم يخرجا إلى حيز التنفيذ بل ظل مجرد حبر على ورق.

أفاد الملك عبد العزيز كثيرا عن عودة منطقة الاحساء إلى دولته، لأنه قد وسع بذلك حدود دولته لتمثل جزءا مهما من الجزيرة العربية يطل على ساحل الخليج العربي، وله أهميته السياسية والاقتصادية والتجارية. وغدا للدولة الناشئة منفذ بحري ممتاز أخرجها من عزلتها وانغلاقها داخل الأراضي النجدية، وأصبح الملك عبد العزيز وثيق الاتصال بالدول الكبرى، مفوضا بريطانيا ذات السلطة والشأن في منطقة الخليج. ورغبت بريطانيا في دفع الملك عبد العزيز إلى الدخول في حرب ضد الدولة العثمانية بعد اندلاع الحرب العالمية الأولى، لكنه حاول قدر استطاعته أن يظل على الحياد برغم موقفه المعادي للأتراك بسبب مساعدتهم وتشجيعهم لآل الرشيد، وبسبب المواقف العثمانية العامة المعادية للدولة السعودية في جميع أدوارها ومراحل حكمها. في أعقاب الحرب العالمية الأولى تمكن الملك عبد العزيز من استرجاع منطقة جبل شمر بعد عدة مناوشات

ووقعات خاضتها القوات السعودية ضد القوات الرشيدية، استسلمت بعدها مدينة حائل عاصمة الجبل في صفر عام ١٣٤٠هـ ١٩٢١م.

وعامل ابن سعود آل الرشيد معاملة كريمة تليق بمقامهم. كما تمكن الملك عبد العزيز من ضم منطقة عسير إلى أجزاء دولته بعد حروب طويلة مع آل عائض حكام منطقة عسير، وكان ذلك عام ١٣٣٨هـ ١٩٢٠م وعامل عبد العزيز آل عائض ومن وقف معهم من الأهالي في عسير معاملة طيبة كعادته في معاملة خصومه بعد انكسارهم واستسلامهم، وتمكن من توحيد إمارة الأدارسة وضمها إلى بوتقة دولته، وأصبحت جزءا من الدولة السعودية الحديثة عام ١٣٥١هـ ١٩٣٢م. كما وحد عبد العزيز منطقة الحجاز مع باقي مناطق الدولة السعودية الحديثة عام ١٣٥١هـ ١٩٣٢م. وانتهى بذلك حكم الإشراف في الحجاز.

اختارت الدولة السعودية في عهد الملك عبد العزيز شكل شعار الدولة وعلمها الحاليين وقام دستور الدولة على القرآن ويقوم الحكم فيها على تطبيق الشرع الإسلامي المستمد من القرآن والسنة النبوية الشريفة وما أثر عن الصحابة وتابعيهم بإحسان، وما عليه الأئمة الأربعة وصالح سلف الأمة، وتطبق الدولة في المعاملات والأحوال الشخصية المشهورة من مذهب الحنابلة.

أمر الملك عبد العزيز آل سعود بوضع التعليمات الأساسية للمملكة الحجازية بعد ضم الحجاز وتوحيدها في بوتقة الدولة السعودية الحديثة وهي تعريف بالدولة وشكلها وترتيباتها الإدارية، وقد نشرت تلك التعليمات في الجريدة في ٢١ صفر ١٣٤٥هـ ٣١ أغسطس ١٩٢٦م، وبعد صدورها بثلاثة أشهر لقب الملك عبد العزيز آل سعود بلقب ملك الحجاز ونجد وملحقاته، ثم بدل هذا

اللقب بلقب أعم وأشمل هو ملك المملكة العربية السعودية في ٢١ جمادى الأول ١٣٥١هـ ٢٢ سبتمبر ١٩٣٢م وعند إعلان توحيد جميع أجزاء المملكة في دولة واحدة وهو اليوم الوطني للمملكة ونظم الملك عبد العزيز دولته الحديثة على أساس من التحديث والتطور المعاصر، فوزع المسؤوليات في الدولة وأسس حكومة منظمة في الحجاز بعد ضمها وأنشأ منصب النائب العام في الحجاز وأسند مهماته إلى ابنه الأمير فيصل في عام ١٣٤٤هـ ١٩٢٦م. وأنشأ مجلس الشورى السعودي عام ١٣٤٥هـ ١٩٢٧م وأسند رئاسته أيضا إلى الأمير فيصل ابن عبد العزيز. وأنشأ الملك عبد العزيز عددا من الوزارات في الدولة السعودية كتنظيم إداري متقدم خرج به عن نسق النظام الإداري التقليدي المتوارث من الدولتين السعوديتين الأولى والثانية، فأقامت الدولة الحديثة آنذاك علاقات دبلوماسية وفق التمثيل السياسي الدولي المتعارف عليه رسميا، وعينت السفراء والقناصل والمفوضين والوزراء لهذه الغاية. كما اهتم كثيرا بدعم الحركات التحررية العربية والإسلامية ودعم القضية الفلسطينية وجامعة الدول العربية والإسلامية ومؤسساتها. وناصر جميع قضايا العالمين العربي والإسلامي بالدعم والمشورة والتأييد في المحافل الدولية والإقليمية. وانخرط في منظومة الدول العالمية بانضمام دولته إلى هيئة الأمم المتحدة ومؤسساتها. واهتم الملك عبد العزيز بالبناء والتنظيم وتوطيد الأمن وتأمين طرق الحج وتعمير البلاد وتشجيع الزراعة وتوطين البدو. كما اتجه الملك عبد العزيز بالعلم والتعليم وشرع في فتح المدارس واستقدام المدرسين. كما أرسل البعثات من أبناء المملكة إلى عدد من الكليات والمعاهد في الخارج لتستفيد المملكة من علمهم في النهوض بها لدى عودتهم إليه. كما قام بطباعة الكتب الدينية والعلمية وتوزيعها مجاناً،

وعمل على الانتفاع بالمخترعات الحديثة. وعندما تم اكتشاف البترول في المنطقة الشرقية في المملكة وبدأ الإنتاج والتصدير عام ١٩٣٨م أخذت المملكة تتقدم بسرعة في النواحي التعليمية والصحية وإنشاء الطرق والسكك الحديدية. كما أمر بسك العملة السعودية "الريال" ووضع موازنة للدولة الفتية، وبدأ في تنفيذ مشروعات توسعة الحرمين الشريفين. توفي الملك عبد العزيز آل سعود في مدينة الطائف ونقل جثمانه إلى الرياض حيث دفن مع أسلافه من آل سعود.

السلطان عبد العزيز (١٨٣٠م-١٨٧٦م)

هو عبد العزيز أوغلو محمود. حاكم السلطنة العثمانية منذ عام ١٨٦١م وحتى عام ١٨٧٦م. نشأ نشأة إسلامية وانتمى إلى إحدى الفرق الصوفية ومال نحو الصيد وأحب الموسيقى والرسم. تولي السلطنة على أثر وفاة أخيه السلطان عبد المجيد الأول عام ١٨٦١م وتابع إدخال الإصلاحات الغربية بإشراف رئيس الوزراء فؤاد باشا ومن ثم علي باشا. واستحدث التنظيمات الإدارية (الولايات) عام ١٨٦٢م. وأنشأ مجلس دولة ١٨٦٨م واتبع النموذج الفرنسي في مجال التعليم الحكومي وأوجد جامعة في استانبول وأصدر القانون المدني العثماني وحرص على حسن العلاقة مع بريطانيا وفرنسا وكان أول سلطان عثماني يقوم بزيارة إلى أوروبا الغربية.

غير سياسته عام ١٨٧١م بعد وفاة وزيريه القديرين. وبعد هزيمة فرنسا على يد ألمانيا. فانفرد بالحكم واتجه إلى تعزيز الطابع الإسلامي للسلطنة والتقرب من روسيا. إلا أن استمرار الاضطرابات في البلقان وامتداد الثورة على الحكم العثماني من البوسنة وهرزغوفينا إلى بلغاريا ١٨٧٦م جعل التحالف مع

روسيا غير ممكن. كما أن إسراف عبد العزيز وتنامي الدين العام للدولة زاد من النقمة عليه فانقلب عليه وزراؤه ونحوه عن الحكم في آخر أيار ١٨٧٦م ومات بعد ذلك بأيام ويرجح أنه انتحر.

عبد القادر الجزائري (١٨٠٧م-١٨٨٣م)

زعيم وطني جزائري. ولد في قرية القطينة في وهران عام ١٨٠٧م. وتلقى العلم في وهران. وفي عام ١٨٣٢م وكان لا يزال في الخامسة والعشرين من عمره، انتخبته القبائل في وهران لقيادة المقاومة الجزائرية ضد الاستعمار الفرنسي.

اعتمد عبد القادر الجزائري على عنصر المباغتة والسرعة في ضرب مواقع الغزاة. وقد اتخذ من مدينة معسكر عاصمة وهران القديمة عاصمة له نظم فيها الإدارة وأنشأ بها بعض المصانع الحربية للسلاح والذخيرة وكون جيشا منظما لمقاتلة الغزاة والتفت حوله القبائل واستطاع أن يحرر ميناء (أرزو) شمال شرق وهران وقد ساعده ذلك في استيراد السلاح وإيصال صوته إلى الدول الأجنبية.

لجأ عبد القادر الجزائري في بعض الأحيان إلى مهادنة الفرنسيين بمحاولة منه لكسب الوقت واستكمال قوته وتجهيز أنصاره بالسلاح ففي ٢٨ شباط ١٨٣٤م وقع مع الفرنسيين اتفاقا لوقف القتال. وفتح المناطق المحررة للتجارة الفرنسية والمسافرين بشرط حصولهم على موافقة من عبد القادر الجزائري. ولكن هذا الاتفاق سرعان ما أصبح حبرا على ورق. عندما هاجم الجنرال (تريزل) حاكم وهران العسكري المنطقة الداخلية التي كان يسيطر عليها

عبد القادر في وادي المقطع. عندئذ تحرك عبد القادر وتمكن من تحرير إقليم وهران بأجمعه ما عدا المركزين الفرنسيين على الساحل وهما وهران ومستغانم.

واجه الغزاة في هذه المرحلة مقاومة عنيفة في جبهتين الأولى جبهة وهران التي قادها عبد القادر وجبهة قسنطينة التي تزعمها أحمد بك حاكم قسنطينة الذي استطاع الإحتفاظ باستقلال الإقليم الشرقي طول هذه الفترة لذلك حاول الفرنسيين احتلال مدينة معسكر، إلا أنهم فشلوا في ذلك ففكروا في مهادنة عبد القادر مرة أخرى. وقد وافق على ذلك رغبة منه في التفرغ لبسط سيطرته على الجزء الأكبر من الجزائر حتى الصحراء الكبرى. وقد انتهت المفاوضات بتوقيع معاهدة (تافنا) عام ١٨٣٧م وبها تركت مدن الجزائر ووهران ومدن ساحلية أخرى للفرنسيين بينما ظلت بقية الأقاليم بيد عبد القادر وممثل ثلثي أراضي الجزائر تقريبا.

استفاد عبد القادر من تلك المعاهدة في تثبيت حكومته وتوحيد قوى الشعب العربي في الجزائر وتعبئته ضد الغزاة واستعد لخوض الجولة الجديدة. وفي الوقت نفسه فإن الفرنسيين تفرغوا لاحتلال مدينة قسنطينة في الأول من تشرين الأول عام ١٨٣٧م. وقد تحقق لهم ذلك بعد مقاومة عنيفة ثم تفرغ الفرنسيون بعد ذلك لمواجهة عبد القادر.

وقد منحت السلطات الفرنسية المستوطنين الأجانب مساحات واسعة من الأراضي الزراعية في الجزائر وقد زاد عدد هؤلاء حتى وصل عام ١٨٣٩م إلى ٢٥٠٠٠ نسمة معظمهم من الفرنسيين. وكان توسع الفرنسيين في المنطقة المحيطة بمدينة الجزائر يعد نقضا لاتفاقهم مع عبد القادر الجزائري الذي قرر بعد تموز ١٨٣٩م إعلان الحرب الشاملة وفي نيسان ١٨٤٠م حرر مدينتي

(مليانة) و (ميدية) وبدأت حرب مدمرة شنها الجنرال (بوجو) الذي عد النهب والسلب والقتل من وسائل الحرب المشروعة في الجزائر. وقد وضع الجنرال (بوجو) لنفسه شعارا يتلخص بإخضاع العرب وبتثبيت العلم الفرنسي في كل أقطار المغرب العربي. وكان يدعو إلى تثبيت سياسة الاستيطان في الجزائر.

لقد سقطت معظم المدن والمراكز التي كانت بيد عبد القادر الجزائري وأخذ ينتقل بسرعة كبيرة وأصبح هم المستعمرين بعد وصول إمدادات عسكرية كبيرة لهم. في عام ١٨٤٢م استطاع الفرنسيون معرفة العثور على مركز المقاومة. وفي أيار ١٨٤٣م استطاع الفرنسيون معرفة هذا المركز وذلك قرب واحة بوغار جنوبي وهران وكان يضم أكثر من مائتي ألف مقاتل. وبعد سلسلة من المعارك كان آخرها معركة (سيدي يحيى) أضطر عبد القادر إلى الانسحاب في تشرين الثاني ١٨٤٣م إلى داخل أراضي مراكش ومن هناك أخذ يوجه المعارك ضد المستعمرين الفرنسيين. الذين عمدوا إلى محاربة الجزائريين في مصالحهم الاقتصادية وممتلكاتهم وأخذوا يخربون منازلهم حتى ساد الخراب في المناطق التي كان يمر بها الفرنسيون.

عاد عبد القادر إلى الجزائر عام ١٨٤٥م وانتشرت الثورة مرة أخرى في جميع مناطق وهران الجنوبية. فقد أعلن بو معزة زعيم وادي الشليف تأييده لعبد القادر. وفي ربيع عام ١٨٤٦ قضى الفرنسيون على مقاومه بو معزة وعلى مقاومة نائبه في إقليم قسنطينة مصطفى بن سالم وانسحب عبد القادر ثانية إلى الأراضي المراكشية ولكن سلطان مراكش تردد في قبوله وبدأ يعمل على طرده بالقوة حتى اضطر إلى تسليم نفسه للفرنسيين عام ١٨٤٧م فحمل أسيرا إلى فرنسا وبقي هناك ثم رحل إلى دمشق وتوفي فيها عام ١٨٨٣م.

عبد القادر الحسيني (١٩٠٨م-١٩٤٨م)

واحد من أبرز القادة العسكريين الوطنيين الفلسطينيين. والده موسى كاظم الحسيني رأس الحركة الوطنية الفلسطينية في مواجهة الاحتلال البريطاني والحركة الصهيونية حتى وفاته في عام ١٩٣٤م.ولد عبد القادر في اسطنبول. حيث كان والده عضوا في مجلس (المبعوثان) ودرس في القدس في بيئة وطنية. انتقل في عام ١٩٢٥م إلى القاهرة حيث تابع دراسته الثانوية والجامعية وأنشأ أول رابطة للطلبة الفلسطينيين هناك.

طرد من الجامعة الأمريكية في القاهرة بسبب مواقفه الوطنية. فعاد إلى القدس في مطلع عام ١٩٣٣م ليمارس نشاطات وطنية متعددة. تولى سكرتارية جمعية الشباب المسلم المتعلم (برئاسة يعقوب الغصيني) ثم إدارة مكتب الحزب العربي الفلسطيني في القدس وبدأ بتشكيل منظمات سرية شبه عسكرية لجأت إلى الجبال وشاركت في الثورة الفلسطينية الكبرى(١٩٣٦م-١٩٣٩م) سقط جريحا وأسيرا في اشتباك الخضر في ٤ تشرين الأول ١٩٣٦م لكنه نجح في الفرار من المستشفى العسكري في القدس وتوجه إلى دمشق حيث استكمل علاجه. ثم انتقل إلى بغداد فألمانيا حيث تدرب على استعمال المتفجرات.شارك في ثورة رشيد الكيلاني في العراق ١٩٤١م واستمر يناضل ويتعرض للمحاكمات والاعتقال والنفي والتنقل من بلد إلى بلد آخر إلى أن استشهد في معركة القسطل.

وآخر نشاط بذله قبيل استشهاده أنه توجه في أواخر آذار ١٩٤٨م إلى دمشق طلبا للسلاح من جامعة الدول العربية لكن رجاءه خاب. وأثناء غيابه عن القدس سقطت قرية القسطل في أيدي العصابات الصهيونية فعاد ومعه (٦٠) بندقية إنكليزية قديمة و(١٠) مدافع رشاشة وبضع قنابل. هي كل ما استطاع

انتزاعه من الجامعة العربية ولجنتها العسكرية. فضلا عن ٨٠٠ جنيه فلسطيني أعطاه إياها الحاج أمين الحسيني ووصل عبد القادر إلى القدس صباح ٧ نيسان ١٩٤٨م. فنظم هجوما مسلحا على القسطل استطاعت قواته أن تسترد الموقع في اليوم التالي ولكنه استشهد. ودفن في القدس إلى جانب قبر والده.

عبد الكريم الأرياني

سياسي واقتصادي يمني، ولد في جبلة في المقاطعة الجنوبية من الجمهورية العربية اليمنية وتلقى علومه الجامعية العليا في الولايات المتحدة الأمريكية، حيث نال على شهادة الدكتوراه في الاقتصاد.

عين في تموز ١٩٧٣م عضوا في مجلس مدراء البنك اليمني للأعمار والتنمية. وفي آذار ١٩٧٤م عين وزير دولة للتنمية الاجتماعية والاقتصادية، فقلد بعد ذلك عدة مناصب وزارية وإدارية أبرزها منصب وزير التنمية من ١٩٧٦م إلى ١٩٧٧م، ثم وزير التربية وعميد جامعة صنعاء من ١٩٧٦-١٩٧٨م، فرئيس قسم التخطيط في مكتب التنمية من ١٩٧٧م إلى ١٩٧٩م، فرئيس المكتب المركزي للتخطيط من ١٩٧٩م إلى ١٩٨٠م وأخيرا رئيس مجلس الوزراء في تشرين الأول ١٩٨٠م.

الرئيس عبد الكريم قاسم (١٩١٤م-١٩٦٣م)

عسكري وسياسي عراقي، ولد في بغداد ١٩١٤م التحق بالأكاديمية العسكرية في (١٩٣٢م-١٩٣٤م)، وبكلية الأركان ١٩٤٠-١٩٤١م وبمدرسة كبار الضباط في إنكلترا ١٩٥٠م. شارك في حرب فلسطين ١٩٤٨م انضم إلى تنظيم الضباط الأحرار، وفي آذار ١٩٥٧م تشكلت جبهة الاتحاد الوطني التي ضمت القوى الوطنية ومنها حزب البعث العربي الاشتراكي حيث تمكنت بالتعاون مع الضباط الأحرار في القوات المسلحة من تفجير ثورة ١٤ تموز عام ١٩٥٨م التي أنهت العهد الملكي وأعلنت النظام الجمهوري في العراق.

انحرفت ثورة ١٤ تموز ١٩٥٨م عن الطريق الذي رسم لها لتحقيق التحرر السياسي والاقتصادي ولبناء القطر بشكل يخدم المصلحة الوطنية والقومية. فقد اتجه حكم عبد الكريم قاسم الذي انفرد بالسلطة إلى التضييق على الشعب واضطهاده. كما عمل على إبعاد جميع القوى القومية عن السلطة والتنكيل بهم وشجع بشكل واضح جدا الصراع بين القوى الوطنية في القطر لكي يضعفها ليبقى هو في الحكم بدون منازع.

لم يكتف حكم عبد الكريم قاسم بكل ذلك بل عمل على عزل العراق عن بقية أقطار الوطن العربي. فحارب كل الاتجاهات الوحدوية التي تؤمن بأن الحدود المصطنعة بين أقطار الوطن العربي من صنع المستعمر لتفريق الأمة وتشتيتها لإضعافها والسيطرة عليها واستغلالها.

وهكذا عاش العراق أياما حالكة كان لابد من وضع حد لها، وكان حزب البعث العربي الاشتراكي باعتباره طليعة قومية مناضلة ملزما إزاء الأوضاع

المنحرفة التي سادت القطر، بأن يرفع شعار إسقاط السلطة الدكتاتورية. وقد هيأ لـذلك بالاضطرابات الطلابية الرائعة التي قادها الاتحاد الوطني لطلبة العراق متحديا سلطة عبد الكريم قاسم ومن تعـاون معه من الشيوعيين.

لقد صمد الطلاب صمود الأبطال وتحدوا المعتقلات والسجون وهم يصارعون الـدكتاتور الفردي وأعوانه. وقد قود الإضراب العربي الاشتراكي خطة الحزب في استلام السلطة وإنهاء الحكم الفردي صبيحة ٨ شباط ١٩٦٣م، فتمكنت الطائرات المقاتلة من دك حصن عبد الكريم قاسم ومقره في وزارة الدفاع. كما تقدمت في الوقت نفسه قطعات الجيش يساندها جمـوع الشعب لتكمل مهمة نجـاح الثورة، وقد أوصل عبد الكريم قاسم وأعوانه إلى محكمـة شكلتها حكومة الثورة التـي أصدرت بعـد المحاكمة قرارا بإعدامه فنفذ فيهم حكم الإعدام.

عبد الكريم الخطابي (١٨٨٢م-١٩٦٣م)

قائد بارع ورمز وطني مغربي. زعيم الثورة الريفية المعروفة باسمه ضد الاحتلالين الإسباني والفرنسي. ومنشئ جمهورية الريف المغربي وصاحب السياسة القائمة على عدم القبول بالحلول الوسط. ولد في عام ١٨٨٢م في بيت علم وجهاد. من قبيلة ورياغل احدى كبريات قبائل البربر في جبال الريف. حفظ القرآن صغيرا. فأرسله والده إلى (القرويين) بفاس فدرس وعاد إلى الريف وأقام في مليلة وولي قضاءها.

لم تكن القوات الإسبانية حتى بداية الحرب العالمية الأولى. قد تمكنت من احتلال المنطقـة المخصصة لها في الريف المغربي بحسب اتفاقية عـام ١٩٠٤م المبرمة بين فرنسا وبريطانيا. ولما امتد احتلالها من مليلة وتطوان إلى شفشاون

عارضها الخطابي -والده- فانتقم منه الإسبان بعزل ابنه واعتقاله في سجن كبالرزا عام ١٩٢٠م. ولما حاول هذا الأخير الفرار من معتقله سقط فكسرت ساقه. وبعدما أطلق سعى إلى قبيلته ورياغل وجند أنصاره فيها بعدما آلت زعامتها إليه إثر وفاة والده. وبدأ مقاومة الاسبان متابعا الجهاد الذي كان والده قد أعلنه. وما لبثت المقاومة أن توسعت، فشملت أجزاء كبيرة من المغربين الإسباني والفرنسي- واستولى المقاومون على كميات من الأسلحة والذخائر مكنتهم من ايقاع عدد من الهزائم بالجيش الإسباني وأجبروه على التراجع إلى منطقتي مليلة وحسيمة على الشاطئ. ومن أبرز انتصارات الخطابي معركة الأنوال في تموز ١٩٢٠م التي كبدت الإسبان خسائر جسيمة وأدت إلى سقوط الحكومة في مدريد. وقد واصل معاركه مع الإسبان فاحتل شفشاون عام ١٩٢٥م. وحاول النيل من تطوان وهدد تازه. في وقت قدر عدد رجاله بمئة ألف مسلح.

ولما أعلن الخطابي عام ١٩٢٥م عن قيام جمهورية الريف المغربي خاف الفرنسيون. فبعدما أملوا باستخدام ثورة الريف للتوسع على حساب الجزء الإسباني من المغرب. راحوا يتخوفون من تأثير ثورة الخطابي في نفوذهم بمنطقة شمالي أفريقيا ككل. وهكذا عندما تأكد انتصار جيش جمهورية الريف عقد الفرنسيون والإسبان في حزيران عام ١٩٢٥م مؤتمرا في مدريد تقرر فيه تنسيق العمليات العسكرية بين الفريقين في مواجهة الخطابي.

وبما أن الخطابي رفض الاستقلال الذاتي في المناطق التي يسيطر عليها من ضمن سياسته القائمة على عدم الأخذ بالحلول الوسط، فقد شن الفرنسيون والإسبان حملة مشتركة بقيادة المارشال بيتان، فاستسلم الخطابي مضطرا إلى

الفرنسيين في الخامس والعشرين من أيار عام ١٩٢٦م. بعد أن وعد هؤلاء باطلاقه، الأمر الـذي لم يوف به، كما لم يوف بالوعد الذي أعطي لعبد القادر الجزائري قبل خمسة وسبعين عاماً.

نفي الخطابي إلى جزيرة ريونيون الفرنسية في المحيط الهندي ومكث فيها عشرين عاما مـع أخ له وبعض أقربائهما وقد قامت جامعة الدول العربية بوساطة لنقل المنفيين مـن هنـاك. وفيما كـان نقلهم يتم إلى فرنسا عام ١٩٤٧م ولما بلغوا السويس كان شباب مـن مكتـب المغرب العربي يساعدهم الشيخ محمد فرغلي وإخوانه قد هيأوا لهم أسباب النزول من الباخرة (كاتوما) فنزلوا ونقلوا إلى القصر الملكي في القاهرة لتأمين الحماية الرسمية لهم. وقد بذل الخطابي من القاهرة حيث أقام جهودا إعلاميـة ضد الاحتلال الفرنسي للمغرب العربي. ورأس لجنة تحرير المغرب العربي التي أنشئت في القاهرة بتاريخ التاسع من كانون الأول ١٩٤٧م وضمت الحبيب بورقيبة وعلال الفاسي وغيرهما من المناضلين لاستقلال شمالي أفريقيا. وقد اتصل الخطابي بالملك محمد الخامس لدى زيارته مصر عام ١٩٦٠م ونجح الملك في اقناعه بالعودة إلى المغرب للاستقرار في طنجة بين أهله وقومه. بيد أن المنية عاجلته عام ١٩٦٣م فتوفي في القاهرة بسكتة قلبية قبل أن يعود إلى بلاده.

عبد الـلـه التعايشي (١٨٥٠م-١٨٩٩م)

عبد الـلـه بن محمـد التقـي مـن قبيلـة التعايشـة. ولـد في الباديـة بغـرب السـودان اتصل التعايشي بالمهدي قائد الثورة المهدية عام ١٨٨٠م ولازمه منذ

ذلك الحين. وتوطدت بينهما الصلات ولقد أوصى له المهدي بالخلافة قبل وفاته وبويع بها عمليا عام ١٨٨٥م.

واجهت الخليفة عبد الله عدة مشكلات. وكانت بعض هذه المشكلات داخلية كما كان بعضها مشكلات خارجية. أما أهم المشكلات الداخلية فقد كانت التخلص من منافسيه من أقرباء المهدي. والمشكلة الداخلية الثانية حدثت بانتفاض بعض القبائل عليه ومحاولاتهم الاستقلال عن دولة المهدية فاستطاع بقوة الجيش والسلاح الناري أن يبقيهم في دولة المهدية عنوة.

ومن ناحية أخرى فقد واجهت حكومة الخليفة عبد الله عدوانا خارجيا من مختلف الجهات ومن دول أوروبية متعددة. فكانت في مقدمة تلك الدول بريطانيا التي كانت تحتل مصر ـ وتخطط للإستيلاء على السودان على أساس أنها أراض مصرية خرجت عن طاعة الخديوي وكانت جيوش الدولتين البريطانية والمصرية ترابط في الحدود وتنظر إلى أحوال السودان تحت حكم الخليفة عبد الله بغية الانقضاض عليه.

وكانت لفرنسا أطماع في الأراضي التي حكمها الخليفة عبد الله تتمثل في امتلاك حزام يبدأ من غرب أفريقيا مرورا بالسودان مخترقا الحبشة حتى المحيط الهندي. وكانت لبريطانيا طموحات في أن تقيم سلسلة من المستعمرات تمتد من مصر على البحر المتوسط مخترقة القارة الإفريقية من الشمال حتى كيب تاون في جنوبها عابرة بذلك الأراضي السودانية. وكان هذا من بين ما يجب على الخليفة عبد الله أن يعد له العدة.

تطلعت الحبشة أيضا إلى اقتناص الفرصة والانقضاض على مدينة القلابات السودانية مرتين الأولى في عام ١٨٨٧م والثانية في عام ١٨٨٩م

ودخلت القلابات ودمرتها. فاضطر الخليفة عبد الله إلى إرسال قواته بقيادة أبي حمدان عنجه مرة. ثم بقيادة الزاكي طمل مرة أخرى بعد وفاة أبي عنجة. واستطاع هذان القائدان الانتصار على القوات الحبشية وطردها من كل الأراضي السودانية.

أما إيطاليا فقد اتفقت مع بريطانيا على الاستيلاء على مدينة كسلا على حدود ارينيريا لفترة مؤقتة لفتح جبهة شرقية ضد دولة المهدية. وبالفعل استولت إيطاليا على كسلا عام ١٨٩٦م مما أثار حماس الخليفة عبد الله والسودانيين جميعا لتجديد الجهاد ضد أعداء السودان.

بيد أن الأمور العصية بلغت مداها حين قررت الحكومة البريطانية إرسال اللورد كنشز بالجنود البريطانيين والمصريين للإستيلاء على كافة الأراضي السودانية. ورغم الاستعدادات العسكرية التي أعدها الخليفة عبد الله. إلا أن جيشه الأول الذي أرسله بقيادة الأمير محمود وأحمد لم يفز بطائل من البريطانيين والمصريين وأسر قائده.

ولما علم الخليفة بما أصاب محمود وجيشه خرج بجيش آخر قوامه خمسون ألف مقاتل سوداني إلى خارج أم درمان لملاقاة الجيش الغازي البالغ عدده حوالي خمسة وعشرين ألفاً. والتقى الجمعان في سفوح جبال كرري. في يوم ٢ أيلول ١٨٩٨م تصادمت القوات البريطانية والمصرية بجيش السودانيين تحت قيادة الخليفة عبد الله وانتصر الغزاة ورحل الخليفة عبد الله بمن بقي معه من قواده ورجاله وهو يحدث نفسه عن جولة ثانية. وفي غرب السودان حدثت معركة أم دربيكرات وخسرها الخليفة وأصحابه فاستقبلوا الموت برباطة جأش

حين حُم القضاء. وأطلقوا عليهم جنود الجيش الغازي رصاص مـدافعهم وأجهـزوا عليهم جميعاً في ٢٤ تشرين الثاني ١٨٩٩م.

الملك عبد اللـه الثاني (١٩٦٢م-   )

ملك المملكة الأردنية الهاشمية منذ عام ١٩٩٩م، وهو الابن الأكبر للملك الحسين بـن طـلال. بدأ تعليمه في الكلية العلمية الإسلامية في عمان واستمر في ذلك حتى عام ١٩٦٩م، ثم غـادر إلى إنكلتـرا والتحق بأكاديمية ديرفليلد في الولايات المتحدة الأمريكية وفيها أنهى دراسته الثانوية.

وفي عام ١٩٨٠م جرى تعيينه قائدا لفصيل كشف عن الكتيبـة ١٣-١٨ مـن المـدرعات الملكيـة البريطانية في ألمانيا الغربية وإنكلترا، وبدأ مـن تشرـين الأول ١٩٨٣م، التحـق بجامعـة إكسـفورد حيـث التحق ببرنامج الدراسات الخاصة في السياسة الدولية لمدة عام واحد. وخلال الفترة من شهر آب ١٩٨٧م وأيار ١٩٨٨م تابع الملك عبد اللـه الثاني دراسات متقدمة في الشؤون الدولية بجامعة جـورج تـاون. في مدينة واشنطن حيث التحق بها كزميل CAREER FELLOW-MID. وشارك خلال تواجـده في تلـك الجامعة في الدراسة والبحث المتقدم للشؤون الدولية.

ومع نهاية عام ١٩٨٨م اشترك الملك عبـد اللـه الثاني في دورة التعبئـة لجميع الصفوف في مدرسة المشاة في الولايات المتحدة، ولدى عودته إلى المملكة الأردنية الهاشمية تم تعيينه قائـدا لإحـدى سرايا كتيبة الدبابات ١٧ في لواء الحرس الآلي الثاني، وفي صيف عام ١٩٨٩م عين الملك عبد اللـه مساعدا لقائد

الكتيبة حيث كان آنذاك برتبة رائد. وتدرج في الخدمة العسكرية إلى أن أصبح قائدا للعمليات الخاصة عام ١٩٩٦م.

تسلم الملك عبد اللـه الثاني سلطاته الدستورية بعد ظهر يوم السابع من شهر شباط سنة ١٩٩٩م، بعد وفاة الملك الحسين بن طلال، وأصبح بذلك الملك الرابع للملكة الأردنية الهاشمية.

الملك عبد اللـه بن الحسين (١٨٨٢م-١٩٥١م)

ملك المملكة الأردنية الهاشمية (١٩٤٦م-١٩٥١م) بعد أن كان أمير إمارة شرق الأردن (١٩٢١م-١٩٤٦م) الابن الثاني لشريف مكة الحسين بن علي المنحدر من قريش. تلقى علومه في استنبول التي انتقل إليها مع والده الذي استدعاه الأتراك للإقامة عندهم تحت المراقبة لشكهم في ولائه لهم.

بعد ثورة تركيا الفتاة ١٩٠٨م، عاد إلى مكة مع والده الذي أعيد أميرا عليها، فوضه والده التباحث مع المعتمد البريطاني في مصر، وقد أدت هذه الاتصالات إلى مراسلات حسين مكماهون الشهيرة. شارك في الثورة العربية الكبرى التي قادها والده سنة ١٩١٦م، وفي عام ١٩١٧م عينه والده وزيرا لخارجيته ومستشاراً سياسيا له بعد أن أعلن ملكا على الحجاز. في عام ١٩٢٣م اعترفت بريطانيا بشرق الأردن إمارة مستقلة ضمن الانتداب البريطاني على فلسطين.

شارك الأمير عبد اللـه في جهود تأسيس الجامعة العربية، وأصبح ملكا في أيار ١٩٤٦م عندما منحت بريطانيا الاستقلال لشرقي الأردن. وفي عام ١٩٤٩م تمكن الملك عبد اللـه من عقد مؤتمر أريحا الذي جمع فيه عددا من وجهاء

فلسطين لإعلان ضم الضفة الغربية إلى المملكة الأردنية وكان إعلان ذلك رسميا في نيسان ١٩٥٠م.

اغتيل عند باب المسجد الأقصى ـ في مدينة القدس في ٢٠ تموز ١٩٥١م، عرف عن الملك المحافظة والتفرد وتفضيل مشاورة الوجهاء على اعتماد المؤسسات التمثيلية، وكان على جانب من الفصاحة والبلاغة والتمرس بالأدب.

الأمير عبد الله السالم الصباح (١٨٩٥م-١٩٦٥م)

أمير الكويت من ١٩٥٠م إلى ١٩٦٥م أحد أبرز الأمراء الكويتيين الذين عملوا من أجل الاستقلال والتقدم والارتباط بقضايا العالم العربي. ولد سنة ١٨٨٥م عين رئيسا للمجلس الاستشاري في عهد سلفه الشيخ أحمد الجابر الصباح.

تولى الحكم في ١٩٥٠/٢/٢٥م في عهده أجرى تعديلا في اتفاقية النفط مع شركة النفط الكويتية التابعة لبريطانيا حيث صارت حصة الكويت ٥٠% من الأرباح الصافية. ألغى اتفاقية الحماية البريطانية المعقودة في عام ١٨٩٩م وأعلن استقلال الكويت في ١٩٦١/٦/١٩م.

ناصر نضال العرب في أقطار المغرب العربي، وساند الرئيس جمال عبد الناصر إبان العدوان الثلاثي سنة ١٩٥٦ وأصدر تعليماته بمقاطعة البواخر الإنكليزية والفرنسية، وكان لموقفه الأثر الكبير في قيام مجموعات كويتية في ١٩٥٦/١٢/١١م بتفجير أنبوب النفط في ميناء الأحمدي احتجاجا على العدوان الثلاثي.

أيد بقوة الفلسطينيين وقضية فلسطين وأفسح المجال لاستقبال الآلاف منهم في الكويت ومنحهم الحرية في العمل السياسي. أصدر الدستور الكويتي في ١٩٦٢/١١/١١م، وأنشأ أول البرلمان في تاريخ الكويت في ١٩٦٣/٥/١٤م، توفي في تشرين الثاني ١٩٦٥م.

الرئيس عبد الـله السلال (١٩١٧م-١٩٩٤م)

عسكري ورجل دولة يمني، قاد أول انقلاب عسكري ناجح ضد حكم الإمامة، وأقام النظام الجمهوري فيها بدعم من الرئيس جمال عبد الناصر.

من مواليد صنعاء عام ١٩١٧، أرسل في مطلع الثلاثينات من القرن الماضي إلى بغداد حيث تخرج من الكلية العسكرية في عام ١٩٣٨م. وفي عام ١٩٣٩م اعتقل بسبب آرائه السياسية الداعية إلى تغيير سياسة البلاد والمناهضة لسياسة العزلة التي كان يفرضها حكم الإمامة على البلاد. أفرج عنه والتحق بالجيش اليمني عام ١٩٤٠م. وفي عام ١٩٤٨م شارك في محاولة انقلابية فاشلة ضد الإمام يحيى فسجن سبعة أعوام. تم الإفراج عنه في عام ١٩٥٥م ليصبح رئيسا للحرس الخاص للإمام البدر.

وفي عام ١٩٥٩م عين محافظا للحديدة، وظل في هذا المنصب إلى أن سجن للمرة الثالثة في العام ١٩٦١م لأسباب تتعلق أيضا بنشاطه في أوساط الضباط اليمنيين ضد حكم الإمامة. وفي عام ١٩٦٢م خرج من السجن وعين رئيسا لأركان حرب الجيش اليمني، وفي ٢٦ أيلول ١٩٦٢م قام بحركة انقلابية ضد الإمام البدر واستولى على السلطة، وتم اختياره رئيسا لمجلس قيادة الثورة ثم رئيسا للجمهورية اليمنية.

وفي تموز ١٩٦٤م صدر الدستور الدائم للجمهورية اليمنية، وأعلنت الثورة إلغاء الرق والفوارق القبلية والدينية، كما أعلنت المساواة بين الطوائف وإلغاء الاستعباد والرهائن. ترك الحكم في عام ١٩٦٥م لفترة مؤقتة على أن يعود إليه في عام ١٩٦٦م. وفي عام ١٩٦٧م أطاح به انقلاب بزعامة القاضي عبد الكريم الأرياني، وأثناء الانقلاب كان عبد الله السلال في بغداد فمنحته الحكومة العراقية اللجوء السياسي، توفي في عام ١٩٩٤م.

الأمير عبد الله بن عبد العزيز (١٩٢٤م-)

ولي العهد، والنائب الأول لرئيس مجلس الوزراء، ورئيس الحرس الوطني بالمملكة العربية السعودية. ولد الأمير عبد الله بن عبد العزيز آل سعود في مدينة الرياض. عاصمة المملكة العربية السعودية، ونشأ في كنف والده الملك عبد العزيز بن عبد الرحمن بن فيصل آل سعود. مؤسس الدولة السعودية الثالثة. وقد رباه تربية صالحة وأثر فيه تأثير كبيرا وأفاد الأمير عبد الله من مدرسة والده وتجاربه في مجالات الحكم والسياسة والإدارة والقيادة.

تأثرت شخصية الأمير عبد الله بوالده. وبكبار معلميه من العلماء والمفكرين والمشايخ الذين عملوا على تنمية استعداده بالتوجيه والتعليم وساهم في تكوين شخصية الأمير ما اكتسبه من خبرة طوال عمله مع اخوته الملك سعود بن عبد العزيز والملك فيصل بن عبد العزيز. والملك خالد بن عبد العزيز. وخادم الحرمين الشريفين الملك فهد بن عبد العزيز وقد أفاد كثيرا من اتصالاته بكل فئات المجتمع السعودي في كل مناسبة فهو دائما يلتقي العلماء وأهل الحل والعقد ويتبادل معهم الآراء والمشورة. ويلتقي عادة المواطنين السعوديين للتعرف على

أحوالهم واحتياجاتهم وتعد كل هذه الأمور من العوامل الرئيسة التي أثرت في تكوين شخصية الأمير عبد الله وصقلها.

وفي عام ١٩٧٥م عين الأمير عبد الله نائبا لرئيس مجلس الوزراء إلى جانب مسؤولياته كرئيس للحرس الوطني وأصبح بحكم هذا المنصب يرأس بعض جلسات مجلس الوزراء. وفي عام ١٩٨٢م تم تعيين الأمير عبد الله نائبا أول لرئيس مجلس الوزراء ورئيسا للحرس الوطني بالإضافة إلى ولاية العهد.

وللأمير عبد الله دور كبير في رأب الصدع في الصف العربي كلما تلبد الأفق. وعمل على دعم التضامن العربي والإسلامي من أجل الوصول إلى العمل المشترك الذي يخدم الأمتين العربية والإسلامية.

عبد المنعم رياض (١٩١٩م-١٩٦٩م)

قائد عسكري وشهيد قومي مصري. من مواليد ١٩١٩م في القاهرة. التحق بالكلية الحربية المصرية في عام ١٩٣٦م وتخرج منها في عام ١٩٣٨م تدرج في مختلف الوظائف بالقوات المسلحة المصرية. فتولى قيادة مدرسة المدفعية المضادة للطائرات في عام ١٩٥٢م. ثم عين في عام ١٩٥٣م قائد اللواء الأول المضاد للطائرات. وفي عام ١٩٥٤م عين قائد للدفاع المضاد للطائرات. وفي عام ١٩٥٩م أتم دورة تدريبية في الاتحاد السوفيتي (السابق). وقبل بداية حرب حزيران ١٩٦٧م عين في قيادة القوات العربية الموحدة في الأردن. وبعد نشوب القتال بين العرب والكيان الصهيوني عين رئيسا لأركان حرب القوات المسلحة المصرية. استشهد بتاريخ ٩ آذار ١٩٦٩م.

عبد الوهاب الشواف (-١٩٥٩م)

عسكري عراقي. أحد أعضاء الهيئة العليا للضباط الأحرار الذين أطاحوا الحكم الهاشمي في ٤ تموز ١٩٥٨م. قام بحركة ذات صبغة عسكرية في الموصل بسبب تعاظم النفوذ الشيوعي وسيطرته على جميع مرافق الدولة الحيوية وملاحقة واعتقال دعاة القومية العربية وإبعادهم عن المراكز الحساسة والمهمة في الدولة. إلى جانب الطموح الشخصي للشواف.

وقد كان من المقرر أن تكون الحركة في الموصل بدء الإشارة للقيام بحركة شاملة تتركز في بغداد تعم جميع أنحاء البلاد. وكان السبب في اختيار الموصل منطلقا لتنفيذ ذلك لأن أغلب الضباط فيها ذو ميول قومية فضلا عن تأييد سكان المنطقة لهم وبعدها عن العاصمة.

ولكن تسرع الشواف ببدء الحركة قبل موعدها جعل فشلها أمرا محتوما بسبب عدم توفر الشروط الذاتية والموضوعية للحركة. وعدم الانسجام بين الضباط القائمين بها بسبب اختلاف مبادئهم وأهدافهم.كما أن الأحزاب والقوى القومية سواء في الموصل أو في بغداد لم تعلم بهذه الحركة إلا بعد يوم ٨ آذار ١٩٥٩م. وهكذا لم تتح لها المساندة الكافية في الوقت المناسب. مما وفر الفرصة المواتية لعبد الكريم قاسم وأعوانه في إخماد هذه الحركة في الموصل ومقتل عبد الوهاب الشواف قائد الحركة بعد أقل من ٢٤ ساعة من بدئها. وكان من نتائجها إعدام الضباط القوميين المشتركين فيها لضرب المعارضين من دعاة القومية العربية. كما ارتكبت في كل من الموصل وكركوك مجازر دموية نفذتها العناصر الشيوعية.

ولكن رغم فشل هذه الحركة في أن تحقق أهدافها فإنها كشـفت عـن عمـق وقوة الشـعور القومي بالوحدة العربية والقومية العربية. وأدت إلى ضعف موقف السلطة الحاكمة بسبب عـدم ولاء الجيش لها وانقسامه إلى اتجاهات متعارضة كما أجـجت الصـراع بـين عبـد الكريم قاسم والشيوعيين بسبب أعمال القمع التي قاموا بها في الموصل وكركوك والتي أدت إلى عزلـة نظـام عبـد الكريم قاسم عربيا ودولياً.

عدنان المالكي (١٩١٨م-١٩٥٥م)

عسكري سوري. ولد في دمشق في عـام ١٩١٨م. تخـرج مـن الكليـة العسكرية بحمص عـام ١٩٣٩م وعين مدربا في الكلية العسكرية وخاض معارك ١٩٤٨م في حرب فلسطين بشجاعة. ففي معركة مشمارها يروين احتل التل المشرف على تلك المستعمرة الصهيونية كما فك الحصار على رأس فوج عـن الجيش المصري المحاصر في (الفالوجة) ونال سبعة أوسمة ووسام الاستحقاق السوري من الدرجـة الأولى ووسام الاستحقاق اللبناني والوسام الحربي ووسام جرحى الحرب.

وبعد الحرب عينه الزعيم حسني رئيس الأركان العامة عضواً في هيئـة أركانـه وكان معـه في انقلابه. وبعد عودة المالكي من دمشق أسندت إليه رئاسة تفتيش الجيش. زجه الشيشكلي مع بعض من رفاقه في السجن كونهم قد استاءوا من فساد الحكم وأفرج عنه بعـد سـبعة أشـهر أثـر انتخـاب أديـب الشيشكلي رئيساً للجمهورية.

وعندما أعلنت القوات الشمالية عصيانها في الخامس والعشرين من شباط ١٩٥٤م سارع الشيشكلي إلى حبسه ثانية إلا أنه أفرج عنه في صباح اليوم التالي بعد استقالة الشيشكلي وأعيد للخدمة عام ١٩٥٤م بعد ترقيته إلى رتبة عقيد. وفي ٢٢ نيسان ١٩٥٥م اغتيل في الملعب البلدي بدمشق أثناء مشاهدته لمباراة في كرة القدم بين سورية ومصر.

عز الدين القسام (١٨٨٢م-١٩٣٥م)

ولد في بلدة جبلة في سوريا ١٨٨٢م. تتلمذ على يد الشيخ محمد عبده وتأثر بأفكار جمال الدين الأفغاني. بدأ نشاطه في جبلة في نصرة ليبيا بعد محاصرة الأسطول الإيطالي لطرابلس الغرب عام ١٩١١م. لجأ إلى فلسطين في عام ١٩٢١م بعد أن انتكست الانتفاضة الشعبية السورية المعروفة بثورة الشيخ صالح العلي في العام نفسه. وأصدرت السلطات الفرنسية حكماً ضد القسام بالإعدام لاشتراكه في قيادة الثورة المذكورة واختار القسام مدينة حيفا الفلسطينية مقرا له.

وفي أواسط العشرينات من القرن العشرين. أخذ القسام في بناء نواة تنظيمه السري واتخذ من شمال فلسطين مسرحاً لنشاطه السياسي والتنظيمي مستفيداً من تواجده في أكثر من تجمع جماهيري في هذه المنطقة فهو مدرس بالمدرسة الإسلامية في حيفا ورئيس فرع جمعية الشبان المسلمين بالمدينة. وإمام وخطيب في مسجد الاستقلال الحيفاوي، واتسع تنظيم القسام السري من تزايد السخط الشعبي.

وبحلول عام ١٩٣٥م شعر القسام باقتراب نضوج الأزمة الثورية فالقيادة التقليدية للحركة الوطنية الفلسطينية منغلقة على نفسها. وعلى المستوى الذاتي كان تنظيم القسام قد اتسع واكتمل تسليحه. وفي النصف الأول من تشرين الثاني ١٩٣٥م خرج القسام مع ٢٤ من رفاقه إلى قضاء جنين. لتدريب الفلاحين على السلاح وتشكيل (البؤرة الثورية) وأتى اختيار القسام لقضاء جنين دون غيره، لوقوع هذا القضاء وسط الجبال الوعرة ذات المواصلات الصعبة. التي تعيق تحرك قوات الاحتلال البريطاني إن هي اكتشفت أمر القسام وأرادت أن تتعقبه.

وانتشر رفاق القسام في دوريات تجوب قضاء جنين حيث قتل أحدهم شرطيا صهيونيا. مما أدى إلى اكتشاف مواقع القساميين وضياع عنصر المفاجأة من يد الثوار. ونقل المبادرة إلى قوات الاحتلال البريطاني. وفي صباح اليوم التالي ١٥ تشرين الثاني ١٩٣٥م وقع اشتباك بين القساميين والشرطة التي خرجت لمطاردتهم. قرب قرية البارد سقط فيها الشيخ محمد الحلحولي شهيدا. كما قتل اثنان من رجال الشرطة. وفي ١٨ تشرين الثاني تحركت حملة عسكرية بريطانية تقدر بحوالي خمسمائة جندي وطوقت المنطقة التي سبق ووقع فيها اشتباكا ١٤ و ١٥ تشرين الثاني. وضيقت الحملة الخناق على القسام ورفاقه. ودار بين الطرفين اشتباك غير متكافئ قرب قرية الشيخ زيد واستمرت المعركة من الفجر إلى صباح التاسع عشر ـ من تشرين الثاني ١٩٣٥م وأسفرت عن استشهاد القسام واثنين من رفاقه وباستشهاده أصبح رمزاً للفداء والتضحية.

الرئيس علي عبد الله صالح

الرئيس اليمني الحالي. ولد في منطقة سخان عام ١٩٤٢م التحق بالقوات المسلحة اليمنية عام ١٩٥٨م، وبمدرسة ضباط الصف عام ١٩٦٠م وراح يتدرج في الرتب العسكرية، مدير تسليح المدرعات، قائد فصيلة قسرية، فأركان حرب كتيبة دروع، فقائد لواء مدرع.

شارك في انقلاب عام ١٩٧٤م الذي أوصل العقيد إبراهيم الحمدي إلى السلطة في صنعاء، فعين قائدا للأمن في تعز حتى حزيران ١٩٧٨م، وكان دوره قوي إثر اغتيال الحمدي في تشرين الأول ١٩٧٧م، إذ غدا أقرب مساعدي العقيد أحمد حسين الغشيمي، الرئيس الجديد وأحد أربعة يؤلفون المجلس الرئاسي المؤقت. عين قائدا عاما مساعدا للقوات المسلحة اليمنية في ٢٨ حزيران ١٩٧٨م، وانتخب في ٢٨ تموز من العام نفسه إثر اغتيال الرئيس الغشمي رئيسا للجمهورية وغدا بحكم الدستور القائد العام للقوات المسلحة في البلاد.

أجهض الرئيس الشاب في ١٥ تشرين الأول عام ١٩٧٨م محاولة لإطاحته وثبت دعائم حكمه داخليا وخارجيا، وانتخب في ٣٠ آب ١٩٨٢م أمينا عاما للمؤتمر الشعبي العام. اعتمد صالح سياسة توازن في الداخل وسعى إلى تحسين علاقاته مع الاتحاد السوفيتي السابق، واليمن الديموقراطي دون التخلي عن علاقات حسن الجوار مع المملكة العربية السعودية، وعلاقاته الطيبة مع الغرب.

وتمكن صالح بعد محاولات وحدوية عديدة مع الجنوب -وعلى الرغم من إشكالات ومواجهات عديدة تخللتها- من تحقيق حلم ملايين اليمنيين، فكانت الوحدة وقد تلت إشكالات أمنية داخلية أودت بحياة آلاف اليمنيين في الجنوب.

قام اليمن الموحد في أيار ١٩٩٠م برئاسة علي عبد الله صالح الذي سبق وجدد له في رئاسة اليمن الشمالي عام ١٩٨٢م و١٩٨٨م فغدا بالتالي رئيس الدولة الأكثر سكانا في الجزيرة العربية انتخب ثالث مرة رئيسا للجمهورية في ١٩٩٤/١٠/١م. وأعيد انتخابه رئيسا للجمهورية في أيلول ١٩٩٩م.

الرئيس علييف، حيدر (١٩٢٢م- م)

سياسي أذربيجاني، استلم السلطة في أذربيجان (١٨ حزيران ١٩٩٣م) إثر أحداث دموية فر بسببها الرئيس الأذري الفضل التشي بيه.

ولد حيدر علي رضا أوغلو علييف في ١٩٢٢م في منطقة ناخيتشيفان التابعة لأذربيجان (وكانت ناخيتشيفان جمهورية ذات حكم ذاتي ضمت جمهورية أذربيجان الاشتراكية السوفيتية) لكنها غير مرتبطة بها جغرافيا وتحيط بها أراضي أرمينيا وإيران. انضم إلى الحزب الشيوعي في عام ١٩٤٥م، واحتل مركزاً متقدماً في عام ١٩٦٥م عندما أصبح نائبا للرئيس، ثم رئيسا للجنة أمن الدولة (كي. جي. بي) في أذربيجان، وقفز من هذا المنصب إلى زعامة الحزب الشيوعي في الجمهورية عام ١٩٦٩م، وأصبح الحاكم الفعلي لأذربيجان حتى عام ١٩٨٢م وفي عهده تولى المنحدرين من ناخيتشيفان مناصب قيادية وأصبحوا "الوافدين الحاكمين" في باكو.

أقام علييف علاقات وثيقة مع الزعيم السوفيتي ليويند بريجنيف ومع خلفه يوريد أندروبوف. فاستدعى في العام ١٩٨٢م إلى موسكو ليصبح عضوا في المكتب السياسي للحزب الشيوعي السوفيتي ونائبا أول لرئيس الحكومة

السوفيتية، وهو منصب بالغ الأهمية لم يسبق أن احتله أذري باستثناء بعفر باقروف الذي أعدم في الخمسينات من القرن الماضي لاتهامه بالتآمر.

وخلافا لباقروف فإن إقصاء علييف عن السلطة في زمن البيريسترويكا لم يترافق بحرمانه من الحياة، لكن الكثير اعتبره "جثة سياسية" إذ عزل من كل مناصبه في موسكو وأذربيجان. ووجهت إليه اتهامات بالرشوة والفساد ولم يستطع أي طرف إثباتها.

وتوارى علييف فترة قصيرة ليظهر مجددا في مسقط رأسه فيصبح رئيسا لها. ورغم أن رؤوسا كثيرة تساقطت في باكو إلا أن علييف لم يكن متسرعا في الانتقال إليها وظل ينتظر ساعته التي حانت أخيرا مع تفاقم الأزمة السياسية داخل باكو وفشل "الجبهة الشعبية" الحاكمة وزعيمها الرئيس أبو الفضل التشي بيه في تحقيق وعوده الكثيرة في إنهاء حرب قره باخ، وتحسين الأوضاع الاقتصادية في ظرف مائة يوم. وانتخب علييف رئيسا لبرلمان كان الكثيرون من أعضائه خصوما له في الأمس ولكنهم أدركوا أنه "رجل الملمات" هو الوحيد القادر على ضبط الأوضاع وخصوصا أنه يتمتع بتأييد قوي من غالبية المواطنين الذين يذكرون أن أذربيجان كانت قد تحولت في عهده من بلد زراعي إلى قوة صناعية.

ولم يرفع علييف أيا من الشعارات الشيوعية، بل دعا إلى "دولة علمانية متحضرة" تربطها علاقات جيدة مع البلدان المجاورة. لكي يثبت علييف أنه الرجل المناسب عليه أن يحل ثلاث مشاكل مترابطة: الأولى هي الأزمة السياسية ووقف زحف الجنرال سورت حسينوف على باكرو، والثانية الأزمة الاقتصادية والثالثة إيجاد تسوية سريعة مع الأرمن في قره باخ.

الرئيس عمر البشير

سياسي وعسكري ورئيس الجمهورية السودانية الحالي. ولد في شندي ١٩٤٥م معقل قبيلة الجعلين التي اشتهرت بالشجاعة والكرم. وساهمت في نشر اللغة العربية والإسلام في السودان وأفريقيا الغربية.

تعلم عمر في الخرطوم بحري، ثم انتقل إلى مدرسة الخرطوم الثانوية عبر جسر النيل الأزرق من مزرعة كفوري حيث منزل الأسرة. وعلى الرغم من أن المدرسة التي احتلت بعض ثكنات الجنود البريطانيين التي احتلت عند جلائهم في عام ١٩٥٥م كانت تمر بالتيارات السياسية المتصارعة، وتشهد ندوات فكرية منتظمة بحكم جوار هالبماني في جامعة الخرطوم، إلا أن الطالب عمر البشير لم يحفل بالقضايا السياسية.

كانت الكلية الحربية حلم الآلاف بل مئات الآلاف، فقام الأب باتصالات محمومة بالاتحاديين والختمية الذي ظل على اتصال بهم طوال حياته. والراجح أنهم استخدموا نفوذهم لمساندة طلب عمر حسن أحمد البشير. فتم قبوله في الكلية الحربية بعد أن اجتاز كل معايناتها.

وكان نشاط الأصوليين في الجيش قد انتظم بعد ثورة تشرين الأول ١٩٦٤م، وهي الفترة التي قبل فيها عمر البشير في الكلية الحربية، لكنه لم يستجب لاتصالاتهم فقد كان متأثرا بوالده، وكان ميوله أقوى نحو جمال عبد الناصر والقوميين العرب، وحدثت النقلة النوعية في موقفه عندما أرسله الجيش إلى التدريب في (المركز الإسلامي الإفريقي) إبان حكم الرئيس جعفر النميري. وهذا المركز الذي أنشئ بتمويل غير سوداني، ما لبث أن صار واجهة للأصوليين السودانيين الذين وظفوه لاستقطاب الضباط وغيرهم. وتخصص

المركز الذي غير اسمه ليصير جامعة أفريقيا في تنظيم دورات تدريبية دينية. وأدرك بعض قادة الجيش خطورة دورات المركز وقال أحدهم للنميري (هل تريد ضباطا أم أئمة مساجد؟) لكن الرئيس كان متواطئا مع الأصوليين راضيا عن اختراقهم القوات المسلحة.

وانضم عمر البشير إلى التنظيم الإسلامي أثناء دراسته في المركز الإسلامي، وعرف الأصولويون مقدراته فأخذوا يحيطونه بهالة من التمجيد ويبالغون في نسب المواقف القتالية المتميزة إليه، ومن ذلك أنهم أثاروا ضجة كبرى حول مساهمته في (معركة ميوم) الشهيرة في جنوبي البلاد حيث كان الضابط القائد. وواقع الأمران التخطيط لمعركة ميوم إنما وضع في العمليات العسكرية في الخرطوم.

واشترك في القيادة الفعلية وتحقيق المفاجأة التكتيكية لضبط مجهولين لم تسلط عليهم أضواء الإعلام الأصولي، واعترف عمر البشير نفسه للتلفزيون السوداني أنه وصل إلى أرض المعركة في السابعة صباحا وأشرف على الجزء الثاني من المعركة التي بدأت في الخامسة صباحاً.

بيد أن البشير برز كمعارض بارع عند سقوط نظام النميري في ١٩٨٥م إذ شارك في لقاءات اللواء عثمان عبد الله بالأحزاب والنقابات. ثم تفرغ للتفاوض مع النقابات، وأفلح في تهميشها على الرغم من أنها اضطلعت بالدور الأساسي في قيادة الانتفاضة وجدير بالذكر أنه عندما استولى على السلطة في عام ١٩٨٩م استدعى بعض القادة النقابيين الذين سبق له أن فاوضهم وطلب منهم أن يؤيدوا الانقلاب.

عمر المختار (-١٩٣١م)

زعيم وطني ليبي حمل لقب شيخ المجاهدين والشهداء.التحق بالمدرسة القرآنية في الجغبوب وأمضى فيها نحواً من الثلاث سنوات واختير ليكون خليفة المهدي السنوسي (شيخ زاوية القصور) وهـي أعلى بلدة تقع على الجبل الأخضر. استدعي لتولي قيادة قبائل (واداي) الثائرة عـلى الفرنسيين بمناطق الجنوب الليبي وقاد حركة النضال الوطني ضد الاستعمار الإيطالي منـذ عـام ١٩١١م. ولم يتراجع عن مواصلة الكفاح بعد انسحاب السنوسيين من ميدانه.

وفي عـام ١٩٢٦م حاصرتـه القـوات الإيطاليـة في الجبـل الأخضر ـ فلجـأ إلى حـرب العصابات والاستنزاف وقام بشن الغارات على المستعمرين. فاوضه الإيطاليون في عـام ١٩٢٩م فأبى التنـازل عـن مطالبه الوطنية. وقع أسيراً في قبضة قوات الاحتلال الإيطالي وفي ١٥ أيلول ١٩٣١م صدر حكـم بإعدامـه شنقاً.

الرئيس عيدي أمين، أمين دادا

رئيس دولـة أوغنـدا عـلى أثـر انقـلاب كـانون الثاني عـام ١٩٧١م، وعسكري تلقى دراسـاته العسكرية في بريطانيا.انضم إلى فرقة حملة البنـادق الملكيـة البريطانيـة في عـام ١٩٤٦م. واشـترك في عمليات عسكرية في بورما وفي كينيا أثناء ثورة الماوماو. أول عسكري أوغندي يرقى من صف ضـابط إلى رتبة ضابط ١٩٦١م، وعين مساعدا لقائد القوات المسلحة ١٩٦٤م ثم رئيسا للأركان ١٩٦٦م فقائـدا عامـا للقوات المسلحة ١٩٦٧م. لعب دورا أساسيا في إطاحة ملك أوغندا فردريك موتيسا ١٩٦٦م.

قاد الانقلاب العسكرية الذي أطاح الرئيس ميلتون أوبوتي، أثناء وجود هذا الأخير في الخارج لحضور مؤتمر دول الكوفيولث (٢٥ كانون الثاني ١٩٧١م) وتولى رئاسة الدولة ووزارة الدفاع وقيادة القوات المسلحة ورئاسة مجلس الدفاع ووزارة الشؤون الداخلية. بدأ عيدي أمين المرحلة الأولى من حكمه بانتهاج سياسة معاكسة لسياسة ميلتون اوبوني التحررية، فتبنى سياسة موالية للغرب وحكومة جنوب أفريقيا البيضاء العنصرية.

وفي الداخل شن حملة قمع لا مثيل لها في تاريخ أوغندا ضد خصومه الحقيقيين أو المحتملين، فرفضت كينيا وتنزانيا وزامبيا الاعتراف بنظامه. وإزاء عدم تلقيه الدعم الغربي المأمول عنه تراجع عن سياسته الأولى منتهجا سياسة التأييد والدعم للقضايا التحررية الأفريقية والعربية. ترأس منظمة الوحدة الأفريقية ١٩٧٥-١٩٧٦م وبدأت الدوائر الغربية التشهير به مستفيدة من الطابع الدموي لنظامه. وفي تشرين الأول ١٩٧٨م اندلع نزاع حدودي مسلح بين أوغندا وتنزانيا استمر عدة أشهر، فغزت تنزانيا الأراضي الأوغندية واحتلت العاصمة كمبالا، ولجأ عيدي أمين إلى شمالي البلاد ومنها إلى ليبيا، ثم المملكة العربية السعودية، ثم زامبيا التي طرد منها في كانون الثاني ١٩٨٩م.

الأمير عيسى بن سلمان آل خليفة (١٩٣٣م-١٩٩٩م)

أمير دولة البحرين ولد في الجسرة، وتلقى تعليمه أولا على يد معلمين أكفاء في دار والده ثم التحق بمدارس البحرين حيث شارك زملاءه في دور العلم للإفادة من الاحتكاك بهم. ولما أنهى مرحلة دراسته في البحرين أرسله والده إلى أوروبا لتلقي المزيد من التعليم وللانفتاح على العالم الأوروبي لصقل

معارفه، وفهم أسس الحضارة الغربية حتى لا يكون في المستقبل بمعزل عـن الأحداث العالمية المهمـة التي تصدر في الأقطار الأوروبية.

قرر والده الشيخ سلمان بـن حمـد آل خليفـة أن يعـده إعـدادا جيـدا لتولي منصب أمير البحرين، ولذلك كان يكلفه بالعمل في مناصب ذات مسؤولية، وبالفعل فإنه لما بلغ العشرين من عمره عينه والده في مجلس الوصاية عـلى الحكم في البحرين أثنـاء غيابـه لحضـور احتفالات تتويج الملكة اليزابيث ملكة بريطانيا.

وفي عام ١٩٥٦م عينه والده رئيسا لمجلس بلدية المنامة حيث بقي في هذا المصب حتى تـولى إمارة البحرين، وفي خلال هذه الفترات نال مزيدا من الخبرات في السياسة والإدارة والحكم.

وفي ١٦ أيلول ١٩٦١م تولى مقاليد الحكم في دولة البحرين بعد وفاة والـده، وكان العـاشر في سلسلة الحكام الذين تولوا السلطة منذ أن فتح آل خليفة البحرين عام ١٧٨٢م.

نهضت دولة البحرين في عهد سموه وخطت خطوات واسعة في التقدم والازدهار. فأصدرت أول عملة وطنية هي الدينار البحريني في أكتوبر ١٩٦٥م.

وفي عام ١٩٦٧م افتتح ميناء سلمان وهو الميناء العميق الذي سمي باسم والـد الأمـير، وبـدأ مشروع مدينة عيسى الإسكاني بعد أن تبرع سموه بالأرض لتشييد المدينـة. وفي عهـده تشـكل مجلس الدولة الذي حولت مهامه فيما بعد لأول مجلس للوزراء عام ١٩٧١م.

حرص سمو الأمير عيسى بن سلمان آل خليفة على الحفاظ على التقاليـد العربيـة الإسلامية الأصيلة، وفتح بابه لكل من يطرقه من الزوار، تماما كما كانت الحال أيام والده ومن قبله.

أعلن استقلال البحرين في عهده في ١٤ آب ١٩٧١م وأتخذ يوم ١٦ أيلـول مـن كـل عـام عيـدا وطنيا للاستقلال. وفي ذلك التاريخ تسلم سموه مقاليد الحكم في البحرين.

وفي عهده أيضا خطت البلاد خطوات سريعة واسعة في سبيل تحقيق ما تصبو إليه من تقـدم في القرن العشرين الميلادي. وعمل الأمير على فتح مزيد مـن المـدارس وفتح جامعـة وزودهـا بكـل مـا تحتاج إليه من علم وتقنية وإدارة.

ولم يتـوان الأمـير في إرسـال أبنـاء البـلاد مـن كـلا الجنسـين إلى الخـارج للتزويـد بكـل أنـواع التخصصات، وأصبحت دولة البحرين الآن تزخر بالمؤهلين والمؤهلات في جميع فروع العلم.

وأتخذ الأمير عيسى بن سلمان سياسـة خارجيـة واقعيـة ثابتـة الجـذور، وقـوى صـلاته بـدول الخليج وخاصة المملكة العربية السعودية، وأسهمت سياسته هذه على رفع مستوى التعاون بـين دولـة البحرين وبين الدول العربية.

وبلغ التعاون مع المملكة العربية السعودية ذروته عندما ربطت الدولتان بجسر الملك فهـد في عام ١٩٨٦م حيث أصبح التنقل بين البلدين سهلا ميسورا عبر الجسر. تـوفي في ١٩٩٩/٣/٦م أثر نوبة قلبية.

غارفيلد جيمس برام (١٨٣١م-١٨٨١م)

رئيس الولايات المتحدة الأمريكية. ولد في ولاية أوهايو. مارس مهنة القانون في نفس الولاية. وخلال أول عامين من الحرب الأهلية الأمريكية قاد غارفيلد فوجاً عسكرياً من المتطوعين من ولاية أوهايو. ودخل غارفيلد عضواً في مجلس النواب ممثلاً عن الجمهوريين التقليديين. وتم اختيار غارفيلد في عام ١٨٨٠م مرشحاً عن الحزب الجمهوري لخوض الانتخابات الرئاسية التي فاز بها. وبعد مضي أربعة أشهر في ٢ تموز ١٨٨١م تعرض الرئيس غارفيلد إلى محاولة اغتيال رمياً بالرصاص وأصيب بجروح خطيرة، وكان قد نفذ محاولة الاغتيال هذه تشارلس غيتو تعبيراً عن خيبة أمله لعدم مكافأة الرئيس له بتعيينه في منصب وزاري لقاء خدماته السابقة التي قدمها للحزب الجمهوري. وتوفي غارفيلد في ١٩ أيلول عام ١٨٨١م وخلفه إلى منصب الرئاسة تشستر آرثر الذي كان نائباً له.

غاريبالدي غويسيبي (١٨٠٧م-١٨٨٢م)

أحد قادة الوحدة الإيطالية. أصبح من مؤيدي حركة إيطاليا الفتاة التي كان يتزعمها مازيني. وفي عام ١٨٤٨م قام بتنظيم خطة الدفاع عن الإمبراطورية الرومانية ضد الهجوم الفرنسي. وذلك في نيسان ١٨٤٩م حيث اضطر لمقاومة الحصار الذي استمر مدة شهرين انسحب بقواته بعدها وبشجاعة عبر شبه الجزيرة ثم ذهب بعدها إلى المنفى. وفي عام ١٨٥٩م تزعم غاريبالدي الحركة الفدائية ضد النمسا في المنطقة المحيطة ببحيرة كومو.

وفي الوقت الذي نجح فيه كافور في ضم الدويلات الشمالية إلى سردينيا، أخذ غاريبالدي يعمل على ضم مملكة الصقليتين إليها، فأغتنم فرصة نشوب ثورة في جزيرة صقلية عام ١٨٦٠م، وأبحر إليها قائداً لأكثر من ألف رجل من اتباعه الأشداء (ذوي القمصان الحمر) وكان هذا الزعيم قد أخذ وعداً من كافور بعدم التدخل في شؤون هذه الحملة ولقد جابه "ذو القمصان الحمر" صعوبات جمة عند نزولهم أرض الجزيرة ولم تتم لهم السيطرة عليها الا بعد حرب دامت ثلاثة أشهر، انتقل غاريبالدي من بعدها عبر مضيق مسينا إلى نابولي، فأخضع المدينة، واضطر الملك فرنسيس الثاني إلى الفرار، ولقد أوجد غاريبالدي بإخضاعه مملكة الصقليتين وضعاً دولياً معقداً، تناوله كافور بما عرف عنه من حكمة ودهاء، ووقف منه نابليون موقف تردد وحيرة، فإن نابليون كان قد وعد البابا بسلامة ممتلكاته وكان ما قام به غاريبالدي له يهدد تلك الممتلكات، وعلى هذا أرسل نابليون احتجاجاً شديداً إلى كافور مهدداً بالتدخل وقمع الحركة بالقوة، فما كان من كافور إلا أن يتظاهر بشديد الأسف والاستياء لما حدث في جنوب إيطاليا، وتوجه على أثر ذلك جيش سردينيا نحو نابولي لقمع الثورة، على ما يظهر، هذا بينما كان نابليون يميل إلى أن يقوم الجيش بقمع الثورة، إلا أن تخوفه من استياء بريطانيا لتدخله في شؤون إيطاليا أقعده عن العمل. توفي غاريبالدي عام ١٨٨٢م.

غاندي آنديرا (١٩١٧م-١٩٨٤م)

أول امرأة تتولى منصب رئاسة الوزارة في الهند، تولت رئاسة الوزراء ما بين عامي (١٩٦٦م-١٩٧٧م). كما تولتها أيضاً عام ١٩٨٠م وحتى وفاتها.

ولدت آنديرا غاندي في مدينة الله أباد. كان اسمها قبل زواجها آنديرا بريدار شيني نهرو. التحقت بجامعة سانتينيكيتان في الهند، وجامعة اكسفورد في إنكلترا. في عام ١٩٤٣م تزوجت من فيروز غاندي (لا توجد قرابة بينه وبين المهاتما غاندي). سجنت غاندي وزوجها لمدة ثلاثة عشر شهراً لدورهما في حملة استقلال الهند عن بريطانيا. كان لهما ولدان، راجيف وسانجي. مات فيروز غاندي عام ١٩٦٠م. وفي السبعينات أصبح سانجي غاندي المستشار السياسي الرئيس لأمه، وحصل على قوة كبيرة في السياسة الهندية، قتل في حادث تحطم طائرة في ١٩٨٠م، فأصبح راجيف غاندي بعدئذ المرافق الرئيس لأمه. وعندما اغتيلت آنديرا غاندي عام ١٩٨٤م، اختار حزب المؤتمر ابنها راجيف رئيساً للحزب، خلف أمه في رئاسة الوزارة.

كانت آنديرا برايدارشيني غاندي الابنة الوحيدة لجواهر لال نهرو، الذي كان أول رئيس لوزراء الهند بين عامي (١٩٤٧م-١٩٦٤م). وكانت مستشارة لأبيها خلال فترة رئاسته. وانتخبت غاندي لأول مرة للبرلمان عام ١٩٦٤م. كانت وزيرة للإعلام منذ عام ١٩٦٤م وحتى أصبحت رئيسة للوزارة عام ١٩٦٦م بموت لال بها دورشاستري، اعتبرت في البداية قائدة ضعيفة، وسرعان ما عززت مكانتها وأنعشت شعبية حزبها الذي تدهور بشكل سيئ خلال انتخابات مبكرة. وخاضت حملة تحت شعار (اقضوا على الفقر) أسفرت حملتها

الانتخابيـة الشخصية عن نصر مدهش لحزب المؤتمر. وصلت آنديرا إلى أوج مجدهـا عـام ١٩٧٢م. ثـم بدأت محاولاتها لإصلاح الحالة الاقتصادية والاجتماعيـة بـالتعثر. كمـا بـدأ الاقتصـاد الـوطني في التـرنح. أثارت سيطرتها على حزب المؤتمر سخط جماعات مهمة داخلية.

وفي يونيو عام ١٩٧٥م، أدانتها إحدى المحاكم بتهمـة استخدام وسـائل غـير مشروعة خـلال حملتها الانتخابية الوزارية عام ١٩٧١م، ولذا طالب معارضوها أن تقدم استقالتها. ولكنها رفضت تزايـد انتقادها، فأعلنت حالـة الطوارئ بعـد أسـبوعين مـن حكـم المحكمـة. القت القبـض علـى معارضيها الأساسيين وفرضت الرقابة الصحفية. وفي نوفمبر من عام ١٩٧٥م جددت المحكمة العليـا الهنديـة إدانـة آنديرا غاندي. وفي عام ١٩٧٧م، انهزم حزب المؤتمر (الحزب الحـاكم) في الانتخابـات البرلمانيـة الهنديـة. وفقدت غاندي رئاسة الوزارة، ومقعدها في البرلمان, وبعـد هزيمتهـا، أعـادت تنظيـم حـزب المـؤتمر (أ) ويشير الحرف إلى الحرف الأول من اسـمها، أنـديرا. وفي عـام ١٩٨٠م، كسـبت مقعـداً في البرلمـان. ومـرة أخرى أصبحت أنديرا غاندي رئيسة للوزراء، وقد قتلت أنديرا غاندي عام ١٩٨٤م على أيـدي المناهضين لسياستها.

غاندي راجيف (١٩٤٤م-١٩٩١م)

رئيس وزراء الهند منذ عام ١٩٨٤م وحتى عام ١٩٨٩م، خلف أمه أنديرا غاندي التي اغتيلت في شهر أكتوبر من عام ١٩٨٤م حينما كانت رئيسة للوزراء.

ولد راجيف غاندي في بومباي. تعلم في الهند في مدرسة دوون ثم في كمبردج في إنكلترا. تدرب بعدئذ على الطيران وعمل في الخطوط الجوية الهندية. أما في مجال السياسة، فقد انتزع لاهتمام أخوه الأصغر سانجي الذي برز في أواسط سبعينات القرن العشرين، وجذب انتباه الناس بوصفه مستشاراً رئيساً لوالدته. وكان من الواضح أن أنديرا غاندي كانت تعد ابنها سانجي ليكون قائداً للهند من بعدها. ولكنه توفي عام ١٩٨٠م، بعد أن عادت أنديرا غاندي إلى السلطة ثانية. قتل ابنها سانجي في حادث تحطم طائرة. وبعد ذلك مباشرة تخلى راجيف عن مهنة الطيران لينضم إلى البرلمان. وفي عام ١٩٨٣م، أصبح من الواضح عزم أنديرا غاندي على أن يخلفها ابنها راجيف في رئاسة الوزراء. وفي ٣١ من شهر أكتوبر عام ١٩٨٤م اغتيلت أنديرا غاندي، وبعد ذلك عين كبار أعضاء حزب المؤتمر راجيف غاندي رئيساً للوزراء، وعقدت الانتخابات البرلمانية، بعد مرور ثلاثة أشهر، وحصل حزب المؤتمر على أغلبية ساحقة أكثر من أي وقت مضى. وفسر هذا الأمر على أنه تصويت تعاطف ومواساة لراجيف غاندي شخصياً. وفي خلال السنوات القليلة الأولى من فترة حكمه، بدأ راجيف غاندي في تحقيق معظم توقعات مؤيديه. بدأ بداية جديدة في ولاية البنجاب التي كانت تعمها الاضطرابات، ثم توصل إلى اتفاق مع قادة السيخ

السياسيين وأعاد تنظيم الاقتصاد بشكل يقلل من التحكم المركزي القيادي الثقيل. وبحلول عام ١٩٨٦م ازدادت الصعوبات التي واجهت راجيف غاندي. فشلت خطته في البنجاب. ثم بدأ معارضوه في كسب اليد العليا. وخسرت قضيته بسبب حالات من الفساد التي شملت أناساً مقربين منه ومن عائلته.

وقد عرفت إحدى هذه القضايا، بفضيحة بفورز وارتبطت بمزاعم حول مدفوعات غير شرعية لصفقات أسلحة ضخمة. وقد أثار معارضوه هذه القضية بحدة، على الرغم من أنهم لم يقدموا أي دليلاً على أن لعائلة غاندي علاقة بهذا الأمر، وفي شهر نوفمبر عام ١٩٨٩م انهزم حزب المؤتمر في الانتخابات وحل محله وشوانات براتاب سنج رئيساً للوزراء قتل راجيف بقنبلة في إحدى حملاته الانتخابية.

غاندي مهنداس (١٨٦٩م-١٩٤٨م)

أحد كبار القادة السياسيين في القرن العشرين، وقد دعاه الهنود المهاتما أي الروح العظيمة. ساعد على تحرير الهند من الحكم البريطاني. بأسلوب فريد تمثل في المقاومة دون عنف. واعتبره الهنود أبا لأمتهم تكريما له. سمى غاندي سيرته الذاتية (قصة تجربتي مع الحقيقة)، واعتبر غاندي الاهمسا (اللاعنف) الفضيلة المثلى. وقد طور غاندي أسلوب عمل اجتماعي مباشر ارتكز على مبادئ الشجاعة واللاعنف والحقيقة. وقد سمي هذا الأسلوب ساستيا جراها (قسوة الحقيقة) وقد استخدم غاندي ومساندوه قوة الحقيقة للكفاح من اجل استقلال الهند، ومن أجل إحداث تغيرات اجتماعية.

ولد غاندي في عام ١٨٦٩م في بوربندر في الهند. وكان في صباه خجولا وجادا، تزوج وعمره ثلاث عشرة سنة من كاسترباي التي كانت تماثله

في العمر. وعندما بلغ عمره تسعة عشر عاما سافر إلى إنكلترا لدراسـة الحقـوق، وفي عـام ١٨٩١م عـاد إلى الهند لممارسة مهنة المحاماة إلا أنه لـم يحقق نجاحا يذكر. وفي عام ١٨٩٣م رحل غاندي إلى جنوب أفريقيا، وأقام هناك ٢١ عاما يعمل مدافعا عن حقوق الهنود. وقاد الكثير من الحملات لصالح حقوق الهنود في جنوب أفريقيا كما قام بتحرير صحيفة الرأي الهندي، وقد ألقى البريطانيون القبض عليه عدة مرات إلا أن جهوده أثمرت إصلاحات مهمة.

وفي جنوب أفريقيا طور غاندي وبشكل كامل فلسفته في الحياة حيث اعتقد بأن الحياة كلها هي جزء من حقيقة روحية مطلقة، فالهدف الأسمى عنده هو تحقيق الذات.

وكان غاندي يعتقد بـأن جميـع الأديان فيهـا بعض عنـاصر الحقيقـة ممـا أعتـبر دلـيلا عـلى تسامحه الديني، آمن بتقليل الاحتياجات المادية إلى أقصى درجة ممكنة للحصول عـلى البـديل، وهو الجزء الروحي وبوصفه مصلحا اجتماعيا فقد كافح لتحرير المرأة وإلغاء (طبقة المنبوذين) والقضاء على التقسيم الطبقي.

وفي عام ١٩١٥م عاد غاندي للهند، وأصبح خلال خمس سنوات قائدا للحركة الوطنية الهندية. وفي عام ١٩٢٠م بدأ برنامج الغزل والنسج اليدوي لمحاربة الواردات البريطانية. وخلال الحرب العالمية الثانية واصل كفاحه لتحرير الهند مـن خـلال العصيان المـدني دون عنف واستطاعت الهند الحصول على الاستقلال عام ١٩٤٧م، إلا أن غاندي لم يشارك في احتفالات يوم الاستقلال لمـا أصابه من حزن على تقسيم الهند، ونتيجة للاضطرابات العنيفة التي حدثت بين المسلمين والهندوس.